国家社科基金
后期资助项目

新媒体语境下报纸新闻文体的变迁与创新

XINMEITI YUJING XIA BAOZHI XINWEN WENTI DE
BIANQIAN YU CHUANGXIN

彭柳 著

·广州·

版权所有　翻印必究

图书在版编目（CIP）数据

新媒体语境下报纸新闻文体的变迁与创新/彭柳著. —广州：中山大学出版社，2023.11

ISBN 978 – 7 – 306 – 07721 – 9

Ⅰ. ①新… Ⅱ. ①彭… Ⅲ. ①报纸—新闻体裁—研究—中国 Ⅳ. ①G219.2 ②G212.2

中国国家版本馆 CIP 数据核字（2023）第 026601 号

出 版 人：	王天琪
策划编辑：	曾育林
责任编辑：	潘惠虹
封面设计：	林绵华
责任校对：	舒　思
责任技编：	靳晓虹
出版发行：	中山大学出版社
电　　话：	编辑部 020 – 84110776，84113349，84111997，84110779，84110283
	发行部 020 – 84111998，84111981，84111160
地　　址：	广州市新港西路 135 号
邮　　编：	510275　　传　　真：020 – 84036565
网　　址：	http://www.zsup.com.cn　　E-mail：zdcbs@mail.sysu.edu.cn
印 刷 者：	广东虎彩云印刷有限公司
规　　格：	787mm × 1092mm　1/16　21.5 印张　399 千字
版次印次：	2023 年 11 月第 1 版　2023 年 11 月第 1 次印刷
定　　价：	88.00 元

如发现本书因印装质量影响阅读，请与出版社发行部联系调换

国家社科基金后期资助项目
出版说明

　　后期资助项目是国家社科基金设立的一类重要项目，旨在鼓励广大社科研究者潜心治学，支持基础研究多出优秀成果。它是经过严格评审，从接近完成的科研成果中遴选立项的。为扩大后期资助项目的影响，更好地推动学术发展，促成成果转化，全国哲学社会科学工作办公室按照"统一设计、统一标识、统一版式、形成系列"的总体要求，组织出版国家社科基金后期资助项目成果。

全国哲学社会科学工作办公室

本书的出版获得国家社会科学基金后期资助（项目批准号：17FXW001）

内容简介

新媒体对新闻观念和业务的改革影响巨大，新闻产品在更广泛、更深层的跨媒介融合生产态势下发生了巨变。探究传统媒体为了应对竞争在新闻文本和报道形式上的主动变革，成为新闻传播学的重要研究话题。本书将新闻文体视为社会结构和各种媒介力量博弈的结果，将报纸新闻文体置于变化的媒介环境中，关注其与新媒体的共动关系，建构起横向与纵向坐标、历时和共时相交的立体研究图谱。本书在界定"新闻文体"相关概念的基础上，厘清新媒体语境下报纸新闻文体类别，从新闻文类、新闻语体、主体文体层面，系统地探析新媒体语境下报纸新闻文体创变历程及其特征，从时代文体层面透视其原因及规律，勾连起各种内部外部因素与报纸新闻文体的关系，并以此为切入点观察新闻业务改革发展轨迹。本书注重一手材料的挖掘和审读，采用多元混合研究路径，立足于新闻实践，研究报纸新闻文体变革及其深层含义，进一步从宏观层面剖析新媒体、报纸新闻与受众的关系，从学术角度审视新闻实践史中的理念变迁及媒介互动规律。

序

彭柳博士国家社科基金后期资助项目的研究成果——《新媒体语境下报纸新闻文体的变迁与创新》终于要付梓了，嘱我作序。这一项目是在她的博士学位论文基础上申报的，此成果是对其博士学位论文的"升级"。

新媒体时代，报纸媒体的转型以及新闻的改革是研究热点，从基础做起，基于新闻实践对新闻文本生产的研究并不多。做文本分析是一件苦差事，彭柳有本科时在中文系打下的功底，并在硕士阶段接受了研究方法的训练，故另辟蹊径，以"新媒体语境下报纸新闻文体"为研究范畴，将数据统计的思路和方法运用到新闻文本的分析中，答辩时获得了专家们的一致肯定。

全书对1998～2018年的报纸新闻文体变革历程进行了细致而系统的观察与梳理，并展开了学理的阐述，既有扎实功夫，又契合时代需要。她将新媒体作为一种语境引入研究，把新闻文体视为在社会文化、媒体环境中不断变化的文本表现形式，勾连起报纸媒体与新媒体，新闻文类、语体、主体、时代之间的关系网，呈现出一种"新闻文体"整体研究的理论视角。

本书研究样本来自对报纸新闻的直接观察，全书着眼于一手文本和数据材料，且经验材料丰富翔实。最难得的是对报纸新闻工作者的访谈及分析有深度、有广度。全书将理性思辨、科学量化和质性研究相结合，所采用的研究路径和方法有一定创新。她系统分析了报纸新闻文体创变历程，深入探讨了传播技术变革、媒体互动与新闻文体变迁之间的逻辑关系，进一步思考了社会语境下媒介选择与互动的辩证关系，凸显研究的社会现实意义。

本书不满足于停留在新闻文体的一般界说，而是从语言学、文体学、叙事学等相关领域汲取养分，建立了多维的分析模型和研究体系，同时从一般、宏观的研究进入个性、微观的研究。把新闻文体作为考察新闻理念演进、新闻业务改革、受众需求变化的重要变量和联结点，这是既有"学"又有"术"的研究思路。

本书以走在新闻改革前沿、取得重大成果并对全国新闻理念与业务改革有重要影响的报纸媒体为观察重点，以一个个新闻实践案例串联起新闻文体变革的历史脉络，深入研究报纸新闻文体的特点、创变、动因及发展，审视其新闻业务理念、运作变革规律，具有较强的示范和借鉴意义。本书对报纸媒体与新媒体在互动中产生的新闻文体新趋势之研究，对探索新闻的融合生产也有一定启示。

作为彭柳的博士研究生导师，这些年来，我看到她依旧谦逊认真，看到她在学术道路上一直努力前行。祝愿她才思不尽，研究成果频出。

蔡铭泽

2023 年 2 月 20 日

目 录

绪 论 考察报纸新闻内容生产的新视角/1
    一、问题的提出：新闻文体的背后/1
    二、选题研究综述：新闻传播学领域的审思/3
    三、研究路径与方法：文本研究和访谈调研/12

第一章 基于互联网文化的报网新闻发展概况/16
    第一节 互联网时代：文化观、读者观与新闻叙事/16
        一、互联网时代影响新闻生产的社会文化因素/17
        二、与新闻生产相关的新媒体文化/21
        三、新媒体语境之用户观/25
        四、新媒体新闻的叙事特点/30
    第二节 竞争与共生：新媒体与报纸新闻的交融发展阶段/35
        一、1998～2000年：新媒体新闻传播萌发/35
        二、2001～2004年：网络移植报纸新闻/37
        三、2005～2008年：互相模仿与追逐/38
        四、2009～2013年：竞争共生与回归/39
        五、2014年至今：深度融合多维发展/40

第二章 新媒体语境下新闻文体概说/44
    第一节 维度与架构：新闻文体是什么/44
        一、新闻文体的界定/44
        二、新闻文体的系统构成/50
    第二节 辨体与分类：新媒体语境下新闻文体类别/53
        一、新闻文类的划分标准及历史/53
        二、一种报纸新闻文体的类型划分/57
    第三节 建构新闻语体的分析类目/63
        一、新闻语体的发展和基本特点/63
        二、报纸新闻语体的分析类目/64

第三章 全国两会报道的报纸新闻文体变迁（1998～2018年）/68
    第一节 全国两会报纸新闻报道体裁演变/69

　　　　一、广东四报全国两会报道新闻文类的演变/69
　　　　二、两会报道镜像呈现的报纸新闻文类特点/86
　　第二节　新媒体互动影响下全国两会报纸新闻文类的演进/96
　　　　一、报纸与新媒体全国两会报道的螺旋式融合模式/96
　　　　二、报网互动带来报纸全国两会新闻报道形式变化/106
　　第三节　新媒体环境下《人民日报》全国两会报道话语变迁/111
　　　　一、新闻议题多元化与具象化/112
　　　　二、报道视角由俯视转为平视/113
　　　　三、增强视觉语言突出信息中心/116
　　　　四、版面设计布局拼接组合式/118
　　　　五、篇章结构增强互动性/119

第四章　媒介间性视角下报纸新闻文类范式/120
　　第一节　新媒体语境下报纸新闻文类的范式诠释/120
　　　　一、结构范式：信息、观点的多元解读与互动融合/123
　　　　二、传播范式：从线性向非线性、扩展型传播发展/134
　　　　三、注意力范式：散点布局的视觉注意中心效果/136
　　第二节　报网媒介间性视角下的报纸新闻文类/138
　　　　一、新媒体冲击：影响报纸改版理念及新闻版式/138
　　　　二、受众理念影响：注重读者互动与良好阅读体验/141
　　　　三、突围与坚持：报纸平衡时效与深度，追求高度专业化/143
　　　　四、交互理念：报网新闻文类的互相融合与介入/145
　　第三节　本　章　小　结/148

第五章　新媒体语境下报纸新闻的语体变易/150
　　第一节　议题内容与叙事视角：报纸新闻话语秩序建构/150
　　　　一、议程设置：加强公共话语空间建构/151
　　　　二、叙述视角：话语主体多元化、个性化/154
　　第二节　词、句、篇：报纸新闻语体特点/165
　　　　一、新闻词汇：口语化、大众化、网络化/165
　　　　二、新闻句式：简短化、交互性、直观化/175
　　　　三、新闻标题：信息量增大、文学性减弱/180
　　　　四、篇章视角：多元视角与或然性结构/185
　　　　五、故事文本：借事表情、重叙事与对话/188
　　第三节　新闻语体视阈下的报纸新闻文体/195

一、信息宣告和注意力功能增强/195
　　二、文体互渗带来娱乐化、碎片化/199
　　三、简洁、通俗、平实以提升理解度/201
　　四、注重互动性、增强对话交流感/202
　　五、情感和观点表达的多维话语场/206
　第四节　本　章　小　结/209
第六章　新媒体语境下报纸新闻主体的文体认知/213
　第一节　扎根理论分析方法在本书中的应用/214
　　一、扎根理论的研究思路/214
　　二、扎根理论的研究路径/215
　第二节　规范与创新：新闻主体文体意识与行为认知/217
　　一、新闻主体文体意识要素分析的编码过程/218
　　二、自主意识：新闻主体的文体内蕴和路径/220
　　三、多维认知：全面感知报纸新闻文体变革/232
　第三节　模糊与辩证：新闻专业主义理念及发展预测/244
　　一、对新闻专业主义认知全面但认同不高/245
　　二、报纸新闻文体发展的深度专业化追求/250
　第四节　本　章　小　结/257
第七章　总结：时代变局中的报纸新闻文体特征及发展/260
　第一节　研究总结：新媒体语境下报纸新闻文体特征/260
　　一、互动范型：新闻结构方式和话语体式的交融性/261
　　二、多元话语场：新闻话语体式多维、多角度、多层次/262
　　三、述评框架：信息专业化解读，文本观点性表达/264
　　四、版块化呈现：版面结构模块化，信息散点分布/268
　　五、信息诠释：平直易读可视化处理，提高接受性/270
　　六、主体自主性：主体高自知反省性、主动创新型/273
　第二节　时代变局中的报纸新闻破体现象及其反思/275
　　一、新闻破体：充分感知环境，适应时代变化/275
　　二、关于报纸新闻文体发展的几点反思/277
　第三节　发展趋向：媒介融合中报纸新闻文体的创变/281
　　一、媒介融合之路上的报纸新闻文体/282
　　二、中度阅读需求：满足适度阅读量与阅读深度/284
　　三、辫子新闻形态：报纸新闻结构和语体发展趋向/289

　　　　四、自主创新：强化报纸新闻主体的文体发展意识/291

结　　　语/294

附　　　录/298

参 考 文 献/325

后　　　记/330

绪论　考察报纸新闻内容生产的新视角

一、问题的提出：新闻文体的背后

新媒体的崛起使媒介内容的生产方式发生巨变，对新闻观念及业务层面的改革影响巨大，新闻产品出现了现代意义上更广泛、更深层的跨媒介融合生产态势。新媒体冲击带来了激烈的媒介竞争，报纸新闻时效性、全面性等受到了挑战。传统报业如何应对这场技术和思想的革命？能否在这场"战争"中找准优势，发挥自身特点，保持在传播领域的主流地位，同时"借力"于新媒体，促进报纸在传播内容和传播方式上更好地发展？这是值得深思的问题。报纸如何在新闻报道形式上进行主动变革，成为新闻传播学研究的重要课题。

在长期的新闻专业教学生涯中及与新闻业界资深人士的交往中，笔者经常会有这样的疑问：为何这样的表述是新闻而那样的表述不是新闻？在提倡全媒体记者的今天，记者、编辑如何在各种媒介间进行新闻文本的转换？人们提倡记者、编辑要有主动、强烈的新闻创新意识，那么新闻报道形式的创新轨迹是怎样的？其原因何在？

这种种变革和问题，均与新闻文体有直接关联。其一，在新媒体崛起的背景下，新型媒介互动引起各种新闻业务变革，新闻文体既是这些改革的外化与具象化文本呈现，又能反映新闻改革之路并进而促进改革。其二，技术演进、新媒介涌现，新闻环境的变化必然会影响新闻文本的呈现形式，新闻文体则是各种媒介角力和联动的形式呈现。其三，如果说报纸的发展是一种动态与多元因素的共同作用，不"唯工具论"地看待新闻的历史演进，而是重视"过程性的价值"，将其置于社会关系中作为重要节点去研究考证，那么新闻文体则是政治、文化、媒体、受众等多重关系的映射与符号化象征。它同时给社会理解新闻提供了一种认知模式，并参与了当代的媒介关系建构。新闻文体是阐释这种种关系的载体。其四，新闻文体的表现形式直接受制于新闻主体对社会文化、新闻生态的理解。新闻文体体现了新闻理念，同时限制了新闻生产的主体意识，并进而作用于受众。因此，通过研究新闻文体，可以双向把握新闻主体的自我实现需要性与受众反馈。

当下各种媒体为顺应媒介环境和受众需求的变化而不断改革,报纸作为内容生产者在新媒体的"围追堵截"下更注重内容的质量及经营。人们一般认为对于报纸而言,主题策划与品牌推广是推动力,新闻报道是本,若报纸新闻不能充分体现其专业性,就无法在媒介竞争中立足。报纸通过频频改版来体现改革理念、提升内容质量,而改版势必会落实到新闻表现形式的创新上,新闻文体则相应具有了创新的重要性。2003年以来,《人民日报》的改版服务于"五位一体"总体布局,更注重受众意识,版面编排和文风改变均以方便读者阅读为出发点,更注重媒体融合发展趋势①,话语方式民生化,版面风格注重可视化及可读性。2011年,《羊城晚报》改版增加了四个新闻版面,目标是"做好做大深度报道,做全服务资讯",其中由内容带来的报道形式变革集中在深度、权威与个性解读上,因此该报出现更能满足深度需求和信息筛选的新闻文类,更适合彰显本土表达的话语体式。这是报纸面对新媒体竞争的一种应对方式,也是追求空间感及个性化、本土化的文体表达。② 其于2015年改版时提出的追求"精品、本土、专业"也主要体现在内容生产和版面变革上。可见,通过研究新闻文体可以从文本的角度探究报媒如何主动应对新媒体挑战。

新闻文体与新闻业务之间存在着互为因果的关系。一方面,新闻文体是通过新闻业务活动而形成的文本形式且受限于新闻业务活动的开展程度;另一方面,新闻文体又是具有建构性的,在一定社会文化传播语境中存在并不断演变,对新闻业务的开展有着具体要求,有助于新闻业务最终成品的形成。通过对报纸新闻文体的研究,可为新闻史的建构提供一种新视角、新思维和新结构方式,为新闻流变及新闻的转型研究提供既具个性化又接近于现实的参照。

本书聚焦媒介互动中的新闻文体,旨在回答五个方面的问题。

(1) 新媒体崛起后,报纸新闻文体呈现出怎样的历时性和共时性特征? 有何发展规律? 若将其放置在社会、新闻组织生产、受众的多维坐标中去审视,其开端与演变是怎样的? 为何如此?

(2) 新旧媒介快速交迭,作为新闻传播重要介质的新媒体与报纸新闻文体发生了怎样的互动关系? 新媒体理念及表现元素对报纸新闻文体有

---

① 许诺:《〈人民日报〉改版简史:社会结构变迁与媒介功能调适》,《新闻战线》2019年第4期。

② 《羊城晚报今天改版——一切因您而变·尽显新闻魅力》,《羊城晚报》2011年7月12日A2版;孙朝方、马勇、陈强:《全新羊城晚报 更具阅读价值》,《羊城晚报》2011年7月12日A2版。

何冲击？二者如何融合发展？在新媒介技术与新观念的冲击之下，社会文化、媒介环境、主体意识、受众需求及习惯等变化与报纸新闻文体有怎样的关系？

（3）对于传统的生产内容的报纸媒介来说，新闻文体改革是报纸重要的内容经营构成之一，其主动应对之路在哪里？

（4）新闻文体是新闻业务各环节的文本呈现和显性表现，通过对新闻文体特征规律性的探索，可否进一步概括报纸新闻业务史？

（5）文体学和新闻文体研究有不少新成果，新闻本体也在不断变化，是否要结合新媒体背景重新考量新闻文体的内涵与外延及其变动原因？

2020年12月22日，新京报社社长宋甘澍在第八届中国企业新媒体年会上宣布，《新京报》已在多个媒体平台开通了账号，全网覆盖2.5亿粉丝、日均内容点击量超5亿次，报纸部门仅留7人负责版面编辑工作，从2021年起由每日出版改为周五刊。在各大报媒"脱报向网"的过程中，报纸新闻文体也辐射至网络新闻的表现形式。新闻文体不是从网络到报纸的单一流向，而是由双向流动形成的复杂模型，报纸新闻文体也不仅仅是被动的接受影响者，而是报网多向度网状新闻生产结构的重要联结点和影响者。更不用说从新闻主体层面看，多文本、多媒介的新闻采写经验带来的覆盖面和辐射性已经令人难以区分谁是"母体"。故而也可以通过对报纸新闻文体的研究，深入观照融媒体态势下多媒介新闻生产格局中新闻表现形式的变迁与创新问题。

二、选题研究综述：新闻传播学领域的审思

从语言学角度对"新闻文体"概念的界定对本研究有启示作用，文体学及叙事学等相关领域的跨学科研究拓展了新闻文体研究的深度与广度。国内外关于新闻文体的研究多始于20世纪初，研究者多认为报纸新闻文体受到了外界发展变化的影响，具体的影响来源和结果则有所不同。1982年，宁树藩教授在复旦大学开设"中国近代新闻文体的演变"课程。他的一系列论著着力探讨新闻文体变化的原因，并提出"新闻信息观念"，即各种新闻文体都是为了适应"传播事实的讯息"需要而产生，条件和情况的不同造成了新闻文体的多样性。① 也就是说，新闻文体是他论述新闻"信息概念"的研究对象和论据之一。

中国新闻传播学领域有关"新闻文体"的研究从20世纪80年代后期

---

① 宁树藩：《论新闻的特性》，《新闻大学》1984年第2期。

才真正开始。纵向梳理中国新闻文体发展历程，研究者多从新闻体裁、报道样式角度开展研究，成果丰富。李良荣教授将1978～2008年中国新闻文体改革分为大转型（1978～1982年）、多元化（1983～1989年）、分众化（1990～1998年）、网络化（1999～2008年）四个时期。① 从时间点上对1949年之前中国报纸文体发展的梳理以李良荣教授的《中国报纸文体发展概要》（1985）一书为代表，他在"体裁沿革史"框架内分析了1815～1949年中国报纸消息、通讯、言论及副刊文体的发展及特点，将之分为"古典文学襁褓里的报纸文体""独立的报纸文体"和"繁花纷呈的报纸文体"三个阶段。改革开放以来，中国新闻文体经历了将散文化手法引入消息写作、深度报道使报纸通讯写作被赋予新内涵和形式、民生新闻兴起三次纵向变革。② 稳定的模式被打破，新闻新品种与新形式不断涌现，新闻文体呈现多元化趋势。③ 新时期广州报纸新闻文体呈现回归、深入、多元化发展趋势，这种创新有政治、经济、文化、新闻业发展等动因。④ 刘勇从宏观视角把1978～2008年中国报纸新闻文体的演进区分为拨乱反正、核心追求、认知转型、多元化发展、走向专业五个阶段，并归结为宣传、故事和专业三种基本范式。⑤

随着媒体和传媒技术迅速发展，有关新闻改革的讨论兴盛。中国新闻文体创新呈现出多样化、边缘化趋向和模糊化表现。⑥ 中国报纸新闻文体变革之意义在于极大拓展了报纸新闻采写空间和自身生存与发展空间，需要对其进行全面深入的理性认识。可借鉴中国传统文体理论着眼于分层把握的做法，即"从文类文体、主体文体、语体文体三个层面对20世纪90年代以来中国报纸新闻的文体革新进行研究"，新闻文类文体的革新在于新体裁的大量涌现、破体等现象的出现和采写思维由单向直线模式转向多向复线的多元思维模式；新闻主体文体的革新呈现出深度开掘和广度拓展、适当融入文学表现手法、追求作品特色的特点，而新闻语体文体的革新则在于视觉化、生动性和强化速度。⑦

针对现状分析、规律及变革动因探究和趋势判断的文献，或从宏观层

---

① 李良荣等：《历史的选择》，武汉，武汉大学出版社，2009年，第206页。
② 郎志慧：《新闻文体的三次变革》，《新闻爱好者》2007年第3期。
③ 董小玉：《新闻文体的多元化趋势》，《社会观察》2004年第3期。
④ 胡韵：《新时期广州报纸新闻文体创新研究》（硕士学位论文），暨南大学，2006年。
⑤ 刘勇：《中国报纸新闻文体嬗变（1978—2008）》，北京，中国人民大学出版社，2016年。
⑥ 荀洁：《模糊化：中国报纸新闻文体的创新》，《莆田学院学报》2003年第2期。
⑦ 赵刚健：《论20世纪90年代以来中国报纸新闻的文体革新》，《黄山学院学报》2005年第1期。

面总结，或强调某些因素如新兴媒体、传播技术、受众需求等的影响，多数研究仍从新闻体裁、样式或体式的角度进行探讨。20 世纪 80 年代，新闻文体出现了"四不象"的"杂交品种"，这种创新突破是因为新的报道内容需要新的表现形式。① 林溪声从意识形态和社会结构的视角，将新闻文体视为含义丰富的政治文化现象，是新闻内容与形式的有机结合、表层文本因素和深层社会因素的有机统一，探讨了"新华体""市民体""南周体"等当代新闻文体的特点及形成原因。文中提出，"新华体"是新华社形成的包括消息、通讯、评论等在内的多种新闻报道样式，内容包括大家普遍关心的重要的新闻，真实、准确、可靠，政治观点正确与中央保持一致；"市民体"是指都市媒体采用的新闻文体风格，总的特征是市井化，语言风格口语化、大众化、地方化；"南周体"是以《南方周末》为代表的报道风格，将"故事化"手法运用得非常纯熟，尤为擅长"特稿"写作。②

学术期刊《新闻与写作》于 2009 年开展了"新闻文体要不要创新？怎么创新？"系列讨论，有观点认为当前迫切需要规范新闻文体的使用③，也有文章提出新闻文体创新是新闻业务创新的表现和时代发展的客观结果，改革开放以来中国新闻文体创新演变规律是文体特征模糊化融合性、追求新闻传达视觉效果、整合型报道文体流行，创新动因集中在传播理念和报道内容变化、受众接受信息方式的改变、传播科技发展、借鉴国外同行报道技法等方面。④ 当前的实践显示新的媒体和技术催生新的新闻体裁，随着新闻现象日益丰富复杂，对新闻文体的运用要"在规范的基础上传承和创新"⑤。

从文体学、语言学、叙事学角度，重新审视新闻文体的内涵、特征及类型，研究不断有突破。从 20 世纪 90 年代开始，有学者重新审视"新闻文体"概念的本质特征，认为长期沿用的"新闻体裁"这一说法有失偏

---

① 王骏远：《"四不象""杂交品种"及其它——漫谈新闻文体的新突破》，《新闻爱好者》1988 年第 6 期。

② 林溪声：《审视与反思：新中国新闻文体的多重变奏》，《南京社会科学》2010 年第 4 期。

③ 时任北京日报高级编辑、北京市记协常务主席的宗春启在《新闻与写作》2009 年第 4、第 7 期分别发表《新闻文体：迫切的问题是规范》《再说新闻文体的创新与规范》。他认为各种新闻文体都有各自功能，反对"消息通讯化、通讯消息化"是新闻文体创新的提法。

④ 孙世恺：《新闻文体写作贵在创新》，《新闻写作》2000 年第 11 期。许向东：《新闻文体：不断创变的新闻报道样式》，《新闻与写作》2009 年第 5 期。

⑤ 李富永：《规范无碍创新　原则还要遵循——也谈新闻文体创新问题》，《新闻与写作》2009 年第 6 期。

颇。从文体学理论框架来看,新闻文体有外形式(表层形式)和内形式(深层形式)两个层次内涵①,此看法影响了之后新闻文体系列研究的思路确定。在中外文论中,文体是一个有着丰富内涵的概念,任何文体都是人类用精神方式认识、体悟世界的一种方法。从这一逻辑思路考察,新闻文体是新闻文本实践的理论抽象,蕴含着文本实践的潜在原质,故中国新闻文体概念从整体逻辑上包括体类(体裁)、体相(体要)、体性(体貌)三个层面。② 可见相关研究逐渐认为,外在形式变化仅是文体表象之一,从新闻文体内外关系而言,还应研究语体特点,主体对事实的认识方法和思维方式及其背后起支配性作用的社会、文化和思想。

新闻文体的比较是重要的研究维度。不少研究通过对比探究中西新闻理念及发展规律的差异,发现中西新闻文体外形式和内形式的流变与中西思维、新闻传播文化制约力、新闻道德意义描述和理解密切相关。③ 也有研究在与其他文体的比较中加深对新闻文体的认识,认为新闻与其他文体的对峙与互补是文体发展的驱动力。④ 不同媒体间相互借鉴新闻文体,报纸、广播、电视、网络等媒体的新闻信息相互转换改变了传播方式和符号,信息共享和转换也关乎文体转换问题,这些问题是当前新闻竞争的焦点。⑤

2000年前后,关于技术变革引发的媒介格局、体制改革、经营形态及模式变革等的研究颇多,新媒体特性及其舆情研究很集中。传统媒介如何应对新媒体挑战是热点话题,大量研究关注新媒体带来的新闻业务变革,如新闻报道与编辑的新形式、跨媒介新闻生产、媒体间融合与互动对新闻的影响等问题。报纸全媒体转型是研究热点,不少资深媒体人对此多有经验总结。有学者认为,计算机网络的冲击启动了新闻表现形式第二次大变革⑥,在媒介融合影响下,新闻报道模式发生变革,报道视角全景化、形式整合化、形态多元化、方式立体化,模块新闻、观点新闻就是典型代表。新闻报道方式"从平面化的线性方式转为立体化、个性化、互动化的全新方式"⑦。新媒体在促成新文体产生的同时弱化了文体意识,使得新文体成为"泛文体"。新文体的去中心化、信息化、超文本与超媒

---

① 单波:《新闻文体新论》,《新闻大学》1994年第2期。
② 陈寿富:《论新闻文体的特性》,《国际新闻界》2011年第3期。
③ 樊凡、单波:《中西新闻比较论》,武汉,武汉出版社,1994年。
④ 张家恕:《略论新闻文体创变规律》,《新闻界》2006年第1期。
⑤ 南长森:《论新闻媒体信息转换与文体转换》,《新闻知识》2002年第4期。
⑥ 高红玲:《新闻表现形式的变化与发展》,《新闻实践》2002年第6期。
⑦ 刘寒娥:《融合新闻理念对新闻报道方式的影响》,《新闻实践》2007年第10期。

体等特征正是在新媒体的影响下形成的。① 网络文体拓展了新闻报道方式,如网页编排启发了头版导读,视音频激活了视觉化思维,新闻链接充实了深度报道,网络互动推动了热线互动。②

新媒体蓬勃兴起及其带来的社会文化变化,催生了新的新闻文体。2010年,学术期刊《新闻与写作》开辟了专栏"新媒体写作",讨论新媒体"催生"的"新新闻文体"。有学者把博客称为"当代文学新文体"③。而以微博为代表的"微"新闻体表现出文字简短、事件核心突出、形式与表达随意性、文本碎片化等特征。④ 学术期刊《青年记者》2020年第10期"前沿报告"栏目讨论了由于传播技术、传播环境、传播主体认知方法和思维方式变化而产生的"新新闻文体"问题,认为"深度调查体式""日记体式""数据图表体式""只言片语体式""锐评体式""交流体式"等新式新闻文体具有"个性+情感+动态"的特点⑤;其标题常用热门词汇的方式,或设置悬念,或直陈结果,导语有鲜明的故事化倾向,使受众有强烈的代入感,主体篇幅较大并辅之以视音频、信息图表或超链接等,给受众提供多感官体验,内容有明显"夹叙夹议+逻辑推演"特点。⑥

不少研究从文体角度剖析某种新闻体裁。例如关于某一新闻体裁的文体演进研究,刘海贵教授主编的《中国现当代新闻业务史导论》论及现场短新闻、报告文学、综合性消息、图片新闻、特写、散文化新闻及深度报道等体裁的发展。不少研究关注新闻报道形式、新闻体裁等,对某一时期盛行或争议的新闻报道样式如民生新闻、精确新闻等的研究较多。⑦ "对各种新闻文体进行专题研究的专著和文章更是汗牛充栋……同时,新闻写作创新或新闻写作新趋势的专著和论文也基本以介绍新体裁写作方法的形式出现。在此基础上,某些报道方式的专题研究已达到相当的深度"⑧,如现场短新闻、深度报道、体验式新闻等。刘英翠的系列文章回

---

① 陈罡:《新媒体与新文体》,《湖州师范学院学报》2009年第6期。
② 赖浩锋:《网络文体推动新闻报道"变脸"》,《传媒观察》2004年第9期。
③ 孔庆东:《博客,当代文学的新文体》,《文艺争鸣》2007年第4期。
④ 高冬可:《微博新闻文体特征解析》,《新闻爱好者》2011年第6期。
⑤ 孙少山、孙发友:《不拘一格的"新新闻文体"及其意蕴》,《青年记者》2020年第13期。
⑥ 冯帆:《大浪淘沙还是买椟还珠?——对融媒时代"新新闻文体"热潮的冷思考》,《青年记者》2020年第13期。
⑦ 张骏德:《新闻报道改革与创新》,广州,中山大学出版社,2008年。
⑧ 黎明洁:《新闻写作与新闻叙述:视角·主体·结构》,上海,复旦大学出版社,2008年,第22页。

顾了新闻述评百年发展历程，认为新闻述评的文体演进因"时、势、人"等因素而变动。① 从某种新闻体裁的兴衰可以洞见新闻文体的变迁。近年来，非虚构写作兴起，涌现出不少对这一文体实践方式的相关研究。非虚构写作新闻实践为中国当下新闻文体创新提供了新范式和可能②，但从文体角度不能将中国的非虚构写作归于标准化、专业化的新闻体裁范畴。③

直接以新闻文体为研究对象的英文文献不多，新闻写作、记者素养等研究领域有可借鉴的相关成果。新闻写作及编辑教材、论著内容涉及新闻文体发展、新闻体裁写作规范、记者素养等。

不少有关媒体竞争与新闻报道、记者权威关系的研究，指出了新闻报道视角、写作体式、文字技巧等与新闻文体密切相关问题的重要性。1975年出版的第2版《大众媒体：报道、写作、编辑》（*The Mass Media：Reporting，Writing，Editing*），探讨了深度报道、社论、专栏等新闻报道样式及写作公式，还提供了合众国际社、美国联合通讯社（简称"美联社"）等报纸和通讯社的新闻样本。④ 新闻写作体式、文字技巧和习惯是新闻报道表现的文化建构重要因素。⑤ 不少西方新闻写作教材与著作介绍、讨论新闻文体发展历史和基本规范，对消息和特写的写作形式与内容的关系、新闻记者的专业要求包括新闻体裁的运用等进行了分析，围绕传媒、记者、各种报道的写作及社交媒体技能展开了论述。

1970年以来，美国新闻研究主要对应专业、话语和场域三个关键词，话语核心研究是文化、叙事与话语共同体。⑥ 相关英语文献多用实验、案例分析、对比研究等方法，注重政治、媒介环境、受众接受、新闻生产理念、材料平台等因素对新闻报道形式的影响，真正指向新闻报道方式的研究不多。

玛莉亚·伊丽落白·格拉贝（Maria Elizabeth Grabe）等学者通过皮肤

---

① 2014～2022年，刘英翠发表了多篇关于新闻述评研究的文章，如《新闻述评的文体流变》，《新闻界》2014年第11期；《话语与生态：民国报刊新闻述评的文体流变分析》，《国际新闻界》2020年第7期。

② 李文学：《我国非虚构写作新闻实践的文体渊源》，《青年记者》2018年第23期。

③ 夏晓非：《对中国新闻领域非虚构写作热的冷思考》，《人民论坛·学术前沿》2020年第10期。

④ Rivers, W. L., 1975: *The Mass Media：Reporting，Writing，Editing（Second Edition）*, New York: Harper & Row Publishers.

⑤ Jackson, R. P., 2005: *Searching for a Voice of Authority in Newspaper Writing*, Washington: University of Washington.

⑥ Anderson, C. W., 2008: "Journalism: Expertise, Authority and Power in Democratic Life", Hesmondhalgh, D., Toynbee, J., *The Media and Social Theory*, London: Routledge, pp. 248–264.

绪论　考察报纸新闻内容生产的新视角

电导反应实验探讨受众对新闻（主要是小报和电视新闻）的记忆和评价等反应，聚焦新闻形式特征如何影响受众信息处理，如公共事务问题的深度报道多采用平淡无奇的生产风格，而消息的事实细节则需要引人注目的包装才能激发记忆，但这种形式会影响内容的平静表达及被完整理解接收。① 这项研究提出了一个两难问题：小报内容的特点有助于新闻事实更令人难忘，但在对新闻进行戏剧化处理且夸大事实时，新闻生产者需思考受众反应和新闻陈述之间如何权衡的问题。新闻内容、形式与媒介环境互相影响。② 沃尔特·福克斯（Walter Fawkes）强调传播技术因素对报纸新闻文体演变的影响，展示了理解技术与新闻文体关系的现实意义。他从媒介技术层面探讨了随着电报技术的发展而出现的倒金字塔结构，认为电报与打字机技术使新闻文体明快简洁化，电子革命使得解释性新闻涌现，电子化编辑部带来新闻写作变化。③ 默罕默德·阿尔巴克里（Mohammed Al-bakry）采用叙事理论、框架理论对新闻结构、语言及形式开展了研究，以揭示社会文化背景与新闻叙事模式的关系。④

对新闻叙事模式进行比较研究的国外文献常采用框架理论和批评性话语（critical discourse analysis）分析作为新闻文本分析时的研究视角。Zhu Keyi 针对叙述者与受众之间界限变化、交际语境和媒体变化、相似性和叙事模式差异、时间序列和结构等方面，对比 1949 年后中国大陆与台湾在新闻报道形式上的相似性和差异。这种通过社会文化变迁、叙述者和受众的视角审视新闻叙事特征的研究角度颇具启发性。⑤ 高木幸子（Sachiko Takagi）从批判话语分析视角进行新闻结构及叙事技巧的对比研究，在比较日本、美国的报纸对同样的新闻事件采用的不同报道方式后，阐明了新闻报道文本与读者、社会整体及意识形态的关系。⑥ 不同国家记者的新闻

---

① Grabe, M. E., Lang, A., Zhao, X., 2003: "News Content and Form: Implications for Memory and Audience Evaluations", *Communication Research*, 30 (4): 387.

② Kowalewski, J., 2009: *Does Humor Matter? An Analysis of How Hard News Versus Entertainment News Styles Influence Agenda-setting and Priming Effects*, The University of North Carolina at Chapel Hill.

③ 〔美〕沃尔特·福克斯：《科技进步与报章文体的演变》，广陵译，《国际新闻界》1998 年第 1 期。

④ Albakry, M. A., 2005: "Usage Prescriptive Rules in Newspaper Language", *Southern Journal of Linguistics*, 31 (2): 26–51.

⑤ Zhu Keyi, 2007: "Journalistic Narrative Modes in both Mainland and Taiwan since 1949", *Canadian Social Science*, 3 (5): 15–20.

⑥ Takagi S., 2009: "Political and Criminal Discourses in Japanese and American Newspaper Articles: A Study of Representations in the News Media Based on Critical Discourse Analysis", *Journal of Language and Culture*, (4): 53–74.

角色观念影响了政治新闻的内容和报道风格（包括文体）。① Rodrigues、Renata Rena、Resende、Viviane de Melo 对比了网络上两篇访问巴西圣保罗学校的组织化文本与新闻媒体文本，通过批评性话语分析，考察围绕学校某个运动的威胁与暴力话语结构，反思了如何在特定体裁（信息和新闻）中使特定审查言论合法化，以及如何构建社会群体身份认同。② Gabriela Martins Silva 和 Emerson Fernando Rasera 对 2008 年《圣保罗报》中有关"SUS 问题"③ 的 667 条新闻进行了社会建构主义和批评话语分析，提出其话语建构过程助长了受众对 SUS 片面的消极的看法。④

近年来，美国媒体界反思传统媒体为应对互联网的决策失误，积极寻求将传统新闻内容引入互联网及移动终端的方式，传统媒体的移动应用被视为可能的突围方式。美联社移动应用计划（AP Mobile）是较成功的模式，几乎所有主要移动数据渠道都可接入浏览新闻、搜索内容、通过排序获取相关度最高的信息、下载应用，同时可从 1000 多家会员单位中搜索个性化内容。Stephen Quinn 提出"智慧的新闻编辑部：知识管理与融合"理念，认为"融合是新闻业革命性进化的趋势"，新闻工作者的工作方式被改变，"需要知道怎样在各类媒体中做报道，怎样正确地为各类媒体写报道"。⑤ 竞争导致媒体更倾向于报道与其他媒体雷同的新闻话题，也促使记者力求在新闻视角、报道方式、控制报道时效和其他信息等方面达到与众不同的效果。⑥ 不少文献关注新闻跨媒介制作和表达形式，以及数字媒体技术带来的新闻生态和形式变化。⑦

在关于新技术催生的新形态媒介写作问题的文献中，网络新闻是研究

---

① Dalen, A. V., Vreese, C. H. D., Albak, E., 2012: "Different Roles, Different Content? A Four-country Comparison of the Role Conceptions and Reporting Style of Political Journalists", *Journalism*, 13 (7): 903–922.

② Rodrigues, R. R., Resende, V. M., 2020: "New Year's Message and School Blitz: Discourse, Violence and Threat in Brazil's School Without Party Program", *Linguagem em (Dis)curso*, 20 (1): 159–177.

③ SUS, System of Unified, 统一医疗系统的简称。

④ Silva, G. M., Rasera, E. F., 2014: "The Construction of the 'SUS problem' in the Newspaper Folha de S. Paulo", *História, Ciências, Saúde-Manguinhos*, 21 (1): 61–75.

⑤ 〔澳〕Quinn, S.,〔美〕Fila, V. F.：《媒介融合：跨媒体的写作和制作》，任锦鸾译，北京，人民邮电出版社，2009 年，第 1 页。

⑥ John, S. L., 2008: "*The Effects of Newspaper Competition on Local News Reporting and Content Diversity*", University of Washington.

⑦ Gordon, R., 2003: "The Meanings and Implications of Convergence", in Kawamoto, K., (Ed.), *Digital Journalism: Emerging Media and the Changing Horizons of Journalism*, Maryland: Rowman & Littlefield Publishers, p. 69.

焦点。① 媒体行业面临的经济困境促使报纸寻找新的收入模式。近年来，受众在新闻媒体中参与内容生产的空间越来越大，与新闻专业人员的合作增加。不同国家的受众参与模式不同②，受众策略的转变影响了美国报纸体育版的日常工作，重新定义了工作程序和信息结构，新闻受众还可直接资助报道。③

综上所述，中国新闻改革研究多呈现宏观概括性视野，新闻文体研究以描述思辨性、演绎推理、举例论证的论述体例为主，颇有洞见。同时，研究多囿于新闻体裁层面的剖析，对文本结构系统地运用实证、实验及内容分析、对比研究等方法深入阐述的成果相对缺乏。对报道本体的直接观察和分析较少，大量新兴个案未被采纳，从新媒体形成全新的媒介语境的角度审视报纸新闻文体特征的研究仍有待深入，对报纸新闻文体变革问题的研究"局限于新闻体裁（即文类文体）这种最外显的层次，没有全面深入地进行整体意义上的文体研究"④。国外文献涉及新闻文体的研究虽不够系统，但其所采用的实验及数据、对比研究方法，注重受众、新闻工作者、社会文化等分析视角，对本书的研究颇有启发。

新闻文体研究格局有进一步完善的空间。若新闻文体研究建立在孤立的体裁和结构分析之上，且强调先在的、共时性的静态文本形式规则，不重视建立动态互动的分析体系，则易导致新闻理论与新闻实践的脱节。拘泥于新闻体裁层面不利于建构完整的理论框架，局限在个案则无法连接成知识网络，重新闻文本而忽视社会、人与技术的力量，易产生"就新闻论新闻"的狭窄思路，从而"不能从旁邻学科吸取营养以充实自己的现代科学发展新路"。⑤ 直观性太强的研究取向可复制性弱，个人感受无法辐射，经验碎片需进一步开展学理化研究。

文体研究一般采取"共时性"方法，"即截取某文体发展过程中最'成熟'的阶段或选择某文体'经典'文本作为样本，归纳该文体主要特

---

① Vos, T. P., Craft, S., Ashley, S., 2012: "New Media, Old Criticism: Bloggers' Press Criticism and the Journalistic Field", *Journalism*, 13 (7): 850 – 868.

② Larrondo-Ureta, A., Peña-Fernández, S., et al., 2020: "Comments, What For? User Participation and Quality of the Debate in Four European Newspapers Political J-blogs", *Media Watch*, 11 (2): 247 – 262.

③ Mirer, M., Harker, J., 2021: "Will the Crowd Go Wild? Reimagining the Newspaper Sports Section for Digital Subscribers", *Journalism Practice*, 15 (1): 63 – 79.

④ 赵刚健：《论20世纪90年代以来中国报纸新闻的文体革新》，《黄山学院学报》2005年第1期。

⑤ 樊凡在1986、1987年连续发表《拓展写作研究的四维空间》《模式突破与理论建设》《写作学的现代化问题》《新闻写作学的理论基础》等文章，反思新闻写作研究的缺陷。

质、基本法则,从而得出文体类别、类型的结论、界定"。这种研究思路既缺乏动态发展的"历时性"眼光,疏于深究各类文体的来龙去脉和与时俱进的变化,又缺乏强调联系的系统性眼光,忽视了各类文体间时时发生的横向联系与影响。① 新闻文体研究应拓宽视野,引入相关学科理论以构建理论体系和研究框架,通过社会文化认识论、记者认识论、受众论、媒介技术观等角度分析,以适应社会生态、媒介环境、受众需求与习惯不断改变的现实。只有从剖析构成新闻这一文体的各组件特征来掌握其总体特征,即针对新闻各种文类及新闻这一总的实用文体的特征开展解构和构建的研究,才能真正对新闻文体进行深入把握。

三、研究路径与方法:文本研究和访谈调研

本书在分类基础上关注新媒体与报媒共动对新闻文体的影响,建立研究维度的勾连关系,编织纵向和横向、历时和共时相交的新闻文体立体研究图谱。适当缩小研究口径,以报纸新闻文本为直接分析样本,弥补当前新闻文体研究对象不明确及缺失部分。传统新闻学研究过多进行主观经验描述,本书引用社会科学的量化及质化研究方法,完善弥补研究方法较单一的缺陷。在沿用中国相关学术传统的演绎法研究范式、保持宏观思考的同时,学习西方社会科学思维方式,适当运用注重论证逻辑和证据展示的归纳法范式。

"新媒体"作为一个具有相对性并持续发展着的宽泛的概念,人们难以完全明确地界定其内涵和外延。为了确定研究范围,本书从新的信息载体层面以及信息传播介质的视角,把"新媒体"界定为依托互联网及以互联网技术为基础而形成的新型媒介,以区别于报纸、广播及电视这三大"旧媒体"。

"新媒体语境"这一概念中的"语境"取"使用语言时的环境"这一层面的含义。一般认为,新媒体语境的特点突出地表现为虚拟性②、信息碎片化和呈现多媒体化、强烈的互动性和融合性。中国网络兴起、新媒体开始展现冲击力、新媒体新闻传播真正崛起并开始带来文本变化的时间起点是 1998 年。

为了使论题集中且便于比较和展开论述,本书以广东四家报纸为例开展内容分析并进行研究考察,同时观察《人民日报》等重要报纸新闻文

---

① 张家恕:《略论新闻文体创变规律》,《新闻界》2006 年第 1 期。
② 程曼丽:《什么是"新媒体语境"?》,《新闻与写作》2013 年第 8 期。

绪论 考察报纸新闻内容生产的新视角

体的变革现象。广东报业发展迅猛，媒介竞争十分激烈，创新和寻求突破是一直以来的主题。以南方日报报业集团、广州日报报业集团、羊城晚报报业集团三大报业集团为代表的广东报媒，曾有引领全国媒体的锐气和胸怀，是国内新闻实践水平最高的代表之一，新闻业务改革频繁，是报纸新闻发展和改革的典范。广东报媒在新媒体语境下反应及时、变革突出，集中反映了报纸新闻文体的特征，并代表着报媒在新媒体带来的新闻环境变化中新闻文体的整体发展趋势。

本书在报纸与新媒体的互动关系中，深入分析中国报纸新闻文体的特征及其创变历程，探寻其纵向演变及横向联系，构建外部与内部的网状关系。各类文体的交互作用是文体发展重要驱动力和主要规律之一，"'共时性'的文体论可作为文体研究起点，而一旦研究起步，则应关注对象的动态性和联系性"①。新闻文体还体现"社会—主体—受众—文本"的互动关系，故本书将从社会文化、主体和受众三个维度进行系统及多元分析，以期探究新媒体语境下报纸新闻理念及业务改革趋势。

20 世纪 50 年代，有学者提出，没有任何一种研究方法能主宰社会现象的推论，量化和质性相结合的多元混合研究方法引起关注。② 近年来，二者的结合呈现了方法论多元、将质性数据尽可能量化、以质性方法弥补过度形式化之量化方法的趋势。③ 质性研究被认为是"以研究者本人作为研究工具，在自然情境下采用多种资料收集方法对社会现象进行整体性探究，使用归纳法分析资料和形成理论，通过与研究对象互动对其行为和意义建构获得解释性理解的一种活动"④。本书综合运用思辨、定性和定量研究方法，量化和质性研究并进（如图 0-1 所示）。

托伊恩·A. 梵·迪克（Teun A. Van Dijk）提出英美及西欧对新闻的研究方法总体经历了三个阶段：一是从奇闻逸事到社会学解释；二是从宏观社会学到微观社会学；三是从社会学到意识形态分析到系统的内容分析。现在学界主要采用第三种研究方法。⑤

美国学者贝雷尔森（Berelson）认为，内容分析是"一种客观、系统

---

① 张家恕：《略论新闻文体创变规律》，《新闻界》2006 年第 1 期。
② 1982 年，《美国行为科学家》杂志用了整整一期的篇幅刊登了使用多元方法所做的研究报告。
③ 沈崇麟、夏传玲：《社会研究方法的现状及其发展趋势》，载《万卷方法——社会研究方法经典译丛》总序，重庆，重庆大学出版社，2007 年，第Ⅵ页。
④ 陈向明：《质的研究方法与社会科学研究》，北京，教育科学出版社，2002 年，第 12 页。
⑤〔荷〕托伊恩·A. 梵·迪克：《作为话语的新闻》，曾庆香译，北京，华夏出版社，2003 年，第 7 页。

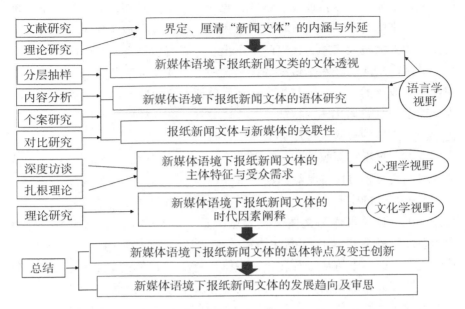

图0-1 研究思路

地和定量地描述显性传播内容的研究方法"①,其实质是对传播内容所含信息量及其变化的分析,一般是对文本的系统化分析。内容分析常采用概然性抽样分析,目的是通过分析代表性数据对某现象得出客观结论。社会学家马克斯·韦伯(Max Weber)提倡以报纸本身为研究材料进行系统分析,从定量的意义上去揭示报纸的变迁,这一号召在美国引起了一系列对报纸的内容分析。本书对报纸新闻进行分层抽样,系统剖析中国报纸新闻文类及语体的特点,既有"通过建立类目对文本内容进行编码的定性内容分析"②,又有数据统计思路和量化工具的运用。

本书对报媒新闻采编人员进行深度访谈,并结合资深报纸新闻从业者所发表的著述,运用扎根理论③分析方法对这些质性数据进行研究,深入剖析新闻主体的文体特点。寻找影响新闻文体的主体意识要素、要素之间关系及意义,探析报纸新闻主体对于新闻文体创变的认知、态度和行动,

---

① Berelson, B. R., 1952: *Content Analysis in Communication Research*, New York: Free Press, 18.
② 彭增步:《媒介内容分析法》,北京,中国人民大学出版社,2012年,第129页。
③ 扎根理论(Grounded Theory)是一种常用的质性资料分析方法,以归纳方式对现象加以分析整理并寻找其背后的核心概念,然后建立这些概念之间的联系以实现对理论的探索、发现和建构。

并深入挖掘其与新闻改革、媒体发展的关系。

本书还对具代表性、典型性的全国两会报纸新闻报道开展了系统的个案研究，并对其进行了同题新闻文体的对比分析。

第一章　基于互联网文化的报网新闻发展概况

文体创造的关键问题是如何处理作品的内容与形式之间的关系，所谓新闻文体的创造问题就是如何使新闻材料成体的问题。根据詹姆斯·威廉·凯瑞（James William Carey）提出的传播仪式模式，传播是一个符号和意义交织而成的系统，传播过程是各种有意义的符号形态被创造、理解或使用的社会过程，在此过程中现实得以生产、维系、修正及转变，这个过程因而成为一种有分享意义的文化仪式。① "人们有必要研究新闻的形式，研究特定的新闻形式与社会、文化传统的关系。"② 在这一逻辑下被传播的不仅是内容，形式本身也是传播的内容，文体本身也参与传播。

新媒体的出现不仅意味着传播方式的改变，更重要的是带来了新的生活方式、文化观念和价值尺度。③ 互联网背景下跨文体或多文体写作是常态和发展趋势，融合生产环境下的新闻产品体现了复杂的社会文化、媒介技术与环境、新闻理念等因素的综合作用。报纸新闻文体置身激烈变动的媒介环境中，与新媒体不断发生碰撞、互动和交融，是社会结构和各种媒介力量博弈的结果。人们有必要审视新闻与社会结构、传播语境之间的辩证关系，并以建构视角认识新媒体语境中的新闻文本。

第一节　互联网时代：文化观、读者观与新闻叙事

考察文体存在的情况及其产生的原因是重要的研究问题。"诗文之所以代变，有不得不变者。"④ 中国古文论普遍认为"不得不变"之原因有三：一是外部因素——"文章体制，与时因革"，文体的演变根源于时代的作用；二是内部因素——"因情立体，即体成势"，作者的主观世界起重要作用；三是自身因素——"旧体难出新意，遁而作他体"，文体自身

---

① 邵培仁、范红霞：《传播仪式与中国文化认同的重塑》，《当代传播》2010年第3期。
② 孙皖宁：《传播学研究中的仪式派——暨叙事文文体分析法介绍》，《新闻与传播研究》1994年第4期。
③ 周海波：《新媒体时代的文体美学》，广州，广东高等教育出版社，2019年，第1页。
④ 顾炎武：《日知录》卷21。

第一章 基于互联网文化的报网新闻发展概况

运动对于更新和发展的追求，才能不致僵化老化。① 体以代变，文体在各个时代都有自己的创造与突破，新闻亦如是。

"时代和社会需要是创造之母，报纸文体的改革，新文体的创世，不过是该时代新闻工作者为实现新的任务而采用的新表现手段。"② 一般认为，新闻文体的创变机制表现在四个方面：一是新闻自身发展的要求，包括新闻媒介多样综合化、传播手段多元化、新闻事业发展需要，报纸新闻文体变革就是不断适应报纸本身特点而改变的过程。二是时代和社会需要。新闻文体是该时代新闻工作者为真实、迅速地反映现实生活这一任务而采取的表现手段，随着社会变动、时代更新，就需要有更多更新的手段来反映。三是受众需要与阅读兴趣，即新闻受众接受趣味、关注重心与焦点等因素。四是其他尤其是相近文体的影响，如文学、应用文体与新闻文体的相互作用，③ 新媒体样式对报纸新闻文体有所影响。

本节以"话语适用"为前提，不展开全面和宏观论述，立足于新媒体语境下媒介生态与社会文化的关系，以及新闻文体策略和文化意味，结合新媒体背景，从文体视角考察新媒体语境下报纸新闻"时代文体"形成的诸因素，对报纸新闻文体的变化动因和趋势进行文化学透视。

一、互联网时代影响新闻生产的社会文化因素

时代精神作为文体的客观因素，是以特定时代的物质生活、精神生活条件为基础，由某个特定阶级、集团占据历史舞台中心以及他们推行之意识形态所形成的社会主导趋向。④ 中国报纸新闻文体变化的直接推动力主要是观念更新，观念更新则源于社会、经济、科技的巨大变化。新闻文体的变革与媒介技术的发展密切相关，很多重要创变节点皆与新媒介技术有直接关系，印刷、电子、数字技术带来了人类传播史上三次媒介形态大变化。⑤ 媒介技术是社会文化发展的产物，反之，新媒介技术的广泛使用影响了当代的社会文化，折射了社会文化的某种需求。此部分笔者仅关注与新闻文体密切相关之社会特征，即聚焦新媒体时代报纸新闻的外部生态环境，而不做系统化的全面阐述。

---

① 童庆炳：《文体与文体的创造》，昆明，云南人民出版社，1994年，第45～50页。
② 李良荣：《中国报纸文体发展概要》，福州，福建人民出版社，2002，第144页。
③ 类似观点在李良荣所著的《中国报纸文体发展概要》（福建人民出版社2002年版）第145页、张家恕所著的《颠覆与建构——新闻写作原理探究》（云南人民出版社2002年版）第323页中均有论述。
④ 童庆炳：《文体与文体的创造》，昆明，云南人民出版社，1994年，第183页。
⑤ 沈玲：《从媒介形态变化看媒介文化发展》，《苏州大学学报》2002年第3期。

时代是决定文体选择的重要因素，文体与时代的关系可以从经济发展与阶级矛盾状态等更深的层次去寻找。时代所具有的特殊政治经济背景、历史文化、风俗习惯和心理性格，人们特有的思维和行为方式，特殊的审美理想和审美趣味等因素及这些因素的总和，形成了时代的特征，对文体主体的创作个性具有深刻的影响。虽然每家媒体及每个新闻从业者之间有很大的差异性，但是又常常表现出某些共同性。本书的研究起点是20世纪末，这一时期对新闻理念和新闻文体有重要影响的时代特征集中在三个方面。

（一）社会转型期的文化心理

媒体转型与新闻转型是全球性话题，对于中国而言较特殊和突出之处在于新闻媒体转型与社会转型过程交织在一起，形成一种互相影响和促进的关系。因此，社会转型期是影响新闻文体的一个重要时空背景。

理论上，中国的社会转型是1978年后中国改革开放和现代化建设进程中所发生的"社会的整体性变迁即结构性变迁"①，是从传统社会向现代社会的变迁和转型。具体而言，就是从计划经济向市场经济形态过渡，从集权政治向民主政治体制过渡，从封闭型一元文化形态向开放型多元文化形态过渡②。中国当代社会转型是一个快速变化的过程，在这过程中，社会利益格局巨变，新旧体制交织，新的社会阶层形成，社会价值观变革。③

进入20世纪以来，中国社会从以经济建设为中心的"第一次战略转型"过渡到以制度建设为中心的"第二次战略转型"④。新媒体语境的形成及本书所研究的新闻文体变革正处于中国最重要、最复杂的社会深度转型关键时期。这一时期社会变动大，社会环境充满着复杂变数或不确定性，文化多元化，价值取向冲突严重，中国现实的复杂性、丰富性和深刻性前所未有。中国新闻改革的进程与社会改革交融。社会结构中起作用力的因素太多、太庞杂且难以掌控和预料，无法用原有的所谓规范的新闻文体去限制新闻内容生产，因此，新闻文体中似是而非的表现形式与表达

---

① 陈晏清：《关于社会哲学研究的几个问题》，《湘潭大学学报（哲学社会科学版）》1998年第4期。

② 孔祥军：《试论社会转型时期的新闻转型——兼作对李良荣教授〈中国的新闻改革〉的回应》，《甘肃社会科学》2003年第5期。

③ 陆学艺、景天魁：《转型中的中国社会》，哈尔滨，黑龙江人民出版社，1994。

④ 胡鞍钢：《第二次转型：从经济建设为中心到制度建设为中心》，见胡鞍钢、王绍光、周建明主编《第二次转型：国家制度建设》，北京，清华大学出版社，2003年，第1页。

式出现并被人们所接受。于是,《寻找广州活着的宗祠》这种文化专题报道出现了①,从形式上突破了新闻报道的一般规范,语体上也多有创新。

社会转型期间,竞争更激烈、节奏更快,社会矛盾凸显,容易给人们带来心理焦虑和精神压力,娱乐成为一种集体需求。阶层分化与社会流动加速,原有的社会整合力减弱,人们的价值体系、思想观念、生活状态与行为方式急剧变化,传统权威被挑战。多元的社会价值取向取代了大一统的规范,中国社会从过去具有整体性及同质性的社会结构向着个人化、自主性的社会形态转变。人们有了更多自主选择权,同时,个人趋于原子化、孤立化。② 社会形态复杂多样、躁动不安,给了新闻广阔的表现空间。社会情绪必然影响新闻表达,社会形态越复杂,新闻结构越复杂。现实生活的丰富性和审美的多样性影响了文体形式的多样和丰富性,同时,新闻文体的突破创新与渗透融合又给报纸新闻带来创造活力。

处于转型期的社会,各种思想观念、价值体系在新旧交替中激烈碰撞,生活中的未知与可变因素增多。在模糊不清和充满碰撞的现实中,人们既抗拒被"统一",又需要被导引,媒体尤其是报纸媒体的公共性被强化,于是,报纸逐渐形成了新闻评与述的结合。中国报纸新闻从近代的新闻与评论不分,到现代的报道与评论分开,再发展到如今述与评有意识地融合。当然,这只是一种核心理念的部分回归,在操作范式上与近代有很大不同。

(二)经济社会属性和市场化更稳固

市场经济体制更开放,商品经济进一步发展,消费社会到来,信息也成为被消费的产品。报纸作为信息的载体,其服务功能逐渐显现,报纸新闻的意识形态控制功能减弱。新闻媒体被纳入现代社会文化消费体系,"新闻产品"的提法被广为接受。经济快速发展后的多种消费方式中,报纸新闻失去了信息垄断地位,其引导舆论的中心地位被弱化。

传媒业的市场化程度更高,媒体直面资源配置、供求关系、产品流通、经济效益等市场经济运行机制。这一时期,新闻工作者的市场观念得到加强和巩固,媒体在市场化道路上摸索了经验,新闻找到新的生存方式,即积极参与到市场、公众事务和社会生活中。

商业经济形态中注重宗亲的社会关系脆弱化,人际关系竞争激烈,集

---

① 2013年《羊城晚报》"广州新闻"版新设专题。
② 参见欧阳照《电视新闻叙事化发展趋向的社会动因》,《社会科学家》2007年第2期。文中根据组织资源、经济资源和文化资源占有的不同,把中国社会成员划分为十大阶层。

体主义不再被强调，个体被突出，人与人的冲突对立，甚至个体的外在与内在对立也更多了。感性与理性、个人与社会、人与自然的对立与斗争明显，社会表现出更多崇尚冲突的审美特性。于是出现了适合表现激烈的冲突场面、出人意料的结局的新闻文体，例如特写和谈话新闻等。

传媒市场与受众需求受到前所未有的重视，"受众本位"理念深入人心。市场经济快速发展，社会激烈竞争和物质化倾向使人们越来越务实，对信息的服务性需求增加，对提高信息接受的效益要求更高。同时，市场经济的持续发展使文化中崇尚实用主义的氛围更浓厚，这对新闻的表达方式也有明显影响。比如国际时政报道特别注重从民生视角切入，提炼出事件中与民众利益相关的具体信息。

（三）公民社会的提出和建设

在中国，civil society（公民社会）也被译为"市民社会"，伦敦政治经济学院公民社会研究中心将其定义为："围绕共同利益、目标和价值的非强制的行动团体。"公民作为法律意义上的概念，强调社会成员权利和义务的统一性。一般而言，公民社会是指官方政治领域和市场经济领域之外的民间公共领域，一个健全的社会应是市场、社会与国家各守其位、各负其责，三者之间保持协调、均衡与互补状态。公民社会最根本的特征在于它凸显了每位作为个体的公民，每位公民的权益、需求、意愿与价值都能得到尊重①，认为每位公民的自主意识都重要。

改革开放以来，中国公民社会随着市场经济和民主政治的发展而迅速崛起，并对中国的经济、政治、社会生活产生日益重大的影响。② 学界对于建设公民社会也多有阐述和讨论。中国从身份社会向契约社会转型，公民社会逐渐崛起。改革开放和互联网普及，民间组织兴起，基层自治蓬勃发展和网络公共空间形成，促成了中国现代公民社会的萌芽与发育。③ 不论外界对"公民社会"的提法持肯定还是质疑的态度，正因中国当下具备了公民社会的一些基本元素，有关讨论才会成为热点。学者普遍认为，随着中国社会政治、经济及文化改革的推进，公民社会已初见雏形，表现为公民意识的觉醒、公民性和公民文化的形成。中国公民社会多元化以及公民参与舆论监督的意识均有发展。

---

① 段西蓉、冯波：《中国公民社会研究》，济南，山东友谊出版社，2009年，第9页。
② 俞可平：《中国公民社会研究的若干问题》，《中共中央党校学报》2007年第6期。
③ 章明：《从公民社会的兴起看中国政党制度的建设》，人民网（http://theory.people.com.cn/GB/40537/10450076.html）。

一方面，新媒体时代被认为促进了"网络公民社会"的建设、发展和进步。网民有充分而自由地表达个人意愿的强烈主体意识，公民有更多平台和机会表达自己的意愿、参与社会建设，因此加强了公民社会的发展和完善。① 公民社会的推进给予媒体建构公共领域的空间，同时"公民社会理论还具有一定的基本价值和原则：个人主义、多元主义、公开性和开放性、参与性、法治原则"②，也引导和规范着新闻报道，例如报道视角的公众化。公民社会影响了传媒受众观，即受众作为公民要被尊重和平等对待，也影响了传媒功能观，即媒体要承担更多社会交流责任。公民社会培育了公民意识，要求新闻报道对公民话语权进行构建并予以尊重，凝聚公众力量参与社会生活。而公共新闻与公民新闻的提出、民生新闻的发展、当下社区新闻的崛起等，均与"公民社会"有着千丝万缕的关系。

另一方面，以互联网为代表的信息时代引发的交流模式改变，促进了中国公民社会的发展和建设。公民的参与意识被激发，参与能力提高。某些网络团体具有很强的社会动员能力，并已形成一种重要的社会力量。新媒体语境不仅体现了技术平台的变化，而且给中国现代转型带来了影响。本研究的受访者 ZQ 认为："以前我们没有公民概念和意识，现在大家对公民的概念、意识和权利分得很清。人人都是记者，人人都有麦克风，这对我们媒体人影响很明显。我们在尝试慢慢地从以前体制内的宣传转变成一种符合当下情境的媒体传播，遇到问题时用公民视角去看待。"

二、与新闻生产相关的新媒体文化

新媒体所构建的虚拟社会不仅延伸了现实社会生活领域，创造了新的社会活动和精神活动空间，而且改变了传统社会生活的基础、结构与组织方式，创造出新的人际交往和社会生活方式，改变了传统伦理所依存的生活世界。③ 各种文化内容与各种传媒（包括网络媒体）融为一种全社会性质的"社会文化"④。新媒体实现了人类文化的一次重大转向，即"从现代走向后现代""从理性走向感性""从精英走向大众"⑤。新媒体是社会文化发展的产物，反之传播技术与社会文化有密切互动，新媒体技术带来

---

① 贾凡：《新媒体时代公民社会的发展和完善》，《赤峰学院学报（汉文哲学社会科学版）》2013 年第 2 期。
② 何增科：《公民社会与第三部门》，北京，社会科学文献出版社，2000 年，第 5 页。
③ 赵敏：《新媒体传播背景下当代中国新型社会伦理构建》，《山东大学学报（哲学社会科学版）》2011 年第 6 期。
④ 陈力丹、陈秀云：《传媒变易之五 变化中的传媒与文化》，《青年记者》2009 年第 7 期。
⑤ 欧阳友权：《网络传播与社会文化》，北京，高等教育出版社，2005 年，第 32～34 页。

的新媒介环境影响甚至重构了社会文化。因此，有必要通过在新媒体的影响下形成的社会文化因素审视报纸新闻文体。研究普遍认为新媒体语境形成了新的媒介文化，对新闻文体有所影响。

（一）去中心化，促进平等参与性和互动性

作为相对开放的平台，新媒体给不同阶层的人群提供了自由发言的机会，其去中心、去权威及多元化特性促使了互动交流、平等对话的话语场建构和民主化倾向、共享主义精神的生成。如果说"媒体就是意识形态"①，那么，平等所带来的多元、个性、交流则是新媒体语境的主要文化观念。

新媒介技术实现了所谓的"电子民主"，网络社区里人人都是中心，人们更愿意表达，而且在一定程度上实现了自由表达。民间声音被听到、草根话语权被重视，每个人都有机会发声，参与社会事务和舆论监督。在社会崇尚创新与包容的时代精神下，新闻从业者的自主创新精神凸显，并且在新闻形式上有主动创变的自我动机。

互联网无中心的设计思想及扁平化传播方式形成一种具有平等性的交流模式，促进了多元化观念发展。网络给人们提供一个开放、自由、平等及匿名的空间，消融了不同话语方式之间的地位差距，话语权被分流。以往被边缘化或难以表达的话题和话语方式有了表达和传播的机会，并通过新媒体这个开放的空间得到社会明确而及时的广泛反馈与关注，甚至形成更深层面的探讨，从而极大地调动了人们表达的欲望。网络化时期，话语权被分流，权威被消解，新媒体去中心和去权威的特性，对社会公众进行了赋权，社会崇尚交流互动和平等对话，追求平等的精神理想，促进了对话体新闻文体的发展。

新媒体技术使普通人也可进行内容制作，使由上而下的发布方式转向了由下而上的公开分享，形成一种以分享、参与、自我呈现为特色的媒介文化。美国学者亨利·詹金斯（Henry Jenkins）将其称为"参与式文化"（participatory culture），这种媒介文化给新闻传播带来变革及发展契机，是媒介融合的基础之一。互联网所实现的"互动"从技术手段延伸成为人们的行为习惯并固化为一种文化观念。谢尔·以色列（Shel Israel）认

---

① 〔美〕J. 希利斯·米勒：《全球化时代文学研究还会继续存在吗?》，国荣译，《文学评论》2001年第1期。

为所谓的传播时代即将结束,全新的交流时代即将来临。① 互动是交流的前提,不间断的反馈循环成为新媒体的标志性行为。这种互动文化影响了新闻结构,形成反馈并注重表现交流过程成为报纸新闻文体的一个重要变化。

新闻中呈现意见与观点的"原话"之来源越来越多,话语权得到释放并且被尽量"下放"至每个公民。话语权与信息源的开拓使人们的话语权意识加强,受众愿意通过媒体平台发表意见,同时希望媒体对呈现自己原话的信息保护意识也增强。读者与意见发表者身份的统一,以及读者与记者、编辑身份的平等,读者与记者、编辑所代表的媒体对话的欲望增强,都是观点新闻增加的重要原因。新闻中"追问"的结构和语体增加,调查报道及述评新闻增多,以及更多以平民视角和个体视角切入的文体结构,不停追问着个体在大时代中的位置。同时,在这大量制造信息噪音的新媒体时代,什么是真相、谁的话最有权威成了困惑人们的问题。

(二)个人化与个性化的主张

尼古拉·尼葛洛庞帝(Nicholas Negroponte)阐述了数字化给人类社会结构带来全球化、权力分散、追求和谐与赋予权力四个方面的改变,网络时代使个人自由得到发展,个人化时代真正到来。② 网络技术的兴起使社会资源的分配方式发生变革,形成了以开放与平等为特征的网络文化精神,影响着人们现代开放的思维方式与价值观念的形成。人们在虚拟世界里面对着无数不确定的交往对象,打破了中国传统基于农业社会的宗法血缘关系及封闭的熟人式人际交往方式。新媒体为伦理相对主义提供了技术基础,由于去中心化的传播特点而形成的多声部"合唱",改变了中国传统伦理长期封闭状态下的一元化道德文化模式,思维模式和伦理的多元化为彰显个性化表达提供了文化土壤。

家庭关系和模式是国家、社会的建构基础,传统中国以中华民族稳固的农业性经济为主,社会伦常及国家治理在这种关系之下,长期强调集体性而不突出个体性,事事处处讲究"合情合理",审美追求上注重"感性与理性、个人与社会、人与自然的和谐统一",文体上必然追求中和之

---

① 〔美〕谢尔·以色列:《微博力》,任文科译,北京,中国人民大学出版社,2010,第54页。
② 〔美〕尼古拉·尼葛洛庞帝:《数字化生存》,胡泳、范海燕译,海口,海南出版社,1996年,第269页。

美。① 互联网技术与传播模式促进了注重个性发展的时代精神的形成，人人都想发声，新闻的个体视角增多，表现为观点表达的增多、互动体的发展、直接引语和第一人称的运用增多。

新媒体语境所强化的个体化带来了个性化写作方式，新闻文本生产呈现出个性化特点。在这样的媒介环境中，统一规定的模式要求对新闻内容生产者包括报媒的记者、编辑们的约束力大大减弱，传统的新闻体裁规范性要求屡屡被打破，新闻文体也常被解构。网络环境及社交媒体平台鼓励个体需求的表达，新闻生产者在这样的文化氛围下，个体性表达的尺度更大。这些在新闻文体中也会有所表现，例如更多个人视角的采用以及观点的呈现。

（三）大众文化崛起，追求通俗娱乐化

美国社会学家卡斯特尔（Castells）认为："信息技术就像工业革命时期的能源一样重要，它重组着社会的方方面面。"② 互联网时代改变了社会形态，精英文化衰退，大众文化全面崛起。精英文化所代表的乌托邦理想消解，世俗文化所代表的现实物质主义被公众认可，表征精英文化的严肃高雅、忧思深邃的话语方式式微，表征大众文化的平实通俗、娱乐趣味甚至庸俗化的话语方式崛起。媒体精英文化被解构，这在报纸新闻改革理念中有集中体现，在新闻文体上也有显著案例。报纸把新闻尽可能扩大为更多民众接受和参与的社会文化重要构件，因此着意营造一种"草根文化感"，新闻工作者就是读者的"街坊邻居"，20世纪80～90年代"明星"记者或编辑社会影响力巨大的景象不再。

互联网理念倡导大众化，追求通俗而非深度，因此，它更感性且审美更泛化，追求视觉文化的拟像化效果，以区别于传统媒体特别是报纸文字这种理性而严肃的表征形式。由于能更快得到反馈，它具备了追逐世俗的先天条件。新媒体文化是一种草根文化，采用的是全民话语模式。

新媒体文化生长于消费社会，有明显的消费社会时代烙印。新媒介的商业化属性要求它服务于消费社会。作为商业的新媒介产品呈现出明显泛娱乐化及世俗化形态，被要求提供适应需求、吸引人的刺激和消费方式。

由于互联网技术和新媒体的崛起，21世纪被认为是信息社会，新闻作为信息产品，其现实价值被凸显。大众文化肯定实用主义，促使报媒的

---

① 童庆炳：《文体与文体的创造》，昆明，云南人民出版社，1994年，第189页。
② Castells, M., 1996: *The Rise of the Network Society*, Oxford: Blackwell.

信息服务观念被强化。新闻虽然形态不一，但是无处不在，新闻的生存空间扩大；借助新媒体的多样化渠道，新闻的受众面扩大，表达空间扩大，话语权和"声量"也扩大。

（四）快速型社会建构，信息传播分散化和碎片化

适应互联网接受时间与空间分散化的行为模式，信息处理的碎片化成为新媒体时代人们重要的思维方式和表达方式。正因新媒体空间及其内容呈现出的碎片化，于是"微时代""微传播"等概念出现。微介质、微内容、微形式，其核心文化特质即"微小"，更轻快、简短。它所表征的是一种相对于宏大叙事和传播而言，个人化与轻简化的网络文化理念。因此，媒体时刻关注阅读习惯的变化，提倡方便阅读的原则，并迅速根据渠道和终端的变化调整所呈现的内容。

新媒体语境打造了碎片化传播生态，各种片段化的未经审核的文本、画面和声音等信息充斥着新媒体所构成的空间并影响公众舆论，迫使各阶层、各行业做出更快的反应和决策。这种"CNN 效应"①中，融合新闻的滚动式碎片化报道十分常见，报纸发展出适合快速而清楚表明立场的新闻文体，以及符合实时状态的文体操作规范，如特写型消息；同时，报纸发展出在各种媒介空间包括网络与平面媒体空间均能适用的新闻语体，以不间断的新闻报道模式表现其快速应急反应能力。

媒介所处的社会环境中"到处是打字速度比思考速度更快的人"②，报纸新闻文体是迎合还是改变这种习惯，是一个两难命题。迎合，意味着推出"短平快"新闻；改变，即注重解说、述评及个性的表达。二者均有局限性，前者容易让受众淹没在信息的海洋中，后者容易被当下人人自认专家的受众所诟病甚至抛弃，于是，报纸新闻在二者之间小心地保持着平衡。

三、新媒体语境之用户观

新闻竞争的目的集中于争夺受众和市场，新闻文体的改革更贴近受众

---

① 〔美〕道格拉斯·洛西科夫：《当下的冲击》，孙浩、赵晖译，北京，中信出版社，2013年。书中提出，"CNN 效应"是指根据美国有线电视新闻网（Cable News Network，CNN）新闻报道对美国政府决策所起的影响作用而提出的一个政治科学及媒体研究的理论，通常指新闻媒体在政治冲突或争端时对政治和政府决策的影响。新闻报道可能对政府施加压力，使政府不得不做出更迅速的反应。

② 〔美〕道格拉斯·洛西科夫：《当下的冲击》，孙浩、赵晖译，北京，中信出版社，2013年。

需求，新媒体语境的"受众本位"使得报纸新闻更加注重"对话"对象——读者。

（一）新媒体语境下的读者与用户

互联网时代建构了平等互动的传受关系，影响了媒体受众观。在过去很长一段时间里，中国报媒视受众为教育和传播的对象，并将这作为工作的出发点和切入点。传受关系的巨大变化影响了报媒的读者观，冲击着报纸新闻的内容和传播形式。传播者的精英话语权被消解，传播者不再被视为全知全能的先知，而处于一种与受众平行对等及交流互动的状态，是开放空间里专业的信息采集、制作、发布及服务者。新闻在引导舆论的同时还要满足受众更多的信息需求。

对于报纸而言，新媒体语境下读者观最大的变化是从受众理念到用户理念的转变。新媒体将媒介使用者即传统媒体的受众称为"用户"，强调以用户需求为主导的内容生产方式。受众理念中，受众则多为被动接受、媒介参与度低、使用性差。用户理念以使用者为核心，用户体验是产品生产的原动力和出发点。用户观强调内容生产者与使用者地位的平等，用户不再消极接受传播，而是媒介和信息的自主使用者，其媒介参与度高。

用户思维是互联网时代的重要基石，涵盖了用户需求与用户体验两个基本层次。① "用户体验（user experience，UE/UX）"的概念最早被广泛认知是在20世纪90年代中期，指一种用户在使用产品过程中建立起来的主观感受，ISO 9241-210标准将其定义为"人们对于正在使用或期望使用的产品、系统或者服务的认知印象和回应"。用户体验最初产生在IT（information technology，指信息技术）应用设计领域，但人们很快发现，任何个人、产品与行业的竞争背后都是用户体验的竞争。②

传统报媒需要重新定义读者，从把受众视为单一的信息需求者转变为把受众视为消费信息、其他产品和服务的"多元用户"，在生产新闻产品及其他衍生品时考虑如何以媒体为介质，满足更多用户需求，提供超越信息内容的服务和体验。③ 由于传媒业态从单媒体内容生产向多种媒体内容生产转移，各种媒体相互嵌入，所有媒介都必须进入新媒体平台发展。报媒转型之路上，无论是"全媒体"还是"媒体融合"理念，新闻产品必

---

① 朱永祥、娄华艳：《用户思维：新传播环境下的新闻立台》，《传媒评论》2014年第2期。
② 《用户体验》，见百度百科（http://baike.baidu.com/subview/274884/5077647.htm?fr=aladdin）。
③ 黄琼：《从读者到用户：〈新闻晨报〉的转型思路与做法》，《传媒》2013年第12期。

第一章 基于互联网文化的报网新闻发展概况

然在报媒和新媒体中被跨界生产和运作,因此,新闻生产中逐渐加强用户观,受众观被改变。新闻需要面对更细分的用户,重视传播活动中的用户体验。① 尤其经过近年来新闻客户端的竞争,用户体验被认定为吸引用户的重要因素,新闻叙事也强调用户体验。

基于新型用户观,新闻接收者与发出者是平等交流的关系,媒体(包括报媒)提供的信息要有较强使用价值,信息的工具性被强化,新闻生产中需尽量照顾用户个性化的信息需求。2014年,《南方都市报》优化升级,强调把传统的新闻读者观转变为信息用户观,要求新闻更贴近用户需求、更考虑阅读效益。"图明白"和"图方便"等实用版块上服务类信息增多;增加指南性信息,增强新闻的服务性解读,如向导式报道提供怎么用及怎么做的使用指南,信息提供与挖掘、解读的关系更凸显服务意识。② 此次改版进一步强化"悦读"理念,针对新媒体环境下人们的阅读习惯,强调给用户良好的阅读体验,既要提供"从容"的报道,让大家"慢和优雅"地阅读,又要"好看"以充分提高易读性。对于改版带来的变化,时任副总编辑王海军提出,在文本方面,文字更精细好看;强调更好的题材、扎实的调查和逻辑推论;呈现方式追求可视化和清晰,大量图表新闻把数据和事实等材料进行可视化呈现,数据新闻比重大幅增加,"这种思维方式要贯穿日常操作空间,要有意识地做很多积累,记者跑哪条线就要建立哪条线的数据库,比如跑消防的记者日常要建立起消防、火灾的各种数据库,一旦火灾发生时就可以把数据库调出来",更多地写故事和做数据分析,"层层追问原因,最后得出一个结论、一个类型的示意图";通过版面切割使报纸阅读更有节奏感,受众阅读自由度高、信息选择空间大。王海军认为,传播率极高的《看广州副市长怎么炼成——南都记者以曾任或现任16位副市长履历梳理分析其群体特征》这样的报道形式,"是在互联网时代下对原来采写方式的一种重塑,传统新闻报道方式里没有的,但这样一种思维方式在互联网时代会比较常见"③。2015年,"广州读本"改版,记者"不但要做新闻报道的生产者,还要做公共服务的监督者。办事过程遇到障碍请找'记者帮';谁敢对市民'踢皮球',我们就让他'周一见'"④。这些体现了《南方都市报》向用户服务

---

① 蔡雯:《从面向"受众"到面对"用户"》,《国际新闻界》2011年第5期。
② 彭柳:《〈南方都市报〉优化升级中的报道形式变革与新闻建构》,《中国编辑》2015年第2期。
③ 笔者于2014年7月4日对时任南方都市报副总编辑王海军进行了深度访谈。
④ 《广州读本改版聚焦影响力 舆论监督天天见》,《南方都市报》2015年10月12日"广州读本"封面。

27

型媒体的方向转型。

新媒体传播格局中,作为"新闻消费者"的用户成为不可忽视的传播主体,他们集新闻生产者、传播者、消费者于一体。刘鹏提出开启用户新闻学研究的主张,新闻学研究应从专业媒体中心视角转变为围绕用户重新思考何谓新闻等视角,包括用户新闻生产以及用户参与下的新闻再生产的过程。① 在这个视角下,很多报纸新闻也是一个融入用户提问、留言、评论等参与行为的"新闻包裹"。

(二) 新媒体语境下的受众新闻阅读行为

新闻文本的形式是一种编码方式,编码对应的就是解码。报纸新闻文体要考虑读者的解码——解读过程和阅读体验,为满足受众需求而变革。在报纸新闻文体建构中涉及的"解码"即新媒体语境下读者的新闻阅读习惯问题。

1. 新闻获取渠道与阅读终端融合,各媒介新闻报道形成互补关系

当今,受众对任何媒介的忠诚度都不高,报纸新闻的读者黏着度急剧下降,这是媒介环境复杂化带来的必然结果。媒介融合导致受众获取信息的渠道由多种终端构成,阅读在多种终端之间频繁转换,来自各种媒介渠道和阅读终端的新闻被整合成完整的信息,不同形态的新闻共同构建了读者脑海中的新闻。

用户对于不同媒介终端所提供的新闻有不同需求,因此涌现了能满足用户不同阅读需求的各种媒介阅读平台,报纸、电视机、电脑、手机、平板电脑等不同的新闻媒介终端均强调为客户端浏览量身定做版式设计,让用户体验更好。新闻生产端要根据各种媒介阅读特点进行形式选择,不同媒介的报道各有不同、各有所指又互相关联,提高报道形式与媒介阅读特点的契合度,不同媒介的新闻报道形成新闻场域,共同作用于受众,给受众带来丰富多彩的新闻阅读体验。

2. 读屏与阅览:新媒体语境下大众的阅读特点对报纸新闻的影响

贾举将数字传媒语境下的大众阅读形态归纳为非线性、视觉化、碎片化、浅阅读②,较全面和准确地概括了当下人们的阅读特点。互联网时代信息爆炸,形成快节奏的社会,促使受众阅读呈现出"浅读"与"速读"

---

① 刘鹏:《用户新闻学:新传播格局下新闻学开启的另一扇门》,《新闻与传播研究》2019年第2期。

② 贾举:《数字传媒语境下的大众阅读形态及衍生趋向猜想》,《东南传播》2009年第2期。

的特点。读者对新闻的阅读转变为读屏和阅览,接触媒介信息时常采用"刷屏式"及"一览式"阅读方式。加上碎片化阅读及非线性跳跃式阅读的习惯,读者对新闻结构完整性的要求降低,着重于新闻内容所揭示的核心事实及其与自己的关系,而不关心语言与形式是否规范优美。因此,报纸新闻从书面语体向口语语体转化,语言表达更直白、写实的口语体新闻标题增多,且会采取一定的办法,如在标题中使用标点、语气助词迎合用户情绪,以求在"一览"中尽快打动读者。

3. 阅读功能改变:娱乐、实用、个性化的需求增强

受众心理需求往往刻有特定历史时期的烙印。处于社会转型期的人们有缓解精神压力、消除焦虑情绪的普遍心理需求,因此对媒介的娱乐功能需求凸显,对主要功能是提供信息的新闻也附带有娱乐的要求。新闻在对重大信息进行迅速传达的同时也应是轻松活泼的,以增强阅读愉悦性。如何将严肃的信息通过有趣味的形式传播,尤其是时政新闻报道如何在新闻文体中增加娱乐化元素,是报媒要深思和突破的问题。实用性需求要求报纸新闻文体做更多信息解读,表达上更直指核心,在新闻与社会各阶层、群体与社会现实之间建立密切联系。

互联网时代信息传播的分众化趋势明显,报纸新闻虽无法像新媒体那样随意切换链接,提供卡片式阅读及实时互动,但也要明晰更专业化、分众化的方向,在新闻呈现中最大化满足个性化阅读的需求。

(三)新媒体语境下的受众与新闻生产主体融合

多元化和差异性并存的新媒体时代,借助技术的发展,媒介成为一个人人可以参与交流的"文化广场",激发了各阶层人群参与信息传播的热情,"平等对话""阅众参与"成为时尚,传统的"受众"跃升至新闻产业链上游,成为"传者"。这些文本生产者获得多重赋权,包括社会赋权——社会通过有效机制充分发挥个人在社会结构中的作用和社会个体最大限度行使所赋之权;政治赋权——人们可以通过社交媒体平台发布新闻信息和意见行使话语权;新媒体赋权——人们可以运用网络以及社交媒体所构筑的话语平台对政府和社会提出意见。①

互联网平台带来的最大变化是用户原创内容(user generated content, UGC)的大量产生,用户既是受众,同时又成为内容生产者、展示者与传播者(包括对新闻媒体、专业机构生产的新闻内容的二次传播)。2015

---

① 孙少山、孙发友:《不拘一格的"新新闻文体"及其意蕴》,《青年记者》2020年第13期。

年,《南方都市报》在"珠海读本"推出"众筹新闻"版面,一定程度上开放新闻制作流程,"让普通市民参与新闻生产过程并享受新闻分红"①。

随着新媒体形态更丰富、模式更成熟,传统传受模式受到冲击,传播方式从单向转变为双向甚至多向,信息传播从自上而下转变为交互、甚至自下而上的路径。受众不再只是被动接受,而是有了发布信息的机会,可以及时表达态度与观点,实现了媒介组织与受众、受众与受众、受众与新闻之间的及时交流互动。受众的主动性和积极性被充分调动起来,媒体也在与受众的良好互动中寻求到发展契机。新媒介时代的受众拥有更多媒介选择权,要求更多的新闻参与权和话语权,传者与受众的角色也非固定,而是随时转换,所以,来自读者的观点成为报纸新闻结构重要组成部分。

四、新媒体新闻的叙事特点

著名叙事学家杰佛里·温思罗普(Geoffrey Winthrop)认为,存在于不同媒介领域的叙事模式会随着媒体技术的融合渗透而互相影响。② 报纸新闻叙事方式也会受新媒体的影响。

1. 互文性叙事理念,超文本、超链接结构

互文性(Intertexuality)也称"文本间性",通常被用来指示两个或两个以上文本间发生的互文关系。"互文本"既指历时层面上的前人或后人作品,也可指共时层面上的文本。③ 近50年来,互文性理论被屡次提及并产生较大影响,与语言环境有密切关系。契合当前复杂媒介环境下多种媒介形态交融中的跨文本研究及跨媒介的新闻研究,互文性研究转向了一种宽泛语境下的跨文本化研究。近年来,它被新闻叙事研究所重视,当下新闻环境与互文性理论的互相契合应是主因之一,新媒体语境下互文性在新闻叙事中得到验证及最大化的运用,尤其是网络新闻叙事和传播可谓对互文性理论的最充分实践体现。

俄国文艺理论家米哈伊尔·巴赫金(Michael Bakhtin)的对话主义对互文性理论有直接影响。他强调文本结构、文本之间、表述者与受话者之间的对话性,关注"表述/文本之间的对话""隐含在复调小说中的对话

---

① 朱鹏景:《"众筹新闻"来啦 读者可定报纸写什么》,《南方都市报》2015年10月12日ZB6版。
② 薛国林、马双丽:《新媒体的叙事特征》,《新闻与写作》2010年第12期。
③ 王瑾:《互文性》,桂林,广西师范大学出版社,2005年,第1~2页。

关系""文学的狂欢化"①，可见这里的"对话"不只限于语言形式上的对话，还指通过实际对话而建立的沟通关系，以及社会各种构成因素内部及之间的对话。法国文艺理论家朱丽娅·克里斯蒂娃（Julia kristeva）在《词语、对话、小说》（Word, Dialogue and Novel）（1966）中，正式创造和引入了"互文性"这一概念，并在一系列著作中进一步明确了其定义："互文性表示一个（或几个）符号系统与另一个符号系统之间的互换"，"一篇文本中交叉出现的其他文本的表述"，"任何文本都是引语的镶嵌品构成的，任何文本都是对另一文本的吸收和改编"。② 简而言之，互文性主要具有四层含义：①文本内部的文字符号、语言系统、社会情节、知识话语等不是独立单一的，而是与其他文本及知识话语存在着广泛复杂的联系；②读者在阅读原文时已存在着类似阐释学的前理解结构；③读者在与文本交流时会产生一种新的互文关系；④读者和评论家在对作品评论时所产生的"书写性文本"是一种互文的产物，充满了互文性。③

很多理论家对"互文性"这一概念进行了调整、修正与再阐释，符号学、结构主义、后结构主义等的学者均对其内涵进行了界定和阐释，此处无法深入探析。但正如法国学者蒂费纳·萨莫瓦约（Tiphaine Samoyault）所言："互文性让我们懂得并分析文学的一个重要特征，即文学织就的、永久的、与它自身的对话关系，不是一个简单现象，而是文学发展的主题。"④

在不少研究视野中，互文性不仅是一种广义的理论，也是一种方法，例如，它提供了对文本意义生成中"受者"视角的强调。⑤ 它也不是单纯的形式研究，而是以形式分析为切入点，以影响为核心要素，最终将文本、主体、文化的众多影响因子纳入关注领域，因此体现了一种消解形式主义的文本中心论理念。互文性理论将外在影响和力量文本化，一切语境无论是政治的、历史的、社会的、心理的都变成写作的互文本。⑥ 因此可以将互文性看作新闻生产者建构意义、设计活动、追寻结果所使用的具有

---

① 王瑾：《互文性》，桂林，广西师范大学出版社，2005年，第6～23页。
② 王瑾：《互文性》，桂林，广西师范大学出版社，2005年，第1页。
③ 张首映：《西方二十世纪文论史》，北京，北京大学出版社，1999年，第431～432页。
④〔法〕蒂费纳·萨莫瓦约：《互文性研究》，邵炜译，天津，天津人民出版社，2003年，第1页。
⑤ 王瑾：《互文性》，桂林，广西师范大学出版社，2005年，第135页。
⑥ 吴怀仁：《论互文性写作的文本表义策略》，《写作》2008年第9期。

战略部署的社会实践。①

英国学者诺曼·费尔克拉夫（Norman Fairclough）认为，文本存在于话语实践中，话语实践存在于社会实践中，文本、话语实践和社会实践三者是递进蕴含的关系。文本通过话语实践建构着社会，通过其文本的互文性及与社会实践的互文性实现着权利话语，新闻报道正是一种以文本形式出现的话语形式。② 因此，互文性可以作为话语意义的证据，新闻报道作为一种话语形式，其多重的融合的发声则体现了各种权力的争夺。

网络文本因具有开放性、边缘性、多重性和多义性，互文性得以最充分的体现。网络新闻叙事的互文性体现在同一新闻文本的文字、图像、动画、视频等各要素互相指涉形成的内互文、围绕某一事件而产生的关联性形成文本间互文、文本与背景互文三种。网络新闻互文叙事有超文本性、多媒体性和互动性等特点。③ 这些特点促使报纸新闻叙事方式发生改变，例如"新闻链接""背景链接"等栏目学习了新媒体的超链接形式，采用组合报道、图文配合的形式，增加互动叙事模式，采用多媒体化的报道形式等，以实现内入式互文与外接式互文。

最能体现网络新闻互文性的是超文本结构方式，新闻涉及的每个关键人名、地名、时间，甚至每个词语、句子都可联结另一个声音、图画或影视文本。它通过超链接的手段使与新闻相关的信息之间产生联系，使得网络新闻文本不再是传统的线性平面结构，而是网状多维立体结构。④ 报纸新闻以版块化处理，通过新闻资料、反馈评论、网友意见等模块的互文性，形成虚拟的新闻网状多维立体结构。在新媒体语境下，语篇上主干新闻与解读文本（包括图表这一语体变体）之间的互文关系也被充分发掘，比如，新闻常常采用由主报道语篇、对主报道进行阐释的解读语篇，以及这两种语篇之间起联系作用的功能标签构成组合式解读性新闻语篇，⑤ 形成外接式的互文叙事。

而更普遍直接的新闻文体互渗表现在报纸新闻引入新媒体文本形式，报纸语体与网络语体融合，增加引用、仿拟当下时髦的流行语、网络热词

---

① Peterson, M. A., 2001: "Getting to the Story: Unwritable Discourse and Interpretive Practice in American Journalism", *Anthropological Quarterly*, 74 (4): 201-202.
② 陈吕芳：《从互文性看新闻报道的权利话语》，《长春理工大学学报（社会科学版）》2013年第5期。
③ 焦树民、卢普玲：《网络新闻互文叙事对报纸新闻叙事影响》，《当代传播》2009年第3期。
④ 许向东：《浅谈网络新闻的超文本结构的写作》，《新闻知识》2001年第7期。
⑤ 邓隽：《解读性新闻中的互文关系》，《当代修辞学》2011年第5期。

等,也是追求文体的互文性效果。新闻因文体融合而具有了新的外在形态与内在结构性张力。

互文性还能提高受众的阅读体验。各种媒介内容和形式互为模因,形成文本迁移。相关事件通过互联网被迅速标签化并很快出现在报纸新闻中,例如郭美美与"卢美美"的互文、"时间去哪儿了"在各种新闻人物和事件上的反复使用,这些新闻中代入网络事件、新闻事件建立理性勾连后产生的表述方式系列化,就是建立在读者的前理解结构基础上的一种互文性叙事。这种文字表述上互文性的运用,一方面,由于有了纵向、横向联系,使受众对单独的显著性、重要性并不强的新闻事件产生一定的联想,新闻加工的意味增强;另一方面又利用了受众早已具有的阅读经验,易读性更强,显示出很强的娱乐性和趣味性。互文性为报纸突出理性解读的特点,同时达到受众良好阅读体验的双向平衡提供了很好的理论依据,报纸新闻的深层解读在互文性中得以体现。

2. 低语境文化引导直白轻松的叙事风格

美国文化人类学家爱德华·霍尔(Edward Hall)在《超越文化》(*Beyond Culture*)一书中提出了"高语境"(high context)和"低语境"(low context)的概念,以解释语境与文化的关系。高语境中绝大部分信息储存于物质语境中,成为全体成员共有的资源,人们在人际交往中更擅长借助共有语境开展交流;而低语境则更多借助直接、清晰的符号进行编码和传递信息,这意味着人们更多依靠使用语言本身来达到交际目的。前者表达感情和传递信息喜好用含蓄、间接、隐晦的方式,且内向、羞涩、不擅长自我表现;后者喜好用坦率直白的方式进行沟通,且外向、热衷于自我表现。高语境文化是集体主义导向的文化,追求整体和谐,竭力回避对立冲突;低语境文化是个人主义导向的文化,倾向采取正面冲突的方式解决问题。霍尔将大部分亚洲、拉美、非洲国家的文化列入高语境文化范畴,将美国、德国及多数北欧国家列入低语境文化范畴。[①] 这一提法遭到不少质疑,尤其是质疑他将多民族国家的中国列入高语境文化范畴的科学性。林晓光就曾提出"中国由高语境文化向低语境文化移动"这一"假说",[②] 但霍尔这一学说提供了研究文化语境的一个参照系。

新媒体语境形成个人主义导向的低语境文化。新媒体具有虚拟性特点,很大程度上遮蔽了人们身份、地位的差异,营造了平等对话的氛围。

---

① Hall, E. T., 1976: *Beyond Culture*, New York: Doubleday.
② 林晓光:《中国由高语境文化向低语境文化移动的假说》,《新闻与传播研究》2009 年第 2 期。

网民可以剥去伪装、直言不讳，甚至情绪化地发表言论、臧否现实，因此，新媒体使用者的话语往往是直白、尖锐和不遮掩的。① 网络空间呈现低语境文化的特点，影响了整个社会的语境文化，改变了新闻话语方式，报纸新闻文体也据此做出必要调整。

此外，新媒体新闻风格轻松诙谐，即便是"硬"题材也尽可能以"软"形式呈现，凸显娱乐化和易读性。形貌修辞手法和图形图像叙事，以及"标题党"的形成，皆为达到直观形象、吸引视觉注意力的效果。

3. 立体多元叙事视角形成复调式叙述

新媒体时代传播渠道和媒介终端融合，新闻传播过程往往覆盖网站、报纸、电视、广播等各种媒体，载体特性成为新闻形式的决定因素之一。新闻的跨媒介生产与传播带来立体的叙事特征，新闻呈现多形式、多文本、多媒介、多渠道的立体化分布。新媒体语境所形成的复杂的媒介生态环境、多维的媒介文化、多元的叙事理念整体影响着新闻叙事，传统的叙事脉络仍有力量，但是霸权不再，单一议题、单一视角及单一表现形式的"一元化"不能满足社会包容多元文化的需求，也不能适应当下对过程程序性的关注更重于结果的媒介文化。新媒体新闻呈现组合多维度、叙事视角多元的特点，于是相应地，组合式编排、整合各种观点，甚至混乱的编排、跳跃式段落和话语都成为报纸新闻文体的特点。

叙事视角体现了叙述者对事实阐释的方式，多个叙述者从不同角度叙述同一中心事件的多元叙述理念影响着新闻叙事，它能多方位展示事实，且使故事内涵更丰富、主题更具多义性和不确定性。新媒体新闻大量运用非线性叙述模式，频繁转换多种叙事声音和多重叙述角度，呈现出明显的多元叙事特点。新媒体追求个性化表达，自媒体为新闻第一人称叙事角度提供了试验田，新闻更多以平民的、个体的叙事视角切入。新闻场域中话语权的集中和霸权被打破，直接发声的人物身份多元化和复杂化，话语权的开放性增加了每种来源独立的声音呈现的机会，新闻摆脱独白的叙事方式而构成了具对抗性和互补性的"多声部"复调式叙述。

4. 跳跃性碎片化的节约叙事策略

新闻生产流程中采访、写作、编辑环节的即时性与分拆切割化运作，多渠道、多手段、多符号、多终端的采访和报道，与新媒体的文本特点相对应，尤其是微博、微信的介入，使新闻篇章结构与语言句式呈版块化、片段化与碎片化趋势，传统较封闭、规范的新闻叙事结构的完整性弱化。

---

① 程曼丽：《什么是"新媒体语境"？》，《新闻与写作》2013年第8期。

第一章 基于互联网文化的报网新闻发展概况

信息的成组集束式表达及点状布局使新闻段落跳跃且简短化。

新媒体语境下，受众形成非线性跳跃式和碎片化阅读习惯，对新闻结构完整性及语言形式规范优美的要求降低。新闻为满足受众的"经济阅读"习惯，形成了"节约叙事"的特点。叙事学中的"节约叙事"是一个模糊的相对概念，是相对于文学叙事而言的一种客观化概述手段。① 笔者认为在新媒体语境中，"节约叙事"除了是一种客观化手段之外，还是新闻叙事的一种更直接及更简约的表述方式，甚至为此可以忽略结构的完整性、叙述的起承转合及非必要的铺垫和交代等。一定单位时间内，新闻通过节约叙事使得读者能够接收更多新闻议题与事件。

第二节 竞争与共生：新媒体与报纸新闻的交融发展阶段

中国互联网事业启动以来的20多年里，新闻报道逐渐形成传统媒体、商业新闻网站、自媒体和移动媒体"四足鼎立"的传播态势，而这种传播态势的出现与新媒体的不断迭代息息相关。② 笔者以2000年商业网站获得进入新闻传播领域的资格、2005年以博客为代表的自媒体兴起、2009年微博出现、2014年移动新媒体深化媒体融合为重要节点，将1998年至2022年，报纸新闻与新媒体的交融关系区分为五个阶段。

一、1998～2000年：新媒体新闻传播萌发

此阶段，独立的新闻类网站开通，印刷媒体、广电媒体也纷纷创建相应的新闻网站。2000年，全世界已有5000多家报纸开设了新闻网站。③

1994年，中国互联网事业启动。1995～1997年是网络媒体酝酿发展的阶段。一般认为1997年是中国互联网元年。这一年，网易公司成立，《数字化生存》（*Being Digital*）的作者尼葛洛庞帝在国务院信息化办公室组织举办的"数字化信息革命报告会"上作报告。据中国互联网信息中心（China Internet Network Information Center，CNNIC）统计数据，1997年10月31日，中国只有29.9万台计算机上网、62万名网络用户、1500个互联网站点。

---

① 尚世海：《叙事文体学视角下的新闻与文学》，《社会科学辑刊》2003年第3期。
② 彭兰：《网络传播概论》，北京，中国人民大学出版社，2017年，第4版，第140～147页。
③〔美〕理查德·克雷格：《网络新闻学：新媒体的报道、写作与编辑》，刘勇主译，北京，中国时代经济出版社，2010年，第8页。

35

新媒体语境下报纸新闻文体的变迁与创新

1995年1月12日,杂志《神州学人》正式通过互联网发行《神州学人周刊》(China Scholars Abroad,CHISA)电子版。这是国内第一份网上的中文电子刊物。同年10月20日,国内第一家正式通过互联网发行的电子日报《中国贸易报电子报》在人民大会堂开播演示。12月,《中国日报》网站开通,开全国性日报办网站之先河。1997年1月1日,《人民日报》网络版正式推出。同年7月1日,《人民日报》第一次将网址印刷在报头下方。同年11月7日,新华通讯社网站正式成立。这一阶段,中国拉开了传统媒体上网的序幕,这些新闻报道的中坚力量开始出击互联网。

1998年被称为中国"网络门户元年"。年初,搜狐网、新浪网成立,与1997年创立的网易网构成了三大门户的格局,但整体水准仍较低。1999年,搜狐网创始人张朝阳接受《南方都市报》采访时说:"1997年大部分中国人还不知道互联网为何物……1998年则是中国互联网飞跃的一年。"这一年,《人民日报》电子版每月访问量为1200万次。也就是说,从1998年开始,新媒体的影响力逐渐显现,在此之前,传统文本基本未受到新媒体的影响。

1998年,网易网、搜狐网开通新闻频道。新浪网于1999年2月推出"科索沃战争专题"报道,向新华通讯社(简称"新华社")、法国新闻社(简称"法新社")等国内外媒体购买稿件,24小时滚动播报,形成早期互联网新闻报道模式。1999年4月,新浪网推出大型新闻中心。1999年2月,腾讯网自主开发的QQ上线,它作为一款即时通信网络工具并未介入新闻生产领域。

2000年11月6日,国务院新闻办公室、信息产业部发布《互联网站从事登载新闻业务管理暂行条例》。该条例是中国政府有关商业网站从事网络新闻业务的第一个正式规定,为改变新闻传播格局拉开了序幕。12月27日,新浪网正式获得国务院新闻办公室批准的登载新闻业务资格,成为中国民营商业网站中首批获得上述许可的网站之一。这也是中国政府首次将新闻登载权授予民营商业网站。2000年,人民网、新华网、央视国际、东方网、千龙网、中青在线上线。

2000年被称为"中国互联网新闻宣传元年"①,以此为起点,中国互联网在新闻传播上才有所作为,并开始真正对传统媒体包括报纸产生影

---

① 周科进:《从2000年互联网宣传元年走过的网络新闻》,见千龙网(http://medianet.qianlong.com/7692/2003/09/25/33@1617633.htm)。

响。此时的互联网新闻内容基本转载自报纸，原创内容少。新闻网站尤其报媒网络版多复制、转发传统媒体新闻。也就是说，在这一阶段，网络新闻多是简单转载和罗列合作的传统媒体所提供的新闻，报纸网络化刚刚起步且发展缓慢。截至1999年6月，国内只有273家报纸推出网络版，只占当时全国报纸总量13.4%。① 因此，报纸新闻竞争仍集中于传统媒体圈。

二、2001～2004年：网络移植报纸新闻

在这一阶段，网络媒体的影响全面形成，新媒体新闻生产开始发力，报媒作为新闻"母体"，对新媒体的发展开始做出回应。

2002年8月1日，国家新闻出版总署和信息产业部制定的《互联网出版管理暂行规定》正式实施。尽管新闻主要还是来自传统媒体，但是新闻网站有了进一步发展，网络新闻开始了各种尝试。例如，提供多媒体服务、内容及时更新，并明确了交互性是网络媒体的最大特点，由此拓展了新闻维度，展现了其与受众的密切联系，开始从受众需求出发，拓展新闻报道形式。网络发展之初主要以网络调查的方式参与、辅助新闻报道，如2002年2月，人民网启动最早的网络调查"您最关注的两会热点问题"。"原创"成为2002年之后中国网络媒体界最热门的词之一。但由于采访权限制，各网站用自己的方式诠释"原创"②，根据自己的优势和局限，强调新闻组合结构的原创及整合方式，新闻专题成为新闻网站主打的新闻产品，新闻网站因此开设专栏，不断增加种类和数目。

网络视频直播开始展示出传播优势。2002年3月15日，中央人民广播电台、中国国际广播电台、中央电视台和新华网对朱镕基的中外记者见面会进行了现场直播。2003年，借助于报道"SARS""孙志刚案""'哥伦比亚'号航天飞机升空失败"及"伊拉克战争"等重大事件，网络新闻真正站稳脚跟。在这些报道中，网站大量使用多媒体及直播进行报道。2004年，网络新闻寻求更具自身特色的新闻内容与形式，新闻网站开通大量新闻视听栏目、在线直播和实时互动的在线访谈。

随着人民日报等报媒逐渐开始进行网络化改革，互联网加入新闻传播阵营、网络记者参与新闻报道，报道议程和报道文风加快了改革速度，出

---

① 刘学红：《网上新闻媒体：今后的路有多长》，《中国青年报》1999年7月12日第6版。
② 彭兰：《中国网络媒体的第一个十年》，北京，清华大学出版社，2005年，第204页。

现了报网联合的苗头。彭兰在其著作中描述了中国网络媒体发展的第一个十年,网络新闻很大程度来源于传统媒体资源,同时,它具有放大传统媒体影响力的能力,对传统媒体是一种重要推动力量。

可见,在此期间报纸作为传统媒体,在这场不同媒介形态的博弈中仍占主导者地位。报纸新闻在日益激烈的竞争环境中,虽已感受到网络带来的冲击波,但多为无意识应对,还未充分认识到其巨大的威胁,实质上面对的挑战更多仍来自传统媒体更激烈的竞争,以及由于网站转载而出现的大量相同新闻或趋同信息的冲击。新媒体元素零星地渗透进报纸,报纸新闻体裁相应发生改变,新闻理念在革新中初步产生了与网络媒体竞争的意识。

三、2005～2008 年:互相模仿与追逐

这一阶段的报媒借鉴新媒体,改良新闻生产的各个环节。2005 年之前,新浪网与传统媒体的合作方式之一是提供发布平台,由传统媒体资深记者作为主持,这意味着新闻信息首先被刊发在网站上,发布速度大大提高。2005 年,门户网站欲摆脱依赖,不再满足于复制传统媒体新闻,开始寻求消息源及能体现自身优势的报道方式,并开始启用自己网站的主持人进行在线访谈。视频谈话新闻成为网站聚集人气的新闻形式。

截至 2005 年 6 月 30 日,中国内地网民突破了 1 亿。① 2005 年是博客元年,博客也成为一种新兴传播手段,信息传播从精英化走向大众化,不少记者通过个人博客发布采访信息。网络新闻更新内容,拓展领域,创新形式。手机也加入竞争。2004 年 7 月 18 日,中国第一家手机报《中国妇女报》正式开通。2005 年,浙江日报报业集团手机报正式上线。广东移动联合新华社及广东几大报业集团推出了"手机报纸"业务,手机报成为关注焦点。

报媒真正从感性和理性上承认来自网络媒体的巨大影响力,开始直面新媒体的竞争。2005 年 10 月,全国 20 多家报社的总编发布《南京宣言》,呼吁报界联合改变报纸为门户网站"打工"的情况,不再容忍商业网站无偿使用报纸新闻产品。同年年底,时任京华时报社长吴海民提出报业"寒冬论"。2005 年 9 月 25 日,国务院新闻办公室、信息产业部联合发布《互联网新闻信息服务管理规定》。

---

① 中国互联网络信息中心(CNNIC):《第十六次中国互联网络发展状况统计报告》。

2007年的"华南虎事件"是中国互联网新闻发展史上的经典案例，互联网媒体与广大网民成为推动新闻事件发展的主角。2008年的汶川地震，网络媒体在新闻信息传播序列中是重要一员。2008年6月20日，胡锦涛视察人民网并与网友在线交流，这是中国国家主席首次直接参与网络聊天活动，表明互联网传播的作用被中国政府正式认可。2008年8月的北京奥运会，网络媒体成为新闻内容主要生产者。

2007年，报纸新闻文体有较大变化，大量采用网络言论，观点新闻大幅增加。而报纸新闻也在保持和模仿中不断摇摆、突围，例如受新媒体影响，大量运用谈话新闻、互动新闻与观点新闻的创新，强调新闻专题化策划和运作。同时，发展能体现传统媒体视角的漫画新闻、记者手记、评论和述评等。网站新闻向传统媒体看齐，推出趋同化的新闻形式和栏目。网站媒体发挥自身特长，突出其新闻时效性强的优势，创新多元化报道形式。网站推出动画新闻专题、日记体新闻，以报纸新闻时评为蓝本推出述评类专栏和专题，但风格更轻松、诙谐及幽默，如2008年全国两会期间，新浪网推出了专栏"小马侃两会"。在螺旋式胶着关系中，两种媒介形态在互相影响中不断模仿和拓展。

四、2009～2013年：竞争共生与回归

随着微博、微信等社交平台的兴起，"全媒体""微新闻""互动新闻"等概念被提出，且媒体展开了相关实践。报纸新闻主动应对，在与新媒体融合中努力回归新闻核心理念。新媒体在发展中不断遇到问题，又不断创新和突破技术，带来一个又一个高潮。同时，"从互联网成长起来的一代人"开始步入社会。

2009年1月5日，中华人民共和国国务院新闻办公室（简称"国务院新闻办"）等七部门发起整治互联网低俗之风专项行动，持续多日曝光有低俗内容的网站名单，新浪网、搜狐网、网易网、腾讯网等均刊登致歉信。同年，网络媒体在参与"邓玉娇案""杭州飙车案"等热点事件过程中再次发挥重要推动作用。2009年7月，彭兰教授在《媒介融合方向下的四个关键变革》中明确提出了"全媒体"概念。同年，南方都市报等报媒提出"全媒体集群"概念，并开始了一系列重组和改革。

移动媒体及其应用的开发与普及，带来了以"微"为主要特征的信息传播潮。2010年是微博元年，140个字的表达方式，信息碎片化、公民记者、自媒体新闻等被热议，冲击着传统媒体。因此，《新周刊》提出了"微革命"的概念。2010年年末，新浪微博上经过认证的官方媒体总量有

1855家。① 截至2012年6月13日，新浪微博平台上有15824家媒体、81460个媒体人开通了实名认证微博。②

2011年1月21日，腾讯公司推出了微信。2012年，微信发展迅速。2013年是被称为以智能移动终端为特征的"移动新媒体元年"。③ 2013年8月19日，在全国宣传思想工作会议上，习近平总书记提出了构建网络时代舆论引导新格局的要求。

微信公众平台成为各类媒体进行新闻传播的新试验场。报媒微信公众号在推送优质新闻报道、更积极开展与新媒体及用户的互动、增强报道时效等方面显示出强大功能。微信公众号也给报纸新闻生产带来一些变化：扩大信息源、加深与用户协作、新闻报道视角更广；微信公众平台为媒体大范围"海采"提供了更及时、经济、多样化和丰富的渠道④，为更多的调查报道及数据新闻提供便利；对新闻报道理念有一些启示，如更及时获取用户反馈，及时改进和调整新闻的制作。

报媒深刻感受到新媒体竞争所带来的危机，尝试全面"拥抱"新媒体，例如强调更精练简洁的写作模式，增加版面信息容量，更精准突出信息点，以满足新媒体语境下读者"概述式"阅读的需求。报纸纷纷开设"网络版"，以网络流行文体形式改造新闻，热衷于抓取网络热门事件和热点话题、网民观点等，大量与新媒体严重同质化并且滞后的新闻报道充斥版面，报纸新闻呈现一种跟着网络走的茫然态势。报媒及其从业人员纷纷开设微博账号、微信公众号，社交媒体成为新闻生产和内容发布的重要平台，并影响着报纸新闻的生产模式和呈现方式。

五、2014年至今：深度融合多维发展

传媒产业发生结构性变化，基于移动媒体发展，社交媒体进一步介入新闻生产序列，"两微一端"（微博、微信及新闻客户端）的兴起带给媒体更激烈的竞争。新兴技术竞相出现，拓宽了新闻报道的"边界"，也部分消弭了不同媒介形态的壁垒，报媒与新媒体在频繁互动中达到深度融合，报纸新闻在进行技术创新、形式改革的同时进一步反思和回归。

2014年8月18日，习近平总书记在中央全面深化改革领导小组第四

---

① 蔡雯：《从面向"受众"到面对"用户"——试论传媒业态变化对新闻编辑的影响》，《国际新闻界》2011年第5期。
② 张晓嵘：《传统媒体在微博时代的社会责任》，《新闻世界》2013年第7期。
③ 张翼：《"移动新媒体元年"将开启》，《光明日报》2012年12月20日第5版。
④ 蔡雯、翁之颢：《微信公众平台：新闻传播变革的又一个机遇》，《新闻记者》2013年第7期。

次会议上指出:"坚持传统媒体和新兴媒体优势互补、一体发展,坚持先进技术为支撑、内容建设为根本,推动传统媒体和新兴媒体在内容、渠道、平台、经营、管理等方面的深度融合。"会议审议通过了《关于推动传统媒体和新兴媒体融合发展的指导意见》,使媒体融合发展上升到国家战略层面。

报业市场持续下滑,报媒跨媒体、跨行业的多元化转型更深入。2014年被称为"新媒体融合元年"或"中国媒体融合发展元年"。[①] 人民网舆情监测室发布的《2014年中国互联网舆情分析报告》指出:"党报等主流媒体前进到移动互联网,以媒体融合引导舆论。"移动新闻客户端成为网民新宠,新华社、人民日报社相继开通新闻客户端。2014年,上海报业集团关闭《新闻晚报》,改版《东方早报》《文汇报》,推出澎湃新闻、界面新闻客户端,以对政经类新闻的挖掘和解读吸引中高端受众。同年4月,粤传媒启动大数据转型。腾讯公司发布的《2018微信公众平台政务、媒体类账号发展报告》显示,2018年平均每个微信用户关注2.3个政务号和1个媒体号。

2014年7月,人民日报法人微博创办两周年,人民网、新浪网及腾讯网上的粉丝数超过4600万,位列所有媒体微博账号榜首,2015年8月,粉丝数量提升到6800万。2013年,人民日报开通微信公众号;2014年6月,人民日报客户端正式推出。至此人民日报"两微一端一报"的宣传格局正式确立。2015年3月,人民日报提出打造"中央厨房",使之成为新一代内容生产、传播和运营体系,聚拢各方资源,形成融合发展合力。2015年,"人民媒体方阵"拥有29种社属报刊、44家网站、118个微博机构账号、142个微信公众账号、31个手机客户端及近2万个电子阅报栏,覆盖用户总数超过3亿;中国日报网的全球网站排名提升到全球前100位,其英文论坛社区一年之内新增全球注册用户超过15万人。[②]

2015年是"新媒体视频元年"。近年,AR(augmented reality,移动应用增强现实)、VR(virtual reality,虚拟现实)、人工智能、机器人新闻等一系列新技术带来的巨大冲击,增加了新闻报道的广度和深度。机器人写稿带来新闻生产的自动化。2015年9月10日,腾讯财经发布了自动化新闻写作机器人Dreamwriter的报道——《8月CPI同比涨2%创12个月

[①] 人民日报社:《融合元年——中国媒体融合发展年度报告(2014)》,北京,人民日报出版社,2015年,第1页。

[②] 贺林平:《让主流声音深入6亿网民内心——媒体"融合元年"交出靓丽答卷》,《人民日报》2015年8月20日第9版。

新高》。2017年8月8日，九寨沟发生七级地震，机器人用25秒完成新闻编写，引发关于"记者会被机器人替代吗""新闻生产何去何从""怎样的新闻更易被机器新闻替代"的广泛讨论。

同时，人们开始反思基于新媒体的"自媒体"舆论和专业媒体的作用。具有社交功能的微信本是一个为智能终端提供即时通信服务的免费应用程序，它进入新闻内容生产和传播行列，也使新闻媒体反思：在技术更新如此迅速的时代，各种依托于新技术的新闻应用此起彼伏、层出不穷，众声喧哗中，对于"喜新忘旧"的受众，如果说还有什么是相对恒定的，那或许就是报纸新闻长期经营而来的核心影响力，例如专业化水准较高的新闻内容和表现形式。

更便捷、更快速的方式制造了大量信息垃圾甚至虚假信息和谣言，互联网世界充斥着大量虚假新闻。在真假信息难辨、新闻良莠不分的媒介生态中，报纸提供"辟谣新闻"以帮助受众甄别虚假信息，扮演着输出大量较优质新闻的角色。报纸具有严谨性和深刻性传统，凸显对信息把关的真实客观性和权威可信性。

近年来，传统媒体专业新闻从业者的创新力和自省力不断加强，展现出较高的专业化态度，几乎每个重大新闻报道都引发新闻报道形式的创新试验，以及媒体人对于报道水平和新闻理念的深入探讨。2014年以来，不少报媒改版也从对网络媒体的跟风中走出来，开始反思并回归报纸新闻自身的核心竞争力。于是，报媒强化述评与解读、追求图表新闻可视化，提供专业化的多视角叙事，在回归报纸新闻核心理念中对报道形式进行创新。

报媒与新媒体之间寻找相对平衡的状态，形成良性互动和互相依存关系。著名客户端今日头条和快播因侵权盗版被告上法庭，体现了新媒体时代净化新闻传播环境的声音。这对于报媒重拾新闻内容生产优势的信心起了正面作用。

2019年成为推动媒体融合向纵深发展元年①，报媒强化与各个新媒体端口的"强链接"，希望实现新闻生产一体化。同时，报媒生存空间被挤压的现实进一步固化，报媒回缩至媒体群中的一个构成部分，强势主流媒体的姿态有所降低，对自己的角色有合适的认知和及时的调整。报媒与其他众多媒体共同构成信息供应市场，报纸新闻必须面对与其他形态的媒介、不同新闻业态抢夺市场和受众这一现实。报纸新闻面临市场狭窄化的

---

① 信险峰：《媒体融合向纵深发展的来路与前程》，《北方传媒研究》2019年第2期。

现状和趋势，退回到一个合适的空间地带，更多地考虑与其他媒体尤其新媒体的携手合作，汲取其他新闻业态尤其新媒体的表现形式特点。最起码的态度是，报纸新闻要确定如何生产更凸显其优势的产品，放弃经营非优势产品。

作为传统媒体，虽然报纸新闻头上有着"紧箍咒"，但从新闻表达的整体环境来看，由于以互联网为代表的新媒介的加入，"把关人"角色的弱化使得发声的人群多样化，新媒体所构造的公共空间更广泛、透明，新闻整体的可控性变弱。因此，新媒体语境下报纸新闻的外部环境较宽松，新闻表现空间增大、自由度提高。同时，由于媒介环境变化，竞争的紧迫和焦虑使得报纸新闻从业者没有时间从容应对，心态起伏不定，表现在新闻文体中就是更简短的表达、更频繁的改版与变动、更深化的变革与创新。

第二章　新媒体语境下新闻文体概说

中国传统的文体理论是一种将文化、哲学、心理学、语言学包括在内的研究，认为应该从深层结构上来认识文体，"不仅应认识到文体既是体裁文类，而且应认识到文体更是语言的现代化编码、是一种文体风格、题材内容、表现手法，乃至作者的主体精神，甚至是时代精神和民族情感的凝聚"①。本章基于文体和新闻文体理论的发展，重新审视"新闻文体"概念的内涵与外延，追本溯源，求证其科学性和系统性，确定本书的研究体系、研究对象和范围。

第一节　维度与架构：新闻文体是什么

一、新闻文体的界定

（一）文体的界定及系统构成

英文"style"一词源于古希腊修辞学，但长期以来学界对其并无统一定义，在中国有"风格"和"文体"两种对应的翻译。对"文体"概念的理解在中西语境、古今发展、不同学科、不同视角下有不同的阐释。其内涵很丰富，除文体、风格外，还涉及文笔、语体、笔性等。西方现代文体学的概念是在语言学的基础上发展而来的，侧重文本的修辞、词汇和句法特征。在学者的研究视野中，文体是一种话语方式，即怎么说而不是说什么的问题，注重从形式比如语言的视角探讨"如何表达"的问题。例如乔纳森·斯威夫特（Jonathan Swift）认为"proper words in proper places make the true definition of style"（文体的真正定义是在适当的场合说适当的话）；梅耶·霍华德·艾布拉姆斯（Meyer Howard Abrams）在其所编的《简明外国文学辞典》（A Glossary of Literary Terms）中认为文体是一个说话者或作家如何表达他要说的话；约翰·安东尼·卡顿（John Anthony

---

① 丁往道：《文体学概论》，北京，北京大学出版社，1990年，第3页。

Cuddon)在其所编的《文学术语辞典》(A Dictionary of Literary Terms)中认为"style"分析包括考察作家的词语选择、话语形式、修辞等手法及段落形式,即他的语言和使用语言方式的所有可觉察的方面。俄国文学批评家别林斯基(Belinsky)把文体视为比语言高一级的艺术范畴,否定了文体为纯体裁和纯粹外在性的文本结构,而把"文本"与"人本"结合起来,把文本结构视为包含着人本内容的有意味的形式结构。

中国古代文论中常出现"文体"及"体"的概念,既有学者将之定义为文类,即作品体裁、样式或体制,也有学者认为它是指语体、风格。刘勰在《文心雕龙》中提出"敷理以举统""纲领之要"等重要理论,指出文体包含体裁、语言表达方式和风格三方面因素。人民文学出版社于1962年将明代吴讷的《文章辩体》、徐师曾的《文体明辨》这两部文体论集大成之作的序说一并校点付印为《文章辨体序说 文体明辨序说》。书的"校点前言"指出,当时出版两书的目的是指示写作各体文学的"准则",今天值得参考之处在于他们提供了关于古典文学体类及其性质与流变的知识,"文学体类是文学的各种表现形式",可见此处"文体"等同于文学体类。《辞海》中的"文体"条目简要概括了中国古代文论学者对文体概念的阐释:一是指"文章的风格",二指"为适应不同的需要而形成的语文体式"。① 但文体学研究者多对"文章风格"这一理解持异议。

在现代写作学研究框架里,"文体"常被等同于体裁、作品写作样式,文体研究就是文学体裁研究,认为文体是"文章体裁的简称。文章反映社会生活、表达思想感情的具体形式"② 的类似界定十分常见。当然,研究者在"体裁"层面的理解也有一些扩展,如金振邦认为文体是指"文本体裁(或样式、体制),是文本构成的规格和模式"③,文体的构成包括题材性质、表达手法、结构类型、语言体式、形态格式等表层文本因素以及时代精神、民族文化、阶层印记、交际环境、作家风格及读者经验等深层社会因素。

当代中国文体学有了新的发展。1994年,国内第一本文体学专著——童庆炳的《文体与文体的创造》是较权威的界说。他明确提出文体不是简单的体裁问题,而是一个系统,"是指一定的话语秩序所形成的文本体式。它折射出作家、批评家独特的精神结构、体验方式、思维方式

---

① 辞海编辑委员会:《辞海》,上海,上海辞书出版社,1979年,索引本,第1534页。
② 杭海路、孙琇:《中国实用文体大辞典》,太原,山西经济出版社,1993年,第41页。
③ 金振邦:《文体学》,长春,东北师大出版社,1994年,第3页。

和其他社会历史、文化精神",是一种文化存在方式。文体定义可分成两层来理解：从表层看，文体是作品的语言秩序、语言体式；从里层看，文体负载着社会的文化精神和作者个体的人格内涵。① 类似地，陶东风指出文体是"文学作品的话语体式，是文本的结构方式。如果说文本是一种特殊的符号结构，那么文体就是符号的编码方式"。此处"体式"一词意在突出"这种结构和编码方式具有模型、范型的意味"，因此，文体是一个揭示作品形式特征的概念，"着力解决的是怎么说而不是说什么的问题"。② 追根溯源，结合中外文体学、语言学相关文献，文体是时代、作家、文学体裁、语言风格的综合体，它"以特殊的词语选择、话语形式、修辞手法和文本结构方式，多维地表达了创作主体的感情结构和心理结构"③，是一个时代的社会历史和文化精神的凝聚。

从这些界定可以看出，"文体"概念关注的是基于内部内容呈现的外部形式问题，主要包括作品结构和语言方面的特点。它是一个动态概念，随着时代的发展而变化。粗略地说，中国文体观经历了"宏观—微观—中观"的演变。本书在文体学视角下构建研究体系的逻辑起点，从文章体式（即文章的形制样式）的角度理解文体，注重考察文章的形式，而非从文章的风格这一角度展开文体研究。同时，笔者也不赞成仅把文体等同于体裁这一狭窄的视角，而将文体定义为"作品话语体式和文本结构方式"，认为文体是凝聚创作主体认知、时代文化特点的综合体。

较有代表性的观点都认为文体是一个系统，属于形式的范畴。文体的构成包括表层因素和深层因素（也有称为低次元和高次元），前者指文章的表达手段、结构类型、语言体式等，后者是文体的深层社会因素，如社会文化、政治经济体制、作者和受众等，两种因素相互作用。

文体的具体构成主要有"三层次说"和"四层次说"。文体之"体"包含三方面意义："体裁"或称"体制"之体为低次元之形体，"体要"之体规定了文章所要表达的思想内容，"体貌"之体是文章呈现出的艺术风格，后两者是高次元的形体，但须以"体裁"为始基，而"体裁"需向后两者升华。④ 童庆炳认为，从呈现层面看，文体是指文体的话语秩序、规范和特征等，要通过体裁、语体和风格这三个相互联系又相互区别

---

① 童庆炳：《文体与文体的创造》，昆明，云南人民出版社，1994年，导言。
② 陶东风：《文体演变及其文化意味》，昆明，云南人民出版社，1994年，第2~3页。
③ 陈剑晖：《文体的内涵、层次与现代转型》，《福建论坛（人文社会科学版）》2010年第10期。
④ 徐复观：《中国文学精神》，上海，上海书店出版社，2004年，第118~150页。

的范畴体现出来；同时，形成文体的深层原因有时代、民族、阶级及文学传统等客观因素，以及先天素质、审美素质和人格素质等主观因素，文体折射着一切主客观因素，又受制于主客观因素。"企图撇开文体背后的问题孤立地来谈文体，是不可能的，也是不科学的。"① 文体可细分为"文类文体、主体文体和语体文体三个层次"②。

陶东风把文体分为个体文体、时代文体、民族文体和文类文体四个层次。郭英德认为文体基本结构由体制（文体的外在形态、面貌、构架）、语体（文体的语言系统、修辞和风格）、体式（文体的表达方式）和体质（文体的表现和审美精神）四层次组成。陈剑晖持类似观点，认为文体是"时代、作家、文学体裁、语言风格的综合体"，并细分为四层次：第一层次为文类文体，是文体最为外显的层次，即各种文学体裁的文体，用以明确各种文学类的外在形式和内在肌理的不同；第二层次是语体文体，是文体最基本的要素，包括作家对语符的选择和编码方式，及其特有的表述方式、用词习惯以及语气、调子和标点符号的使用等；第三层次是主体文体，它既是特定的作家艺术地把握生活的方式，也是作家作为创作主体的艺术思维总和，可将其视为一种"深层结构"的文体形式；第四层次是时代文体或民族文体，是在语体文体和主体文体的基础上扩展而来的，当历史某一时期作家们的主体文体意识觉醒，并且这些作家不约而同采用相近的语体进行创作，时代文体便产生了。③

当前文体学研究又有新的视野。"文体与跨文体研究丛书"以"文体是文学的形式存在"为主要文体观，也即在以文体作为形式这一认知基础上，关注了文体探索所体现的文学观念变迁和文学革命，以及跨文体或多文体写作。④ 丛书总序指出，文体是文学最为直观的表现，也是作家心智的外化形式，因此，文学观念的变迁往往表现为文体的变迁。

（二）新闻文体的界定

立足于"文体"是文章体裁或样式、文章体式的简称这一认识，对

---

① 童庆炳：《文体与文体的创造》，昆明，云南人民出版社，1994年，第102～103页。
② 钱志熙：《论中国古代的文体学传统》，《北京大学学报（哲学社会科学版）》2004年第5期。
③ 这些观点在陈剑晖发表的论文中有论述。陈剑晖：《论新时期散文艺术的发展》，《新东方》1990年第1期；《论20世纪90年代中国散文的文体变革》，《中国社会科学》2001年第5期；《文体的内涵、层次与现代转型》，《福建论坛（人文社会科学版）》2010年第10期。
④ "文体与跨文体研究丛书"，王兆胜、陈剑晖总主编，2018年以来由广东高等教育出版社陆续出版，其中涉及跨文体或多文体写作的有《新媒体时代的文体美学》（周海波著）、《中国现当代作家的跨文体写作》（宋剑华等著）、《跨文体：从虚构到非虚构》（刘浏著）等。

新闻文体的传统认知也偏重于体裁层面，局限于纯粹外在性的文字技巧与方法。在这一视角下，很多学者认为，新闻文体是新闻的体裁和样式，是新闻报道的载体形式。因此，新闻文体、新闻体裁、新闻报道形式常被当成同义词使用，有研究甚至直接将新闻文体等同于新闻体裁。例如，在自1949年以来国内编写出版的第一本新闻学专业词典、由余家宏和宁树藩等主编的《新闻学简明词典》中，"报纸文体"条目就是以新闻体裁来界定；还有学者认为，新闻文体就是新闻报道与评论的各种方式。这些定义忽略了新闻文体的语符特点及所蕴含的主体意味——还反映编码者对新闻事实的认知与把握。

20世纪90年代，新闻学界注意到新闻文本的内容与形式的密切关系，重视二者的统一。例如将新闻文体定义为"新闻的形式问题，是新闻写作表现内容所运用的文字技巧与方法"①。《新闻学大辞典》从整体上定义新闻文体"是新闻体裁中以文字表现的各种写作形式"，对特征分析也兼顾了内容层面："题材贴近现实，多数为新鲜事实；反映准确及时；文字简洁生动；少用丽词而多用动词；篇幅多不长，不蔓不枝，布局安排有其基本结构形式"②。张惠仁教授认为文体是指"文章的体裁、体式、或样式，是一篇文章、一部著作呈现内容、表达特点和结构方式的整体面貌"③，对新闻文体的分析也涵盖了此三层含义。

随着现代文体学的发展与引进，研究者对"新闻文体"的认识开始改变，认为不应局限于纯粹外在性的文字技巧和方法、纯体裁的划定，而忽略新闻主体对新闻事实的认知与把握。单波较早将新闻文体纳入文体学理论框架，认为它是一个内涵丰富的载体，提出了新闻文体有外形式（表层形式）和内形式（深层形式）两个层次内涵："外形式是新闻报道的话语形式和结构方式，内形式则是由一定的语言所负载、蕴含的记者对新闻事实的认识方法和思维格式。其中，外形式是内形式的某种折射，内形式是外形式的深化与延伸，两者互相依从并相互转化。"④例如倒金字塔结构在外形式上表现为客观而权威性的语言及按重要性程度递减原则排列事实的结构方式，在内形式上则表现为突破传统的先远后近、先因后果的认识顺序，形成以重要事实为起点的就事论事的线性思维，是某种认识方法和思维格式的定型化，及其在结构样式基础上的深化和延伸。新闻文

---

① 新闻学基础知识讲座，转引自单波《新闻文体新论》，《新闻大学》1994年第2期。
② 甘惜分：《新闻学大辞典》，郑州，河南人民出版社，1993年，第150页。
③ 张惠仁：《现代新闻写作学》，成都，四川人民出版社，2001年，第229页。
④ 单波：《新闻文体新论》，《新闻大学》1994年第2期。

体发展不是孤立封闭的,政治及观念、经济、文化、新闻业本身的发展等是相关的影响因素。他认为研究新闻文体演进机制时应充分考虑影响新闻文体发展的内部和外部因素,在共时(即新闻文体的逻辑构成)和历时(即新闻文体的历史变易)基础上进行全面阐释和描述,内形式与外形式构成新闻文体研究的一对基本范畴。苏宏元也摒弃了长期沿用的"新闻体裁"这一概念,把新闻文体界定为"由新闻本质及新闻活动客观规律性所规定的新闻作品的总体特征"①,呈现层面为新闻事实、类型、语体和风格。但苏宏元同时认为,不宜将"风格"一词引入新闻文体研究。

这种对于新闻文体内涵更具广度和深度的认知影响了后来许多研究者。林溪声进一步认为"还应该存在着一定层次,即新闻从业者所在的时代社会历史文化语境,这是支撑以上两个层次的宏大的文化场域","将新闻文体看作是新闻内容与新闻形式的有机结合,是表层的文本因素(如语言风格、形态格式、表达手法、结构类型、题材性质)和深层的社会因素(如时代精神、民族传统、阶级印记、交际境域、作者思维、受众经验)的有机统一,而不仅仅是传统意义上的体裁、类型(如消息、通讯、特写等)"②。刘勇结合文体学意义及新闻文体基本特质,把新闻文体定义为"新闻报道的话语体式和结构方式,解决'怎么写而不是写什么'的问题,新闻报道的语言表达、结构方式、表现形式、体裁样式、报道方法等都属于新闻文体学研究范畴"③。

可见,中国对于"新闻文体"内涵的理解基本集中为两种:一种是将之等同于"新闻体裁",多见于探讨新闻写作技巧的著作,例如将新闻文体定义为新闻报道的文体类型,即俗称的新闻体裁,指新闻媒体所传播的新闻作品的各类题材形式,是新闻内容与表现形式相统一的新闻报道样式的统称④;另一种则认为新闻文体虽然集中关注新闻文本的形式问题,但它是一个系统,新闻文体包含了新闻体裁规范、新闻结构、语体创造、主体理念等层面。"新闻文体就是新闻报道的表达形式及其体现的新闻导向"⑤,新闻报道的体裁样式、结构方式、语言体式、表现形式及形式观念等都属于新闻文体学的研究范畴。新闻文体的形成是社会政治、文化、经济等客观因素和记者、编辑等主观因素共同作用的结果。

---

① 苏宏元:《新闻文体的基本特征》,《江苏社会科学》1999 年第 1 期。
② 林溪声:《审视与反思:新中国新闻文体的多重变奏》,《南京社会科学》2010 年第 4 期。
③ 刘勇:《嬗变的轨迹》,复旦大学博士论文,2008。
④ 马克思主义理论研究和建设工程《新闻采访与写作》编写组:《新闻采访与写作》,北京,高等教育出版社,2019 年,第 95 页。
⑤ 吴鸿业:《新闻语体讲座之一 新闻语体与新闻文体》,《新闻三昧》1996 年第 1 期。

二、新闻文体的系统构成

（一）新闻文体的四个维度

本书借鉴童庆炳先生的文体系统结构，用系统论来把握新闻文体概念，将作为"事实报道"之新闻在文体特征上的各个层面展现出来，并确定每种因素在整个系统中的地位。作为文本形式，新闻文体既是一种表现形式，又是一种行为形式，它与社会结构之间存在着一种辩证关系。与"文体"概念相对应，结合有关新闻文体有外形式（即表层形式，新闻报道话语形式和结构方式）和内形式（即深层形式，由一定新闻形式所负载、蕴含的记者对新闻事实的认识方法和思维格式，以及新闻文本所负载的社会文化精神）两个层次的论述，新闻文体也有四个维度的内涵，即新闻体裁这一文类文体、语体文体、主体文体及时代文体（如图2－1所示）。从侧重结构层面的文类、侧重语言层面的语体、新闻创作者意识层面的主体、社会文化层面之时代因素四个方面出发，能最全面地分析新闻与其他文体相区别的最典型的文体特征。

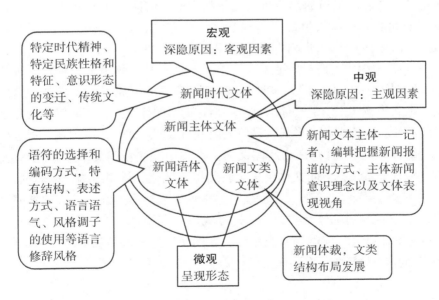

图2－1 新闻文体研究的四个维度

文类文体是文体学研究最核心的部分，也是中国文体论研究最为充分的方面，它指作品的体裁、体制，是对某一文本类型区别于其他类型文体特征的概括。一般来说，体制理论包括体裁的辨析与分类等。不同文章类型的体式规范是由某种类型作品的基本要素的特殊结合而构成的，是人类长期创作实践的产物。新闻文类文体即新闻的体裁，即"新闻作品的表现形式"①，一般指新闻作品各类载体形式，是新闻内容与表现形式相统一的报道样式的通称，不少研究就是在此层面上研究新闻文体，故可将其等同于狭义的新闻文体。

文体学集中研究作品的语言形式，它于20世纪西方语言学突飞猛进的背景之下成为严格意义上的独立学科。"文体是作品的语言链所形成的特点，文体的功能也只能存在于作品整体的语言秩序中，从这个意义上来说，文体是语言'格式塔'②，而文体功能就是语言'格式塔'所产生的'新质'。"③ 所谓语体或称语言的形式，即语言表达体式，"是适应不同的交际目的、对象、内容、领域的需要而形成的语言运用体系，是运用全民语言材料所形成的语言功能变体"④。语体广义是指在不同场合、不同情境下，人们的话语在选词、语法、语调等方面所形成的特征，文体学中是指用以体现特定体裁并与之相匹配的语言。一般认为不同体裁要以不同语体与之匹配，一定的体裁在语体、语势上往往有特定要求，同时存在活用和创造问题，此即刘勰所言文体学"昭体"与"晓变"的原则。

新闻语体指大众传播媒介在新闻报道中使用的语言体式，是新闻在采写、编辑中形成的语言运用体系。中国的新闻语体研究主要集中在新闻报道所呈现的语体特点，是在新闻采访和报道语境中形成，并与此语境相适应的报道用语和表达方式、服务于新闻传播领域的言语功能变体。⑤ 本书亦是在以报道事实为主的新闻范畴内定义及研究新闻语体，即专指报纸新闻报道之语体，而不涉及新闻评论语体。

新闻主体文体是指记者、编辑等新闻创作者把握社会生活、新闻事实的思维和方式的总和。作为一种"深层结构"的文体形式，它深刻地体现了新闻从业者在文体建构时的主体意识。

新闻时代文体是在一个时代占主导地位的新闻文体，它最能反映该时代的新闻理念和社会文化。由于研究年限不长，本书无法进行真正意义上的时代文体总结，故在考察社会文化、媒介技术、受众群体等因素的基础

---

① 姜椿芳、梅益：《中国大百科全书·新闻出版》，北京，中国大百科全书出版社，1990年，第412页。
② 格式塔是德文Gestalt的音译，指动态的整体，意即"模式、形状、形式"等。
③ 童庆炳：《文体与文体的创造》，昆明，云南人民出版社，1994年，第237～238页。
④ 于根元：《世纪之交的应用语言学》，北京，北京广播学院出版社，2000年，第331页。
⑤ 廖艳君：《论新闻报道语体研究的语言学视角》，《新闻界》2006年第5期。

上，对影响新媒体语境中报纸新闻文体的时代因素进行阐释，简略概括新闻文体的破体现象以及新媒体背景下新闻文体的时代特色。

（二）新闻文体研究的构架

新闻文体研究要从四种关系出发以阐释文体现象与特征：①把新闻文体视为一种文本结构方式，必然要以语言学方法在文本内部描述其特征及构成，例如，参考结构主义、叙述学成果进行语体考察；②新闻文本创新与新闻工作者的理念有关，新闻创造主体的文体意识构成了新闻文体审视视角之一；③新闻在与接受者的关系中得以确认，受众信息接受习惯、接受美学与心理构成新闻文体研究的阐释学角度，新闻主体和接受者构成相对应概念；④文体主体和受众习惯都离不开社会文化土壤，况且文本本身就是社会文化的构成，新闻文体的建构与阐释在社会文化背景下进行，社会文化的视角为文体特征研究提供了宏观框架。

本书虽着眼于通过对新闻文体的分层和整体把握，探讨新媒体语境下报纸新闻的特点和变化，但笔力有轻重差异。本书主要关注最外显的新闻文类文体和语体文体，以及作为新闻形式直接创作者的新闻主体。从文体学视阈来看，新闻文体研究应关注新闻表现形式，即新闻的方式，具体到新闻的话语体式和文本结构方式，并由此深入对创作主体、受众的阐释以及对时代文化演进的研究。

陶东风认为，对于"文体"这一语言结构方式，既要从共时角度做结构语言学描述，剖析文体的逻辑构成，又要从历时角度进行历史语言学描述，把握文体的历史变易。王兆胜认为，有必要注重对各种文体发展演变的宏观考察，更强调对文本的细致解读，并在个案解读中发现文体新价值。① 本书取共时文体学及历时文体学角度。如此，新闻文体研究也需从纵向和横向两个维度，对某一时期及某一区域的新闻展开文体研究。前者为新闻史研究领域，新闻文体的纵向历时研究对于新闻史具有一定必要性和重要性，后者更多地归属于新闻理论领域，而二者观察的着眼点是新闻业务实践。

本书的新闻文体二维研究框架（如图2-2所示），对新媒体语境下报纸新闻文体的研究取动态、纵向的角度，也就是以历时研究描述处于这一时间维度的报纸新闻文体结构的变易、兴替与转化，归纳其演变规律。

---

① 黄红丽：《开展贯通性的文体研究》，见搜狐网（https://www.sohu.com/a/148052475_115423）。

同时，对包括报纸与新媒体，以及不同属种关系的各种不同的新闻文体类型，进行横向比较分析，做共时水平上的研究。对报纸新闻从媒介技术、文体类型、语体特征、主体意识、受众接受等角度形成的系统研究体系，也是解构"新闻文体"各因素的共时性研究。

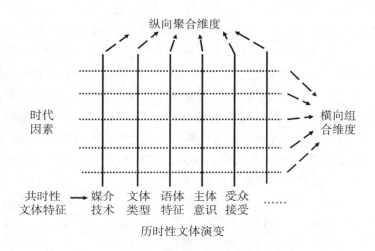

图 2-2 新闻文体二维研究框架

新闻文体体现了一种结构内部各因素、结构与结构之间的关系，在新闻的发展中，这种关系是一种解构——建构的动态过程。故此，在把握新闻文体的兴替转换发展时，采用陶东风提出的"历时结构主义"来联结新闻文本结构方式中各种因素呈现的关系，即采取动态的历史眼光，把共时结构看成历史发展的结果，在共时中演绎新闻文体这一系统的结构特征，同时通过纵向的结构对比把握新闻文体的历史关联。审视时间轴上经历着变化的新闻结构，在共时的结构关系中寻觅历史足迹，这样才能较好地解决当下新闻文体"规范与创新"的关系问题。

第二节 辨体与分类：新媒体语境下新闻文体类别

一、新闻文类的划分标准及历史

"文类"一词原指种类、类型，运用于文学领域则是指文学作品的分类范畴，把一组具有相似性的作品归为一个类型。[1] 辨明各类文体的异

---

[1] 陶东风：《文体演变及其文化意味》，昆明，云南人民出版社，1994年，第9页。

同、在辨体之基础上进行文体分类历来是文体研究的重要工作。中国重视"体"之规范运用,讲究"文辞宜以体制为先",虽有封建正统观念之糟粕,但毕竟源远流长,这种讲究方圆与规矩的传统对传播者与受众都必然有影响,故有"然文盛而体不及格者往往有之"之说①,各种对文体分类的讨论多基于此而开展。文学研究中文体特征是文学类型即体裁划分的主要依据,陆机的《文赋》和刘勰的《文心雕龙》都十分注意文类的文体特征。金代学者王若虚在《文辨》中说:"定体则无,大体须有。"新闻文体亦如是。吴鸿业认为,任何文体都有规范可循,写新闻必先熟悉各种新闻文体,并从新闻报道载体形式角度将新闻文体分为六类十四目。②

新闻文类文体是指对新闻这一大的文本类型区别于其他类型之总体文体特征的概括,又指对构成新闻的各文体类型特征的把握。正如丁柏铨所说:"我们这里所说的新闻文体,不是某一种具体的文体,而是一个庞大的文体群。凡是通过新闻媒介刊播的、能满足受众新闻需要的、具备新闻真实性和时效性品格的文章体裁,都可以归入新闻文体。"③ 本书也是立足于这种认知对新闻这种文体进行文类划分。从这个意义上,此处对新闻文类的划分等同于新闻体裁划分,通过对新闻细分成的若干体裁(即文类)进行研究,从而把握新闻这一大的文类的总体结构特征。

虽然有观点认为区分文类的标准可以是题材、内容的相似性,也可以是形式、结构、文体方面的相似性,但是当前文体学研究普遍认为:与历时文体学关系最为紧密的是文类文体,每一种文类都有其特殊的文体特征,对于文学类型的划分不应侧重题材特征,而应主要依据其文体特征。如果仅依据题材(即作品的反映对象)进行分类,就只有社会学的意义,但文学的特征不在于它表现了什么、处理了什么材料和对象,而在于如何表现,即它处理材料和对象的方式。因此,文学类型实际上就是对有相似文体特征的一类作品的概括,文类文体是指特定类型的文学作品的话语、体式和结构规范。④ 就文章学而论,这种划分原则适用于一切表述活动,当然也包括新闻在内。

中国对于新闻类型的划分一直是既考虑内容、题材(如民生新闻),又考虑形式和文体的。例如,认为体裁既要根据题材、主题特点和结构,

---

① 〔明〕吴纳、〔明〕徐师曾:《文章辨体序说 文体明辨序说》,于北山、罗根泽校点,北京,人民文学出版社,1962年,第7页、第73页。
② 吴鸿业:《写新闻必先熟练手中武器》,《新闻三昧》1994年第8期。
③ 丁柏铨:《当代新闻文体写作》,西安,陕西师范大学出版社,1998年,第41页。
④ 陶东风:《文体演变及其文化意味》,昆明,云南人民出版社,1994年,第9页。

也要依照表现手法或功用来划分。① 新闻作品通常以体裁即"新闻作品表现形式"② 为分类方法，对此有三种理解：①新闻作品包含消息、通讯、评论三大类。②新闻作品只包含消息和通讯，不含评论。此二种为广义的新闻，又称为"新闻类作品"。③新闻作品仅指消息，此为狭义的新闻。中国有相当数量的新闻写作专著和教科书采用第二种说法。国外新闻通常分为 news 和 feature，大体相当于中国的消息和通讯，评论与新闻作品分开，接近于第二种归类方法。本书在第二种理解范畴中开展研究。

中华人民共和国在成立初期，将新闻体裁划分为消息、通讯与评论三大类。如《中外新闻知识概览》（1987）将新闻体裁分为：①消息，包括简讯、快讯、综合消息、述评型消息、特写性消息、新闻集纳、问答式消息和公报式消息等；②通讯，包括通讯、特写、访问记、札记、巡礼、小故事、随笔、游记、侧记、目击记、报告文学等；③述评，包括新闻述评、工作研究、调查报告、新闻解说、记者来信等。这种分类法使得一些新闻文类难以确定归属，某些大致可确定归属的文类又可能是"两栖"的，如新闻分析既可算作消息，又可算评论，某些以对话形式出现的人物专访或访谈既可归为通讯，又可放入评论。③ 因此，经调整后，又出现几种代表性分类法，其中一种较传统的分类方式是分成新闻报道与新闻评论两大类，前者包括消息、通讯及调查报告④，注重宏观视角，但未囊括所有新闻文类尤其是一些新兴文体。周胜林等则根据表现手法、结构布局、口吻和人称把新闻报道体裁分为消息、深度报道、通讯及新闻特写。⑤ 中国当代新闻发展史上流行过三种新闻分类法。⑥

一是 1949 年至 1966 年的"八分法"，把新闻体裁分为：①消息，即狭义的新闻，其下有简讯、短消息、长消息；②通讯，包含报告、速写、特写、介绍；③访问记，包括人物专访、学术访问、文体访问等；④报刊述评，包含报纸述评、文章推荐和版面介绍；⑤新闻资料；⑥新闻解说；⑦新闻公报；⑧文件公布。

---

① 王春泉：《导言：多元化时代的文体资本》，见《武装的眼睛：现代新闻报道形式及写作》，合肥，安徽人民出版社，2008 年，第 1 页。
② 姜椿芳、梅益：《中国大百科全书·新闻出版》，北京，中国大百科全书出版社，1990 年，第 412 页。
③ 丁柏铨：《当代新闻文体写作》，西安，陕西师范大学出版社，1998 年，第 47 页。
④ 甘惜分：《新闻学大辞典》，郑州，河南人民出版社，1993 年。
⑤ 周胜林等：《当代新闻写作》，上海，复旦大学出版社，2004 年，第 2 版，第 27~29 页。
⑥ 张易恕：《颠覆与建构——新闻写作原理探究》，昆明，云南人民出版社，2002 年，第 307~311 页。

二是 1978 年以后新时期传统分类法，又被称为"七分法"或"七体二十二目划分法"，把新闻分为：①消息，包括简讯、短消息、长消息、综合消息；②通讯，包括速写、特写、工作通讯、风貌通讯、新闻小故事、人物通讯；③述评新闻，包含新闻评述、新闻综述、记者来信、采访札记、调查报告、工作研究、调查附记、报纸述评；④新闻图片；⑤新闻公报；⑥新闻资料；⑦答记者问。

三是 1984 年新闻系统"全国高级职称评审委员会"确定的九大类划分法，又被称为"九体二十四目"分类法。该分类法把新闻划分为：①消息，含简讯、短消息、长消息、综合消息、新闻展望；②通讯，分为特写、速写、报告文学、旅行记事、经验介绍；③新闻公报；④文件公布；⑤访问记；⑥新闻解说；⑦新闻资料；⑧报刊述评；⑨边缘性新闻文体，分为述评性新闻、注释性新闻、工作研究、工作通讯、记者述评、记者来信、调查报告、采访札记。学者对这些分类法有不同意见，"一个共同的现象是抛弃了以文体为主要依据的划分方法"①，而且易造成外延混乱以致总结出的文体形式有相互交叉重叠的数十种。

张家恕教授在"九体二十四目"分类法的基础上，综合考虑内容和形式特点，将新闻文体分类为：①消息类（叙事类），含简讯、短消息、长消息、号外等；②通讯类（注重描写、议论的较复杂叙事类），包括以"通讯"命名的各种文体（如事件通讯、人物通讯、概貌通讯、背景性通讯等、工作通讯）、访问记、特写（含速写）等；③述评类（伦理类），指对新闻事实、现象分析评论表述倾向性观点的新闻，包括新闻述评、社论、新闻调查、新闻札记；④解说类（释物类），侧重于介绍、提供知识与信息，含新闻资料、新闻解说、大事记、服务性新闻、版面介绍、知识文摘、信息性通讯等；⑤公报类（告语类），对公务文书和应用文书的"照发"或摘引式表述，含文件摘引式消息、新闻文件、政要言论消息、某些调查报告、工作通讯；⑥交叉类（边缘文体），形式上融合了多种文体特质，如游记、报告文学、影评、杂文、书评等。②

随着"现今新闻文体呈现出界限模糊化和表达边缘化"③ 的趋向，有研究提出可将其划分为基本文体（含消息、通讯和评论）和边缘文体（含特写、散文式新闻等）两大类。由于内容拓宽、新闻观念创新、媒介

---

① 单波：《新闻文体新论》，《新闻大学》1994 年第 2 期。
② 张家恕：《颠覆与建构——新闻写作原理探究》，昆明，云南人民出版社，2002 年，第 314～318 页。
③ 王雅婷、安莹：《浅谈新闻文体的划分》，《东南传播》2008 年第 7 期。

和受众市场竞争需要，出现图表式报道、体验式报道等"新新闻文体"。①新闻体裁类别虽相对稳定，但内涵、功能、内容及形式随着技术进步和社会发展发生了调整变化和分化，故新闻体裁可分为消息类、专稿（专题）类、报告文学（纪录片）类和评论类。②

西方新闻分类较多变灵活，因应社会现实、新闻媒体机构状况、重要新闻记者影响、新闻自身不断发展变化，不同历史时期产生了不同的新闻分类法。中国译介西方新闻体裁分类的文章与书籍中很常见的"两分法"，一般多由新闻报道和特写两个种类来划分新闻作品，如分成"硬新闻"与"软新闻"，"事实报道"与"言论"，"解释性新闻"与"纯新闻"，"事件性新闻"与"非事件性新闻"等。③

张家恕认为，新闻分类所采取的交叉多分法综合了内容题材和报道形式两个方面，分类标准因素的双重性使其类别繁多且互有交叉，不够严谨，会面临"分不净"与"分不尽"的情况，但实用性较强，且具有不断变化调整的开放性特点。④

二、一种报纸新闻文体的类型划分

（一）关于新闻文体分类原则的思考

笔者认为，新闻文体的分类应遵循四个原则。

1. 以文体特征，即作品的形式特征与结构方式为主要依据来划分，而不应以题材为分类标准

与其他文学形式相比较，新闻文体的特征不在于它表达了什么，而在于如何表达，不在于它所处理的材料、对象是什么，而在于它处理材料、对象的方式。从内容题材，即报道对象上划分新闻文体，更突出的是社会学意义，也就把握不住真正的新闻类型。如"经济报道""政治报道""文教新闻"等，是对社会信息的题材化分割，只具有报道分工的意义而不具有文体意义，不能体现新闻结构的独特处理方式。新闻文体研究偏重的是新闻内容的表达即话语式体和结构形式，研究的是内容与形式结合而

---

① 刘新荣：《新新闻文体物质辨析》，《当代传播》2006年第6期。
② 胡立德：《新闻体裁类别研究》，《浙江传媒学院学报》2014年第5期。
③ 甘惜分：《新闻学大辞典》，郑州，河南人民出版社，1993年；新华社北京分社：《中外新闻知识概览》，北京，新华出版社，1987年；邱沛篁等：《新闻传播百科全书》，成都，四川人民出版社，1998年。
④ 张家恕：《颠倒与建构——新闻写作原理探究》，昆明，云南人民出版社，2002年，第301～306页。

呈现的表达方式,划分新闻文类时更应着眼于新闻材料与事实对象的处理方式,也就是新闻的表现形式特点。因此严格来说,深度报道不是一种文体概念,但它有相对突出的特点。笔者认同董天策教授对"民生新闻"的看法,即它不是一种具体的新闻体裁或新闻类型,而是一种新型的新闻传播范式。① 以此类推,数据新闻也不是一种具文体意义的体裁,数据材料若以图表呈现,则为图表新闻;若以文字呈现,则为消息或通讯等。

托多罗夫说:"体裁从何而来?简单地说它们来自其他体裁。一个新体裁总是一个或几个旧体裁的变形,即倒置、移位、组合。"② 本书借鉴了刘勇对新闻作品的评析体系:"从新闻文体的构成要素出发,着力研究标题、导语、时效、引语、文体技巧等层面的变化。"③

2. 遵从种属的逻辑关系,用统一的分类标准、平行的关系进行划分,不能互有交叉互相涵盖

由于长期以来新闻研究中文体意识不够明晰,分类标准众多,将新闻报道对象、题材、组织报道的方法、报道的空间范围与新闻体裁分类的标准混淆在一起,不少研究对新闻体裁的分类出现外延混乱的状况,如通讯、人物通讯、故事性通讯、政论式通讯这一组并列的体裁中,就含表现内容与表现手法两种分类标准。又如目击新闻、现场见闻、自述新闻、亲历新闻、人物专访、实录性报道、即景式报道、新闻游记、干预式报道、新闻素描、新闻速写被视为并列的形式,但它们之间并无严格的文体界限,有些还彼此交叉重叠,如速写与现场见闻,实录性报道与人物专访。再如访问记、专访更多表达的是一种采访的工作状态,专访后以什么形式呈现新闻材料和事实才是人们应关注的。

《新闻学简明词典》主张,应以表达材料的手法和口吻、组织材料的结构的不同来区分新闻类别。根据前述对文体的理解,区分新闻类型时,应以表现形式的不同为标准。

3. 既要有较清晰的新闻体裁边界,又要有一定的动态性和包容性

从新闻的特性考虑,要把新闻与非新闻体裁区分开来。例如非真实材料或媒体刊发的不符合新闻特性的稿件,真实与虚构之间、介于新闻与广告之间如软文、广告专版刊登的资讯类稿件(如教育专版的留学信息)不应列入新闻文体,公告文件类稿件如人事任免公告、工作报告、会议通

---

① 董天策:《从范式角度审视民生新闻》,《现代传播(中国传媒大学学报)》2006年第4期。
② 〔法〕托多罗夫:《巴赫金、对话理论及其他》,蒋子华、张萍译,天津,百花文艺出版社,2001年,第24页。
③ 刘勇:《嬗变的轨迹》,复旦大学,2008年,第51页。

第二章 新媒体语境下新闻文体概说

知等也不应列入新闻文体。

新闻的发展使得新闻文体内部系统在不断创变,体裁间的界限不断被打破,分类法不能是封闭的,而应是开放的。陈寿富认为,导致文体分类复杂性的原因,一则由于文体概念的理论抽象和形成是在大量文本实践之后,文本实践的多样性、丰富性、动态性、创新性、复杂性及文学观念的变迁性,既给文体研究提供了丰富资源,也给文体类型的逻辑切割带来了义理纠缠;同时,中国古人重整体感悟、轻逻辑分析的综合思维方式也导致了文体分类的胶着性。① 新闻分类混乱的原因还有仅将某一写作手法(如"蒙太奇"式报道)从某种联系的统一体中割裂出来作为独立构成文体的单一标准,以致越分越细。

学界对于新闻体裁分类的界定尚未达成共识,在新媒体的冲击下,新闻不断创新,分类越发困难。但确定新闻的分类、区分不同新闻体裁的功用对新闻的发展与创新有重要意义。新闻体裁的发展历程体现出社会、科技变革、受众的要求,对于新闻的类别区分也要保持创新发展的态度。不少学者提出新闻文体界限的模糊性和表达边缘化。② "模糊化"提法是对新闻文体在创新中不断出现三大体裁难以涵盖类型的认可,并预留了一个位置。采用此观念更契合 20 世纪 90 年代以来中国新闻文体不断推陈出新的现状。文体分类不宜太粗,也不能过细,应以"我"为主并借鉴国外分类方法。

4. 理论研究不能与新闻文体写作的实际情况相脱节,要建立在大量文本分析和案例研究的基础之上

在"存在即价值"这一认知层面上,凡是新闻发展史上对新闻文体较有影响的分类,在当时当势有一定合理性。其后被不断质疑、审视、重构,也是建立在社会历史、新闻理念和实践变革的基础上的。

例如,20 世纪 90 年代初大规模兴起的现场短新闻当时社会的一种需求,它在一定社会背景下产生和被提倡,同时是为了打破当时会议新闻、长新闻、长篇大论过多的局面,使新闻更通俗易懂。当时,大部分现场短新闻是抓住一个场景细节进行描写。20 世纪 90 年代末,此类新闻开始产生了变化,随着社会现实复杂化,人们思维变化,现场的复杂性被充分发掘,记者业务能力发展、更注重专业化程度等,新闻不再只关注单一"现场",更多背景性信息和细节被发掘出来。现实的变化使现场短新闻

---

① 陈寿富:《论新闻文体的特性》,《国际新闻界》2011 年第 3 期。
② 董小玉:《新闻文体的多元化趋势》,《社会观察》2004 年第 3 期。

有了改变，以至于与特写型消息或特写难以区分。陈俊峰将新华社报道《梦魇从天而降》同时称为特写和现场短新闻。①

从新闻报道的现状看，传统的新闻文体有的被保留并沿用，有的被淘汰，新的样式层出不穷。当原有分类法不能满足发展创新的需求时，就需要呼唤新的新闻文体划分。因此，新闻分类法也要顺应新闻实践变革不断进行调整。需注意的是，人们研究新闻文类，不是为了在分类标准上纠结不已，而是为了从文类层面分析报纸新闻文体的结构特点，从而进一步探析其演变轨迹和动因。

从中国新闻奖评选项目的变化也可看出新闻作品分类需顺应新闻实践而不断变化和调整。2006年，第16届中国新闻奖设立网络新闻奖（含网络评论奖、网络专题奖和网络新闻专栏奖）；2008年，第18届中国新闻奖增加网络访谈奖项和新闻网页设计奖项；2010年，第20届中国新闻奖增设国际传播奖项；2018年，第28届中国新闻奖增设媒体融合奖项，设立短视频新闻、移动直播、新媒体创意互动、新媒体品牌栏目、新媒体报道界面和融合创新6个评选项目；2020年，第30届中国新闻奖评选项目由2018年的35个减为29个，合并了深度报道作品评选项目以减少互相涵盖的分类模糊，调整了网络作品、媒体融合奖项评选项目的同时增加了新媒体作品参评项目。这些奖项的变化体现了鼓励媒体融合创新的导向，也对推动新闻文体变革有重要影响。

（二）报纸新闻类型的划分

本书所研究的新闻文体是纯粹意义上的新闻报道文体，评论、副刊、公报不在研究之列。消息、通讯、述评这三类传统文体在各种新闻分类法中的地位稳定，同时呈现出界限模糊化和种类边缘化的特点。当前许多新闻报道不局限于传统的新闻文体规范与要求，以及传统的新闻体裁标准模式，而是根据实际需要采用最符合受众需求的报道形式，往往兼有两种或几种基本文体表达特征，能容纳更多信息，三段体结构与倒金字塔结构等屡被突破。本书综合前人研究，在张家恕的分类基础上进行调整，以形式特点、结构体式为主要依据，兼顾内容特点，把报纸新闻类型划分为基本文体和边缘文体。

1. 基本文体

（1）消息类。根据篇幅特点和结构特点分为简讯、短消息、长消息

---

① 陈俊峰：《一篇富有幽默感的现场短新闻——简评特写〈梦魇从天而降〉》，《写作》2000年第4期。

等若干小类。

(2) 通讯类。分为一般通讯(包括以题材划分的事件通讯、人物通讯、概貌通讯、工作通讯的大部分)、特写(含速写)、调查报道(含调查报告)三个类目。特写是细致描写新闻事实、突出局部细节或片段、篇幅比消息长的新闻体裁。调查报道是指报道者通过较长期而完整的观察、积累与多方查证,对某一或某类社会事实或现象的详细、深入、系统的报道;其中,调查报告则是以提供调查数据与统计分析为主,不记叙事件,不体现记者调查行为①,直接将调查所收集到的材料加以系统整理、分析研究。

(3) 述评类。包括新闻札记、新闻述评和观点新闻。新闻札记包括采访札记、记者观察、记者手记、记者(通讯员)来信等,掺杂有记者个人的观察、感想、评论等,内容更个性化和口语化,行文与格式并不严谨;新闻述评包括专家学者、报社或记者对新闻事件进行评述的报刊述评、记者述评、专栏述评、编者按等,采用夹叙夹议的手法,兼有事实报道和事实评论的特点;观点新闻一般没有完整的新闻结构及对新闻事件各要素的交代,以罗列、突出各方观点为己任,如罗列网民评论和各方意见,形式上具有强烈的列举陈述观点之特点。

(4) 解说类。分为新闻资料(含背景新闻)和新闻解说。新闻资料是与新闻事件相关、起辅助说明作用的背景和延伸性材料,或以链接方式作为新闻配发资料,或有固定小栏目,或为事实相关情况与知识介绍。新闻解说着重对信息中涉及的人、事、历史、环境等内容予以说明,如对通知或政策等的解释、专家对新闻事件的解读分析。在两会报道中,此类新闻最常见于政府工作报告发布之后对相关内容的解读和分析。

(5) 图片类。即图片新闻,涵盖了照片新闻(含新闻照片)、漫画新闻、图表新闻。由于单纯为了美化版面而与新闻没关系的图表、漫画和照片不具备新闻性,故不计入。照片新闻通过照片报道新闻事件。漫画新闻即以漫画形式表达新闻信息的文类,或独立出现以代替文字表述某些内容,或配合文字新闻出现,解释或强化突出新闻核心内容。图表新闻则以信息图表的形式进行新闻报道。

2. 边缘文体,形式上融合了多种新闻文类的特点

(1) 谈话新闻。主要文体特征是正文部分为记者和受访者以一问一答的形式,且问与答具有连贯性、逻辑性与主题性。报纸谈话新闻最早常将电视访谈节目内容转录为文字后刊登到报纸上。

---

① 杜骏飞、胡翼青:《深度报道原理》,北京,新华出版社,2001年,第40页。

（2）故事新闻。突出故事性的情节和人物，以讲故事的口吻叙述事件，着力于情节描述，常以个案链接的形式出现。

（3）互动新闻。"报纸的互动新闻由来已久，热线爆料、媒体活动、记者采访、社区活动、读者来信等都是报纸常见的互动方式"①，这种表述将人与人的交互作为判断互动新闻的依据。作为数字媒体时代新型报道形态的互动新闻，是指一种以代码实现故事叙事的视觉化呈现，通过多层的和触觉的用户控制，实现获取新闻和信息的目标。② 报纸新闻无法呈现身体动作的互动，故本书在"为用户提供互动体验的新闻"③ 这一概念界定的基础上，将报纸互动新闻限定为报道形式上呈现与读者互动过程的新闻文类，不拘束于新闻一般的结构如导语、正文等，而注重展现互动各方及互动过程。表现形式如：读者的提问或意见或来信—专家回答、记者提问—读者回答，报纸根据新闻内容出考题、读者以各种形式参与答题活动。

（4）特写型消息。遵循消息的一般架构，具备导语正文等，对现场某个行为或某一方面内容进行再现和放大，描述更详细、具体、生动。基于实践变化，本书将现场短新闻根据体例分别归入特写或特写消息。

（5）散文式消息。把散文的抒情、渲染气氛等写作方式融入消息架构中，生动形象、情感充沛地叙述新闻事实。穆青是该类文体最早的倡导者。一般不采用消息较为规范的封闭结构，呈现舒朗自由之态，具有"形散而神不散"的结构特点。

此外，具备一定新闻要素但并不以新闻的样式出现或结构十分特殊的作品如预告等被归入"其他"类。

修订后确定的报纸新闻文体分类体系如图2-3所示。

图2-3对于报纸新闻类型的划分是一种尝试，可能不够完备，但力求从新闻体式角度进行种类区分。为了达到本书研究目的，分类尽可能详尽，但个别新闻种类仍有交叉可能。这是基于一种科学的体裁观，反对取消新闻分类的提法，建立开放性观念的同时并不否定文体的规范性。新闻文体需要根据所反映的社会变化而不断创新，既遵守既成的审美规范，尊重并厘清各种类型新闻的界限，不随意破坏成规，同时又不能死守体裁的成规。

---

① 贾小飞：《新媒体环境下纸媒互动新闻探讨》，《中国报业》2017年第13期。
② 〔美〕尼基·厄舍：《互动新闻：黑客、数据与代码》，郭恩强译，北京，中国人民大学出版社，2020年，第2页。
③ 王妍、李霞：《互动新闻的前世、今生与未来：媒介变迁与互动新闻演进研究》，《现代传播》2019年第9期。

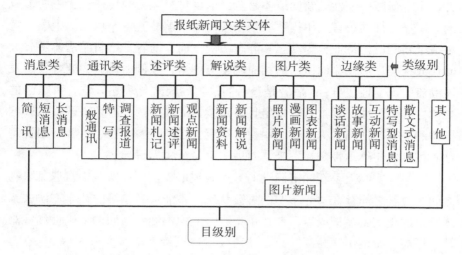

图 2-3 报纸新闻文类的属种关系

第三节 建构新闻语体的分析类目

一、新闻语体的发展和基本特点

新闻语体经过复杂的发展历程,政治文化、社会现实、受众群和新闻媒体职能决定了它的特征。新闻语体作为新闻报道的物质外壳,其变化也必然是新闻流变的某种外在表现和表征。①

中国的新闻语体最早属于事务语体范畴。近代新闻业出现,产生了专业化的新闻活动,大众传播与人际传播分离,新闻语体也开始与事务语体分离。随着社会进步和语体学发展,结合长期的新闻实践,新闻语体逐渐摆脱事务语体的固定格式和惯用语,形成特有的语言形态、特质和风格,成为独立的语言体系和语体学重要分支。随着世界政治、文化、经济和传媒领域的发展,新闻语体借用、吸收其他语体的语文式和功能手段,以丰富其结构表达系统,扩展新闻语体传播的功能域。② 总之,多种因素交织共同影响着新闻语体。新闻语体并非凝固不变,而是在对过去的沿革和创新中发展着、开放地不断变化与自我完善着。

作为一种功能语言,新闻语体具有自身的规律和要求,既有语体的共

---

① 向阳:《浅论新闻语体语言的特征》,《新闻知识》2010 年第 2 期。
② 祝克懿:《新闻语体的交融功能》,《复旦学报(社会科学版)》2005 年第 3 期。

性，也有新闻的个性。新闻语体是全民语言材料在新闻传播过程中所形成的有明显特征的语言运用体系，在新闻传播中承载着重要功能。中国学者将报纸新闻语体特征分为动态和静态两个方面，前者是指新闻语体随着大时代或社会环境变化而做出的相应调整与创新，强调的是其为迎合社会发展潮流的流变性成分；① 后者是指新闻语言的模式化表达方法，有很强的规律性和辨识性，着重于较稳定且有延续性的成分。一般把中国报纸新闻语体的静态特征归纳为准确简明性、客观叙述性、模糊性、语言运用稳定性和民族文化继承性。接下来，对后三个特征稍做解释。

模糊性实际上是新闻准确性的另一表现形式。新闻实践中常遇见事物之间、过程之间存在边界不明的过渡状态，不能仅靠精确的数学方法去描述复杂的现实，模糊语言只要运用得当，非但不影响新闻的准确性和客观性，还能与精确语言相互补充，使新闻报道更接近事实本来面貌。② 它有助于化繁为简、提高阅读效率，符合读者阅读心理，突出信息中心和精确信息，满足保密需求，是一种新闻策略。

虽然社会环境和经济文化不断变化，但为了保持新闻的严肃感和庄重感，新闻语体始终受到稳定的语言系统的限制。专业词汇、通用书面语、中性词、缩略语等基本词汇承担着主要职责，单句、陈述句、短句等基本句法结构始终占据主导地位。

中国新闻语体也受民族语言文化大框架的约束，主张在通俗化和大众化的同时运用一定的文言词汇。此外，新闻语体与民族认同感密切相关，纯正的汉语言文字表达占主导地位。

新闻语体动态的流变性特征集中体现在多变性和时代性。前者体现在词汇的广泛运用和句法、语法的多样化上；后者指新闻语体会带有时代的独特印记，如每一时期都有凸显时代性的新词语。本书着重于研究新媒体语境下报纸新闻语体所呈现的动态的、功能的特征。

二、报纸新闻语体的分析类目

语体分类是语体研究的中心议题，诸多学者就此问题展开了深入探讨。语体是人们在各种社会活动领域，针对不同环境和不同对象，使用语言进行交际时所形成的常用词汇、修辞手段及句式结构等一系列运用语言

---

① 关于此部分论述散见于祝克懿、郝会丽等的相关论著中。
② 陈灿：《从〈羊城晚报〉看模糊限制语在新闻语体中的语用功能》，《内蒙古农业大学学报（社会科学版）》2007 年第 6 期。

的特点和显示出的风情格调,词汇、修辞手段与句式是语体的重要组成部分。

报纸通过图片或文字语言等形式将新近发生的新闻事件展现给大众,大众通过这些形式来理解新闻事件,图片或文字语言在信息传播过程中起到重要的桥梁作用。随着新媒体崛起,传统报道形式受到了挑战,文字语言的运用也发生着变化,有必要对报纸新闻文本进行词汇和语法结构分析。在一定程度上,新闻语体研究是一种新闻形式研究,本书在语体结构的基础上,试图建立一个新闻报道语体构成体系,以此为类目观察新媒体语境下报纸新闻文体的语体特征及创变。

(一)新闻词汇分析

词汇又称语汇,是语言里所有(或特定范围内)词和固定短语的综合。它是语体的重要组成部分,也是最直观、最敏感的语体体现,直接影响了语体的特征和风格。新闻词汇分析包括文学式词汇、文言词汇、口语词汇、方言词汇、简缩词、专业术语及新词汇(含时代性词汇、网络语言、旧词新用)。这是最能体现新闻文体的时代色彩和地域色彩的要素。

(二)句子分析

1. 新闻标题

它以最精练的文字将新闻中最重要和最新鲜的内容呈现给读者,这是本研究的重点。本书将从字数(含引题、主标题和副标题字数)、修辞手法(包括夸张、比拟、比喻、对偶、设问、排比、对比、反复、引用、借代、反语、顶针及双关等)、数字型标题等方面,对新闻标题进行分析。

2. 句式分析

不同句式的使用反映出新闻报道的态度和观点,映射出一定的新闻理念。本书从三个维度对句式进行考察。

第一,短句与长句的运用。当然,句子长短是相对的,并无截然界限,本书只是将其作为一组对比的概念。短句是指词语较少、结构简单、修饰成分少的句子;长句是指词语较多、结构复杂、修饰成分多的句子。国外有新闻媒体对句子长短做出具体规定,美国《时代》周刊与《纽约时报》规定一个句子只能有一个事实,尽可能采用短句,每句一般使用16~18个英文单词,不超过20个,因为按读者平均文化水准,人们两次眨眼之间可阅读16～18个英文单词。① 弗勒施（Flesh）曾向美联社建议把新闻句子平均长度限制在19个单词之内。心理学实验表明，人的短时记忆（保留30秒左右）容量（称广度）约为7±2个"组块"（chunk），每个组块可能是一个字母、一个词或一个短语。② 美国合众国际社提供的句子用词平均长度标准是：8个词以下为最易读句子，11个词为易读句，14个词为较易读句子，17个词为标准句子，21个词为较难读句子，25个词为难读句，29个词以上为很难读句子。一般而言，中文句子多以7～20个字为宜，超过35个字容易给人冗长之感，阅读和理解会更难。③ 本书综合考虑结构与字数，以17个词为标准，结合汉语以双音节语词为主的特点，并考虑句子辅助成分，把新闻中40个字以下、结构简单的句子划分为短句，反之则为长句。

第二，引述句的使用。引述句分为直接引语（又称直接引述句）和间接引语（又称间接引述句）。前者使用引号引出原话，后者是用自己的话转述被采访者说的话。

第三，疑问句、陈述句、感叹句及祈使句的分布情况。疑问句是带有疑问语气的句子，一般句末以问号结尾；陈述句是陈述一个事实或者说话人的看法的句式，书写时句末用句号，包括肯定句和否定句两种；感叹句是表示惊讶、快乐、悲哀、恐惧和厌恶等浓厚感情的句子，用感叹号结尾；祈使句是表示要对方做或不做某事，带有祈使语气的句子，句末一般用感叹号，但有些语气较弱的祈使句可用句号结尾。

（三）新闻篇章分析

本书从四个方面分析报纸新闻篇章的特点：正文字数，以约数统计为主；视角或立场，此处以叙事视点为依据，包括官方、民众、专家、记者、新闻当事人、国际社会等的视角/立场及商业化、公益性性质；情感色彩，指主体对客体对象的态度、情感倾向、评价等，本书只简单区分有无直接情感色彩的表露；新闻故事化叙事的演变。本书将修辞手段融合进句子和篇章当中进行具体研究。

此处把新闻语体视为建构媒介镜像的重要组件之一，通过对它的解析来了解新闻作为一种文体的特征，以及媒介如何建构社会。本书基于语体

---

① 李良荣：《西方新闻事业概论》，上海，复旦大学出版社，2006年，第251页。
② 方俊明：《认知心理学与人格教育》，西安，陕西师范大学出版社，1990年，第142页。
③ 周明强：《语言认知与语言应用探索》，北京，中国社会科学出版社，2010年，第242页。

层面的分析虽不能面面俱到,但基本包含新闻语体的重要内容和基本要素。当然,正如语体不是具体的单个的或某些表现形式,而是所有表现形式所构成的一种体系,新闻语体是一个完整的体系,各种元素并非处于分裂的状态。因此,本书同时采取整体视角对新闻语体特征进行阐释。

第三章　全国两会报道的报纸新闻文体变迁（1998～2018年）

此部分着重于以文本数据为基础的描述，以1998年以来的广东主要报纸媒体关于全国两会的报道为案例，梳理新媒体语境下报纸新闻文体所呈现的特征和变化。以全国两会报道为案例的主要原因有四个方面：首先，针对全国两会，海内外新闻媒体云集，记者阵容强大，报道形式多样，会内会外互动频繁。两会聚集了全国不同界别、不同阶层的人士和极丰富的新闻资源，"因而吸引了中外、各省市各地区众多新闻媒体的关注，新闻竞争之激烈可想而知，且有一年胜过一年之势"。① 其次，全国两会报道作为"新闻改革的实验场"，集中体现了媒体行业竞争态势下的新闻改革理念②，是管窥新闻文体创变的重要窗口。竞争激烈的新闻两会报道如何在内容、手段和模式上创新与突破是热门话题，集中反映了新闻文体的创变趋势。在新媒体的冲击之下，不少报纸提出进行全方位、立体式"全媒体"报道的口号，这在两会新闻中有集中体现，"方法创新。报纸、广播、电视等传统媒体与中国江苏网、网络广播电视台等新兴媒体联动，中央与地方媒体协调配合"③。再次，既然理论上确认新闻题材（作品反映对象）更多具备社会学意义而不注重考察题材对体裁的影响，那么最具连续性的两会报道具备纵向可比性，而且其文体特点同样适用于其他题材的新闻。最后，新闻文体是社会文化的产物，同时折射出时代发展的轨迹。两会是观察中国的窗口，两会新闻报道是在社会和时代背景下观察新闻变迁与创新的典型案例。

---

① 孙国英：《记者"随想"：体验火爆的新闻竞争》，《南方日报》2002年3月16日A2版。
② 路元：《新闻改革的实验——人民日报副总编辑范荣康谈两会报道》，《中国记者》1988年第5期。
③ 顾雷鸣：《今年两会报道方法新思想新手段新》，《新华日报》2011年3月14日A1版。

第三章　全国两会报道的报纸新闻文体变迁（1998～2018年）

第一节　全国两会报纸新闻报道体裁演变

本研究采用立意抽样（purposive sampling）结合分层抽样的方法，这种多级、多步骤抽样是不同阶段多种抽样方式的组合。本章与第四章选择广东四家主要报纸为研究对象：广东省级党报《南方日报》和《羊城晚报》、广州市委机关报《广州日报》、都市类报纸《南方都市报》（以下简称"广东四报"）。它们性质有所差别、受众定位侧重点不同，囊括了报纸媒体行业最常见的发行模式，能代表报纸新闻创新发展前沿的经验，以它们作为内容分析量化统计的主要样本来源，符合研究主题要求并能得到较好的研究成果，从而使研究有代表性和针对性。广东报媒在全国两会报道中具有代表性。1995年，有记者描述"广东报界，将竞争从广东引到北京"①。2015年，新华社肯定南方报业关于全国两会"全媒体"融合报道经验。② 2016年，外媒发文称赞南方报业传媒集团等广东媒体的两会报道，并称广东媒体之变化"是中国地方媒体抢占新媒体舆论场、实现融合发展的一个缩影"③。样本统计起止时间基本为1998～2018年。1998年，新媒体开始展现冲击力，新媒体新闻传播真正崛起并开始带来文本变化，而且中国在这一年召开了第九届全国人民代表大会第一次会议，这个起始点使得统计可从某一届一次会议开始，以保证样本的完整性。

一、广东四报全国两会报道新闻文类的演变

本书对广东四报于1998～2018年全国两会的新闻报道进行总体取样（census），通过归类分析尝试建构报纸关于全国两会报道文类的编年史（见表3-1、表3-2，如图3-1所示）。

由于每年的总体样本量不同，为了保证纵向可比性和科学性，表中每栏数据皆为各新闻文类的版面大小与当年该报两会报道总版面面积的百分比，将数据标准化，以准确反映数据特征。

---

① 张晓蓉、徐胜：《"两会"搭起新闻大舞台——记参加"两会"报道的各地随团记者》，《中国记者》1996年第4期。

② 史竞男：《在融合与创新中寻求突破——中央和地方主要媒体创新两会报道综述》，《经济日报》2015年3月9日9版。

③ 2016年3月8日，新加坡《联合早报》网站发表了文章《中国两会新气象："地方军团"在新媒体跑道发力赶超》。转引自人民网（media.people.com.cn/n1/201610630/c40606-285/0100.htm/）。

表3-1 1998～2018年广东四报全国两会新闻文类版面篇幅百分比（按目分）

单位：%

年份	消息类			通讯类		述评类			解说类			图片类			边缘类					
	简讯	短消息	长消息	一般通讯	特写	调查报道	观点新闻	新闻述评	新闻札记	新闻解说	新闻资料	照片新闻	图表新闻	漫画新闻	谈话新闻	故事新闻	散文式消息	特写型消息	互动新闻	其他
1998	5.5	28.0	22.6	5.4	1.2	0.4	1.5	2.6	2.9	0.0	2.9	16.6	0.7	0.0	6.2	0.0	0.2	3.1	0.0	0.2
1999	2.4	20.1	35.3	4.2	0.0	0.0	1.7	2.9	2.2	1.4	2.7	12.0	0.9	0.0	11.6	0.0	0.0	2.4	0.3	0.0
2000	2.0	34.8	18.1	3.4	1.1	0.0	2.7	2.4	1.7	0.7	3.4	21.1	0.0	0.0	6.6	0.2	0.0	1.8	0.0	0.0
2001	4.9	25.0	19.1	2.9	0.4	0.3	2.0	1.9	0.6	0.3	2.6	20.0	0.7	0.0	16.8	0.3	0.1	2.2	0.0	0.1
2002	2.4	29.9	14.3	3.2	1.2	0.9	2.5	2.1	0.5	1.1	3.2	21.0	0.0	0.1	14.6	0.6	0.2	2.3	0.0	0.3
2003	2.0	11.9	18.8	5.2	2.6	1.2	5.2	6.1	1.3	4.2	4.8	20.2	0.5	0.7	13.9	0.4	0.2	0.6	0.1	0.2
2004	1.2	17.5	20.9	3.6	0.1	1.5	3.0	5.6	1.1	3.6	4.7	21.4	1.2	0.0	11.1	0.4	0.2	1.7	0.5	0.4
2005	2.7	15.9	21.2	4.7	0.2	3.8	3.1	7.8	0.4	2.6	1.6	18.8	0.3	1.0	13.2	0.2	0.2	2.0	0.4	0.1
2006	2.0	13.1	29.6	4.1	1.1	1.1	6.0	7.4	1.3	3.0	2.1	14.3	0.4	1.2	9.7	0.3	0.2	1.3	1.5	0.2
2007	2.0	15.3	18.1	4.2	1.1	1.8	6.5	7.2	1.7	6.4	2.5	17.8	0.7	0.6	10.2	0.3	0.0	1.4	1.8	0.6
2008	1.8	13.3	14.0	3.8	2.2	0.4	4.5	5.8	0.7	3.1	3.7	16.1	0.4	1.2	25.4	0.1	0.1	2.3	0.0	0.2
2009	1.8	15.4	12.7	5.3	2.7	1.0	9.8	11.5	2.1	2.4	2.6	15.7	1.0	1.5	9.0	0.0	0.0	3.1	0.5	0.0
2010	1.6	14.2	9.1	6.0	2.8	3.9	9.1	8.2	1.0	3.4	1.9	17.0	0.7	1.9	10.6	0.0	0.0	3.5	1.9	0.3
2011	1.6	10.5	15.5	7.0	2.1	1.2	7.3	7.4	1.1	3.3	1.6	16.6	0.7	1.6	19.5	0.2	0.1	1.7	0.6	0.3
2012	1.2	10.4	17.8	5.4	4.3	1.6	6.9	9.2	1.4	3.8	2.5	15.4	0.5	1.8	14.6	0.0	0.0	1.5	1.5	0.3
2013	2.3	10.7	12.7	9.1	2.3	0.8	8.2	7.9	1.4	3.3	2.4	17.9	5.3	0.6	12.1	0.0	0.0	1.6	0.9	0.4
2014	0.7	10.2	7.9	10.3	1.9	1.3	6.1	9.8	1.1	2.9	5.4	15.5	9.3	0.3	12.7	0.6	0.0	1.3	0.3	0.1
2015	0.7	7.3	10.1	11.6	1.8	1.8	5.9	11.7	1.6	4.1	4.3	16.7	5.7	0.6	11.8	0.6	0.2	1.3	1.7	0.1
2016	0.7	7.1	10.0	12.5	1.2	0.7	10.9	0.9	0.9	3.9	2.4	22.6	2.8	0.3	14.3	0.5	0.1	0.7	1.1	0.3
2017	0.9	7.1	8.7	15.5	2.2	2.7	4.7	12.1	1.2	3.2	2.9	20.4	3.9	0.0	11.7	0.5	0.0	0.7	1.1	0.5
2018	1.0	5.1	11.5	14.4	1.1	1.1	8.3	15.3	0.6	3.4	2.8	20.0	2.2	0.1	11.8	0.0	0.7	0.4	0.3	0.0

表3-2 1998～2018年广东四报全国两会新闻文类版面篇幅百分比（按类分）

单位：%

年份	消息类	通讯类	述评类	解说类	图片类	边缘类
1998	56.09	7.07	7.01	2.87	17.36	9.61
1999	57.73	4.20	6.83	4.05	12.83	14.36
2000	54.87	4.46	6.83	4.09	21.12	8.64
2001	48.96	3.54	4.54	2.86	20.66	19.45
2002	46.52	5.29	5.00	4.34	21.10	17.75
2003	32.69	8.98	12.64	8.99	21.37	15.32
2004	39.56	5.24	9.71	8.33	22.83	14.32
2005	39.76	8.64	11.29	4.28	20.21	15.82
2006	44.71	6.35	14.75	5.09	15.93	13.17
2007	35.45	7.09	15.47	8.88	19.22	13.89
2008	29.09	6.32	11.00	6.76	17.72	29.11
2009	29.79	8.90	22.34	5.01	18.22	15.74
2010	27.44	12.65	18.41	5.38	19.78	16.34
2011	27.53	10.28	15.85	4.91	18.85	22.59
2012	29.35	11.25	17.43	6.28	17.77	17.92
2013	25.65	12.23	17.48	5.76	23.88	15.01
2014	18.86	13.52	16.96	8.28	25.11	17.27
2015	18.05	15.18	19.73	8.41	23.00	15.63
2016	17.72	14.42	17.93	7.34	25.63	16.95
2017	16.67	20.42	18.03	6.05	24.73	14.11
2018	17.53	16.58	24.14	6.13	22.31	13.31

图3-1 1998～2018年广东四报全国两会报道各新闻文类篇幅百分比变化（按类分）

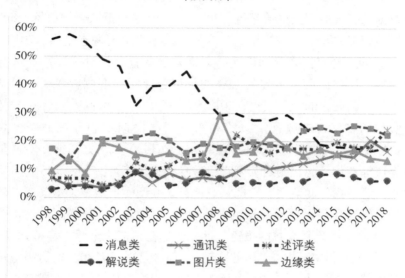

（一）消息类：比例逐年递减

2014年之前，广东四报全国两会报道中，消息类新闻占比第一，但整体比例呈下降趋势。简讯及短消息降幅明显。20世纪90年代，简讯及短消息的使用较多，与当时新闻环境较单纯，新闻传递信息功能突出有关系。在新媒体影响下，报纸开设导读与索引版，相应地减少对简讯和短消息的使用。2015年，《南方都市报》"主页"版大量使用标题、一句话新闻和二维码，将一些动态新闻或即时新闻引流到App等平台上，简讯和短消息的比例锐减。由此可见报媒弱化对无时效性优势、可挖掘空间小的新闻体裁的使用的理念。

（二）通讯类：比例逐渐上升

1998～2018年，广东四报全国两会报道的通讯类版面篇幅整体增长态势明显，波动幅度小；呈版块化、简短化趋势，化整为分、化长为短。其中一般通讯结构和体量在1998～2012年变化不大，2013～2018年有所增长。这与其承载的功能变化不大有关系，题材仍多为概貌报道、典型经验，多为长段落、大版块的篇幅。

特写稍有增加，2008年以来，广东四报常将特写手法运用于会议新闻。调查报道渐趋丰富，形式更活泼多样，程度渐深，范围更广。除了调查采访,广东四报还注重科学的调查研究方法及数量统计的运用。特定呈现的范型越来越多:一是数据型,由于网络提供了很好的调查工具,大量运用数据及图表的调查报道盛行。2009 年,南方日报联合搜狐网、3G 门户网推出调查,开设"网络调查"专栏,用图表呈现调查结果。2012 年、2013 年,南方都市报充分利用网络渠道开展调查,并对统计数据进行可视化处理,如"微调查"专栏刊登的是记者针对提案或者建议、观点在网上发起投票调查的相关报道。2013 年 3 月 5 日,"微调查"针对"劳动者暑假"的建议,通过腾讯微博和腾讯新闻民调中心开展调查,共有 11454 人参与。二是走访型,2010 年《南方日报》"南方调查"专栏是一种带媒体标签化品牌化构建的调查报道专栏;2017 年,"南都马上问"专栏汇集民意寻找新闻话题、挑选企业进行摸底调研走访,是多渠道联动且同步进行现场直播报道和互动的融媒体生产模式。三是综合型,如《南方日报》2008 年 3 月 6 日的报道《北京奥运东风能否激活雷锋精神》,记者开展了"前方调查"和"后方联动"。前者是由记者在北京街头随机采访、简单的调查统计、采访人大代表得到的说法组成的报道;后者是后方记者在广州街头随机采访及简单统计、走访专家与相关机构后发表的报道《三问今天该怎样学雷锋?》。这组报道既通过现场采访补充第一手材料,又有根据网络调查得到的图表和数据,同时发挥报媒的特点,集纳各方评点,进行专业化视角的解读。

以《南方日报》为例,比较其 1998～2018 年全国两会报道的通讯类平均版面篇幅:1998 年为 0.15、2001 年为 0.17、2003 年为 0.26、2006 年为 0.24、2008 年为 0.24、2010 年为 0.27、2014 年为 0.23、2017 年为 0.2、2018 年为 0.21,总体趋向中等长度。版面上常以更多的小标题或模块化或以其他文类分隔,将长文切割打散以方便读者阅读。

(三) 述评类:比例明显上升,凸显视角

1998～2018 年,广东四报全国两会报道的述评类新闻的版面占比总体呈明显增加趋势,强化媒体视角,有观点多样化、视角多元化、娱乐化的特点,近年呈现严肃与权威的趋势。

新闻述评在报媒中一直有重要地位,它版面占比的明显增长意味着媒体深度介入意见表达。2004 年以前,广东四报全国两会的述评更多是将代表、委员的观点和意见进行归类与归纳后,以条目形式呈现,形成一种隐性述评,如《广州日报》2003 年 3 月 11 日的新闻《地方保护阻挠"执行"》:"多位代表、委员认为,首先是地方保护主义、部门保护主义盛

行……。"2005年，报纸开始呈现自己的视角，如《广州日报》3月5日的新闻《房价车价油价物价 代表委员热议走势》，既有全国政协委员、浙江吉利控股集团董事长李书福预测高档轿车价格走低的观点，还有对其观点从"房价权威预测""车价权威预测""油价权威预测"角度进行的点评，提出反对意见，这种直接意见的表达更能体现媒体独特的视角。2007年，《南方日报》推出"记者述评"专栏，由后方联动记者对相关事件进行述评。2013年，《广州日报》第一次开设"两会系列述评"专栏，报纸呈现自己的视角，进行品牌建构。2018年是贯彻党的十九大精神的开局之年，也是改革开放40周年，当年全国两会是第十三届全国人民代表大会（简称"全国人大"）和中国人民政治协商会议（简称"全国政协"）的首次会议，新闻述评占比高，《南方日报》开设系列述评专栏"牢记嘱托 走在前列"。运用这种体裁站位高端、舆论引导力强，有利于阐释思想、深度分析，能体现报媒内容优势。①

新闻述评的结构和视角多样化。2007年以后，随着博客、微博等的兴起，来自专家、记者、代表、委员、百姓、网民的意见成为述评内容的来源，述评的主角也从专家、专业点评人变为普通民众。2007年，报媒开始大量刊登网民述评，《南方日报》开设"网友社论"栏目，联合南方网、奥一网、天涯社区、腾讯网等多家网络媒体征集网络版"两会社论"，短短十几天收集了上千条网友意见，如3月10日刊登了天涯网友刘记的述评《明天，你还会说方言吗?》。

随着时代的发展，报纸某种程度上可直接担任"裁判员"的角色，从而产生对代表、委员的意见和表现进行点评和打分的新闻述评。《广州日报》于2009年3月13日列出代表、委员"雷人语录"并刊登上榜理由，3月14日的专栏"牛年牛人"评出"最诤言""最认真"等的委员代表，刊登"上榜"理由及网友意见。媒体成为评委，进行活泼的直接述评，这是一种新尝试。

新闻述评注重易读性，有娱乐化趋势。2003年3月10日，占《南方都市报》四个版篇幅的特别报道《假如龙岗宝安划入特区》，电头即"本报记者述评"，配有九幅漫画。新闻述评形式多样化，并以版块化处理增强可读性。该报2010年3月10日A6版用半个版报道了《今年两会"冰点"话题知多少》，其六个话题构成六个版块，结构呈现逻辑是："大部

---

① 柯杨：《主流舆论的引导力从何处来——〈河南日报〉"牢记嘱托出彩中原"系列述评走红的背后》，《新闻战线》2017年第21期。

制改革"话题+专家点评→"大学生就业"话题+专家点评,非常易读。

1998～2018年,广东四报全国两会报道的新闻札记占比波动较大,但每年均有一定版面,可见报媒对这种能凸显媒体人和本报视角、观点的新闻类型有一定需求。早期新闻札记充当可有可无的填充版面的角色。进入2000年,新闻札记结合特写和评论的特点,逐渐凸显媒体和记者观察和思考的视角与立场。下面以《南方日报》为例进行对比,1998年3月2日头版"京华见闻"专栏的《出租车内无"热点"》,3月3日头版"两会观察"专栏的《代表想对人民说》。不过"见闻"也好,"观察"也罢,虽是记录记者看到、听到的材料,有记者身影,但新闻结构视角与消息类似。可见此时《南方日报》还未采用新闻札记这一文类凸显媒体视角、展现记者作为报媒显性代言者的品牌建构意识。2000年,《南方日报》"精点"专栏刊登了不少新闻札记,记者身影和想法开始显现,如3月4日的新闻《捷报频传 代表舒心》最后一段直接议论"确实,记者也有这样的感觉,新年伊始,各条战线捷报频传……",记者观点凸显。《南方日报》2002年3月16日A2版四则"随想"均为记者在北京采访两会的故事和感受,非常个性化和感性化。2004年,《南方日报》A2版开设"记者手记"专栏,并不局限于观察,而是更凸显思考、批判、述评,记者议论视角明显。

新闻札记的个性化特点明显,成为报媒凸显独家视角的常用体裁,在报纸的品牌建构上起作用。2003年,《羊城晚报》"代表追踪"专栏推出前方记者的"特别日记",以记者视角追踪代表、委员参加两会的全过程,是一种更彰显观察视角与个性化的新闻札记的操作范式。2007年,《羊城晚报》以"宜航解密""两会随军记""天天杨言"等专栏刊登记者手记,尤其"宜航解密"是以"本报特派记者"作为卖点,成为报纸的品牌专栏之一。《广州日报》2008年开设以记者名命名的新闻札记专栏"陈翔看两会",2012年设置"记者眼"专栏刊登记者手记。以记者冠名的新闻札记专栏凸显"本报视角",强化独家解读的优势,把记者观察、记者手记打造成具有媒体品牌功能的重要构件。

2010年,微博体记者手记出现,例如,《羊城晚报》3月5日A3版"全国两会·微博"专栏中的新闻札记,受140字的限制,篇幅十分短小,文字也较活泼:

记者苦乐

抒睿:这个世界上没有想不出办法来的事儿。话说下午两会有个

第三章 全国两会报道的报纸新闻文体变迁（1998～2018年）

联席会议，媒体谢绝门外，安检很严，我们只有眼巴巴瞅着委员代表们鱼贯而入——但是，但是有几个伟大的记者同志塞给几个伟大的委员几个伟大的录音笔。随后大家就坐在会场外面的咖啡馆里聊天写稿，等着亲爱的委员同志们潜伏归来！

——《羊城晚报》2010年3月5日A3版新闻《记者苦乐》

近年来，新闻札记占比稍有下降但较稳定，意味着以第一人称的个性化观察和讲述的减少。在有限篇幅里报纸新闻以传递有效信息为主，读者市场成熟后，记者行踪等对信息贡献不大的部分被挤压。个人对现代世界的独特体验与精神反思，总的来说是偏主观和艺术化的，所以适当减少新闻札记的运用，或可视为客观性和严肃新闻回归的一种表现。当然，在网络所营造的虚拟世界中，真实与虚幻的界限、个人和大众的界限都已变得模糊。在后真相时代，报纸新闻中新闻札记比例下降是一种值得深思的现象。这是新闻从业者的一种自净或者自我约束，还是在真假虚实莫辨时代的一种自我保护和风险规避行为？

观点新闻占比整体呈现波动上升趋势。《南方日报》1998年3月9日新闻《医疗"生病"专家"号脉"》刊登了四位政协委员的观点，是观点新闻的雏形。《南方日报》2002年3月10日"新闻链接"专栏中的报道《网上热评"赵大叔动物保护理念"》刊登了八位网友对赵忠祥关于野生动物保护理念的议论，第一次出现网友的观点新闻。

报纸新闻越来越重视展现和强化信源。早期观点叙述者多采用不确定指称如"代表们认为""不少代表反应""许多委员表示"，或新闻采用概数如"××等31名代表提出"，意见表述和观点指向性不明确，少用直接引语。2002年以后，观点新闻的叙述者身份明确，新闻多采用确数，同时观点提供者身份来源层次更广。《广州日报》1999年在"南粤市长两会妙语"专栏为市长们划出专门版面用以刊登其原话；2003年在"热点连线·市民谈5年变化"专栏刊登的观点来自官员、企业高层而非普通市民，且其身份被强调；2004年第一次直接刊登来自草根阶层的观点新闻，如3月6日A2版的报道《再就业人员吐心声》刊登了来自肠粉店老板劳贞波、社区保绿工李欢、某公司维修班班长陈强的原话，这也得益于报媒对本土化视角的强化。

2006年之后，观点新闻被大量运用，其视角越来越丰富，观点来源越来越多元。来自各方、各种媒介的观点多元化呈现，专家、代表、委员、市长、外籍人、境外媒体、老百姓、网民的声音以观点新闻的样式直接呈现。2006年,《广州日报》"大洋网友热议'两会'"专栏、《南方都市报》"网友拍砖"专栏以观点新闻的形式大量刊登来自网民关于全国两会的观点。2007年之后,越来越多普通市民与网民以观点新闻在报媒上直接发声,以观点新闻的形式,如《广州日报》3月4日A2版"市民感言"专栏刊登市民肖先生、李阿婆、大洋网网友的观点。不少刊登市民观点的专栏如《南方日报》的"百姓论坛"也随之开设。因此,自2007年以来,广东四报全国两会报道中观点新闻占比排位保持在第6位。2009年,观点新闻的猛增与当年个人博客的影响力大有关系,个人意见表达和观点展示成为时代特征。2009年,《南方都市报》开设"众议苑"专版报道观点新闻,刊登来自代表、委员、网友的观点,观点精彩、简洁跳跃、可读性强,具有轻快简洁的风格,很能吸引读者的眼球。

由于观点新闻更清晰明朗、简洁干脆,且能使读者的虚拟对话感更强,于是不少以前使用述评、通讯的新闻也转用此体裁。如《广州日报》2011年3月3日至9日每天就某方面问题对代表、委员们的采访,以往多采用记者转述加上大量直接引语的新闻述评,此次在新闻按语之后,把每位代表、委员的观点提炼为小标题,然后直接引用其原话。例如,3月3日A4版的新闻报道《文化惠民是幸福广东重要内涵》:

许钦松:文化建设要抓高端和普及

全国政协委员、省美术家协会主席、广东画院院长许钦松:
我觉得幸福广东这个概念很好。
…………
——《广州日报》2011年3月3日A4版新闻《文化惠民是幸福广东重要内涵》

2013年,《广州日报》开设的"街坊两会"成为知名品牌专栏,每天刊登街坊们的"语录",不但呈现来自各行各业各阶层百姓的观点,还把他们的照片刊登出来,如3月2日A2版刊登了邝焕容(发廊清洁工人)、周敬生(退休教师)等八人的观点及照片。"街坊两会"专栏推出后"受到了网上网下的一片热捧,街坊和网友们对于今年两会表现出格外的关注和热情,纷纷通过来电、来信、微博、微信等方式,将意见和心声传递给代表、委员、传向全国两会。截至昨日本报已经收集到超过

1000条意见和心声"①。而3月6日A9版可以说是观点新闻专版,有"街坊两会""企业家两会"专栏,来自各个行业、年龄层、阶层的观点在这里汇聚,还用照片呈现一张张鲜活的面孔,形成多元观点的碰撞、多视角的解读。观点新闻"下放"新闻话语权,在"把关人"的组织下,各阶层在一定程度上都得到了赋权,体现了话语权进一步开放的新闻变革理念。

观点新闻以灵活有趣的呈现方式展示枯燥的意见性信息。《南方都市报》2015年3月8日的新闻《开放日谈"反腐" 书记们"不避家丑"》采用镜头式的观点呈现方式,四个"镜头"即四个版块,清晰明确地介绍了各省书记们对腐败行为的认识,分层次对一个社会负面现象进行剖析,条理性很强。《广州日报》2015年新栏目"创新驱动"截取各位代表的发言进行版块化编辑,在一版中常常罗列4~5位代表的观点;2018年观点新闻专栏"代表热议""委员热议""学习班",以及由广州日报、信息时报·微社区e+通平台联合广州100条行政街道出品的专栏"百条街道百名街坊'开'两会"既呈现了各方观点,又刊登了发言者的照片。

(四)解说类:平稳增加,注重解读

广东四报全国两会报道中,解说类新闻版面占比稳中稍有上升。其中起辅助报道、背景解释作用的相对简单的新闻资料占比稳定,注重事实的二次加工整理、解读信息及凸显报纸视角的解说新闻比例上升。2003年,新一届国家领导人选举产生,新闻对新领导班子、新政策和新思路进行了大量解析,解说类新闻量飙升。这体现了报媒加强采编力量,加入更多专家意见及对政策的解读,以凸显报媒的权威性,加强信息服务的理念,注重从信息与市民关系的视角进行解读。

为了满足读者链接式非线性阅读习惯,新闻需要提供更多背景、相关事实、数据,报纸在两会报道中新闻资料的使用常态化。《广州日报》在2001年3月8日A2版新闻《"人造黄河"解北方水渴》旁,以"资料"的方式解释南水北调三条线路的情况,有意识地运用资料作为新闻背景。《南方日报》2002年3月8日A2版的新闻《接轨国际 信用先行》下方以"链接"专栏登载新闻资料,以《政府工作报告》中关于"让信用不良者名誉扫地"的内容作为上一新闻的背景,也是对新闻所涉及事实的

---

① 全杰、卢文杰、李栋等:《收入房价社保成最关注问题》,《广州日报》2013年3月2日A2版。

一种态度表达。2003年,"链接"新闻背景、衍生性资料成为报道常态,报纸将相关背景、追踪、政策性资料等以相对独立的链接放在新闻之后,比如《南方日报》3月13日的短消息《3000亿赤字高不高?》之后"新闻背景"版块《财政赤字是如何产生的?》,解释了新闻涉及的专业术语和知识,通过切割式处理给新闻容量减压,布局版块化,使信息点更清晰。

广东四报全国两会报道中,注重解读性的解说新闻在进入21世纪后稳定发展。《南方日报》2002年3月9日A2版开设"解读"栏目,《抢眼的"农民增收指数"》是对《政府工作报告》中关于农业部分的解读;《南方日报》2004年3月9日A2版新闻《保护大款,也保护百姓财产》将对"修宪"的解读分成五个部分,每个部分采用"草案摘录+百姓故事+专家评说或点评"的结构形式,个案和专家观点均有,趣味性和知识性兼备,既有可读性,又有权威性。

报纸新闻解读的广度和深度逐渐加强,更注重报媒视角。《广州日报》2007年开设两会专版"透视政府工作报告",通过各种角度的解读开展"透视"。既有《政府工作报告》分专题的摘要、作为背景出现的数据以及"两会文件解读""权威解读""新闻链接"等栏目,也有"连线广州""连线广东"等栏目的本土化解读,以及人大代表的解读。《广州日报》2015年3月9日的报道《如何来一场说走就走的旅行》以为旅游爱好者准备锦囊的方式解读外长记者会提到的"高冷"外交知识。《南方都市报》2017年开设的"解密""解读"专栏融合各种视角的解读性报道,常采用的结构是:报告原文段落(政府视角)、分析或评价或打分(媒体视角)、代表、委员声音(代表、委员视角)、网民意见或相关人员意见(群众声音)。2018年《广州日报》刊登的《政府工作报告十大民生亮点》,对《政府工作报告》每个亮点都进行了点评。

报媒强化新闻策划理念,在版面上通过开设承载新闻背景、相关知识和解读意见的小版块,有意识地切割新闻信息,将一个个块状新闻整合成专题式、话题式报道,提供更多便利,也尽可能帮读者扫除阅读障碍。2014年3月9日《南方都市报》"字说两会"专栏用新闻解说的方式阐释《政府工作报告》、财政预算报告和国家重大议题。

人工智能的引入与融合报道的深化,使解读性内容更丰富、视角更多样、形式更生动。2017年,广州日报的写稿机器人小同"贡献"了多篇对各种政府报告的解说新闻,"大会堂""报告云"等专栏解读了《政府工作报告》《全国人民代表大会常务委员会工作报告》《政协全国委员会常务委员会工作报告》等重要文件。《广州日报》评价2017年3月6日12个版对各类报告进行的解读性报道的特点为"高"(高端访谈)"低"(基层访问)相宜、"远"(政策解读)"近"(广州落地)结合、"机"(写稿机器人)"人"(人类编辑)合一。①

(五)图片类:图表增加,强化功能

广东四报全国两会报道中,图片类新闻占比基本稳定地排在第二位,从2014年起占比时常排在第一。其发展轨迹是:图片增大且增多;承载叙事、传达信息的主要功能,不再仅以新闻的附属身份出现;形式多样,有照片、漫画、图表,内容活泼生动。

广东四报全国两会报道中,每年新闻照片版面均位列前三,总体量上升。技术发展使新闻照片的采集更方便快捷,趣味性更强,质量更高,在吸引眼球和设立视觉注意中心上发挥重要作用。2001年,《南方日报》开设"视觉'两会'"图片专版,使用大幅照片,正如编者按所言:"也许并不能带出具体内容,但应能给你的眼睛带来一些冲击、一些愉悦、一些感性和想象的空间。"2007年,《南方都市报》常用占整版的大照片叠加导读文字的形式,而这成为吸引受众的个性化运作手法。2008年3月11日,《南方日报》头版刊登时任最高人民法院院长肖扬仰天大笑的照片得到赞扬并引起热议,彰显了个性化与媒体视角在新闻传播中的作用。《羊城晚报》开设"两会镜头"专栏是"用图说话"的尝试。《南方都市报》2015年3月10日A11版的报道《政协简报组"小秘书"一天》采用连环式照片的形式,展示了早上7点50分、上午、中午、晚上7点的四个场景。

广东四报全国两会报道中,图表新闻增加,图表增大,功能增强,从简易表格发展到更多体现编辑重整加工。2003年,图表新闻开始被大量广泛运用,种类增多。2004年,独立的信息功能开始凸显,设计趋复杂,体量增大。2008年,图表更大、内容更复杂。2012年以来,对图表编辑和设计的二次加工明显增加,注重凸显数字及色彩搭配。2013年,《南方日报》图表新闻篇幅占比骤增至7.5%,体量较大的图表明显增加,大量使用信息图对工作报告等进行分析和解读,体现出数据新闻的理念。同年3月7日,《南方日报》在A2版如此重要的版面,用了半版的篇幅以图表新闻形式解读"中国宣布增加4000亿财政赤字"的消息及财政赤字问

---

① 赵乐平:《平媒到全媒 我们在奔跑》,《广州日报》2017年3月17日A7版。

题。图表新闻形式多样，能指功能增强。

2013年被称为大数据元年，大数据技术提供了"新闻图解"的基础，人工智能的加入和报纸智媒化转型对信息的图表呈现提出更高要求，同时提供了更多图表形式多样化的条件和创新的方向。图表新闻作为数据新闻的可视化呈现形式，因数据分析和数据阐释的特点成为媒体应用数据报道时的"宠儿"①。《南方日报》2013年的"图解两会"专栏是时政新闻的可视化探索，以更直观的方式传递和解读信息，更能满足受众"直达信息核心"的需求。② 2014年，《南方日报》常刊登半个版的图表新闻，3月5日A3版的报道《立法话题连续10年受关注》采用"调查报道+图表"的组合式编辑。《南方日报》2014年开设"数据说"专栏，2015年开设"数图控"专栏，更注重图表运用。《南方都市报》2017年融媒体报道的报纸栏目"动图看两会"与新媒体联动，由新媒体平台展示动图、由报纸展示图表。

相较而言，《南方都市报》对信息图表新闻的改革创新明显。2013年，《南方都市报》开设图表新闻专版"数据汇"，不是简单呈现数据，而是更多地对数据和资料进行筛选、整理与重构，彰显了"用数据图表让你读懂"的理念。如该报在同年3月8日"数据汇"专版的报道《历届人大女性代表人数及比例》《有多少官员是女性？》《中央委员会中的女性》等，参考了中国政府网、中国人大网、中国政协网、《新京报》《中国妇女报》和《南方日报》等的相关资料，进行新的解读，形成可视化版面。2014年，《南方都市报》开设"数图汇"等栏目，通过大量图表形式展现新闻资料、新闻事实内容中的关键词，呈现调查结果并进行解读分析，如该报3月5日A4版以图表呈现第十二届全国人大第二次会议首场新闻发布会关键词，3月6日A11～A22版"图解报告"用了12个版面刊登报道《读报告我有数》，以图表的方式解读《政府工作报告》，更加直观有条理。

漫画新闻使报纸新闻多样化和娱乐化。2003年，漫画新闻开始常被使用并缓慢增加，篇幅扩大，功能越来越强、体例越来越复杂。漫画新闻作为一种非真实题材与样式，逐渐发展出观点表达的功能，独立叙事功能增强，从作为新闻从属的附加部分发展到独立承载新闻信息（如图3-2所示）。使用连环漫画新闻的形式是《南方都市报》的特色。2003年3月

---

① 周咏缙：《大数据时代信息图表新闻的生存之道》，《新闻界》2014年第1期。
② 罗彦军、王溪勇：《〈图解两会〉：时政报道的"可视化"探索》，《新闻战线》2013年第5期。

第三章　全国两会报道的报纸新闻文体变迁（1998～2018年）

10日，该报新闻《假如龙岗宝安划入特区》用了九幅漫画。2004年3月6日"图说报告"、2006年"图解十一五规划"均用连环漫画形式。2009年，《广州日报》也通过系列漫画呈现新闻，整体版面活泼醒目。2017年，《羊城晚报》"两会明信片"栏目常用"漫画+短消息报道"形式。2013年之后，漫画新闻的版面明显减少。

图3-2　《南方日报》2006年3月11日A2版的漫画

（六）边缘类：品类多样，加强互动

广东四报全国两会报道中，边缘类新闻体裁种类和占比整体呈增多趋势，更形象生动。报纸新闻突破了早期的文体分类，报道形式呈现多样化形态。

注重采访对象原话表达的谈话新闻是其中比重较大的文类之一，版面占比总体增加。从中体现的报纸新闻理念是抓取重点话题、凸显采访对象的权威性和个性、以专访体现本报的独家报道成为品牌构建重要因素、重视观点的表达等。《南方日报》1998年3月2日头版头条新闻《人民想对代表说——捎给两会一席热话》，报道了广东代表团赴京前夕，记者与某广告公司李先生等八人畅谈。谈新闻采用问答对话体，活泼生动，让人耳目一新。这种报道形式还被时任广东省常务副省长王岐山表扬："他说采取百姓餐桌聚谈的形式很好，这是对传统报道形式的突破。"① 当然作为主流的形式，谈话新闻在2000年之前主要用于记者招待会和"答记者问"。2002年，本报记者视角的对话体新闻出现，如《广州日报》3月10日A2版的报道《制定法律法规保护下岗职工》，是采访倪豪梅委员的谈话新闻。

---

①　郭逸晴等：《代表想对人民说》，《南方日报》1998年3月3日头版。

2003年,谈话新闻的数量开始猛增。独家专访多用谈话新闻样式呈现,如2005年《羊城晚报》的"对话萧灼基"专栏,成为体现报纸独家价值的品牌。以往用消息或通讯表现的题材常转而通过谈话新闻这一文类来报道,主要通过新闻解说来报道的社会热点话题或公告政策,也常采用更能体现代表和专家原汁原味见解及话题社会性的访谈形式。

2006年,谈话新闻简短化、明快化,新闻点越来越突出。《南方日报》3月9日采访某村委会主任的谈话新闻《发展集体经济不能只靠收租》只有700字。2008年,谈话新闻进一步简化,即便是记者招待会的对话体运用也更简短有趣,如《南方日报》3月7日广东代表团答记者问的新闻《粤港澳加大跨境基建合作》,两问两答共500多字。2012年,《羊城晚报》开设"问答直录"专栏,一问一答的结构重点突出、简洁明了。谈话新闻进一步简短化及常态化,使得一个版面常有两条使用对话体形式的报道,如《南方日报》2009年3月5日A5版就有《中大酝酿一年三学期制》《劳动合同法暂缓实施?这种说法十分荒谬》两条谈话新闻。2011年,《南方日报》推出"微访谈"栏目,话语的渠道是微博,对话语言也符合微博的精短特点,是对短小精悍的谈话新闻的一种认可。《南方日报》2013年3月2日A3版谈话新闻《"人气炮手"张茵日渐低调》只有465字,采用12问12答结构,篇幅简短、对话精练。

除了记者与被采访对象的谈话,新闻还逐渐注重呈现采访对象之间的对话,更有现场感和节奏感。如《南方都市报》2006年3月12日A6版新闻《正面交锋 谁也说服不了谁》,呈现了对"消费者"界定意见不同的两位人大代表之间的对话。新闻中参与谈话的角色也逐渐多样化。2012年,谈话新闻对象出现了更多老百姓,还详述参与谈话者的具体身份信息并通过照片呈现他们的形象,强调每个观点都来自这样一个个鲜活具体的人,谈话新闻的对象感更强。《广州日报》2012年3月5日A2版新闻《"当代雷锋精神应是助人悦己"》编者按如此说道:"本报记者专门找到了成长背景、环境和经历完全迥异的5个人,围绕同样的话题展开了讲述。这不仅是一次横跨南北的同题即时访谈,还是一次平等开放的圆桌会议",街坊邻居似的谈话对象给读者营造了很强的参与感。2015年,《广州日报》新专栏"三人行"本质是新闻札记,但形式上以记者之间的对话呈现,例如3月7日的报道《文明向善 展现广东精气神》是专栏主持、评论员夏振彬与记者张涨、申卉围绕"精神文明"话题的讨论。

谈话新闻在2013年之后版面占比回落,原因或是报纸从盲目跟随网络互动文体的泥沼中走出来了，发现这种问答方式难以提供最优的阅读体验。

广东四报全国两会报道中，特写型消息篇幅较少，有一定波动性。2002年之前，新闻中具有特殊意义的瞬间未被突出，现场之"特写"并不明显。1998年，《南方日报》两会报道开设"特写"专栏进行新闻体裁的改革与试验。但是，该报同年3月2日第5版的新闻《首都喜迎两会》镜头感还不足，具体的人和"剖面"、所强调的场景及细节感不突出。这种常用于表现"现场""花絮"的新闻体裁并不被重视。1999年，《广州日报》"两会花絮"栏目刊登的特写型消息，篇幅短、分量少、程度浅，并不集中呈现场面或细节，如3月8日的报道《大亨享受理发优惠价》："人大代表都可获剪发优惠，代表到北京饭店的理发厅，只需五元人民币便可剪一个靓发。香港一些代表虽为富商巨贾也纷纷前往光顾"，并无剪发现场及细节。一些花絮新闻如《南方都市报》2001年3月4日的报道《卢瑞华能歌善舞 张帼英将过生日》仍以短消息进行报道，场面描述不够生动。2002年，报媒开始注重现场描述，出现此后常见的"掌声"新闻，给两会报道增添了趣味性。2008年，特写消息结构更成熟，从相对注重现场感逐渐转变为突出与信息点相关的细节，单纯的场面描写减少，对话增多，叙述跳跃，如《广州日报》2008年3月2日头版新闻《现场特写》只有270字，其中一半篇幅是对话，全篇有对话、描写及议论，简短但细节丰富。

记者需要与采访对象互动才能获得报道的相应材料，但记者常隐身于新闻背后。互动新闻在结构上直接呈现互动各方和过程，这种新文类于2005年开始被广东四报全国两会新闻真正使用且形式多样化。

一为问答式，报纸以网民或读者代言人身份发问，将采访到的材料以回答的形式呈现。《广州日报》2015年3月12日"京穗连线"专栏《官方回应公共资金"去哪了"：土地收支账乱象多》采用了背景+回应的结构形式。2017年，广州日报媒体融合中央编辑部策划推出了"我给两会提建议"栏目这一"媒体融合互动新闻产品"。当然，这种互动呈现在报纸这一平面媒体上，就只能是一种模拟互动关系的呈现，例如3月2日的报道《街坊关心事 代表带上京》就"学前教育贵？""3天婚假不够用？"这一问题寻求代表的建议。《南方日报》2015年的"同题共答"专栏中若干代表、委员回答同一问题，是一种新的问答对话形式。

二为正反方意见互动式。《南方日报》2006年"观点PK"专栏人为地形成互动双方，如3月4日A4版新闻《代表、委员，你真的喜欢福娃吗?》把代表、委员对北京奥运会吉祥物福娃的看法以正方反方PK的形式呈现，还标注百分制的好感指数，人为地形成观点交锋。事实上，金铁霖回答的是"应该说还是喜欢吧"，却被放到了反方。《南方都市报》2015年3月10日A9版新闻《立法能治好"空闹"吗?》用"赞PK弹"方式形成意见的交锋互动。

三是意见点评式。《南方日报》2006年3月7日的新闻《教育部回应乱收费质疑》有三个部分，每部分都由"百姓之声（新华网网友）+代表、委员意见+教育部回应"组成。这是一种事实及观点的回应点评互动形式。《南方日报》2006年3月9日A4版的新闻《再坚持一下》刊发了政协委员赵丽宏的博文，并在下面列出两条网友评论。《广州日报》2008年"两会报网联动"专栏提案报道后面有"大洋网友拍砖"，呈现明显的互动意识。

四是设置议题、发动并发表线上线下的互动。《羊城晚报》2012年3月12日A6版"微头条"栏目的报道《网民热捧"10元购买力"小调研》设置的话题是"10元钱能买到些什么?"，刊登了全国人大代表林道藩到北京西绒线菜市场做的物价调研、网友之"横向调研数据"和"纵向调研数据"，形成有趣的互动。

五是扫码新闻。随着智能手机和"两微一端"（微博、微信及新闻客户端）技术的成熟，大量二维码扫描新闻跃然纸上。从2014年开始，扫二维码获取新闻并提供分享链接的做法变得普遍。《广州日报》2014年设置"两会码上看""码上有料"专栏，读者通过扫二维码可观看相关新闻视频。《南方都市报》2017年"小南跑两会""扫码看直播""马上问小程序""马上问H5"和2018年"裘萍读两会"等专栏均通过二维码扫描实现了报纸与各种社交媒体（软件）联动，扩展报道内容。报媒对二维码的使用不是简单地使读者在线看报纸新闻，而是通过链接直播、新闻相关资料、在线专访、视音频新闻等，延伸了有限的纸质版面，实现了报网互动、新闻的融合展示。

新媒体发展带来更丰富的媒介形态和互动渠道，使得互动新闻的互动方更多元、互动方式更多样。《南方都市报》2010年3月4日A15版的新闻《"会议养生法"被轰》结构分三段：张晓梅的一条微博、网友评论、博主回应。新闻展现了两个来回的互动。2012年，《南方都市报》出现了答题新闻《今日考题：今年两会要做'哑巴'的人大代表是（ ）》，出题式的互动新闻虽然所占版面很小，但在新闻体裁上是一种突破，促进了报纸和读者在思想层面的互动，更具趣味性和新鲜感。"两微一端"的加

第三章　全国两会报道的报纸新闻文体变迁（1998～2018年）

入使得新闻传播得更快，渠道更畅通，反应更及时，互动性更能得到充分表现。2014年，报纸新闻出现了许多微信互动的形式，不少报道模仿朋友圈的形式，所以这一年的互动新闻比例很高。例如，《南方都市报》2014年3月4日A9版把报道内容模拟成人大代表王名的朋友圈的形式，展示刘大钧、"民政部朋友"和王名的互动；2015年3月9日A15版的报道《花姐教你玩转微信公众号》用微信聊天的形式呈现人大代表易凤娇与黄细花的虚拟对话。

广东四报全国两会报道中，散文式消息、故事新闻占比少且使用年份少。《南方都市报》2003年3月7日A5版散文消息《机构改革部委人员心态平和》以煽情手法述说机构改革后各部委人员的心态，充分表达出让人不安的情绪，抒情笔调明显。但在新媒体浪潮中，散文消息的"情"该如何延续？在动辄能在网络上搜索到无数信息的时代，相比抒情与文采，读者需要的是更干净利落的事实及对事实材料的挖掘和解读。

　　一场不足1毫米的纷扬小雪在昨天中午前告别了北京，这个时间与国务院机构改革方案的公布时间相差不足1小时。
　　……　……
　　记者赶到国家计生委时，天色已渐黑，门口格外冷清。这个下午，3000多名记者仍在两会现场忙碌，还没有估计到这些正在中国的发展中酝酿着巨大变化的中央直属部委。
　　——《南方都市报》2003年3月7日A5版新闻《机构改革部委人员心态平和》（节选）

2005年以后新闻故事多以新闻个案呈现，记者遵循客观真实原则，以亲历现场、记录事实为己任。2016年，《广州日报》"基层代表履职故事"专栏中呈现的很多"故事"已非故事，而是人物通讯。《羊城晚报》2018年3月9日A6版"人物故事"专栏新闻《"广州吸引人才的政策很实在"》新闻性很强，呈现案例化的同时，弱化了故事性。

　　国内第一个具有规模和生产能力的'人类生长基因CDNA高效中介载体克隆库'就落户在广州。美籍华裔科学家、国家'千人计划'特聘专家张必良正是广州实施国际化人才战略初期引进的人才。
　　2004年，张必良参加完第六届留交会后，选择了开放前沿地广州创业，担任中国科学院广州生物医药与健康研究院化学生物学研究

85

室主任、研究员、中国科技大学生命科学学院教授并创建广州市锐博生物科技有限公司……

——《羊城晚报》2018年3月9日A6版新闻《"广州吸引人才的政策很实在"》（节选）

"其他"类版面不多，主要有新闻问答、活动预告、电话与网址路径的公布等，但从侧面反映了报媒日益注重与读者互动的理念。

二、两会报道镜像呈现的报纸新闻文类特点

两会报道专版专栏是报纸版面改革试验田，集中体现了报纸新闻报道形式的改革理念和成果。例如，1999年两会期间《南方日报》在头版头条位置举行了"头条新闻大赛"。在新媒体的影响下，报纸两会报道注重创新表现形式以使版面更丰富，直观上看，新闻种类从2003年开始大幅增加。2000年、2001年，某种新闻文类独大的情况很突出，版面占比前三位与其他的文类占比差距大。从2004年开始，各新闻文类占比差距缩小。这意味着在竞争激烈的网络时代，具探索性的报纸新闻文类在不断推出、平分秋色，力量渐趋均衡。报纸在保证稳定性的基础上，不断以新闻文类创新进行着形式上的探索，出现百花齐放的局面。

（一）体现对硬新闻软化处理理念，新闻轻松趣味化

两会报道中特写和特写型消息所占版面增加，体现出时政新闻题材的"硬"和形式的"软"相结合的报道理念，新闻可读性增强了。2006年之后，特写型消息占比有所增长，它可使新闻更真实可信、有强烈现场感、生动鲜活而被受众喜爱，是报道两会花絮的主要文类，成为对新闻事实软化处理的重要体裁。例如，《广州日报》2007年3月4日的新闻《李肇星：对台湾局势需警惕》，虽然标题偏"硬"，但结构上第1—2段是李肇星帮记者捡器材，第3段是李肇星建议记者多关注政协工作报告和经济问题，第4段是切题的、他对于台湾局势的意见，第5段是他对政协工作报告的评价。该新闻的引题与正题凸显核心信息，体现党报提供严肃权威信息以进行舆论引导的功能，结构体式则增强了趣味性，满足当下受众对信息和娱乐的双重需求。注重对现场场景和气氛进行描述性报道的特写被更多地运用，新闻现场感、立体感和人情味强烈，也使历来偏"硬"的重要会议新闻趣味性和娱乐性增加不少。

同时还要注意，2014—2018年特写与特写型消息占比有所下降，体

第三章 全国两会报道的报纸新闻文体变迁（1998～2018 年）

现出报媒在对新闻进行软化处理达到一定程度后的一种反思和调整。在娱乐与软化氛围如此强烈的新媒体环境中，报纸新闻一味软化显然不具备最强的竞争力，故在处理硬新闻时，满足读者一些刚性信息需求的定位使得报媒对此类新闻的分布有所控制。

新闻文类有更活泼、更个性化的趋势，例如，更多运用可视化的漫画、图表、照片，给严肃的两会报道增添了几分轻松幽默感，表现出一定的新闻娱乐化趋势。观点新闻和述评新闻有娱乐化与简单化的趋势，如记者和编辑对新闻事实、人物、观点评"星级"，并进行创意十足的简短点评，使得这些突出理性辨析的新闻体裁集思想性、可读性于一体。2008年，《南方都市报》开始设立具有娱乐风格的新闻述评栏目"天天奥斯卡"，点评的语言和形式彰显个性，如3月19日的新闻《最佳操盘手奖：汪洋　最多粉丝奖：吴仪》，标题即十分具有趣味性和幽默感。这些带有娱乐元素的述评常搭配照片或漫画，版面生动活泼且灵活多样。各大报纸纷纷开设专栏，以各种活泼生动的方式点评代表、委员和两会话题。

两会记者在抓重要热点新闻的同时，针对会场内外的趣闻、自己的观察和感受开设采访侧记、花絮、手记等栏目，这些新闻札记突出现场感和趣味性，记者和媒体个性凸显。虽然篇幅不长、内容也不一定很充实，但是这样的报道形式更生动鲜活、更有个性，备受读者喜爱。

（二）简洁明了而突出重点的新闻类型呈增多趋势

特写型消息和观点新闻成为常态且趋于精短。特写型消息精短，真实感强，又能集中再现和放大现场最有典型意义、最具新闻价值的精彩瞬间，使读者一眼就能"扫"到新闻核心内容，适应现代人生活的快节奏，是当前传媒力求出独家新闻的常用手法。2006年之后，观点新闻被大量运用，报纸还设置观点新闻专版。观点新闻越趋简练，有的甚至只有一两句话但话题性强、新闻性十足。2012年，《人民日报》两会特刊开辟栏目以大版面大量刊发代表、委员的发言和各种建议意见，要闻1版"一线代表、委员议国是"专栏每期提炼"主题词"套红处理，可视为简短的观点新闻。

广泛运用图表新闻简化繁复的文字内容。图3-3是同为报道有关名单的新闻。可以看出，《广州日报》1998年3月2日A2版的新闻《从九届政协委员名录看变化》罗列大量数据，包括第一届全国政协委员人数、特别邀请人士、40岁以下年轻技术骨干及非公有制经济代表人士等，作为新闻资料被列出的《历届全国政协委员人数一览表》用非常简单的图

87

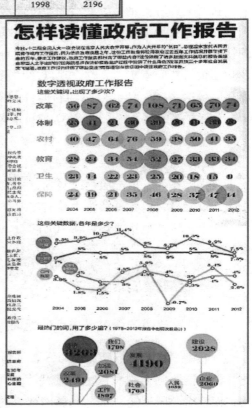

图3-3 《广州日报》1998年3月2日A2版（上图）、《南方都市报》2009年3月14日A8版（左图）、《南方都市报》2013年3月5日A14版（右图）图表

表形式，只罗列人数而并未做解读。而《南方都市报》2009年3月1日A8版的新闻《e两会：两会期间百余官员触网》则以图表形式对新闻材料进行了简单筛选、整理与加工。2013年，各报明显加强图表新闻的运用，体例、色彩、复杂程度、功能等均有极大提升。

各种新闻体裁篇幅尽量精简，新闻结构也更简洁和紧凑。短消息结构更精练，例如结构上不做起承转合甚至删减导语结尾。《羊城晚报》2013年3月2日A4版400字短消息《放开油气进出口权　打破"两桶油"垄断》，通篇除了一句场景介绍，其他都是由直接引语和间接引语构成，开篇即直接引语，十分紧凑，节奏很快，跳跃性也很强。常见报媒以"微"作为专栏名称，如《羊城晚报》的"微两会""微议院"版面等，"在现场"栏目每篇报道仅三四百字，"微两会"特点凸显。

通讯类呈现单篇新闻简短化的趋势，如果新闻事实较复杂、篇幅较长，则进行切割化处理，以若干精短的新闻或模块组合而成，或转换成更简洁的体裁进行呈现。2009年，《广州日报》"报网直播"专栏多为谈话新闻，3月13日的新闻《大处方错在制度不在医生》却改用观点新闻这一更简明的形式来刊登刘国恩的精彩言论。《南方日报》2018年3月9日占近半个版面的通讯《坚持全省一盘棋　促粤东西北发展》被切割成导语、A版块、B版块、案例版块、两张新闻照片、专家点评和一组数据。

融合报道也使得报纸新闻可以在保证重点突出的同时有内容延展的空间。《南方日报》2015年3月3日A4版的新闻《雾霾话题引爆网络》在短消息后面附有二维码，读者可查阅广东各地的空气排行榜。《羊城晚报》2017年3月4日头版的新闻《发布会上记者问了啥?》提炼了发布会问答要点，通过在新闻后面的二维码引导读者扫码查看更多内容。

（三）直观、突出视觉效果的新闻文类增多

在"读图时代"争夺受众眼球的图与照片重合竞争中，"图文并重"成为报纸新闻重要编排理念。图表、漫画、照片等发挥自身的优势和特点，避免读者对报纸进行文字阅读容易产生的疲劳，给受众留下鲜明直观的印象，因此被视为报纸新闻的"第二语言"。图片新闻的版面占比增加，表现形式扩展，视觉强势凸显，信息张力扩大，形象、直观而精确的图片起着说明、解释、美化装饰、视觉引导等复合作用。

用好、多用新闻照片是近年两会新闻突出的特色，2013年以来，广东四报全国两会报道中，新闻照片版面占比第一。有的报纸设置新闻照片专版以追求更直观、鲜明的效果。新闻照片在数量、功能、版面等方面得到重视，更大、更清晰、更强化视觉冲击，不仅能显示结果，还可报道动态的发展过程，且实现了报纸与网络阅读的资源共享和互补，成为报纸在新媒体语境中进行品牌构建和运营的重要手段。但从数量上看，报媒并不一味扩张照片新闻，而是慎用纯照片的专版，注重照片与文字的搭配。

2012年3月7日，《南方都市报》在对全国两会的报道中首次尝试刊登12亿像素图片《政协十一届五次会议开幕》，被广泛转载并引发热议。记者在现场地毯式拍摄大量局部照片，然后用软件拼接而成新闻图片，将其放大后可清晰看到每个细节。这一技术和形式的创新，引发了2013年网易"两会亿像素"等专题报道。这也是报媒与网络媒体的一次成功互动，实现了资源共享，联结报纸读者清晰读图和网民主动选择性阅读的需求。报媒通过主动的技术追求提升互动体验，表达了一种在新媒体环境下求变求发展的理念，追求新闻的呈现方式与媒体发展方向的结合。这种新闻形式带来了极大的新鲜感，既增加了媒体相关电子版、微博等的阅读量和关注度，也扩大了纸质版的知名度。网络衍生的阅读行为应属《南方都市报》此次图片新闻的附加功能，但恰恰是其赋予的不同形态媒介之间、媒介与受众之间的互动功能成为此次新闻传播的亮点，从而强化了新媒体语境下《南方都市报》作为新闻平台的角色定位，从一个侧面展示了在新环境下报纸新闻内容生产的广阔发展空间。

图表新闻版面明显增加，技术日益先进，表现形式多样化，图表越加清晰美观，新闻的解读成分增多，将事实、统计资料、知识、数据等用图形、线条、色块、摄影、文字与数字等予以展现，内容一目了然且视觉效果凸显，主要信息突出，化复杂为简单、化抽象为具体，版面更活泼生动。近年来，报纸新闻图表制作水准很高，设计复杂、立体感强、体量巨大、信息丰富，往往有一个设计团队共同精心准备，体现了报纸对这种形象直观的新闻文类的重视。报纸常用整版图表新闻将视觉冲击力做到极致，对委员代表人员构成、各种报告关键词用图表进行可视化解读。理性、逻辑性强的解读与可视化易读性相结合的新闻理念，既能在重重包围中凸显报媒的专业意见和不可替代性，又能兼顾读者的阅读体验，注重易理解性和视觉感受。这是报纸在媒体多样化、信息渠道多元化、信息容量超载的当下仍能保有较强市场竞争力的重要原因。

（四）凸显独特视角与权威性，强化调查等专业手段

重视报道视角和独家观点表达的报纸新闻文类增加。更强调材料加工视角的图表新闻增幅明显，它更注重对素材重组，更能凸显媒体视角和意见表达，能将新闻的信息内涵和图表的直观、美化功能相结合。

报纸全国两会报道在有利于意义阐释的新闻体裁上多下功夫。述评类新闻比重加大，观点新闻也不满足于罗列而更注重观点的归类与整合。21世纪以来，"人们习惯的传递事实信息与观念信息泾渭分明的不同新闻体裁，边界正在变得模糊，消息、通讯中常常出现记者的评论，而评论中也

有记者采访的身影"①。新闻文类注重观点信息的提炼。两会报道中整版照登的公报式新闻如两会议程、工作报告、讲话、各种名单、公告及动辄半个版以上的报告摘要减少，新闻逐渐重视整理、提炼，强调材料的加工视角，针对社会热点问题，用观点新闻或解说新闻的方式进行报道，如《南方都市报》2014年3月12日A8版以观点新闻的方式报道《"两高"报告》，话题性增强，更便于阅读。

全国人大代表、保定市政协副主席、民革河北省委副主委、河北大学副校长李小亭：最高检报告的第五页提出"张氏叔侄强奸杀人案"的例子时，其中一句写到"及时和人民法院沟通"。当中"及时"一词并不恰当。这是一起冤假错案，而且当事人一直在申诉，建议报告中将此词删掉。

——《南方都市报》2014年3月12日A8版新闻《"两高"报告》（节选）

解说类中相较于新闻资料，更能体现独家解读视角和权威性的新闻解说增长明显。它可通过专家和媒体角度对新闻内容进行权威解读，并凸显报媒视角。报媒两会前对重大话题的评析和解读，两会期间对政府工作报告的多角度解读，既有会内代表、委员审议讨论，又有会外专家解读和群众热议，提供了准确、客观的观点且形式生动活泼。《人民日报》将2012年3月6日特刊第2～3版打通，邀请八位专家第一时间对《政府工作报告》中有关稳增长、控物价等八个方面的内容进行权威解读。每年两会的《政府工作报告》和预决算报告都是媒体的关注热点，但媒体很难在第一时间给予这些专业性强的报告全面、深入、权威的解读。报纸对《政府工作报告》的报道呈现从公报式向解读式发展的趋势。2004年，《羊城晚报》头版、《南方日报》头版各有两条新闻对《政府工作报告》内容进行提炼整理和解读，带有明显的记者视角。2004年，《广州日报》用2.5个版面"精读政府工作报告"，体现出一种有深度的解读：一是将报告打散为一个个专题，块状化解读；二是运用本土化解读及平民化视角，把报告中相关条款与当地情况相结合；三是大量使用图片进行趣味化解读。《广州日报》2008年3月6日A4版是对《政府工作报告》的解读专

---

① 黄铮：《不仅是面对网络媒体——以〈新华每日电讯〉为例看新闻体裁演进》，《新闻大学》2007年第1期。

版，角度多、形式多，准确、客观又生动活泼。

相对于快速而全面的新媒体，新闻的解读很能体现报媒对事实材料的二次加工与重新整理的优势，是报纸新闻凸显个性的重要形式。在竞争激烈的媒介环境中，尤其是严重同题的两会报道中，报媒为了避免媒介间的同质化，需要凸显自己的视角，解读的角度特别能体现媒体之间的区隔。

在信息过量、读者刺激阈值不断升高的网络时代，作为传统的权威性媒体，报纸新闻不重煽情而注重给读者提供更干净利落、更深入的事实，因此，调查报道增多。2002年后，《南方都市报》每年全国两会报道都会至少就一个话题进行多方调查采访，形成有深度、有广度的系列专题报道。2005年，《南方都市报》将其升级为系列深度调查报道。

可见报纸新闻文类向着选择性地突出与放大独家特色的方向发展，提供专业化解读、权威性观点。新闻述评、观点新闻、新闻解说很能突出观点意见的表达，能在两会报道中第一时间发出报媒的声音，而且比新媒体更有深度、更全面多元，成为报纸两会报道的特色。如《广州日报》2013年3月2日A2版的新闻，其观点、解读、调查构成了专业化程度很高的报道（见表3-3）。相对应地，注重文采和情感色彩的新闻文类减少，如报纸很少运用散文式消息和故事新闻体裁。表达记者观察、思考及情感的新闻述评与新闻札记的抒情部分也减少了。报纸新闻文类的情感色彩减弱，承载更多理性思考色彩的文类增加。

表3-3 《广州日报》2013年3月2日A2版新闻构成

新闻标题		新闻文类	特点
《政协委员沉下去 社情民意传上来》		新闻札记	突出记者的观察视角
《两会十大热点前瞻》		新闻解说	两会前报纸的解读类报道
"街坊两会"专栏	《广州市民对两会的期待》	观点新闻	罗列"街坊"观点
	《收入房价社保成最关注问题》	调查报道	侧重于数据收集和分析统计结果

谈话新闻、新闻札记占比下降，回归文本生产成了2015年之后报纸新闻的"主旋律"。正如羊城晚报记者所说的，无论是报纸、电视、电脑还是手机，受众最需要的还是优质的内容，"从形式的创新回归内容的提升"①。虽有大数据及可视化技术的支持，但从2016年开始，容易产生碎片化、快餐式认知的图表新闻占比也还是有所回落。2017年和2018年，

---

① 王倩：《从形式的创新 回归内容的提升》，《羊城晚报》2018年3月20日A7版。

报纸少用漫画新闻，两会新闻的严肃性增强。互动新闻也多见于扫码新闻，以往的 PK 等形式变少了。报纸在一定程度上回归纸质媒体的严肃和权威。尤其针对 2018 年全国两会关键时点的关键会议，相关报道突出核心意识，在前后方联动、融媒体呈现的同时，报纸的报道凸显权威性和引导性。①

（五）营造更强互动感与参与感的新闻文类增加

近年来，报纸新闻更加重视受众反馈，除了开通读者热线、开设"面对面"专栏外，还组织各种互动活动。新媒体语境下，报媒对互动理念的重视程度越来越高，报纸互动栏目更多、形式更丰富、与受众互动形式更多更有趣。《羊城晚报》在 2007 年两会期间全程设置"百姓两会"版面，通过电话、邮件及在线留言等方式征集百姓意见和建议，从中挑出有代表性的进行刊登，让老百姓"参与两会"。2008 年，《南方日报》"网尽两会"专版开设"有报天天读"专栏，列出各媒体有影响的新闻并筛选出网友评论和反应，栏目语为"这里读报的不是老杨，是广大网友"，网友的参与被重视。2012 年，南方都市报发起读者通过微博参与选出最受关注的十个民生问题的活动，最后由南方都市报记者邀请代表、委员进行解答。

报媒呈现互动各方及其过程的新闻文类增多，互动新闻增加且范型更丰富。把采访的观点以正反方 PK 的"对对碰"形式刊发，人为地造成交流互动、碰撞的氛围，就是一种形式创新。2013 年，《羊城晚报》设置专栏"请代表、委员捎句话"，以"心愿""心语""网友讨论"等专题刊登该报所征集的网友意见和话题，并请代表、委员支招，形成互动。如 3 月 4 日的新闻《代表、委员回应捎话百姓："你的心愿我一定带到北京"》，四位捎话人提出四个捎带话题，贺优琳等人大代表捎上这四个心愿并提出自己建议，读者和代表形成对话，互动性突出。普通百姓以捎话人身份参与全国两会，体现报纸的平台化功能。《羊城晚报》2015 年"热对话"专栏的新闻《马化腾与李东生"隔空喊话"》与《广东代表团最年长代表与最年轻代表聊一聊》让分头采访的编辑形成对话，以形式营造互动交流氛围。

注重采访主客体互动的谈话新闻占比高且稳定，而且各新闻文类中也

---

① 吴哲、典斯、占文平：《突出核心意识 掀起宣传高潮》，《南方日报》2018 年 3 月 9 日 A5 版。

更多地运用对话的结构，对话角色有所拓展，对话比重上升。《南方都市报》2008年3月7日A6版新闻《汪洋：广宁呀，承认有差距吧》和《省高院院长郑鄂：从江苏来广东，工资少了》呈现了汪洋与郑鄂、张广宁及另一代表的完整对话。现场对话被重视，这也增强了新闻的趣味性，如《南方都市报》2010年3月7日A13版新闻《黄文仔激愤制止冗长发言》，焦点的捕捉、话语的新鲜、鲜活的现场使读者仿佛加入了对话，交流感、参与感增强。

> ……这回李顺桃不高兴了，他对黄文仔说："什么是小事情啊？什么是大事情啊？"黄文仔提高声调说："你刚才说的就是小事！本来一个下午就只有两三个小时的时间，都让你说了，别人还有没有时间发言啊？""你不能剥夺我畅所欲言的权利啊？"李顺桃反驳说。黄文仔一把拿过刚放下的话筒："你的畅所欲言就是剥夺别人畅所欲言的权利！"
>
> ——《南方都市报》2010年3月7日A13版新闻《黄文仔激愤制止冗长发言》（节选）

（六）体式结构呈开放性、融合性、版块化

组合式编辑的常态化使得报纸新闻文类互相融合，表现为一是你中有我，我中有你，某一种文类融合其他文类的结构特征，每条新闻所融合的新闻体裁元素增多；二是多种新闻体裁融合成为一个新闻整体。

图文与观点的组合常态化，版面活泼，信息指向性加强。除了以前常用的照片与文字的组合。现在，还注重图表与文字的组合。例如以前整版的报告摘登中把数条消息排下来，版面较呆板，现在常摘出报告中的数字等资料，制成图表并插入版面。单幅图片以及单独的组图少了，观点配图片的组合新闻多了，形式更多样化，内容更有思想性，如《南方都市报》2012年3月8日A18版的《引进外国人加入公务员队伍？》，新闻由代表观点、"微调查"图表、网友跟帖构成。

新闻编排呈模块化趋势。《南方都市报》2015年3月4日的报道《环保部长陈吉宁：地方政府环境违法也要查处》，整版报道被分割成七个版块：主消息、图表"廊坊主要空气污染源占比"、解读"澄清对环保法'模糊认识'"、人物照片、"个案分析""国家行动""委员声音"。常采用拼接组合方式呈现不同报道视角。《南方都市报》2017年3月4日的报

第三章 全国两会报道的报纸新闻文体变迁（1998～2018年）

道《监督出现59次 居高频次首位》将政协常委会工作报告的亮点和委员观点穿插编排。

新闻版块化的组合式编辑，使得专题报道中运用的体裁组合更多。《南方日报》1998年3月1日的新闻《九届全国人大代表名单公布》，把代表基本情况放在一条长消息里，没有为读者的信息筛选提供便利。《羊城晚报》2002年3月12日头版的专题报道《外来工当不了全国人大代表》占了2/3版，由一条短消息，一条照片新闻，一条"新闻链接"即新闻资料，以及三条分别来自外来工、专家和人大代表观点新闻构成，事实现场、观点呈现、新闻背景解读三方面形成多元的视角，具有一定的深度。这个专题是《羊城晚报》当年的独家报道，引起很大反响。

新闻在块状化处理中体裁更丰富多元，结构更开放，信息的分解有利于内容重组、方便读者阅读。即便是短小的消息，也常被拆分成消息和观点、评论。《广州日报》2003年3月3日A3版新闻《"网络成瘾症"袭向青少年》中各种文类各司其职（见表3-4），这种组合也是一种把长篇报道拆解的做法，通过长度和深度适中、角度不同、信息源多样、体裁丰富的一组新闻构成专题报道。

表3-4 新闻《"网络成瘾症"袭向青少年》的构成

标题	新闻体裁	出处	功能
	编前语	《广州日报》	宣告
独生子女沉迷网络易产生自闭倾向	调查报告	新华社	提供事实概貌、数据
"网络成瘾症"	新闻资料	《广州日报》	解释新闻中专业概念
游戏用户	新闻照片	图库	视觉事实：网络游戏用户
七成家庭有电脑 三成家长不会上网	短消息	新华社	提供某一方面事实、数据
给未成年"网络成瘾症"开良方	新闻述评	新华社	委员提出解决方案
电脑游戏猛于虎	新闻故事	初三学生日记	提供个案
"玩网络游戏像吸毒"	综合消息	《广州日报》	综合学生、家长、老师的事实及建议

组合式报道重点突出，构成组件的单条新闻简短化，新闻与新闻间的关系更密切，新闻结构独立性相应减弱。《广州日报》2012年3月3日A3版新闻《赵启正笑称开会前两周"不舍昼夜"准备了上百个问题 官

员要乐意主动和记者接触》分为以下版块：一幅大图套四幅小特写图，短消息《全国两会是我一年一度的高考时间》，特写消息《最后一次以发言人的身份在两会现场出现》，两条有关 $PM_{2.5}$ 监测、核电发展问题的谈话新闻，专题旁配发记者采访札记《攻得犀利　守得精妙》。每条新闻体裁不同，既相对独立，又可被看成一篇完整报道的组成部分。组合的整体关联性使新闻结构发生变化，不追求完整性和封闭性，呈段落化及开放式的特点。

第二节　新媒体互动影响下全国两会报纸新闻文类的演进

报纸和新媒体之间的互补，带来新闻文本相互改编嫁接、互动融合，同时，媒介间的竞争与冲击带来新闻文体的深层变革和重新定位，缔造了报纸新闻文类的新景象。

一、报纸与新媒体全国两会报道的螺旋式融合模式

（一）与读者互动的渠道发生极大变化

在新媒体用户服务理念的影响下，报媒互动理念增强。报网技术革新，报纸与读者的互动越来越便捷，形式越来越多。陈昌凤教授认为，网络平台为传统媒体增加了互动的可能，将信息接收者变成自己新闻产品的用户。[①] 由电话和短信互动，到邮箱、QQ、微博、微信互动，在版面上呈现的形式也随之产生变化。早期的互动新闻多为综合读者、网友的观点后，记者重新处理的形式，后来出现直接引用网友文章、网友话语甚至以截图等直观形式呈现的做法。总体而言，原汁原味呈现网友意见并与之进行更便捷的互动是发展趋势。

以广东四报全国两会报道的读者互动方式为例。2001 年，南方都市报开设热线讨论"妇女到底要不要回家"，全天读者电话不断；3 月 8 日短消息《女性半数反对　男性多数赞成》以简易表格呈现对来电意见和性别的统计。2006 年，南方都市报增加报料邮箱，还与奥一网联合打造"两会说吧"，读者通过"说吧"邮箱、网络跟帖、来信来电等方式与报纸进行互动。2007 年，博客成为互动渠道之一，网友可通过奥一网、网易网登录"网友群博"发表意见。

---

① 纪雅林、沈小根、朱少军：《e 客厅内外的故事》，《人民日报》2014 年 3 月 13 日 14 版。

第三章　全国两会报道的报纸新闻文体变迁（1998～2018年）

2009年网上投票这一互动方式出现。2009年8月27日，羊城晚报成为广东第一家开设QQ报料平台的媒体，之后多家报媒开通这一兼有即时交流、报料、服务等系统性功能的平台，作为与读者互动的重要渠道。

2010年两会期间，60多位全国人大代表和政协委员在人民网、新浪网开通实名制微博，以中央电视台王小丫、撒贝宁、张泉灵及鲁健为代表的媒体人纷纷开通微博。这成为一种更便捷的新互动形式。2010年，南方都市报在新浪网和腾讯网开设了微博，记者微博组成微博群对两会进行报道。2012年，报纸与受众之间的互动形式有电话、邮件、短信、微博、QQ等，形成了多元互动网络。2011年，新浪微博开通五个专区的"微观两会"。以"两会微愿景"专区为例，在为期16天的两会中，共有169889位网友表达了自己想法。2012年，《南方都市报》采用了"出考题"的特殊互动形式，也以微博为重要互动渠道：

两会热考

今日考题：今年两会要做"哑巴"的人大代表是（　）。

登录移动微博@南都调查 http://weibo.10086.cn/_ L98457096参与回复，或编辑答案到1065810392983，回答正确者将获得精美图书，名单将在移动微博@南都调查及《南方都市报》公布。

——《南方都市报》2012年3月6日A20版

2013年，微信加入传播技术阵营，成为报纸记者采访、与读者互动的新渠道。如《南方日报》2013年通过官网——南方网、官方微博、微信等网络问政云平台，实现与读者的互动。二维码成为联结报纸、手机和网络的技术纽带，技术的变革必然会带来新闻形式的变革。二维码技术不仅被用于打造"立体报纸"，它的使用还改变了报纸的版面语言，如文字稿件附上二维码以展现动态新闻，报纸记者的文字采访升级为视频记录；报纸的编辑容量被突破，新闻背景、图片、视频可实行多媒体呈现；读者不但可以轻松阅读观赏报纸的延伸内容，互动也更便利（如图3-4所示）。报纸文字可以更少，图片可以更多、更大、更清晰，卡片式、无定向的个性化链接式阅读更有可能（如图3-5所示）。

报媒打造全媒体端口与用户积极互动。2017年，广州日报启用两个机器人——"阿同"和"阿乐"，"阿同"负责写稿，"阿乐"负责陪聊两会基本知识；媒体融合互动新闻产品"我给两会提建议"栏目，在广州日报及其官方微博微信、广州参考客户端和大洋网多个平台全面上线，

图 3-4 《羊城晚报》2012 年 11 月 26 日 A4 版

图 3-5 《广州日报》2013 年 2 月 19 日 A5 版

读者可通过 H5 互动产品界面提交建议和意见给广东代表、委员，参与报道议题。

（二）报网互动频次加强，合作广度和关注强度增加

1. 新媒体加剧新闻竞争、改变生产态势

1999 年，新闻网站两会报道专题多为简单转载与之合作的传统媒体新闻，并无具体分类。新华社在互联网开设"两会专题"网站实时报道会议进展。《南方日报》电子版也开设"两会直击"专栏，方便读者快捷集中地阅读。

2000 年，网络与两会开始紧密结合，全国人大专门开设新闻站点，各大网站推出两会专题报道，新浪网两会专题出现了专题新闻和图片报道的分类。网络与两会的话题成为报道关注点。《南方日报》2000 年 3 月 2 日头版新闻《两会召开在即 本报网站大热》："本报电子版的报道将特别注重与读者的沟通，前方记者将针对大家关心的问题随时予以解答"，还公布了该报网址。报媒开始注重跨媒介报道，利用网络这一渠道优化新闻采写流程。《南方日报》升级了新闻综合处理系统，记者组的手提电脑通过远程连接与总部终端连为一体，新闻采写、审发渠道通畅。

2001 年，网络在两会及两会报道中的作用与影响开始显现，各大网站推出网上直播或论坛，在快速性上凸显优势。2001 年 3 月 14 日，新华网现场直播朱镕基与中外记者见面会。网友通过互联网献计献策，有代表称："今年两会因为第四媒体——网络的大规模介入，成为前所未有的

第三章 全国两会报道的报纸新闻文体变迁（1998~2018 年）

'网络两会'。"① 这一年，人民网与《人民日报》合作。2001 年 2 月 20 日，人民网首次推出"寄语两会"栏目，人们通过发邮件谈对两会的希望、对两会报道的建议，《人民日报》也将之登载出来。

2002 年，报网竞争激烈态势尽显，各大网站开始推出较为系统的全国两会报道专题。中央人民广播电台、中国国际广播电台、中央电视台、新华网"三台一网"现场直播政协会议开幕式。"今年新闻竞争在'两会'刚开几天就已十分火爆，不同角度、内容、形式的报道'铺天盖地'。新兴的网络新闻催赶着报纸、电视、电台等传统媒体打醒十二分精神：不要走漏了'两会'任何热点、焦点、特点。"② "催赶"这个词凸显了报纸在初遇网络新媒体"围剿"时，更多呈现紧跟、追随的被动之态。2002 年，传统媒体进一步重视网络宣传的作用，注重发挥网络传播迅速、信息量大的优势，加强网络新闻报道。③

2003 年，人民网、新华网、中国网及中新网等网络媒体积极参与两会报道。手机用户进入新闻媒体视野，新华社专为手机用户提供了新闻信息服务的新业务——新华网首页的新频道"新华短信"，有两个专题、八个栏目。2004 年，报网出现联动态势，新闻采写更便利，报媒开通电子邮件通道供读者提建议、报料、点题。南方日报在当时两会召开的两周前，通过调查和采访拟出一批两会话题，在南方网和南方报业网上征求网友意见，通过分析统计发现网友较关注的话题。

2005 年，中国迎来博客元年，两会报道中网民的力量显现。网民兴起向温总理发帖的热潮，当年记者会上，温家宝首次以网民身份出现。2006 年，腾讯网"向总理提问"栏目征集了 17 万个问题，而 2007 年该网两会"我有问题问总理"栏目，三天之内便有近 5 万人留言提问。同年，网易开展"感动中国十大人物寄语总理"活动。2006 年，博客成为报纸两会报道重要的材料获取和信息发布平台，报刊及网络的民意调查更便捷、使用更频繁，"博客体"成为报纸报道形式的新突破。不少代表、委员开设博客，传达一种了解民意、体察民情、拉近与草根阶层距离的态度。人民网于 2006 年 3 月 1 日开通两会博客应用服务，推出代表、委员博客、两会记者博客、博友博客，推动与会者与网民互动。2006 年两会期间，《南方都市报》与奥一网联合打造"两会说吧"，共 18 个版面，合

---

① 郑杰、莫艳民、栗新风：《"网络两会"开得很火》，《羊城晚报》2001 年 3 月 6 日 A5 版。
② 孙国英：《体验火爆的新闻竞争》，《南方日报》2002 年 3 月 16 日 A2 版。
③ 《广东老记阵容最强》，《南方都市报》2002 年 3 月 3 日 A4 版。

作发起论题27个,网络跟帖有572条,总点击量达242395次,持续21天,"说吧"邮箱收到读者来信近100封。①。各大网站、报刊媒体推出两会热点民意调查,如中央电视台中文国际频道与中国新闻社(简称"中新社")联合推出"中国焦点2006"调查,网民可提问或提交议案。此外,代表、委员与公众的互动新形式也成报道热点,如冯骥才等十位代表、委员通过《新京报》和新浪网向公众征集议案,媒体全程追踪报道。

2007年,南方都市报与奥一网、网易联合推出"两会说吧",继续走博客路线,网友可通过奥一网、网易登录"网友群博"发表提案议案。报纸两会新闻的报道流程注重网络媒体互动功能,两会前通过网络开展提意见建议、提议案、"我有问题问总理"等活动,如2007年两会召开前,南方日报、南方网、奥一网联合打造"网尽两会"论坛,两会期间则运用网络调查等手段,关注网友声音,将其融入报道中。广东两会期间,南方日报与南方网邀请书记、市长走进网络论坛,网民的各种言论登上省委机关报,"这种交互性,还有什么媒体可以比?"②

报媒利用网络优势推出调查、刊出调查报告。2008年,南方日报与腾讯网联合推出关于"谁是今年两会你最期待的'大炮委员'"的调查,列出投票网址,实时更新"大炮委员"排行榜。2008年3月8日,广州日报"两会报网联动"栏目把张晓梅的提案作为一个话题,在大洋网进行调查。该栏目既对此进行调查报道,又提炼整合网友意见,还设置"大洋网友拍砖"栏目,形成一种多维度、多阶段的报网紧密互动方式。由于这种信息源转换的频繁,报纸新闻结构上条块状的跳跃式叙述很常见。《广州日报》2011年3月8日A6版新闻《回家吃饭竟成了一种奢侈》,刊登了"大洋网调查"的数据作为新闻的证据材料呈现出来。网络给报纸的表现空间和深度的发展都带来契机。2015年3月10日,南方都市报联合奥一网针对民警开展在线问卷调查,且用图表和文字结合的形式呈现调查结果,这种形式在2019年南方都市报智媒化转型以后,使用得更普遍。

报媒及时加强与新兴媒体合作。2009年,南方日报联合最大无线互联网门户3G门户共同推出"手机两会",面对手机用户开通3G门户南方日报两会报道专区,近65万手机网友参与,发表建言28万多条。2010年,南方日报、南方报网和中国移动广东公司联合推出"红段子带你开

---

① 《"说吧"》,《南方都市报》2006年3月15日A12版。
② 云中白鹤:《网友精彩发言》,《南方日报》2007年3月2日A3版。

两会"全媒体互动平台,由记者将读者建议和观点递交给代表、委员带进两会,精彩发言被刊登于《南方日报》。

2009年,博客式微,另一种革命性的传播技术——以新浪微博为代表的微博客开始流行。2010年,自媒体时代到来,移动终端迅速占领市场,受众阅读习惯改变,140个字的表达方式、信息碎片化、公民记者、自媒体等现象冲击着传统媒体。微博成为参政议政新载体,多名代表、委员通过微博征求网民建议、播报两会动态。报媒积极拥抱新媒体,开通官方微博、利用社会性媒体开拓新闻资源、增强报道领域、创新报道形式、报网联动增强报道影响力。2010年,新华社将微博引入两会报道,记者集体开通微博,许多一手资料以140字新闻讯息的方式发布。

微博全面介入报纸新闻调查采访和报道。记者随时关注着代表、委员的微博及网友的转发、评论,从中获取线索和材料,并把它作为采访和发布渠道之一。2011年,《新京报》开设"微言大义"专版,刊登微博的麻辣点评、时事八卦、妙语点评等。2011年1月19日,广东省两会召开前,《广州日报》封二版头条位置刊登巨大标题:《本报邀您"微博问政"》。该报邀请了5位代表、委员,还公布了报道组17位记者的微博名称与网址,邀请网友参与互动调查。报媒不仅通过微博获取新闻线索和发布新闻,还通过精心策划和组织,把微博打造成公共交流平台,使其与新闻报道更好地相互嵌入和融合。① 2012年,《南方都市报》"微两会"更是紧跟微博之风,设置"两会我来投"专栏,读者可在微博进行投票及参与调查。

2010年,广州日报联合搜狐网、腾讯网、凤凰网开设北京两会全媒体直播室,推出"手机看两会"系列策划,该报的手机报每日中午推出"两会特刊"。手机这一阅读终端作为经营项目,成为《广州日报》内容生产序列中的构件,从中我们也可以看到报纸扩展自己阵地的足迹,并预见到这一新的媒介对新闻生产包括报道形式产生的影响。2011年,南方都市报提出"全媒体集群"策略,设置网络多媒体直播室,新成立的视音频部也赴京采访。2012年与2013年,南方都市报融合音视频多种报道形式、多种媒介呈现、多种渠道传播,全方位立体化报道两会,报纸开设"会声会色"专版,其内容由全媒体平台提供,节目在广州广播电视台新闻频道直播、广东电台新闻台《南都视点·直播广东》播出,奥一网、南方都市报官方微博群、南方微博、南方都市报客户端、DOPOOL手机电

---

① 蔡雯:《从面向"受众"到面对"用户"》,《国际新闻界》2011年第5期。

视南都视点专区上线。

2014年被称为"首个微信时代全国两会",微信全面参与官方信息发布、代表互动交流、媒体采访、新闻内容构成、信息发布等环节。新华社首次在微信平台搭建"全国两会代表、委员访谈群",邀请代表、委员和社会知名人士在线讨论,打造"两会微谈"集成报道。

新媒体及技术使用再造了两会新闻内容生产形式,也对新闻报道理念进行了创新。2017年,视频、音频、H5、直播、航拍、动新闻、轻应用等新媒体技术的深度融合,对报纸新闻也有影响。2017年,羊城晚报微信小程序"羊城晚报lite"上线。AR、VR技术的加入,给报纸带来立体三维报道的可能性。"广州日报绝不仅仅是一张报纸。今年两会期间,广州日报运用AR技术让报纸'活'起来,让新闻动起来。通过这种技术,读者不仅可以在报纸上阅读新闻,还可通过手机扫一扫图片,在手机上直接看相关视频报道。"① 南方都市报、广州日报、深圳特区报引入人工智能,使用写稿机器人、对话机器人、智能机器人参与新闻报道。

2. 报网资源共用频繁

报媒形成与新媒体资源共享的理念。2000年,党报开始与商业网站合作报道两会,最具代表性的当属中国国际互联网中心与中新社、中华新闻报和搜狐网合办的"两会专题",信息整合开发更便捷,多媒体呈现方式使两会报道更立体。② 2006年,报媒纷纷把两会报道搬上博客,同时把博客文章、网民述评和观点等新媒体内容直接搬上报纸。报纸大量刊登新媒体读者的观点,将无法确定身份的网民言论直接刊发到新闻中。《羊城晚报》2006年3月7日A3版新闻《教育乱收费为何屡禁不止》中出现新华网网友意见,这是《羊城晚报》第一次登载网民意见。

《南方都市报》2007年3月2日A6版新闻《网友吁请总理网聊》激起强烈反响,新浪网、网易网、搜狐网等网站均在首页首屏转载该稿,帖子原发地奥一网以首页头条转载,数千网民跟帖讨论。报道经历了:网友在奥一网两会专栏"有话问总理"发帖—网友顶帖—《南方都市报》报道—代表、委员关注—网络再发酵—报纸继续刊登的过程,形成报网联动报道成熟模式(如图3-6所示)。

报网互动给新闻的跨媒介呈现提供了方便多样的平台。2008年,南

---

① 陈庆辉、杨洋、申卉等:《广州日报:让报纸新闻"动起来"》,《广州日报》2017年3月4日A2版。

② 魏永刚:《网上"两会"新景观——综述网络媒体今年的"两会"报道》,《新闻与写作》2000年第4期。

第三章　全国两会报道的报纸新闻文体变迁（1998～2018年）

方日报与南方网、网易等互动，合办网络聊天室，南方报网推出视频栏目，启动滚动报道，多媒体化地展示两会，策划多个专题以全面报道两会。2009年，南方日报把不少新闻采访的完整音频放到南方报网，《广州日报》数字版则同步链接广州电视台同题新闻报道。

图3-6　报网联动报道流程

2012年，南方日报运用微博即时播报、网站全面推送等方式进行全媒体转型：一是首次设立全媒体小组，文字记者转型升级为出镜记者，与摄像记者一起摄制视频新闻，在南方报网、新浪网、腾讯网、搜狐网和网易网的官方微博推出；二是"掌声听两会""数字看两会""新词看两会"等策划，以微博发布重要现场的消息和关键数字，归纳新词、热词，同时发挥传统媒体解读优势与社会性媒体传播消息更快捷、简短的优势；三是在北京设立网络直播室，并在南方网、腾讯网及大粤网全面推送在线微访谈，网友可提问；四是联合腾讯推出"QQ心愿专属页面"这一代表、委员与网民互动的平台；五是与腾讯网、大粤网联合开通《南方日报》专题页面、腾讯QQ迷你新闻页，推送报社提供的音视频及文字图片形式的新闻。① 2013年，南方日报全媒体报道组通过报纸、网站、手机报和微博等即时播报两会新闻。在3月4日"学雷锋活动50周年纪念日"，南方日报全媒体联动，其新浪官方微博特邀电影《离开雷锋的日子》编剧进行微访谈，访谈全文在《南方日报》及南方网刊出。广州日报开设iPad数字报，同时，读者用手机扫描报纸上的二维码即可播放报道视频。融合报道进入高速发展期，每年两会新闻中采用的融合新技术与呈现的新形态都引起关注。

报网深度融合，报道由"相加"走向"相融"。② 2014年，人民日报"两会e客厅"以高端访谈为核心，形成访谈文字稿和视频节目两个主要产品，通过人民日报两会特刊，人民网访谈专题，人民日报社旗下的微博官方帐号、微信公众号、手机专报、手机客户端、电子阅报栏等全媒体渠道立体传播，将人民日报的权威性、记者的素养与人民网等多媒体平台资

---

① 钟健：《南方日报全媒体带你"微两会"》，《南方日报》2012年3月1日A14版。
② 戎明昌、辛均庆：《重大会议报道由"相加"走向"相融"——以南方日报为例》，《青年记者》2017年第25期。

103

源完美结合。① 2014 年,《羊城晚报》开始与人民网强国论坛联合推出《我有问题问总理》大型融媒体报道,报纸开设同名专栏,通过官网金羊网、官方微博、微信及人民网强国论坛等渠道收集向总理的提问,梳理出网友重点关心的话题,反响热烈。2015 年,南方日报组建专门生产全媒体内容的"融合小组",运用"1+X"采编策划联动机制,通过报纸、杂志、网站、微信、微博、南方全线通终端、户外 LED 屏等多种渠道发布信息,推进跨采编、跨媒体的融合②,2017 年,两会新闻扩展到报、刊、网、端、微、屏等终端融合报道。2017 年,羊城晚报两会报道全媒体矩阵由《羊城晚报》、金羊网、手机金羊网、羊城派 App、官方微信、官方微博、羊城之眼 LED 大屏幕构成。

2017 年,南方财经全媒体集团实施采编一体化平台运作,以财经全媒体联合大型报道的形式,打造高端访谈节目《两会财经观察》,通过"中央厨房"转制成报纸、视频、广播、新媒体产品,全渠道分发、多形态传播。广州日报将 AR 视频与报纸、客户端交互应用,还首次派出 3 名编辑入驻人民日报"中央厨房"协作生产新闻内容。③ 2017 年,《南方都市报》开设"小南读两会"专栏,电头为"南都机器人小南播报",机器人加入两会报道团队。

媒体融合形成的全媒体报道走向成熟,报纸、手机报、网站、微博微信、App 组成了强大报道矩阵,"1+N"平台开展报纸、手机、网络多渠道发布、多形式呈现、多媒体互动的立体式报道。④ 广州日报于 2015 年 8 月上线了 PC 版、手机版同步的数字报,2017 年 3 月 7 日 15 时数字报手机版用户首破 500 万,2017 年 3 月 6 日成为首个开通推特(Twitter)账号的城市媒体。⑤ 南方都市报报纸端和移动端联动,"《南方都市报》马上问"既是视频直播节目又是报纸专栏,联动了小程序、App、微信、网站和报纸等多种媒介。《南方都市报》2017 年"动图看两会"是"动起来懂两会"融媒体报道的报纸栏目,通过"动图两会 骑码就到"二维码与社交媒体联动,而且内容也与新媒体联动。《南方都市报》2018 年

---

① 纪雅林、沈小根、朱少军:《e 客厅内外的故事》,《人民日报》2014 年 3 月 13 日第 14 版。

② 赵杨:《6 条生产线融合唱好主旋律》,《南方日报》2015 年 3 月 10 日 A1 版。

③ 李强:《融合传播新出彩 唱响主流舆论强音》,《南方日报》2017 年 3 月 13 日 A3 版。

④ 刘艺明、王鹤、廖靖文、刘幸、何瑞琪等:《广州日报"1+N"全媒体报道"两会"》,《广州日报》2015 年 3 月 2 日 A2 版。

⑤ 蔡日忠、李竞瑜:《广州日报数字报手机版用户数超 500 万》,《广州日报》2017 年 3 月 7 日 A1 版。

"裘萍跑两会"专栏通过二维码链接采访视频,呈现方式更具临场感,这是一种跨媒介传播在报媒上的应用方式。

根据同一信息源采写的新闻既刊登在报纸上,又制成视频新闻在微博和网站发布,报纸刊发时还把视频发布后的网友意见筛选后整合进新闻中,呈现一种新闻报道整体流程的螺旋式整合(如图3-7所示)。广州日报2015年报网直播间访谈视频和文字稿件在报纸和大洋网同步刊发,报网全面实时联动。2016年,所有记者实行"一岗双责",同时肩负报媒和新媒体采访报道任务,为多个平台和终端提供内容支持。① 从2017年1月开始,广州日报记者在电头处多自称"全媒体记者"。2017年,南方日报、南方+、南方网、南方全线通等联合组建融媒团队,共享一个全媒体访谈室,报、刊、网、端、微、屏各端口协同生产传播。

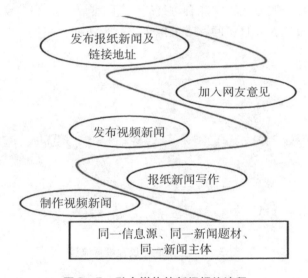

图3-7 融合媒体的新闻螺旋流程

3. 形成线上线下积极互动

报纸新闻凭借传统媒体的影响力与权威性,充分发挥议程设置威力,设置选题达成若干舆论场的交流互动。《羊城晚报》2012年3月12日A6版新闻《网民热捧"10元购买力"小调研》,刊登了网友的"纵向调研数据"与"横向调研数据",调研活动虽不是由媒体组织却是因媒体报道而引起,报纸新闻刊登线上线下调研,形成了一个互动的场域空间。《羊城晚报》2006年3月5日"两会开讲"栏目刊登《开设"生命教育"打

---

① 《融媒报道再发力 唱响两会好声音》,《广州日报》2016年3月13日A2版。

造"心理长城"》,同时"台下回应"栏目刊登了《失恋受挫,没"终极"支撑不行》,是专家对上条新闻内容意见的观点新闻,形成了一个"意见场"。

报媒与网络联合进行议程设置。以《南方都市报》为例,2007年通过网络成立"南都读者会";2008年与腾讯网、奥一网联合制作"两会听证会",在腾讯网北京演播室录制,现场观众、网友均可即时参与互动,报纸相应设置了"网友听证会"专栏,同年与奥一网合作推出网络互动特刊《岭南十拍》;2009年联合网易网推出"票选两会热点"民意直通车活动,与奥一网联合举办珠三角纲要民间拍案"拍砖会";2012年与腾讯网合作推出"全国两会·广东民生十问"征集活动。基本流程如图3-8所示。2013年,人民日报与人民网开展线上"两会热点调查",人民网与清华大学媒介调查实验室联合进行线下问卷调查,选出公众最关注的热点话题进行报道,并且将问题带进两会进行采访。

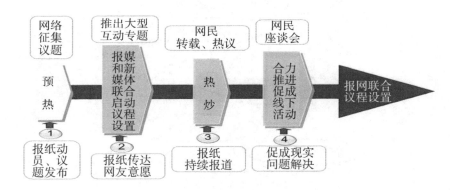

图3-8 报网联合议程设置流程

二、报网互动带来报纸全国两会新闻报道形式变化

报媒与新媒体从竞争到融合,在报纸新闻形式与新媒体"同频共振"中,报纸与新媒体的多重交互性和互补增生规律使报纸新闻文类文体有所创新,正如《人民日报》2015年提出的:"紧紧抓住'媒体融合'这个中心,力促具有新媒体、新文风气质的作品'倒灌'报纸版面。"①

---

① 史竞男:《中央和地方主要媒体创新两会报道》,《人民日报》2015年3月10日6版。

第三章　全国两会报道的报纸新闻文体变迁（1998～2018 年）

（一）移植：根据新媒体发展路径及时开设对应的专版专栏

各报纷纷开设网络版面。以《羊城晚报》为例，2005 年博客兴起，2006 年《羊城晚报》两会报道在 A3 版开设"两会大讲堂"专版，形式上借鉴当时流行的博客，版首语为"两会大讲堂，吹拉博弹唱"，开设栏目有："两会语文"刊载以博文方式写的记者手记；"两会美术"是新闻照片版；"两会外语"刊登各媒体观点大放送；"两会数学"注重新闻的数字图表化；体现互动理念的栏目"两会开讲"呈现热点话题；"台下回应"呈现对热点话题的各方观点；"两会举手""两会发言"刊登来自代表、委员及读者网友的观点新闻。各家报纸纷纷开设专版、专栏，转载博客的帖子。

2009 年，羊城晚报顺应新媒体发展潮流与新浪网、搜狐网、腾讯网、网易网等合作，跨媒体联合带来的改变集中体现在两会"网萃""网搜"这两个报网互动专版。开版语讲道："两会网上行，互动轻松读……网萃，萃取精华。辣言又辣语、新闻热度榜、摄记走京城、前方点一点、外媒看两会、网友观点集……两会速览在此版。"而网搜"话题热议、网络专访、记者博客、名博精选、会场新词……上下互动在此版"①。

2010 年，微博兴起，微博是最简约、最集群的阅读形式，两会期间《羊城晚报》与金羊网联手推出"金羊两会微博——正在发生"专版，刊登微博体新闻。2012 年，"微"字风靡各大媒体，微博成为媒体报道新武器和公众问政新渠道。《羊城晚报》集团与新浪微博、腾讯微博联合推出"两会微访谈""记者微博"专栏，报纸版面也有相应体现。《羊城晚报》2014 年的"在现场"及"直播间"版面，表现了一种追求文字"可视化"的新闻理念，而"微议院"则呼应了微信兴起的时代背景。

《南方日报》于 2006 年开设"京粤博客"专版，2007～2009 年开设"网尽两会"专版，"致力于更深层次地推进纸质媒体和网络媒体的杂交，从当初秉承网络精神的网摘到策动网络对话，从寻找网民智慧到发动网民讨论"，"升级让我们变得更有'网络味'，同时又用自身的采编能力和执行力为网民提供内容和服务，做内容生产圈层的一分子"。② 2010 年的"网会"、2011 年的"网眼"、2012 年的"在线"、2013 年的"盛会全媒体"、2015 年的"留言板"模仿 BBS 评论区形式，这些顺应新媒体发展

---

① 《开版语》，《羊城晚报》2009 年 3 月 3 日 A2 版。
② 《我们"2.0"吧》，《南方日报》2007 年 3 月 3 日 4 版。

107

而开设的专版专栏，搭建起互联网与报纸的桥梁，成为报纸新闻新形式的"试验田"。

2011年，新浪网和腾讯网宣布各自拥有超1亿微博用户，"微"成了流行语，《南方日报》开设"网眼"版及若干含"微"字的栏目如"两会微博""微波炉"及"微访谈"等，并开通新浪和腾讯官方微博进行全国两会直播。《南方日报》"微访谈"栏目中，微博既提供了新的采访渠道又影响着报道形式。栏目刊载的多为谈话新闻，结构受微博影响，碎片化特征明显。2012年，南方日报提出"全媒体、微两会"报道思路，开设"微访谈""微议""微观"等栏目，选取热门话题让网民与代表、委员、专家学者一起谈议，"报网"栏目则刊登相关报道后续的微博热议。2013年，"微调查""微博会"栏目把微两会的理念和重视调查与数据的理念相结合。

好多人说我不务正业

2011年初，于建嵘在微博上发起"随手拍照解救乞讨儿童"活动，引起海内外媒体关注。

@中年妇女：微博打拐究竟成果如何？请您说个明白话！

@于建嵘：从元月十七日我发第一条微博到元月二十五日，我微博上提到的都是"解救乞讨儿童"。具体成果如何，我也说不清楚……

——《南方日报》2011年3月11日A6版"微访谈"（节选）

2007年，《南方都市报》的"网眼"版面世，即获得《南方周末》年度致敬版面，两会期间设置"说吧版"聚焦网络对两会的反应。2008年，《南方都市报》开设专版专栏"天天奥斯卡""众议苑"，大量登载网络观点，呈现简短、多渠道、多元的观点及碰撞。"天天奥斯卡"是在两会闭幕时做的极具网络风格的新闻盘点，堪称《南方都市报》两会报道代表性版面之一，它以奥斯卡25个奖项为名总结两会新闻，娱乐性强，语言幽默，网络转载率很高。2011年，"@微两会"专版有"微言大益""微斯人""见微知著"及"微风凛凛"等栏目，集合了多位《南方都市报》记者的微博报道。2015年，"新华社新媒体互动集萃"专栏运用互联网特有的博文和跟帖的互动形式。2016年，《南方都市报》设置"主页"版"跟帖"栏目，打造网络化版面。

第三章　全国两会报道的报纸新闻文体变迁（1998~2018年）

（二）嫁接：直接采用流行的新媒体文体进行报道

2006年，《南方日报》两会报道开设"京粤博客"专版，3月4日"开栏的话"（附录四）宣告了此版宗旨是以博客的草根精神，以及简明化、个性化、碎片化的特点来处理新闻内容和形式。当天此版"播客"栏目刊登的就是网友与代表、委员的观点，跟以前大段的观点呈现相比，更简短、明晰、生动活泼。"播客"体意即展现"声音"，报道中把冯巩说的话以"播客"形式刊出，活灵活现：

> 在中国文联举行的茶话会上，赶时间要离开的冯巩对涌上来的记者说，语气跟说相声是完全一致："大哥大姐们，你们就饶了我吧。"
> ——《南方日报》2006年3月4日A6版"播客"

碎片化还体现在"搜索引擎"栏目上。该报3月4日的新闻专题是《媒体的"胆子"越来越大了》，模仿网络搜索引擎的信息呈现方式与思维方式，切割成"关键词""延展""搜索结果""点评""纵深"等几个版块，围绕记者博客、央视"我有问题问总理"征集网友问题的活动进行述与评。《南方日报》的"今日读博"专栏刊登的均为博主以第一人称讲述的故事，虽非新闻，但体现了报媒吸收新媒体元素的一种姿态。

2007年，《南方日报》"网尽两会"专版中，"播客传真"刊登来自网友与代表、委员的观点新闻；"数字调频"刊登的是提炼和解说关键数字的新闻资料或解说新闻；"两会直播间"刊登采访专家及其与网友跨时空对话的谈话新闻。此外，还有刊登通过网络所征集意见的"两会社论"专栏，而"观点PK台"刊登的则是将网友言论整理形成反对与支持两方PK的互动新闻。

从这些栏目名称可以看出报纸借鉴、吸纳新媒体文体特点，同时努力凸显报媒自我个性及优势。如对话体谈话新闻并非完全辑录网络直播访谈对话内容，而是进行重新归类和整理，《南方日报》2007年3月3日A4版谈话新闻《〈物权法〉：是立法更是普法》根据访谈直播分成"专家解读""网友聚焦""各抒己见"三个版块。

适应新媒体环境而新开设的专版与专栏常常将热门的网络文体"移植"于报纸，如"微博体"新闻更跳跃简洁。2010年，《羊城晚报》"微博"版、"记者苦乐"栏目，《南方日报》"会后吧""微波炉"等版面，均刊登了微博体新闻札记。《南方都市报》2010年3月10日"微博"专栏有以羊城晚报记者、中国经营报为主体发布的微博体新闻札记，3月11日则刊登了来自3位代表的微博体观点新闻。2011年，微博体新闻更普遍。《南方都市报》2011年3月4日A28版"@微两会"整版微博体新闻，其中"威风凛凛""见微知著""微直言"栏目均为记者的微博体新闻札记。2011年，《南方日报》开设了"微访谈"，3月9日A9版新闻《教师节形成多年，不必再改了》，用"提问+@访谈嘉宾"的形式采访了三位访谈嘉宾，是一种微博体谈话新闻。《南方日报》2012年"微聊"栏目刊登了记者微博中的新闻，相当于微博体简讯、新闻札记或特写消息；3月14日A5版的"老记微观"是记者手记专版，编前语为："今天，十多名跑会记者以微博体盘点自己的两会经历，以媒体人真实触觉打量两会新闻之外的现场。"

2007年广州两会期间，广州日报尝试性登出二维码，读者用手机扫二维码或发短信到相应端口就可浏览两会报道专题。2012年，腾讯网、新浪微博上线二维码功能。2013年，各大报纸纷纷采用了扫码新闻，是直接借用新媒体形式以拓展报纸容量的形式改革。2014年，微信朋友圈截屏的形式开始直接被运用于新闻，或新闻结构模仿微信朋友圈的形式。《羊城晚报》2015年3月4日A5版"全国两会朋友圈"栏目虚构了一条马化腾的微信朋友圈消息。

（三）改造：紧跟新媒体特点而变革的报纸新闻文体

报媒在与新媒体的互相竞争、学习、互动中改进着新闻文体。其中最明显的是，新媒体为各种议题、各种调查提供了便利，各大网站每到全国两会期间便纷纷开通"我和总理拉家常""向总理提问""我有问题问总理"等栏目。这些互动形式调查的最广泛的民意和有价值的意见，成为报纸互动新闻、观点新闻、述评新闻的主要构成部分。报媒日渐注重调查，扩展调查渠道并改革调查方法，表现出对调查数据的重视，同时继续发挥传统媒体记者的采访特长和优势，大量增加调查的分量。《南方都市报》2004年3月7日A7版"两会连线"《乞丐如何管　请你说说看》调查问卷设置了8个问题，请读者通过电话回答；3月8日针对学英语是否应全民化征集意见，并于3月9日刊登相关调查报道，还在中山大学校园对46名大学生进行了简单的调查，并以图表形式刊登调查结果。同一天A11版刊登对乞丐问题的调查结果，并抽取52名读者的观点进行总结，列出多个调查数据统计图表，调查更频繁、层面更广。2017年，广州日报机器人记者"阿同"主要负责撰写各种工作报告解释分析类新闻，为此报纸开设"机器人新闻"专栏,报道署名为"全媒体记者阿同"。由于阿同的加入,数据统计的调查报道大量增加。3月6日新闻《报告最热词四年数"发展"》是机器人记者做的智媒化早期作品。

报网资源共用和互动频密,报纸新闻文类及结构呈现跨媒介的趋向。最典型的莫过于谈话新闻,以及在各种新闻文类中频繁使用对话的形式。早期对话体往往是新闻发言人与若干记者的问答实录,篇幅长,呈现一对多的对话,且电头多为"据新华社",2004年之后则常用于报媒所属记者的专访,并注明"××报记者问"以强化发问者的具体媒体身份,方便其被转载至网络后仍有较强的媒体识别度。网络渠道使得报纸谈话新闻中对话者身份更多元复杂。《广州日报》2012年3月10日谈话新闻《做北大校长能合格不容易》,除了主持人与周其凤的问答外,还加入了网友问答。

微博这一采访渠道影响了新闻的结构和语体,使新闻文体更简明、更碎片化及更紧凑。2011年3月10日,两会休会一天,《南方都市报》A31版以"微博体"特写的《偷得两会一日闲》采用了与往年不同的报道文体,用"@"加上记者姓名作为电头,每段是一条微博,片段化呈现每位代表、委员的场景,没有段落之间的起承转合。

> @《南方都市报》特派记者 黎诚 黄怡 吴渤:昨天全国两会休会一天。长达十几天的密集议程中,代表、委员们得以稍事休息。尽管是休息时间,很多代表、委员们也闲不下来。让我们看看他们都在做什么……
>
> ——《南方都市报》2011年3月11日A31版新闻《偷得两会一日闲》(节选)

2013年被认为是微信的商业化元年。8月,微信5.0版本上线,10月用户超6亿,每日活跃用户1亿。微信的普及和功能的迅速完善,使得报纸新闻表现形式呈现出许多微信的特征,互动新闻的使用也因此而增加。

第三节 新媒体环境下《人民日报》全国两会报道话语变迁[①]

1998年以来,《人民日报》全国两会报道的新闻话语呈现出议题多元

---

① 本节部分数据和分析引自王长栋《媒介环境学视野下"两会"报纸新闻话语分析》,华南师范大学,2018年。

化、视角亲民化和新闻呈现方式多样化等特点。

一、新闻议题多元化与具象化

表3-5 1997~2017年《人民日报》全国两会报道数量①

年份	报道数量/篇	年份	报道数量/篇	年份	报道数量/篇
1997	206	2004	998	2011	936
1998	380	2005	919	2012	833
1999	498	2006	1100	2013	1012
2000	440	2007	931	2014	837
2001	830	2008	953	2015	1064
2002	1142	2009	856	2016	1546
2003	1172	2010	921	2017	1086

2001年之前,"两会特刊"以每天一至三版不等的"两会专页/版"形式出现,限制了自主性报道的发挥。2001年3月3日,《人民日报》改版,全国两会报道固定在第9~12版,共4版,使得2001年全国两会报道数量大幅增长,此后全国两会报道总量的变化平稳(见表3-5)。2010年,"两会特刊"扩版为8版,设置了"现场·关键词""两会快评""问计""发言席""两会感言""两会进行时"等栏目。除去广告所占版面,全国两会报道总量变化不大,但议题和视角有所改变,呈现出接地气的亲民化共情话语。去除会议议程、现场花絮、公告文件类、评论类以及零散议题等报道,本书对1998年、2003年、2008年、2013年和2017年《人民日报》的全国两会新闻报道议题进行了比较(见表3-6)。

表3-6 《人民日报》全国两会报道议题比较

题材	1998年		2003年		2008年		2013年		2017年		合计	
	篇	比例/%	篇	比例/%	篇	比例/%	篇	比例/%	篇	比例/%	篇	比例/%
政治	56	21.4	58	13.3	85	16.7	57	8.9	65	9.7	321	12.7
改革与经济	105	40.1	175	40.0	148	20.1	248	38.8	238	35.5	914	36.3
科教文卫	36	13.7	56	12.8	70	13.8	67	10.5	69	10.3	298	11.8
社会民生	34	13.0	72	16.5	127	25.0	152	23.8	149	22.2	534	21.2
国防军事	3	1.1	7	1.6	3	0.6	6	0.9	4	0.6	23	0.9

---

① 部分数据来自《人民日报》的统计数据。

第三章　全国两会报道的报纸新闻文体变迁（1998～2018年）

| 生态文明 | 28 | 10.7 | 69 | 15.8 | 76 | 14.9 | 109 | 17.1 | 146 | 21.8 | 428 | 17.0 |

从表3-6可见，议程设置多样化。总体来看，经济始终是历年全国两会期间《人民日报》最关注的议题，报道数量有所增加，但所占比例有所降低。时代的发展、社会的复杂化、民众关注问题的多向性，使经济议题摆脱了"一枝独秀"的状态。

社会民生、生态文明的议题重视度得到加强。社会民生议题所占比重在1998年排在第四，2017年排第二。生态文明议题所占比重升幅最大。中国新媒体发展与第二次现代化进程并行，吉登斯认为现代性的一种后果是带来高风险社会①，尤其是贫富矛盾、阶层冲突、环境生态恶化等人为风险。各种层面社会冲突，如生态危机、群体性事件更多发，同时由于媒介环境的变化，社会冲突和生态变化更易被"看见"、被放大，《人民日报》全国两会报道的"聚光灯"更多"照"到了这些领域。2012年，该报的两会特刊将第3版设置为民生专版。

议题具象化、对象化。发展目标、大政方针等政治性话题更多地与高新技术产业、具体领域经济改革、环境保护、社会民生等议题交叉结合，故其占比有所下降，如2017年3月3日2版新闻《稳增长惠民生　中央政策咋生根》同时融合了民生和政治议题，且涉及具体省份、具体问题。

二、报道视角由俯视转为平视

此处根据主要人物身份将《人民日报》全国两会报道叙事视角分为：中央领导人视角、高层代表，委员视角、基层代表，委员视角、普通群众视角、网民（网络）视角（见表3-7）。1979年，全国两会报道中中央领导人活动占报道总数的45%，代表活动仅占12%，且没有基层代表和百姓的声音。② 国家领导人和代表、委员是全国两会报道最重要视角，中央领导人活动多被放置在要闻版，主要内容包括开闭幕式、宣读《政府工作报告》及参加各代表团会议做宏观指导。之后，中央领导人视角的报道总体比例呈下降趋势，尤其是2003年降幅明显。2002年，胡锦涛在全国宣传工作会议上指出要"改进文风"。2003年4月5日，中央《关于进一步改进会议和领导同志活动报道的意见》中明确提出"三贴近"要求。2003年，《人民日报》《光明日报》和《经济日报》全国两会报道共

---

① 〔英〕安东尼·吉登斯：《现代性的后果》，田禾译，南京，译林出版社，2011年，第135页。
② 李建楠：《从〈人民日报〉两会报道的话语分析看中国社会变迁》，中国海洋大学，2013年。

采访报道人大代表、政协委员 1100 多人,占总人数 1/5 左右;有关中共中央政治局常委活动的报道只有 98 篇,比 2002 年全国两会报道减少了 32%。全国两会报道中代表、委员提案与政策解读成为报道重点,民生和公共利益话题成为关注焦点。① 可见《人民日报》全国两会报道话语改革走在改进文风的前列。

表 3-7 《人民日报》全国两会报道各主体视角比较

题材	1998 年		2003 年		2008 年		2013 年		2017 年	
	篇	比例/%	篇	比例/%	篇	比例/%	篇	比例/%	篇	比例/%
中央领导人报道视角	130	34.2	198	16.9	104	10.9	118	11.7	89	8.2
高层代表、委员报道视角	203	53.4	459	39.2	568	59.6	400	39.5	489	45.0
基层代表、委员视角	21	5.5	37	3.2	48	5.0	80	7.9	93	8.6
普通群众视角	10	2.6	16	1.4	25	2.6	42	4.2	39	3.6
网民(网络)视角	0	0.0	0	0.0	10	1.0	16	1.6	19	1.7

两会特刊中关于代表、委员的报道多围绕他们在两会的行动(包括提案或针对其自身领域及地域实际情况),以基层代表、委员视角进行的报道数量增加。2002 年,《人民日报》要闻版首开"来自基层代表、委员的声音"专栏,专门刊登其观点,议题多与民生相关。2004 年,对基层委员的报道数量较往届增加了 30% 以上,90% 以上的稿件不超千字,关于中央领导人的稿件比上一年减少 40%,多刊登现场感强的稿件,拉近了报纸与读者和代表、委员、代表、委员与百姓之间的距离。② 2008 年 3 月 3 日,进城务工人员代表杨晓霞下基层走访调研的照片,为近十几年来《人民日报》一版所刊登的普通人照片幅面之最。③ 2017 年,"我和总书记面对面""代表、委员履职故事"等栏目设立,最大程度发出了基层代表、委员的声音。

从普通群众视角出发的新闻,或对两会相关议题发表意见建议,或作为两会议题相关者被采访报道。此处以《人民日报》数据库中 1998~2018 年全国两会报道对"网民"或"网友"两词的使用情况(已去除重

---

① 张晓红、周文韬:《党报改革四十年:中国报业 40 年(1978—2018)》,北京,人民日报出版社,2018 年。

② 人民日报"两会"报道组:《把握重点 抓好特点 引导热点 突出亮点——〈人民日报〉2004 年"两会"报道的特色》,《新闻战线》2004 年第 4 期。

③ 张铁:《改革创新的"四个效应"——〈人民日报〉2008 年两会报道特色》,《中国记者》2008 年第 4 期。

复项）作为参照（见表3-8）。

表3-8 《人民日报》全国两会报道对"网民""网友"两词的使用

年份	篇数	年份	篇数	年份	篇数	年份	篇数	年份	篇数	年份	篇数
1998	0	2001	14	2004	7	2007	29	2010	47	2013	44	2016	52
1999	0	2002	9	2005	8	2008	23	2011	27	2014	43	2017	37
2000	3	2003	9	2006	27	2009	35	2012	25	2015	44	2018	53

《人民日报》最早在真正意义上使用"网友"一词是1997年2月20日新闻《联网：呼唤规则》，"网民"一词最早出现在1998年2月4日《盈盈春水映光辉——京城春节文化透视》中。两会新闻中最早使用"网友"概念的是2000年3月1日《互联网上看人大》报道"中国人大新闻"站点正式开通，"网民"则出现在2000年2月29日《本报网络版推出"两会"资料库》，但均非以真正的网民视角进行的报道。2002年3月15日新闻《不息为体　日新为道》用对话体展示姚秀荣代表与网友的交流。

人民日报对于网民视角的使用较谨慎。2003年，人民网开通"网友寄语"频道后，收到700多条网友留言，最终人民网择优发布了290多条，《人民日报》3月5日《代表委员，我想对你说》刊登了其中3条网友留言且列出名字。随着博客兴起，2006年3月2日起，《人民日报》开设栏目"人民网网友留言板"摘编网友对《人民日报》之前所载报道的评论，"在人民网上"栏目刊发人民网上重要信息，与网友进行良性互动。3月17日，"人民网网友留言板"报道《郑支书，向你学习！》刊出了网友留言及其IP地址，这些从一个侧面说明《人民日报》的服务性提高，切实地做到将新闻报道贴近民众。[①]《人民日报》2007年设置"网友热议"、2008年设置"网友说会"等专栏，表现出对网友群体的重视。2010年，《人民日报》推出"微博来客"栏目报道网民微博热议的两会话题。正如2010年3月10日报道《e两会，一样热》中评价"网络问政志愿者"是"珍惜自己的话语权"，这些以网民视角进行的报道体现了报媒对网民话语权的尊重。2014年，二维码出现在《人民日报》全国两会报道中。2015年，"中央厨房"及VR和AR技术的使用拉近了网民与报纸的距离，以网友视角进行的报道增加。

网络流行语经常被使用在素以严肃、规范著称的《人民日报》全国

---

① 叶晓华、方丽：《〈人民日报〉"两会"报道的演变分析》，《当代传播》2008年第4期。

两会报道中,有增加趋势且时效性增强。例如,2015年3月12日6版:"'过去一年很多产业和互联网一结合,'DUANG',就变成了一个化腐朽为神奇的东西。'李彦宏谈道。""DUANG"于2015年2月24日前后成为网络热词,很快就被用于新闻中。又如2017年3月10日8版:"我们把脱贫攻坚当成全省头等大事,念兹为兹,以此为大,使出了洪荒之力。"《人民日报》及时和普遍地使用网络流行语,体现了其对现实网络文化的关注,实质是官方话语对草根话语的使用,也是亲近大众文化乃至亚文化的一种努力。

三、增强视觉语言突出信息中心

从话语角度来看,宣传话语实质上是一种特殊的新闻话语形式,其目的在于统治者通过操纵符号潜在地影响被统治者的认知。[①]《人民日报》这一宣传话语所具有的极强意识形态性,在应对新媒体挑战、借助新媒体提高传播效果、被读者自觉接受的探索中,加强新闻图片和版面设计是个重要举措。

从表3-9可见,《人民日报》全国两会报道中新闻图片占比虽整体有所下降,数量则明显增加,其中漫画新闻和图表新闻的数量和比例均明显增长。由于图片分发渠道的多样化,即拍、即传、即发的新媒体渠道更适合新闻照片的刊发。例如,人民网在2003年3月1日至18日刊发了500组(1500多幅)照片,由于新媒体没有版面限制,常常围绕某一专题进行图集展示,几乎达到了"逢文必图"的程度。《人民日报》作为报媒在报道上有滞后性,由于版面和版式限制,并不一味以增加新闻照片比例来简单满足"读图时代"受众的浅层需求,需要数据加工的图表新闻、幽默诙谐且有独特解读视角的漫画新闻,成为可视化话语增加使用的类型。即便是照片也不仅满足于程序化操作,而是力求参与更多的叙事。2003年,除首次对社会热点、难点、焦点问题配发背景照片,3月14日"两会剪影"的一组照片中,小图是申纪兰代表讲话情形,大图是农民王广顺痛心地拿着因施用假化肥而未成熟的玉米,这一背景式照片与申纪兰讲述的内容——农村地区伤农、坑农现象相关。[②]

---

  ① 盛希贵、贺敬杰:《宣传话语的视觉"祛魅":新媒体环境下网民对政治类新闻图片的再解读》,《国际新闻界》2014年第7期。
  ② 王平:《贴近实际 贴近生活 贴近读者——简评中央三报今年的"两会"报道》,《新闻实践》2003年第5期。

第三章 全国两会报道的报纸新闻文体变迁（1998～2018年）

表3-9 《人民日报》新闻图片数量及占当年总报道量的比例

类别	1998年		2003年		2008年		2013年		2017年	
	幅	比例/%	幅	比例/%	幅	比例/%	幅	比例/%	幅	比例/%
新闻照片	119	31.3	227	19.4	247	25.9	140	13.8	163	15.0
漫画新闻	0	0.0	1	0.1	0	0.0	12	1.2	21	1.9
图表新闻	1	0.3	12	1.0	4	0.4	44	4.3	97	8.9
合计	120	31.6	240	20.5	251	26.3	196	19.4	281	25.9

《人民日报》全国两会报道图表新闻信息量和数据加工程度在增长和加深。1998年3月3日，"两会专版"《中国居世界前十名的主要社会经济指标》为整版报表式图表，以柱状图、饼状图、表格等形式介绍中国经济状况。2003年，《人民日报》用图表展现第十届政协委员构成，所占版面较少，且没有深挖数字背景和意义。2009年，《人民日报》由16版扩至20版（周六、周日仍为8版），稿件时效性提高，图片比重增加，民生新闻增加，报道更多反映基层视角，话语方式更为亲民。① 2013年第6版"两会特刊"整版图表新闻《代表、委员这样履职》，用色块、图表介绍代表、委员履职方式及其逻辑关系，色彩鲜明，浅显易懂。2016年，《人民日报》出现一系列以大数据为基础的新闻组合，如"大数据+小数据""大数据+数据库""大数据+游戏""大数据+标准""大数据+热点事件"五大组合②，并辅之以精美的版面设计，例如以"读数"和"读词"为题深入解读《政府工作报告》。

报网联动的调查为图表新闻提供更多数据来源。2004年2月27日，《读者心中"两会"之最》是《人民日报》和人民网联合推出的"人民调查"栏目"两会连着你和我"问卷调查结果，这篇报道仍以大段的文字描述为主，配以两个简单的矩形图。2013年3月3日第7版《2013两会，公众关注热点》，用彩色图表展示《人民日报》和人民网"2013两会热点调查"中网友关注热点和线下调查热点排行。2015年，"民生舆情 宋英杰带您看"专栏，用图表将舆情监测数据可视化。2016年3月4日，《两会来了，八大话题很火》以三个图表呈现两会热点问题调查结

---

① 张晓红、周文韬：《党报改革四十年：中国报业40年（1978—2018）》，北京，人民日报出版社，2018年。
② 叶蓁蓁、关玉霞、戴玉等：《人民日报中央厨房："大数据+"模式推动媒体供给侧改革》，《新闻战线》2016年第13期。

果，图形体量、数据挖掘及解读均有广度和深度。

在版面设计上，《人民日报》通过种种手法突出视觉注意中心。报纸留白增多，分栏更加均匀，追求整洁明了、重点突出的视觉效果。相应地，每版的文字减少，追求适度的容稿量与信息量的平衡。

四、版面设计布局拼接组合式

报网互动融合，合办调查、合作栏目、合发稿件等的尝试，给《人民日报》的版面布局带来变革。报网一体化发稿，稿件先上人民网抢时效，再由报纸编辑选择加工。网络言论选登带来碎片化传播，碎片化传播具有浓厚时代的气息，对于新闻来说，具体体现在过于追求时效性、新闻简单堆积、新闻之间缺乏逻辑关系导致的新闻碎片。① 这是新媒体环境带来的新闻实然性变化，我们需要辩证地看待而非一味批判和拒绝。《人民日报》全国两会报道更多是在版面上呈现拼接堆积，在篇章上呈现跳跃简化、窗口式的网页化排版。

增加对网友留言的选登，是一种版面的分割和"堆积"。2006年，"人民网上·网友寄语"专栏从3月3日到13日连续选登网友对两会的寄语。网友意见首次以专栏形式出现在《人民日报》全国两会报道中，为活跃报道形式、创新报道方式提供了一种思路。

而"反映同一时间里不同空间的同类状况，或同一专题不同门类情况，通过一系列组合形成报道规模，主要目的在于通过相互多个报道对象之间的不同、说明问题和道理"② 的集成式新闻同样是一种拼接。2017年3月3日第12版的报道《绿色，让生态更好百姓更富》，左边2/3篇幅以6个版块刊登习近平总书记和5位人大代表对于绿色生态的看法，人大代表头像以素描形式呈现；右边是以渐变色呈现的一栏图表新闻，版面内容丰富又重点突出。2016年，两会特刊用两个整版分别以"读数""读词"形式解析点评《政府工作报告》的关键数字和新鲜词语，这种叙事方式体现出散点结构，跳跃性很强。2019年，《人民日报》改版的核心之一是使长篇报道编排更加灵活，因此头版在处理长篇稿件时，以提要提炼重要内容，以及使用红字或边框、底纹等编辑元素③，同时通过化长为短、化整为分来提升长篇报道的易读性。

---

① 彭兰：《网络新闻报道碎片化的应对策略》，《中国编辑》2007年第1期。
② 陆雨晨：《组合式报道——新媒介融合时期主流报道方式》，《新闻世界》2011年第9期。
③ 张晓红、王玉凤、李清：《融媒体时代党报版面的守正与创新——〈人民日报〉2019年改版观察》，《青年记者》2019年第19期。

五、篇章结构增强互动性

人民日报从 2002 年开始就与人民网联合开展"两会调查",显然十分重视与网民的互动。由于新媒体环境下报网深度融合,互动不仅仅是"后台"的操作,而是在"前台化"的过程中逐渐成为一种新闻呈现形式。2013 年,人民日报与人民网合作推出"我替网友问代表、委员"互动专题,网友可通过强国论坛、人民微博、博客、聊吧、手机、微信等向人大各代表团或政协各界或代表、委员提问,人民日报、人民网记者将其中代表性问题带到会场向代表、委员提出,相关内容在《人民日报》"两会特刊"同名专栏和人民网"两会"专题中刊发,问答的新闻结构呈现出了与受众、代表、委员的三方互动过程。

报网共用访谈文本带来了更多的对话互动。2014 年,人民日报"两会 e 客厅"将访谈形成文字稿和视频节目两个主要产品,其中,刊登在《人民日报》的是以文字呈现的"主持人+访谈对象"对话互动,对话式的报道呈现出口语化的亲切感及双向交流感。不少栏目和稿件配了二维码,链接了人民网、人民日报法人微博网友的留言,如两会特刊中的 34 篇"代表团之声",其中有 12 篇配了视频二维码,可链接三分钟短片,形成报网呼应联动,拓展了报道的广度和深度。①

从直接引语是"展示"、间接引语是"描写"的角度②,前者给受众更多的主动权、互动性更强,后者"转述性"更强而呈现一种隔离感。李建楠对比 1988 年的《加强监督职能 完善代表制度——江西代表团小组讨论纪实》和 2008 年的《"不走老路,少走弯路"》两篇同样关于两会议题讨论的报道,前者的直接引语字数和句数比例均为 33%,后者的直接引语字数比例为 66%、句数比例为 73%③,形成了平易近人的口语化表达。2015 年,中央厨房推出"书话两会"栏目,以章回体叙事方式品评时事,这个全媒体融合生产的新闻产品,语体通俗活泼、结构简洁有趣。

---

① 杜飞进:《增强媒体融合度 提高版面可视性——人民日报两会报道的创新实践及启示》,《新闻战线》2014 年第 4 期。

② 王馨毓:《由转述引语的批评性分析看新闻报道话语分析的特点》,见人民网(http://media.people.com.cn/GB/22114/44110/213990/14886245.html)。

③ 李建楠:《从〈人民日报〉两会报道的话语分析看中国社会变迁》,中国海洋大学,2013 年。

第四章　媒介间性视角下报纸新闻文类范式

　　文类研究主要指向文本的结构方式。文体特征是新闻类型划分的主要依据，也是新闻专业人员所要了解和遵守的规范。新闻事业发展必然带来新闻文类（即新闻体裁）变迁，各种新文类的出现都是在对已有文类融会贯通基础上的创新。各种新闻文类之间没有绝对分明之界限，但需在保持新闻文体基本特点和规律基础上创新，文无定体但并非无规律，任何体裁都有其规范可循。这种强调体裁规范重要性及其创新性辩证统一关系的论述众多。

　　科学技术的发展，社会生活的丰富复杂，媒介市场的激烈竞争，媒介环境变化带来媒体角色、新闻从业人员理念及受众需求的变化，促使新闻文类不断变革。报纸新闻诸种文类有其兴替转化规律，由此构成了"新闻"这种特定文类的整体特点及演变规律，新闻的演变常常体现在各种新闻类型的替代和创新中。本章从文类层面对新媒体语境下报纸新闻文体开展科学系统的归纳研究。

　　在新媒体大一统的当下，所有的文化媒介和形式都逐渐数字化或电子化，跨媒介（intermedium）与媒介间性（intermediality）受到学界普遍关注。媒介间性强调从文化与历史的持续性演化与继承性发展中，解析诸媒介的居间共性与关系网络，它不抹杀既定媒介边界，承认迭代过程的形式变化，而寻求跨越媒介、超越形式的文化同一性。① 此部分不是对单个新闻文体做孤立的研究，而是对新闻诸文类做比较、归纳。通过解析新闻内部各种文类（即各新闻体裁）之特性和演变，本章建构新闻这一文体所呈现的结构特点及演进过程，即从新闻体裁层面，梳理在新媒体带来的新媒介环境中，报纸新闻文体的结构化特点及创变发展历程。

第一节　新媒体语境下报纸新闻文类的范式诠释

　　为保证研究的全面和科学，本书还对中央级媒体《人民日报》及《羊城晚报》《广州日报》《南方都市报》采用了系统抽样法（systematic

---

① 刘毅：《从造型到视觉：跨媒介艺术理论的基本问题》，《当代文坛》2020年第1期。

第四章 媒介间性视角下报纸新闻文类范式

sampling)，以确定内容分析样本材料。系统抽样又称为机械抽样法或等距抽样法，是一种依据一定抽样距离、从总体样本中抽取样本进行研究的方法。莱弗（Riffe）和奥斯特（Aust）等学者经过多次实验验证，根据准确与效率并重原则，认为日报每5年取9个人为周即63天，同时在星期几7个分层中每个分层取9天，是最有效率的抽样方法。① 为避免"共振"现象造成倾向性误差，本书以一年52周为母体，以星期一至星期日为7个层次，以4周为基本周期，在1998～2018年共抽取272天的报纸为研究样本，高于人为周要求并兼顾了月份、星期的均匀分布。最后形成样本分布情况见附录一。

为了保证可比性，系统抽样中以具有延续性、综合性、统一发行的报纸新闻固定版面为统计对象，周刊、副刊、专刊、特刊、地方读本，教育及家庭版等服务性较强的软文，财经报道中有公关、广告宣传性质的软文、证券指数等不予统计。各新闻文类篇幅占比统计数据见表4-1、表4-2，如图4-1所示。

表4-1 1998～2018年报纸系统抽样新闻文类版面篇幅百分比（按目分）

单位：%

年份	消息类			通讯类			述评类			解说类		图片新闻			边缘文体					
	简讯	短消息	长消息	一般通讯	特写	调查报道	新闻述评	新闻札记	观点新闻	新闻资料	新闻解说	照片新闻	图表新闻	漫画新闻	谈话新闻	故事新闻	特写型消息	散文式消息	互动新闻	其他
1998	11.1	45.0	9.1	2.8	0.3	0.7	3.3	1.1	0.0	0.5	0.1	20.2	1.3	0.3	0.2	1.9	1.7	0.1	0.0	0.2
1999	5.2	46.6	8.0	6.2	0.9	0.6	2.0	0.6	0.2	1.6	0.4	25.4	0.7	0.3	0.5	0.8	0.4	0.0	0.1	0.1
2000	3.3	51.3	9.0	2.3	0.0	0.1	3.0	0.4	0.0	1.6	0.4	24.6	1.1	0.1	1.1	0.2	0.8	0.0	0.4	0.4
2001	3.9	38.1	17.4	4.4	0.0	0.2	2.0	0.1	0.1	4.2	0.4	24.1	0.2	0.1	1.6	0.9	0.4	0.0	0.3	0.6
2002	3.9	33.1	20.6	2.8	0.2	0.3	1.7	0.3	0.2	4.1	0.2	27.0	0.2	0.3	3.2	0.5	0.5	0.1	0.0	0.0
2003	2.7	35.4	15.7	5.4	0.6	0.9	1.8	0.3	0.2	1.8	0.5	28.2	0.5	0.3	3.8	0.2	0.7	0.1	0.1	0.3
2004	1.7	35.8	13.8	2.2	0.2	0.7	4.7	0.2	0.1	1.5	0.2	29.3	0.7	0.3	2.6	0.3	0.4	0.1	0.1	0.3
2005	1.8	36.7	19.4	3.7	1.6	0.2	3.8	0.2	0.2	2.4	0.7	26.8	0.3	0.6	0.1	0.6	0.1	0.0	0.1	0.4
2006	4.5	32.4	11.2	4.7	1.5	1.9	5.0	0.3	0.1	2.8	0.2	26.1	0.5	0.3	2.0	1.0	0.1	0.1	0.1	0.3
2007	2.0	25.7	22.8	6.4	1.2	1.9	6.0	0.3	0.1	1.7	0.5	24.2	1.0	0.3	0.9	0.4	0.1	0.1	0.1	0.3
2008	2.7	30.6	9.0	5.5	5.1	0.6	4.2	0.7	1.7	2.8	1.6	27.0	0.1	0.3	3.2	0.5	0.2	0.1	0.0	0.3
2009	1.3	29.1	22.2	4.3	0.8	1.3	3.8	0.3	1.6	3.6	5.1	21.2	0.7	0.3	2.5	0.6	0.2	0.0	0.2	0.5
2010	3.2	28.7	15.0	4.6	3.3	1.1	5.4	0.7	1.7	2.6	1.0	25.5	0.6	0.5	2.5	0.6	0.1	0.2	0.4	0.5
2011	2.1	27.7	18.0	5.1	0.8	1.4	5.5	0.5	1.7	2.7	1.7	24.9	1.4	0.7	3.1	0.6	0.2	0.1	0.4	0.5
2012	2.5	33.5	11.9	3.8	1.7	1.1	2.7	2.5	3.2	3.0	1.1	22.3	1.4	0.9	2.5	0.6	0.3	0.1	0.1	0.4
2013	1.6	32.8	15.4	6.0	0.9	1.6	4.8	0.4	2.3	1.8	0.7	22.7	1.4	0.6	2.6	0.4	0.4	0.2	0.1	0.3
2014	1.7	33.0	11.7	10.4	1.2	1.5	4.4	0.5	1.9	3.6	1.9	20.0	1.9	1.6	1.9	0.2	0.4	0.1	0.1	0.4
2015	1.4	30.3	10.8	11.4	2.0	2.5	6.2	0.3	2.4	3.4	1.5	19.7	2.6	1.3	0.5	0.3	0.2	0.2	0.0	0.5
2016	1.4	30.3	12.5	12.7	1.6	2.5	2.8	0.5	2.6	1.9	0.7	20.7	0.7	0.5	0.4	0.2	0.2	0.0	0.6	0.3
2017	0.9	29.8	13.7	12.4	1.7	1.7	5.0	0.7	3.1	3.4	1.7	19.6	1.9	0.6	0.3	0.5	0.3	0.1	0.4	0.5
2018	0.7	30.0	13.6	12.5	2.1	1.6	6.9	0.4	2.0	2.0	1.4	22.0	2.4	0.6	1.9	0.3	0.5	0.1	0.5	0.5

---

① 彭增军：《媒介内容分析法》，北京，中国人民大学出版社，2012年，第46～47页。

系统抽样的数据描述与上一章的全国两会报道分析数据趋势基本一致，而且新闻文类发展呈现相对统一的特征和演变轨迹。笔者通过数据汇总来分析和诠释新媒体语境下报纸各种新闻体裁呈现出的显性和隐性因素及其特征与规律，解读类目、数据及其之间的联系，从而重构、解释新闻体裁的文体学意义，并在新媒体背景中考察这种关系。

表4-2 1998～2018年报纸新闻文类版面篇幅百分比

单位：%

年份	消息类	通讯类	述评类	解说类	图片新闻类	边缘文体类
1998	65.21	3.86	4.45	0.62	21.79	4.07
1999	59.77	7.53	2.77	2.06	26.17	1.69
2000	63.60	2.45	3.43	1.79	25.82	2.91
2001	59.46	4.67	2.78	4.58	24.72	3.79
2002	57.67	3.30	2.59	4.33	27.60	4.51
2003	53.69	6.90	2.78	2.47	29.00	5.16
2004	51.22	5.15	5.87	2.23	30.36	5.18
2005	57.93	5.43	3.18	3.16	27.73	2.57
2006	48.14	8.13	6.56	5.52	26.71	4.94
2007	50.43	9.41	5.19	5.77	25.66	3.55
2008	42.26	11.27	6.62	4.42	28.85	6.57
2009	52.56	6.11	5.64	10.53	22.40	2.75
2010	46.84	8.99	7.60	3.63	26.88	6.06
2011	47.79	7.31	8.02	4.37	27.18	5.32
2012	47.86	7.24	8.32	5.46	24.67	6.45
2013	49.85	8.60	7.49	3.80	25.18	5.08
2014	46.43	13.18	6.84	4.71	23.51	5.32
2015	42.56	15.86	8.21	4.92	23.60	4.84
2016	44.18	16.85	7.17	4.03	23.04	4.74
2017	44.41	15.26	7.49	5.04	22.13	5.68
2018	44.35	16.27	6.27	4.08	25.24	3.79

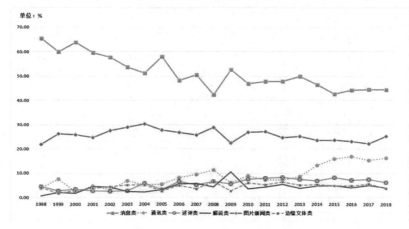

图4-1 1998～2018年系统抽样版面篇幅百分比（按类分）

（注：各报数据及其余统计图表参见附录）

第四章 媒介间性视角下报纸新闻文类范式

一、结构范式：信息、观点的多元解读与互动融合

《现代汉语词典》将"范式"定义为可以作为典范的形式或样式、模式。刘勇认为1978～2008年中国报纸新闻文体大致形成了宣传、故事和专业三种基本范式，偏重于新闻功能的角度。本节从新闻文本结构、构成要素角度，归纳新媒体语境下报纸新闻文类的几种主要结构范式。这些范式并非互相排斥、非此即彼的关系，而是共生并存关系。它们平衡地共存于报纸新闻中，甚至共存于同一份报纸同一个版面，没有时间先后顺序、品质高低之分。

（一）信息化范式：报纸新闻仍以提供精、准、短信息为己任

表4-1的数据显示，虽然简讯和短消息占比下降，但叙述框架下以信息快速传递为主要功能的消息类新闻占比一直最高，版面篇幅很稳定。作为新闻的专业化生产机构，专业性表现之一就是对信息准确性的保障。正如访谈对象CG所言："相比之下，报纸的特点是信度，就是可信程度高，消息来源单一，相对比较准确。"

笔者针对中华人民共和国成立以来《人民日报》几次较大规模的改版，分析其版面所呈现出的信息表达方式变化。1956年元旦，《人民日报》改版主要调整汉字书写方式，7月1日增到8个版，新闻数量增加一倍半左右、题材范围扩大。1995年，《人民日报》扩充至12版，各版内容相应调整，增加深度报道、新闻评论和国际报道的分量，将文风改进为贴近实际、贴近群众。这几次改版集中体现为从少到多的数量改变、一定程度上生动活泼的文风转变。

2003年，《人民日报》扩充为16个版，增设新闻版扩大信息量，之后几次版面调整也都是为了方便读者阅读而调整版面结构、创新规范版面风格。2009年7月1日，《人民日报》扩充为20版（周六日仍为8版），通过新增新闻版、理论版等扩大报纸容量。2011年1月，《人民日报》开设连线基层新闻版。2013年，《人民日报》周六日增至12个版，节假日增至8个版。人民日报官方微博表示："更具亲和力感染力，更有可读性、可视性，实实在在服务读者。"改版后的话语方式更民生化，版面风格注重可视化、可读性。

2019年，《人民日报》改版"是人民日报顺应新闻传播方式新变化、

媒体融合发展新趋势作出的重要调整"①，最大变化是减版和全彩印，"短实新"是改版总要求。新闻报道精品化，减少一般性工作总结式报道，更注重调查类、政策解读类深度报道；增加核心阅读，对长篇报道进行区块化编排，精编内容提要和导读，便于读者抓住重点；重视视觉传达，更多使用图片图示，全彩印为视觉元素提供了更多表现空间，增加组图，强化了报道深度，更能显示媒体视角。2003年以来，这几次改版集中体现了新媒体时代报纸新闻在信息化范式方面的改革，话语方式民生化，版面风格注重可视化、可读性，更注重受众意识，版面编排和文风改变均以方便读者阅读为出发点，更注重媒体融合发展趋势。②

报纸新闻在文类层面的信息化范式特点体现在以下四个方面。

第一，注重真相、"故事"与细节，长期积累的品牌优势与资源优势和国家给予的政策优势，使得报媒在权威性信息传播上有极大优势。以叙事框架为主的消息常在重大新闻现场和辟谣新闻等展现自身信息源优势。特别是网络时代信息过剩，由于自媒体专业化程度不高，信息真伪难辨、良莠不分，新媒体因政策性限制无法获得一手材料时，报纸新闻在信息筛选、材料过滤及叙述重构等方面的专业化运作被受众所认可，因此在叙事框架中尽量突出真实的信息、难以抵达的现场等。

第二，报纸新闻帮助读者筛选信息，以准确信源增强阅读信心，提高信息传达效率。信源就是信息的来源。媒体竞争激烈，不同媒体组织、不同媒介形态的新闻内容容易高度同质化。而网络海量信息的兼容性和匿名化更消解了媒体间的区隔，在新媒体世界里，此报与彼报的面目被模糊、个性被消融。因此，报纸新闻逐渐形成一套强调信源的专业化操作范式，这在新闻结构上有所体现，如电头"本报讯"改变为"某报讯""某报记者"，强化网络转载时报纸品牌的建构；在突出位置注明消息来源或地点，如"某报特派记者发自某地"；标明准确时间甚至精确到时、分；标明信源，在一些重大新闻、舆情产品中突出强调信源，都是为了突出报媒权威性和信源准确性，方便读者在大量信息中进行选择和解码。

第三，突出更精准的信息点。一是版块化处理，抽取新闻中心进行"点"状布局。或把新闻信息切割成多篇报道，用多种新闻体裁呈现，单篇报道简短化，每个版块突出一个信息中心；或把长篇报道分拆成若干段落和模块，以小标题突出信息中心。一条新闻内部采用条块状结构的趋势

---

① 《致读者》，《人民日报》2019年1月1日1版。
② 许诺：《〈人民日报〉改版简史：社会结构变迁与媒介功能调适》，《新闻战线》2019年第4期。

第四章　媒介间性视角下报纸新闻文类范式

越来越明显，各部分跳跃性很强，笔者将之称为"简短化分拆范型"。它表现在深度报道的"深度"逐渐从篇幅长、视角广、背景翔实、完整性、解读多，部分转变为分拆成若干版块、若干种文类组合形成的范型，相对的碎片化处理或许影响深度及其连贯性，但把大段报道切割成若干版块，既不会让人望而生畏，又能使每个新闻点更清晰和突出。二是在新闻结构上对新闻要素进行取舍，不求面面俱到，除了必须交代的新闻要素外，突出某一新闻点。三是信息中心前移，因此出现提要题与双导语。读者可快速抓取信息点以决定是否进一步阅读，提高信息传达效率。

第四，新闻叙事更集中，成组化表达。干脆利落、不拘一格，交代清楚事实即可。信息的集束式表达造成新闻结构不求完整，观点新闻就是把新闻中的观点性信息单列出来而形成的。消息从金字塔或倒金字塔这些封闭的体式发展出掐头去尾的片段式表达，突出场景中某个细节，结构简化，没有导语和结尾段，主要信息明晰。

（二）解读的范式：体现专业性新闻采集组织的独特性和权威性

报媒对新闻事实的重新解读越来越多，加工越来越细。强化对选题的专业化解构、对选材的重组、对新闻内容的独特视角，是在新媒体语境提供的海量信息中特别体现专业运作的"标签化"典型范式。

《南方都市报》1999年6月15日新闻《胡雪梅爆20万撤诉协议内幕》，基本按时间顺序结构叙述，未对材料做调整和布局、加工和解读，材料主要来自胡雪梅的律师和其中一方当事人，没有第三方采访资料，也没有其他律师的法律解读，只采取了单一视角。进入21世纪后，报纸新闻解读方式多样化，体现在角色多元、形式多变上。

当前最常见的解读范型主要有四种。

一是解读新闻体裁占比增多。如2014年各报对中华人民共和国最高人民法院、中华人民共和国最高人民检察院的工作报告均运用解读新闻进行报道。

二是在报道正文中用专门一部分，或正文之后链接各方观点，如《羊城晚报》2013年11月26日A17版新闻《郎朗又"朗朗"遭投诉商标涉"名人"被撤销》，新闻开辟了律师"观点"部分，通过专家视角对案件进行解读。组合式编辑往往开设专门版块以专注于新闻解读，"消息＋照片＋观点"是常见的解读范型，解读深入、篇幅短小，有助于发挥复合效能。

三是大量运用图表新闻进行可视化解读，重新加工与诠释资料和数据。在报道中插入调查统计数据资料是受西方精确新闻报道样式的影响。精确新闻是指记者运用调查、实验和内容分析等社会科学研究方法来查证事实、收集资料、报道新闻,其中,主动性精确新闻是记者自己运用社会科学方法而不依靠别人提供信息,反应性精确新闻是记者使用他人所收集的社会科学数据进行报道。① 当下调查性报道往往综合了这两种形态,所配图表多为后者。互联网丰富了调研渠道,大数据也为新闻数据可视化提供了大量资源,报媒长期培养的专业人才因而更强化了自身的权威解读优势,近年来主动性精确新闻及图表解读逐渐增加。

2014 年,《南方都市报》版面优化升级,几乎每版均有图表新闻,强化对材料的梳理和解读。"南都调查""南都指数"等栏目更多采用主动性精确新闻的思路,发挥解释说明的主动性而非简单地引用和进行图表转换。《南方都市报》2015 年 5 月 13 日至 15 日新闻《专车 & 出租车签名司机调查》,对乘客进行网络民意调查,对出租车司机实地派发问卷,电话访问专车司机,最终收回有效问卷 1027 份,8 个版的报道既有个体故事,又有大量图表呈现调查数据。2018 年,《南方都市报》推行数据优先、智库转型,进一步压缩碎片化低附加值资讯报道,优化常规版面出版周期和出版规模,将宝贵的版面资源向智库课题项目和优质原创倾斜②,通过调研式采访提供调研报告和决策参考;2 月,南都大数据研究院成立,并入选中国应用新闻传播十大创新案例,核心产品是各类报告、课题和数据。

报媒的智媒转型带来新闻文类变化。南都智库报告、"南都鉴定""南都测评"等栏目发布大量调研报告,大数据作为智媒转型的抓手必然带来非常多的图表新闻,实现数据可视化,大量基于数据分析和调研走访的分析性报道带来调查报道结构性变革,也给时效性等新闻价值理念以及新闻观感带来很大变化。生产主体变化带来新闻体裁和结构的改变,比如,若启用大量标准化作业的机器人新闻,是否会使得倒金字塔等程序化新闻大量增加?如果机器人记者成为新闻生产主体之一,人们要让它学习什么样的新闻理念?也就是说,如何建构机器人记者的新闻主体意识?王冬梅说:"《南方都市报》的探索让新闻产品变为思想产品,让深度报道变为专业报告,让参与社会监督变为参与社会治理,让平面的单一的传播

---

① 甘惜分:《新闻学大辞典》,郑州,河南人民出版社,1993 年,第 81 页。
② 蒋臻、李拉、钟丽婷等:《南都内容生产迭代升级 朝"中国一流智库媒体"坚毅前行》,《南方都市报》2019 年 4 月 11 日 AA8 版。

第四章　媒介间性视角下报纸新闻文类范式

变为立体的多元化传播。"① 这意味着报纸新闻阐述性更强，调查性报道、通讯等深度报道与研究报告之间的边界模糊了，同时新闻报道方式要适合多元融合化的传播渠道。《南方都市报》2019 年 12 月 21 日 A9～A16 版《中超影响力之传播指数》《中超影响力之品牌调研报告》，使用大量可视化图表对丰富翔实的问卷调查及访谈数据进行分析，报道颇具社会调查意义。

"连线"版是《羊城晚报》针对新媒体而设置的版面。2013 年，该报设置"数据控"栏目尝试做数据新闻，刊登报网的联合调查，但其并不满足于直接呈现调查数据，而是通过图表重新整理数据、通过走访重构数据的意义，是一种对报媒观点和解读视角的坚持。2014 年 1 月 24 日的调查报道《最重要的一顿饭还是在家吃温暖》，是羊城晚报联合手机腾讯网发起的年夜饭调查，体现了数据新闻理念，用图表进行数据加工解读；同时还采访了市民潘先生、广州酒家总经理助理赵利平等，大量的采访事实材料体现了立足于报媒本位的信息再加工，重视对调查数据的提炼、挖掘与解读，呈现一种独家观点性表达的范式。报纸突出其作为传统媒体的权威性，强调"把关人"的作用，不满足于数据的获得与呈现，还通过采访与再解读，尤其是采访权威专家，强调主流媒体的话语高势位。

报媒通过与新媒体的合作实现跨媒介互动，提升了报纸与受众的互动关系，并且实现了形式上的突破。同时，报纸又谋求突出自身优势，展现核心竞争力——作为权威的主流媒体角色，以及经营多年的专业化采编队伍，完成更高程度、更专业化的整理、解读与诠释。

四是增加媒体视角或本土化视角的切入。在全国两会报道中加入广东本土视角，例如，《广州日报》2004 年 3 月 5 日 A3 版新闻《用电子身份证代替暂住证》不仅稿件全来自该报，且前后方联动，既有北京采访稿件，也有珠海与东莞的采访稿件，形式活泼，有观点、述评、调查报告、漫画多种体裁，来自不同身份、不同空间的信息源构成了一组报道。2006 年，《南方日报》往往在相关报道旁或后面设置"连线广州"栏目，用来刊登后方记者在广州采写的报道，进行本土化解读。2008 年全国两会期间，《南方日报》开设的"粤韵鼓点"专版是本土化解读版面。2013 年，《南方日报》推出"广东厅议发展"系列报道也是对《政府工作报告》的本土化解读。

---

① 冯芸清：《"智媒赋能治理"高峰论坛举行　《南方都市报》智媒转型 2.0 版面世》，《南方都市报》2019 年 12 月 7 日 GA4 版。

以第一人称叙述表达个性化阐释和观点的新闻形式增多。报纸新闻中边缘性题材和文类,以及新的表现形式和叙事方式,也多因解读需要而产生,并在量和质上不断加强。有些综合性新闻的显著性及时效性不突出,报媒在报道时以特殊的新闻体裁开掘个性化视角,进行重新包装和解读,例如,强调记者观察点、报媒视点等,以求在同质化严重的媒介环境中突出独特的解读角度。从2013年11月26日开始,《羊城晚报》"广州新闻·其人其事"版设立系列报道专栏"寻找广州活着的宗祠",每周推出一期对广州10个姓氏宗祠的探访,每组报道都由以第一人称为宗祠进行的自述、记者手记、每期点评、上期余音和下期预告、同城同宗(链接新闻资料)构成,时效性不强,更注重报道者主体解读。《羊城晚报》2015年3月6日A8G版新闻《我叫广东自贸区 我来作自我介绍》将自贸区拟人化,用第一人称作"自我介绍",新颖生动地讲述自贸区定位等。

报媒综合使用以上种种手法增强解读优势。报媒从自身内容定位与受众定位出发,对不同新闻材料进行选择和重新梳理、解读,以强化区隔,在同质新闻中凸显自身视点、做出特色,在新媒体语境的海量爆炸性信息态势中稳固自身的专业化位置。新媒体语境下,很多记者和编辑养成了一个工作习惯:先浏览各大网络平台,了解、提取最有价值、最有爆点的新闻事实作为当日选题基础,然后搜集资料、补充采访,进一步获取材料,最后对基础性材料进行二次加工。这种工作流程使得报媒在新闻内容生产中更注重用观点新闻把各种意见按照一定主题串起来,述评新闻以既有材料为引子、延伸话题展开探讨、正反面评述,用图表新闻重新梳理,解说新闻揭秘、提供背景等。报纸新闻形成了以述评、资料、观点、图表进行多维解读的融合报道形式。

(三)观点的范式:突出呈现观点表达的新闻文类更被重视

方便呈现观点的新闻体裁分量加重,观点的呈现与强化解读范型也有密切关联。述评类新闻等能直接发表意见的文类分量加大,报媒作为显性述评者的操作越来越多。互联网时代媒体的新闻观点化和观点新闻化报道取径,体现了顺应媒介生态变迁凸显新闻传播公共性、释放新闻传播社会属性和社交活力、增进媒体与社会对话等功能,而新闻观点化是在报道中集纳表达主体的分析与意见,加大社会各界对新闻的评价或理解的比重,凸显媒体对新闻及其价值的解读导向。①

述评新闻中增加大量媒体、记者或采访对象的评述，使事实陈述和观点阐释交织在一起，报道中还出现记者点评等个人化批语及评论。2013年，《羊城晚报》开设"麻辣串烧"版面："新闻天天有，信息匆匆来又匆匆走，然而一周下来，总有那么些耐人寻味的新闻，值得我们换个姿势换个角度再读读。"② 例如10月20日A18G版新闻《"星巴克"贵不贵不用你多事》"串烧"了一周里的4个新闻热点话题，并非"述而不作"，而是一一点评，体现出报道主体对新闻材料的加工及强烈的观点显性表达。报纸新闻由于时效性不如新媒体，便努力凸显自身内容的总结和再加工能力。2014年1月1日，《羊城晚报》改版后推出网络化版面"媒体圈"，集纳的功能凸显，以更活泼的方式整合新鲜资讯，既集纳同质媒体报道及观点，又筛选呈现不同质媒体观点（如"网友跟帖"）。"新闻核心""荐读指数"的设置有明显媒体自我立场（如图4－2所示），当然这种筛选、点评是否会让受众觉得报纸自视比新媒体或自媒体更高一位，负有帮助读者筛选、归纳、推荐的使命，从而产生一定距离感和抗拒感，是需要报媒进一步思考的问题。

图4－2 《羊城晚报》2014年1月24日A16版"媒体圈"

观点的表述更多地被分割出来，成为一个独立版块。如组合式报道中常常设置观点新闻、新闻札记、互动新闻等文类的版块，就某新闻事实进行评论。观点新闻占比更多，更能引起读者的视觉注意，这种片段化表达直接呈现观点源及其观点，非常清晰。报纸上出现观点新闻专栏或专版，如2009年《北京晚报》推出了"新闻观点"版。

观点的表达更多更直接，观点来源更多样。更明示观点的新闻文类，

---

① 操慧、夏迪鑫：《新闻观点化与观点新闻化——对公共传播视域下媒体话语实践理路的审思》，《西南民族大学学报（人文社科版）》2020年第9期。
② 《"麻辣串烧"开版语》，《羊城晚报》2013年10月19日A18版。

新媒体语境下报纸新闻文体的变迁与创新

如观点新闻和互动新闻（观点的碰撞）被大量运用。观点来源从上至下、从内而外全面覆盖，如 2012 年两会期间《广州日报》每天开设"世界眼"栏目专门刊登外媒观点，来自网络的声音也被直接呈现。曾获广东新闻奖专栏类一等奖的《羊城晚报》"围观"栏目，内容由网友各方意见构成，每期就一个新闻事件或话题对网民的议论进行分类整理，并提供一篇"点评"文章。观点新闻并不以文采见长，而是偏于理性，结构上更简明扼要，节奏明快、跳跃，但有很大的影响力。

（四）动态互动的范式：注重呈现互动各方及过程

报纸新闻注重形成互动特性的新闻文类和结构增多，与读者的互动方式越来越多，并且越来越直观地展示各种互动过程。同时，互动各方增加、身份也越来越多元。通过营造身临其境的对话场景，给受众极强的参与感。

对话体新闻的出现可圈可点。《工人日报》1984 年 12 月 13 日新闻《值得思考和探讨的问答———一位企业党委书记关于企业思想政治工作答青年问》，采用对话体形式客观记录谈话，记者没有添加其他内容。20 世纪 90 年代，对话体新闻常用于新闻发布会的记者与发言人问答实录。进入 21 世纪后，谈话新闻是边缘文体中占比最多和最稳定的文类，除新闻发布会与名人专访外，普通百姓的采访也以此形式呈现，这种形式现场感强、互动性好。2004 年 4 月 1 日，《南方都市报》推出"深度对话"栏目，通过对话形式对新闻事件进行深度报道。

对话结构被更多地运用于各种新闻文类，现场对话被重视，生动活泼、互动感强，营造出现场直播的效果。《羊城晚报》2007 年 3 月 6 日 A2 版消息《小户型房价肯定可以控制》，运用 1/3 篇幅大比例呈现现场对话。《南方都市报》2014 年 3 月 5 日 A15 版报道《医院副院长发问　谁愿孩子当护士》，整条新闻除了电头，内容全由政协妇联界 19 组分组讨论会上各位委员的对话构成。

新闻常以问答体虚拟出问答各方，增加读者阅读时的互动感。在《南方都市报》2006 年 3 月 11 日 A5 版新闻《教育乱收费不能怪投入不足》中，记者带着全国人大代表的提案采访财政部教科司负责人，但新闻呈现形式是某位代表的问题和具体采访对象的回答，如"全国人大代表范军等人问：……"，人为形成一种互动与交锋的氛围。

报纸新增互动新闻体裁并不断丰富着它的品类。互动新闻以明确展示互动各方及互动过程或者人为形成互动形态为主要特征。2006 年，互动

第四章 媒介间性视角下报纸新闻文类范式

新闻开始成为常见新闻文类,版面占比基本为 0.5%～1.5%,虽篇幅不大,形式变化却很多,有问答式、正反方 PK 式、意见呈现与反馈回应式、发起方回应方(意见)互动点评式、线上线下互动式、答题式、扫码新闻等。2014 年,《羊城晚报》开设新栏目"问答题",3 月 5 日提的问题是"有人倒地,你扶不扶",回答者有明星委员、警察、市长、教师和佛教大师;2017 年 3 月 4 日,围绕共享单车问题,《羊城晚报》把代表、委员的回答区分为"支持派"和"观望派",使报道的互动感更强。

报媒通过互动新闻构建公共平台,而通过议程设置组织互动的各方越多,越能凸显传统媒体长期集聚的影响力,增加读者黏度。报媒成为互动平台,以问答题方式展现网友评价、相关部门说法、名人意见、专家建议。扫码新闻则提供了与读者互动的新方式。《羊城晚报》"城探"版以广州各区为线,2014 年 1 月 24 日 A12 版是关于社区治理中宠物出行的专题,"互动案例"栏目是提供案例及交换意见的平台;运用二维码使读者可以与越秀区社工委进行微信互动,提供多个微博、电话、QQ 等以方便读者进一步参与讨论。2015 年 7 月,《羊城晚报》的改版关键词是"联·结",提出新平台上"以全媒体采编为轴,通过各版块二维码,版面的精致内容与海量的滚动信息相辅相成,共存共荣"①,还提出了"民生互动"的概念。报纸新闻引入多种技术手段,尽可能突破平面媒体在互动性上的局限。

答题是一种能增强交流、调动读者参与热情的形式,也是报纸常用的互动方式。2013 年,《羊城晚报》联合金羊网在每周五"连线版"开设"新闻小考"栏目,考题多来自该报近期新闻,读者可通过金羊网、《羊城晚报》官方微博和微信互动参与答题。这种互动形式并不新,但持续使用并形成栏目化,表达出一种注重与读者互动的理念,能拉近与读者的距离、实现交流感,同时提升媒体品牌效应。

调查报道发挥网络优势,大规模发动受众参与调查。报媒注重营造媒体与读者的"平视"视角,《广州日报》"市民两会"栏目就是典型。报媒发挥公共空间的作用,发起、组织、梳理各种网络民调,这也是一种重要的互动范型。表 4-3 整理了凸显互动功能的报纸新闻类型。

---

① 《改版致读者 联·结》,《羊城晚报》2015 年 7 月 8 日 A1 版。

表4-3 凸显互动功能的报纸新闻类型

新闻文类	形式	互动各方	案例
互动新闻	问答式	报纸与受众	《广州日报》2011年6月24日A6版新闻《省考试院院长答疑高考填报志愿 第一志愿组投档率去年超九成》
		采访对象与受众（读者、网友等）	
		采访对象各方	
	意见交流反馈式	多方	《南方日报》2007年3月7日A2版新闻《中国的大国心态已趋成熟》
	观点PK式	人为形成正方反方	《南方日报》"观点PK"栏目
	线上线下互动型	记者、采访对象、网民	《羊城晚报》2012年3月12日A6版新闻《网民热捧"10元购买力"小调研》
	发起方与回应方互动点评式	意见方、回应方	《羊城晚报》2012年3月5日A6版新闻《刘翔：以优异成绩向两会献礼》
	答题式、有奖竞答	报纸与受众	《羊城晚报》2014年1月24日A15版新闻《年终奖大PK 我发芹菜你发车》
	扫码新闻	受众、报纸、新媒体	2017年《广州日报》"诗意花城生活圈"二维码专栏化
对话体	谈话新闻	记者与被采访对象	《南方都市报》2012年8月2日AA23版新闻《对话药庆卫诉张显名誉侵权案代理人马延明："案子结果是他后半生的追求"》
	对话结构	采访对象各方	《羊城晚报》2007年3月7日A2版新闻《代表想加五个字》
述评新闻	打分式	受众与选题	《南方都市报》2008年3月19日AA8版新闻《最佳操盘手奖：汪洋 最多粉丝奖：吴仪》
	意见式	受众与被采访对象	《南方都市报》"天天奥斯卡"栏目
调查报道	网络民意调查	报纸与受众	"南都调查"栏目

第四章 媒介间性视角下报纸新闻文类范式

同时，各种新闻文类都注重呈现互动各方以及凸显互动过程，增加互动感强的元素。《广州日报》2008年3月4日A1版新闻《继续解放思想 更上一层楼》，正文由李长春等领导看望广东团代表的几组现场直播式的简洁对话构成，动态互动性强，形成跳跃的结构、明快的节奏。最明显的是各种新闻文类中呈现对话互动过程的体式增加。《南方日报》2009年3月3日A3版新闻《老记大叹：今年发布会好雷》形式新颖，将赵启正在全国政协首场新闻发布会中有意思的"雷人"对答辑录起来，在特写中融合对话结构。此外，"同题问答"的形式模拟镜头"对编"感，增强了新闻内容的互动性。《羊城晚报》2010年3月11日A4版新闻《创造条件批评政府　各地官员都说支持》就同一问题刊登了天津、河南与上海等各地相关人员的观点。

（五）融合的范式：呈现一种开放的新闻文类发展趋势

融合化发展使得新闻文类呈现出创新的面貌。2008年之后，报纸版面更丰富，形式更多样化，新闻形式表现出明显的融合性：既有体裁之间的融合，又有新闻与其他文体的融合，以及媒介与媒介的融合。

一是融合多种文类。同一篇报道或者专题报道常常由多种新闻结构和文类构成。为了体现报道的可读性与全面性，很多报道不再采用单一体裁，而是由消息、互动新闻、观点新闻、新闻资料等构成一组报道。结构的开放，使得在成组化序列中的新闻文类互相影响共同作用，单条新闻的结构开放化与段落化，不再要求结构的完整性，如观点新闻及消息的片段化表达；文类之间互动，共同表达一组信息，文类互相渗透，如将对话体融合进多种新闻体裁。

二是融合多种视角。视角更开放，从品种较为单一、集中向多样化发展，从视角较统一向多元发展。新闻中发声的主体身份也更多元化和复杂化，以往报纸强化发表观点者身份的权威性，现在群众和网民经常在报端直接发声，报纸淡化各种身份的区隔。《南方日报》2011年3月13日A4版新闻《农村用水，该收费还是全免费？——基层代表、水利专家共商农田水利问题，在维护费用上观点分歧明显》，显示了新闻力图摆脱独白的叙事方式而采用复调式叙述的特点，其结构安排是导语之后即用嘉宾原话，如"赖秀华：水利要投入，但很多农民还是比较困难的"。此外，这种融合还表现在新闻里体裁的转换，以及由此而来的叙事者视角和叙事人称的融合与转换。

三是融合多种媒介新闻形态。《新快报》2014年6月14日A25版新

133

闻《世界杯朋友圈》，模仿微信朋友圈形态，在其中"装"进记者撰写的文字。这种新闻文体融合了报纸新闻记者的采写工作和新媒体形态。融合化发展产生了很多"跨界"的新新闻体裁，如《南方日报》2008年3月17日A3版特写《"铁娘子"吴仪今日隐退》中，"五章"的篇章布局就像五幕话剧，被称为"吴仪五章"，影响很大，网络转载量很大。

二、传播范式：从线性向非线性、扩展型传播发展

互联网内容产品具有导航功能清晰、运用热键等方式构成内容无限延伸及非线性阅读特色。报纸相应增加了"新闻链接"这种形式来放置新闻背景、新闻故事、知识解读、词语解释及相关资料等。《南方都市报》1999年6月15日头版新闻《员工软禁董事长》是系列报道中的一条，内容是爱多员工为了讨要工资而围堵高层，由于没有采用新闻链接的形式，读者无法得知前续事实等新闻背景及相关资料；同一天第7版"新闻追踪"栏目新闻《许春华悄然出走 夏一君苛求曝光》是该报4月6日报道过的新闻后续发展，涉及一起诉讼案，新闻未追述当时事件梗概。2003年，《南方都市报》将"新闻链接"栏目化、常态化，将以前或嵌入新闻或被忽略的新闻背景、名词解释、相关专业知识等通过专门版块刊出。

网络新闻对报纸新闻文体最明显的一个影响是，网络新闻标题常被置于网站首页，正文及相关报道发布于不同页面，报纸导读条的出现突破了纸媒的线性阅读传统。《南方日报》1996年6月3日头版《今日本报第二版推出特别话题——水！水！水》，预告了相关报道在第2版，这是较早的导读。在新媒体样式的影响下，20世纪90年代末，报纸开始真正使用导读条，例如《南方都市报》1999年6月19日头版通栏导读条《广州户籍新政策月底实施》，下面列了3条小标题，标明"详见今日第2版"。2002年左右，报纸不约而同地设置了导读版，在头版刊出当天重要新闻导读。2014年，《南方都市报》优化升级后将主要导读功能移至"主页"并大量使用扫码新闻。

组合式编辑常态化，提供类似于网络热键的功能，既通过延展达到一定深度，又方便读者根据信息需求自由取舍和阅读。2003年之后，报纸以组合式编辑方式呈现对新闻事实的深度挖掘随处可见，新闻内容版块化，把事实中若干新闻点分拆处理成若干条新闻、若干种文类。一组报道有不同的信息关注点，消息提供主干事实、新闻链接提供必要的新闻背景和解读、新闻述评或观点新闻提供多元说法、图片提供视觉元素，以满足读者的复合阅读需求和跳跃式阅读习惯。这种版块化处理使报纸版面更丰

富,也使新闻文类呈现方式更灵活多样,解读新闻事件的角度更多维度,客观上刺激了报纸新闻新文类的产生。例如《广州日报》2013年3月2日A4新闻《勇武警跳江救人生死未卜》,一组报道被拆分成1440字通讯,主要讲述事件经过,新闻资料介绍郑益龙及其家庭基本情况、救人过程中的有关背景,观点新闻来自人大代表黄细花的呼吁,分门别类,长度适中,增加了阅读自由度。分拆范型还表现在段落和文句简短、组合中每篇报道的精简与文体的解构。每个模块就是某个新闻镜像,新闻"分镜头式"叙述的跳跃感很强,更简明扼要。《南方都市报》2012年3月3日A8版"热话题"新闻《全国政协委员李竞先代中小企业主诉苦 "一双鞋的利润已挤压到1毛钱了"》,采用"事实+企业账簿+观点"的结构,跳跃性大,但版面和阅读导航清晰,各模块信息中心明确。

昨日,全国政协委员、民盟中央常委、广东省委员会专职副主委兼秘书长李竞先提到中小企业税负过重的问题说,……

● 企业账簿 佛山一陶瓷企业税费表
现有上缴税种共十种: 增值税为增值部分的17%,……

● 说法 贾康:中小企业负担不在税而在费……

图4-4 《南方都市报》2012年3月3日A8版新闻《全国政协委员李竞先代中小企业主诉苦 "一双鞋的利润已挤压到1毛钱了"》

组合中运用的文类更多,意味着新闻点的分布越多,信息可选择性更强,易满足读者的个性化阅读诉求。1999年,报纸多刊发零散的单条新闻,如《南方都市报》"娱乐新闻"专栏中近1300字的特写《胡雪梅爆20万撤诉协议内幕》,没有用小标题分成多个部分,导致阅读有一定难度,且没有列出事件链接及相关背景,新闻内容也不易被理解。而《羊城晚报》2013年3月3日A4版500字消息《应及时出台特殊教育法》,与后面"对话""相关新闻"构成整体,短消息、简短谈话新闻(两问两答+一句数据背景)、简讯构成了不同事实面向,呈现不同声音。消息、图片、述评、解读、资料组合,使内容表达完整清晰,信息点指向性明确。面对这种新闻结构,受众可一次性了解更多事实,也可依据自身信息需求和阅读趣味,各取所需。这打破了以往纸媒通览式阅读的习惯,适应新媒体语境中受众选择性观看的阅读转变。

版块切割和散点结构对报道的完整性有所影响,新闻呈现出文类多样性组合趋势。《南方都市报》2018年2月17日A11版报道《北京:春节

庙会年味浓 京味京韵中寻根》，将新华社报道中的第5段、第7段"拿出来"，以独立的"声音"版块展现观众彭雷、演出者马宝辞的话语（见附录五）。

报纸新闻整合各类传播渠道实现跨界传播。2020年2月，一组表现武汉抗击新型冠状病毒感染疫情前线医护肖像的"最美逆行者"图文专题在《南方都市报》各渠道传播，这组肖像被人民日报、央视新闻、新华网、腾讯网、新浪网、网易网等超过160个媒体渠道转载，随后以这组肖像为原型的巨幅海报在广州塔、猎德大桥等地标建筑及广东省21个地级市的LED巨屏滚动播放。这既是新媒体时代报纸图片新闻的典范，也体现了报媒与各种媒体形态（包括户外媒体等）的积极联动，凸显新闻主体的多重身份角色。在"为了明天收藏今天"主题策划中，《南方都市报》投入14个版面，宣传报道超过20余次，4万余字图文、海报等立体策划报道和包装推送。① 人民日报通过"中央厨房"形成"一次采集、多种生成、广泛传播"模式，报纸新闻的传播一定程度上也具有了较强的辐散性。

三、注意力范式：散点布局的视觉注意中心效果

新媒体语境下人们的阅读行为转化为"阅览"，打破以往"书"式的从头至尾、自上而下、自左而右的"细阅读"习惯，趋向一览式、不规则的"粗阅读"浏览需求。报纸追求更集中的视觉注意中心呈现，或用图片，或用特别体裁，或通过不同篇幅，突出一眼即能抓住的注意中心。

报纸新闻版式呈现长短篇幅差异渐趋明显的特征。随机翻开1995年2月1日的《南方日报》头版，《人民日报》社论、编者按各一篇，7条消息，最长约600字，5幅照片尺寸分别为：11×7.5、7×8.5、8.8×10.6、8.2×5.7、8.2×5.7（单位：cm）。《南方都市报》1999年6月15日第2版刊登了11条消息和1个图片新闻，其中最长的消息《广州供水压力前所未有》不到700字，其余消息皆不足500字，只能从新闻所处版面位置设定视觉注意强势区，而难以从体裁篇幅上加以区分，读者难以在短时间内抓取信息注意中心。21世纪以来，报纸短消息的使用量相对稳定、通讯的使用量增加，版面上直观显示为短的更短、长的更长。

图片运用呈集中化趋势。图片与图表是信息和视觉焦点，"读图时代

---

① 王海军、李阳、裘萍：《南方都市报：做好圈层互动 提高传播效能》，《中国记者》2021年第2期。

更多地通过信息的视觉化再加工,更好地传达、解释甚至解读信息"①。图表、照片和漫画等新闻图片作为报纸版面视觉注意中心,报纸对其的运用从较早的多而杂逐渐转变为每版照片新闻的运用渐趋集中,突出中心。早期报纸的新闻图片篇幅较平均,无论一个版面里有 1 幅还是多幅图片,版面面积占比多控制在 10% 以下。表 4-4 比较了《广州日报》1999 年、2008 年、2013 年、2018 年新闻照片版面占比情况,处于表格两端的大篇幅和小篇幅照片新闻占比增加,中间区间占比减少,即新闻照片的大小比例悬殊,视觉中心明显。图片新闻运用越来越多,所占版面越来越大,信息含量越来越丰富,成为视觉和信息集中焦点。图片新闻价值含量高,具有更多独立报道的功能。

表 4-4 《广州日报》四年新闻照片篇幅占比比较

年度	版面面积/版	0~0.04	0.05~0.09	0.1~0.14	0.15~0.19	0.2~0.24	0.25~0.29	0.3 以上	总数	最大篇幅/版
1999 年	数量/幅	141	121	20	5	3	0	1	291	0.45
	占比/%	48.45	41.58	6.87	1.72	1.03	0.00	0.34	100	
2008 年	数量/幅	14	33	39	40	17	12	24	179	0.51
	占比/%	7.82	18.44	21.79	22.35	9.50	6.70	13.41	100	
2013 年	数量/幅	277	150	51	12	6	5	13	514	0.64
	占比/%	53.89	29.18	9.92	2.33	1.17	0.97	2.53	100	
2018 年	数量/幅	183	93	28	8	9	5	3	329	0.56
	占比/%	55.62	28.27	8.51	2.43	2.74	1.52	0.91	100	

导读版的设置与引导,以及对新闻材料的切割处理使得重要信息得以集中呈现,例如,将直接引语单独以观点新闻版块呈现,这些体式的变化也是为了让读者更快找到注意中心,提高阅读效率。正因要抓住这种扫描式阅读中的瞬间注意力,引发了新媒体的"标题党"之争,媒体以新闻标题凸显新闻焦点、趣味性及娱乐性,加重悬疑色彩等吸引眼球的做法,影响了新闻业态。以更多的模块化实现对版面的有效分割、对文段的巧妙组合,都有营造视觉中心的效果。

---

① 彭兰:《"大数据"时代:新闻业面临的新震荡》,《编辑之友》2013 年第 1 期。

新媒体语境下报纸新闻文体的变迁与创新

第二节 报网媒介间性视角下的报纸新闻文类

在研究新媒体环境中的报纸新闻文体发展时,既要重点观察报纸新闻,还应将新媒体及其新闻作为重要参照,以媒介间性视角考察二者的关系。人文科学中"间性"这一概念被用来解释交互融合的现象,"媒介间性"是以主体间性为哲学基础的一个理论观点,指向报道客体之间交互作用的关系。媒介间性理论认为,某种媒介内部及各种媒介之间互补互动,存在互相传承、交流、推动、协同发展的兼有性特征。这一概念促使人们关注诸媒介属性及其总体的关联语境。保罗·莱文森(Paul Levinson)认为,一切媒介都是"补偿性媒介",新旧媒介相互渗透和推动、共生共荣。近年来,中国的相关研究认为,媒介间性(intermediality)意指各种媒介之间内含着并演化着的一种最本质的交互关系,多种媒介及其结构之间互补互动、交叉演变,共同推进社会进步与文化发展。① 在整体性多媒体交互观念的影响之下,报纸新闻文体在与新媒体的竞争与互动中发展和演变。

一、新媒体冲击:影响报纸改版理念及新闻版式

新媒体影响报纸改版理念,带来了新闻文类变化。此处以《南方都市报》为例。2002年,新媒体开始兴盛。同年,《南方都市报》在改版时对新闻理念进行了革新:"结构更加合理,资讯更加丰富,内容更加精彩。同样的新闻资源,只有经过新闻人的挖掘与整合,才会成为最具价值的资讯精华。"② 2003年,调查报道、特写消息、漫画新闻、述评类和解说类新闻等开始被广泛运用,新闻种类配合内容的选取,体现出很强的报纸专业精神及独特媒介角度。

2006年,《广州日报》与《南方都市报》相继改版,共同之处是增强导读版的设置。报纸第一版导读化,设置叠首页作为报纸各叠的导读版面,明显是受到新媒体导航功能的影响。清晰的导读满足了读者自由的非线性阅读的引导性需求,适应读者按需取阅、按内容分叠阅读的习惯,打破了从头看到尾的阅读逻辑,是报纸为了应对网络信息海量化趋势所做出的改变。《南方都市报》增加A3一整版的"速览",清晰的指令提升了信

---

① 王振铎、李瑞:《文体与影视的交互性传播研究》,《开封教育学院学报》2010年第4期。
② 《改版宣言》,《南方都市报》2002年3月5日1版。

息传递效率。在《南方都市报》改版后的头版,大图压大标题、各叠首版核心的大照片,当时被业界认为是"封面杂志化"而引发争议。追求办"观点纸",加强评论版面来彰显观点,这种理念和方向作为内核外化到报纸的表现形式上就是增强新闻与评论的结合,这种调整与新媒体背景也有密切关系。

2014年,南方都市报以"更慢更优雅"为定位进行了优化升级,为应对新媒体的冲击进一步做了新闻文体调整。新闻报道形式所建构的新闻景观,体现了报纸因应新媒体环境调整与改革的新闻理念。此次改版最大的改变是A叠要闻版块:"因为是国内国际比较重要的新闻、评论,相对来说比较沉重一些,负重感比较强,不能跟上现在新媒体冲击下的这种变化,它需要更灵活、更灵动的呈现。"① 头版封面新闻数量减少,保留大图、减少文字,更强调注意中心;"主页"版除了导读功能,还以"跟帖""公号连连看"等栏目强化报纸与新媒体的链接;扫码新闻被大量使用于低价值新闻、网络已传播又无新视角的即时新闻、资讯通报类的信息发布等;大型策划深度报道、解读类报道、调查报道、述评类新闻增加;极大地重视信息的数据化、视觉化呈现;增加网络化版面如"圈里人""圈知道""朋友圈"等;调整和增加服务类信息和"科普"类版面。由此可见,互联网理念及各种热门的呈现方式被改造运用到报纸新闻中。

2015年3月,《南方都市报》改版,提出服务对象从"读者"转变为"用户",报纸版面恢复深度版,10月再次改版,出现更多独家新闻和独特版面。其中,"南都语闻"栏目尝试非虚构写作,倡导新闻写作向优质文本回归,将公共性的硬新闻软化处理、软题材硬视角。该报的广州读本新开设的"周一见""记者帮"栏目,均回归传统主流媒体新闻权威性和专业化生产之路。"南都指数""南都鉴定"强化数据和实证,强调报纸深度原创能力以提高自己的公信力。该报的珠海读本推出"众筹新闻"栏目,让公众以选题发起、制造或捐助选题等方式参与新闻生产过程。该读本首期以"探访珠海公共WiFi"为主题,送给读者一份公共WiFi地图宝典和众筹分红——在众筹5元者中抽出5名,回馈每人100元现金消费券,众筹10元者享受总众筹金额的50%分成。在此情况下,新闻成了生产者和消费者共享的事业和产品。这些版块借助互联网平台资源,将专业媒体的公信力和影响力最大化。

2018年,南方都市报报网端迭代升级、智库转型,着力于打造数据

---

① 笔者于2014年7月4日在《南方都市报》办公室对崔向红进行访谈。

生产和短视频产品，开展调研式采访、提供调研报告和决策参考，给报纸新闻的体裁和结构带来一定影响，例如进一步压缩碎片化低附加值资讯报道，图表新闻和调查报道大量增加。2019年6月至2020年10月，《南方都市报》连续三次改版，延续2014年和2015年改版的"精英、精致、精品"定位，舍弃新闻的速度拼抢、海量内容、门类齐全，"移动的归移动、报纸的归报纸"①，增加深度报道，以"深阅读、慢阅读、精阅读"为导向。内容生产围绕"智库化转型"迭代升级，新闻版面和报道形式上最直观的改变是可视化数据新闻和调查报告式深度报道大幅增加。这些改版，无论是顺应新媒体创新文体，还是回归新闻以内容为王的本源，核心都是围绕互联网背景下舆论场格局的变化，针对传媒业迅速发展和新媒体带来的激烈竞争做出战略调整。

《南方都市报》经历了扩版，从1997年创办之初的16个版增加到64个常规版，加上特刊、增刊，常有超过100个版面，最多的时候有300个版面。2012年，版面开始缩减。目前，该报有全省版本16个版、地方读本8个版、2个叠次，回到"薄报"时代。其改版过程体现出的总体理念可归纳为：回归自我，突出报纸新闻特性，强化与网络新闻的区隔；取长补短，借鉴网络新闻特长，融入互联网特色；强化报网合作，互助互渗，改革创新报纸新闻文体。在网络海量信息的冲击下，报纸显现了精粹化阅读的优势。②

报纸新闻版式和文类版面受新媒体的直接影响，版式更多样，更追求视觉注意力效果。网页的编排方式启发了图片+标题式的"头版导读"，新闻小标题越来越多，篇幅和段落简短化，以多种体裁的组合报道方式，图文并茂，"利用多篇相对独立的稿件及隐匿于文稿相互联系中的编辑意图来诠释一个主题"③。与新媒体新闻视音频多符号呈现相对应，报纸强化策划意识及视觉元素，摄影报道、视觉新闻、数据图表等的使用量增多。2007年，观点新闻的使用量开始大幅增加，尤其是网络言论被大幅采用。2010年，各报纷纷开设登载微博观点的新闻专栏和专版。与微博的简短化和碎片化相呼应，报纸新闻结构呈现碎片化、段落的跳跃和简短化。

---

① 苏天翱：《两年三改版，南都这是要闹哪套？》，见个人图书馆网（http://www.360doc.com/content/20/0903/21/71400495_933842229.shtml）。

② 邹高翔：《宿命与使命：市场化报"纸"的重生转型》，《青年记者》2021年第5期。

③ 张萍：《媒介融合语境下新闻通讯的变革》，《四川师范大学学报（社会科学版）》2012年第4期。

借助新媒体，某些报纸新闻文类勃发。新媒体充分发挥舆情调查的优势。2004年，新华社新闻研究所与新华网联合开展有关农民增收减负的问卷调查，1天之内有2367人填写了问卷。报媒与网络联合发起各种调查。2006年，南方都市报联合网易网和奥一网调查市民对市长游珠江的意见。《南方都市报》把相关调查数据以消息、图表的形式刊登，既有记者随机采访市民的内容，又呈现网上投票的数据统计。2008年、2009年，南方日报与腾讯网联合推出"谁是今年两会你最期待的'大炮委员'"调查，实时更新排行榜并刊登相关调查报道；开设"网络调查"专栏，联合搜狐网、手机3G门户推出调查；2010年继续与南方报网、搜狐网联合推出读者调查，并开始大量运用图表形式呈现网络调查结果。2012年，《南方都市报》开设"南都调查"专栏，显示对调查的充分重视，3月6日的话题是"你如何看待公务员要求加薪"，读者可以短信发送、登录移动微博@南都调查等渠道参与调查，被选中刊登优秀发言的读者还能获得奖品。2016年1月，羊城晚报启动"你心目中的理想城市"互动调查，读者可通过金羊网、官方微博、微信参与活动。调查的大量使用使得调查报道及图表新闻增多。记者走访或街头调查数量有限、呈现方式单一，而网络为数据搜集和统计提供了极大便利，拓展了调查话题和调查广度。

报纸刊登观点新闻、互动新闻的增加与新媒体直接相关。当然，报纸在刊登网民观点时常常进行重新整理、划分。报纸既发挥"把关人"的作用，又凸显权威观点，同时注重新媒体平台上的群众意见。随着微博、微信参与报纸新闻报道的深入，互动新闻和观点新闻的比重和深度增加，新闻结构中的版块化及碎片化也更明显。这种结构强化冲突感和互动性，新闻更好看、更易看，方便受众更快捷、更直观地接受关键新闻点。

报纸学习网络新闻清晰的导航、方便的链接，设置新闻导读和索引、链接以适应读者对新闻的非线性阅读需求和习惯。在历次报纸版面改革中，导读与索引版面的变动、篇幅增减、照片的运用，甚至字体、字号的变更均是重点。报纸常对新闻所涉及背景、相关事实、资料、解释、观点等，以常态化的"链接"等栏目呈现，增加信息量及信息间的关联性，这种形式来自对网络新闻形式的学习。

二、受众理念影响：注重读者互动与良好阅读体验

新媒体一切革新均围绕受众，例如清晰明确的标题、合理的链动导航布局，内容更简洁，重点更突出，篇幅短小，突出注意力中心，使用多媒

体素材。报纸新闻文类也注重给读者带来丰富的体验,比如更精练、更重视互动性、更注重运用多种符号和多种媒体素材等。新媒体注重易读性、趣味性,娱乐化色彩明显。报媒提出了"悦读"这一概念,表达了对读者愉悦轻松阅读体验的重视,在内容上呈现短句化、短段落化、篇幅简短化是趋势。报纸新闻结构通过切割增强阅读清晰性和条理性;篇幅精简,版面上纯文字减少,以减轻读者的阅读负担。

报纸新闻文类有一定娱乐化倾向。结合了新闻性、趣味性和易读性特点的新闻体裁篇幅保持稳定甚至有所增长,漫画新闻与信息图表增多,体现某一场景、放大某一侧面的特写型消息和特写增加,一贯严肃的新闻述评也添加了一些戏谑的娱乐化色彩,让受众在轻松的阅读体验中获取信息。2006年以后,《人民日报》全国两会报道大量运用漫画、组图、数据图表等创意设计图,通过图像方式将严肃的政治事件转化为受众喜闻乐见的新闻报道,拉近了主题宣传与普通百姓的距离,实现了硬新闻的软着陆。①

体裁与结构更注重体现报纸与读者的互动性。顺应互动要求,呈现新闻人物与读者、读者与读者、读者与记者编辑或媒体方的问答和互动等新闻文类得以强化。谈话新闻增多,报媒时常邀请新闻人物与读者直接对话。2005年,门户网站开始不再局限于图片和文字而以更形象生动的视频形式呈现新闻,谈话新闻在新媒体上异军突起。报纸谈话新闻从借用到原创再到精练,以满足新媒体时代读者快速阅读的需求。早在2001年,《南方都市报》就有根据电视节目整理而来的谈话新闻,如《十五计划新面孔张卓元教授网上谈两会》是据前一天中央电视台《经济半小时》相关内容整理而成的报道。2002年2月,《南方都市报》改版首开对话栏目,以对话形式对热点新闻人物进行专访,是国内首个推出对话体新闻版面的报媒。2003年,"风云对话"专版以集团角度进行采访。谈话新闻被频频运用,有时,单篇报道版面达一两个版。相较而言,网站视频谈话新闻更注重对话实录,而报纸谈话新闻注重内容的价值筛选和主题分类,划分部分并提炼出醒目的小标题,凸显原创性。2008年后,谈话新闻进入简化期,追求篇幅精简。同时,互动新闻体裁得到发展。2012年,《人民日报》"民生三问"栏目通过编辑、记者、代表、委员、专家及群众的三问三答的形式组织报道,实现了媒体、采访对象和读者三方的互动。

---

① 曹慧娥:《从简单政治刻写到多元形态共存——〈人民日报〉(1979—2018)"两会"新闻图片的叙事变迁》,《视听》2020年第8期。

第四章 媒介间性视角下报纸新闻文类范式

新媒体传播使受众地位得到提高，报媒加强新闻生产中的用户参与。早期互联网新闻一般以网络投票调查形式实现与用户互动，后发展为特别策划的新闻专题，网友可在此平台提出问题或建议并得到反馈。网站开通网友建言、排行榜等栏目，这种指向性更明确的互动形式受到欢迎，新媒体显示出最大的优势即"互动"的强度和广度大。报媒也开始注重与受众互动，发动读者参与新闻生产，除增加读者来信、读者评论文章等版面，还开通读者互动热线、有奖报料热线、话题调查、短信或微博建言等渠道。羊城晚报是较早开通24小时热线的媒体，2002年12月23日开设热线专版"今日连线"，设置"昨夜今晨"与"读者今天来电"专栏。不少报纸充分发挥传统媒体的权威性和公信力，开展调查并推出相关报道，调查形式的创新也催生了新的调查报道样式：议程设置—网络调查与记者调查相结合—图表数据与文字报道相结合。

这里要说明的是，受众需求是动态发展的，在新媒体环境下愈加多变。报媒要捕捉受众需求十分困难，且由于中国报媒的属性和功能要求，报纸新闻生产要平衡受众需求和政治需求、商业需求之间的关系。由于社会阶层不断分化与利益诉求细分，新媒体发展，受众媒介接触习惯变化，受众生活方式多样化，媒介消费个性化，媒介分众化及个性化凸显，①任何媒体变革都难以同时满足各阶层受众的需求，报纸新闻进行多样化尝试，如版块细分、文类分化，或许是一种改革路径。

三、突围与坚持：报纸平衡时效与深度，追求高度专业化

新媒体突出自身优势，推出凸显特色的新闻形式，整合各方资源，内容更广更深、速度更快、风格更轻松诙谐。移动数字媒体加入竞争使新闻时效性得到提升，"现场新闻战"骤然升温。不少新闻网站设有演播室和访谈室，推出大量访谈节目，网络媒体发挥其速度与技术优势推出全方位现场直播类报道。

与新媒体相较，广与快并非报纸的优势。报媒优势体现在发布新闻信息的权威性、解读政策与社会现象的专业性、长期实施严格采编流程和把关制度等积累的公信力。②报纸新闻强调与新媒体信息传播优势的区别：与海量信息对应的是适度原则；与碎片化特性对应的是完整性；与缺乏把关的"自由"对应的是突出专业性与权威性；与超链接无限延展对应的

---

① 陈国权：《用户需求推动报纸演化的历程与未来趋势》，《新闻论坛》2018年第1期。
② 崔士鑫：《人民日报2019年新一轮改版的解析与思考》，《中国记者》2019年第2期。

是突出定向的高效阅读效果。因此在以不缺位为底线，融合发展新的新闻结构和话语体式的同时，报纸新闻凸显独家视角、权威观点、深度解读的优势。报纸新闻文类更注重创新性、个性化和专业化的平衡和统一，以应对新媒体的冲击。

作为一种最基础的报道体裁，消息讲求报道事情概貌，语言风格平实、短和快，是人工智能技术最易实现的，可以彰显机器人写作软件的特长。因此，对新闻记者而言，最有可能被机器人取代的就是消息写作。而调查性、解释性报道等高质量的深度内容应该是新闻记者努力的方向，其优势在于系统反映重大新闻事件和社会问题，深入挖掘和阐明事件因果关系、揭示其实质和意义、追踪和探索发展趋向等。①

报纸新闻作为传统主流媒体，固然要坚持"快、精、准"，同时要达成精短信息与深广度解读之间的融合功能。2015 年，《东方早报》改版，提出要做"研究上海之核"的"互联网时代的原生新闻纸"。2019 年，进行改版的各家党报在《致读者》中不约而同提到了"深度报道"，深度不在于篇幅长短，而在于解读和事实挖掘的深度，例如新闻述评、新闻解说的增加。系统抽样数据也显示，通讯类和长消息的占比明显增长。2014 年，《南方都市报》改版，强调提升品质，通过开设"政鉴""科学""数据""朋友圈"及"探粤"等版面，大幅增加调查、特稿和述评类稿件等深度阅读产品，增加观察类和分析解读类报道，相应减少短消息的使用；② 2019 年，《人民日报》改版，要求图片新闻做到"新、深、美"。

报纸新闻专业范式表现在对信息的筛选、深度挖掘与分析解释，长期培养起来的专业化组织品牌，以及长期经营而形成的权威性和独家性。用"平民精神"做的高质量新闻，是报媒作为体制内媒体的一大优势，成为报纸新闻文体变革转型的方向。述评类、解读类等能表现报纸专业化优势的文类增多，漫画新闻、调查报道、新闻时评、记者观察、特写消息、观点新闻等有助于独家报道、独特视角及突出信息与权威观点的体裁被重视，增加数据新闻，大量使用需要对信息进行深度整合和重新阐释的图表新闻；新闻札记增强报道现场感和可读性，特别能体现记者及媒体的报道视角。这些新闻文类都体现出理性加工的意味。

报纸新闻文类体现出一种小心平衡感性与理性的理念。特写消息从增多到稳定，可见报纸新闻不是一味地以细节和现场吸引受众，而是在突围

---

① 匡文波：《记者会被机器人取代吗》，《新闻与写作》2017 年第 9 期。
② 任天阳：《新媒体格局下的报业优化升级——以南方都市报为例》，《新闻与写作》2014 年第 8 期。

中适当运用描写，随即转为报纸擅长的理性分析。有控制地使用照片，并非一味使用大图、追求数量，而是保持每个版面有一幅图片新闻作为视觉注意中心。漫画和照片的使用占比较稳定，而图表新闻在篇幅占比和条目方面均有上升趋势。谈话新闻量在2010年前后达到峰值，之后占比逐渐下降。可见在融合新闻生产流程中，展示对话过程显然不是报媒的专长，不能成为报纸新闻的主要功能。

《羊城晚报》于2015年1月改版，提出打造"深度报"风格，8月将深度版块"新闻周刊"更名为"读+新闻周刊"，《致读者》中提到仅靠纸媒传播新闻已经"out"了，而能传播优质原创内容的微信公众号少之又少，故而同步推出提供优质原创内容的"读+新闻周刊"与微信公众号"读+号外"。可见这是一种深度新闻内容联动生产的范式。报纸层面生产符合新媒体阅读特性的深度报道，版面上以版块化、报道跟帖的形式，达到深度和"悦读"融合的综合功能。2015年10月，《羊城晚报》再次改版，提出"把精品、本土、专业还给报纸，把快速、广泛、巨量还给网媒"①，进行一场返本开新的革命。这次改版中，"读+新闻周刊"被扩展为"读+抢鲜""读+生活""读+公益"三个栏目，负责开掘报道的深度和广度。

正如《羊城晚报》所说："从图文到视频，从油墨时代到直播时代，传播媒介不断升级，唯一不变的，是专业、高效、勤勉的报道团队。"②从接入新媒体——跟从新媒体——融入新媒体的进程变化中可以看出，报媒在融合之路上逐渐找寻并回归自己的特色，当然这种回归并不是简单的"回到过去"，而是一种平衡。例如近年谈话新闻、漫画和图表等形式减少，很大程度是因为新媒体更适合使用动态图表、漫画H5、视频访谈，报纸新闻不必将这些形式"降维"搬到纸质媒体上。2018年，羊城晚报在报纸上取消了"我有问题问总理"栏目，采取直接线上征集的模式，可见融合报道实现功能分化之后，报纸新闻更多专注于能体现自己优势的文类。

四、交互理念：报网新闻文类的互相融合与介入

海克曼媒介间性的文化中心论认为，"媒介间性更加注重社会与文化

---

① 《为您办一份纯正的报纸》，《羊城晚报》2015年10月13日A1版。
② 莫谨榕：《"羊家将"十八般武艺齐上阵》，《羊城晚报》2017年3月11日A5版。

背景下媒介形式的持续性及媒介的接合与再接合"①。报媒与新媒体之间在相互补充、相互吸收的基础上，从内容到形式不断转换和交互、综合与演变。媒介间性体现在共存互补性、交互作用性和转换生成性三方面作用关系上②，融合媒介间的互相借鉴、资源和形式整合更为频繁。

媒介融合带来报纸和新媒体之间新闻生产的互通与兼容。紧随着传统媒体发展时评、漫画新闻、大型专题系列报道、解说新闻的脚步，新媒体在借鉴的同时结合自身优势推出新的新闻传播形式，如"名人博客"等言论栏目、动画专题、系列策划专题、政策解读栏目、以刊登图表新闻为主的数据频道等。

新媒体时代，记者常常不单为报媒供稿，新闻传播过程往往是：将通过采访得到的新闻文字、图片、视频等材料第一时间通过移动终端、社交媒体传播，随后在报业网站发布事件实时进展情况，然后是报纸全面报道，最后是通过新闻事件的图、文、视频进行深度报道和分析。③ 内容产品的生产与传播载体密切相关而与生产组织属性进一步分离，载体的使用服务并服从于内容，反之载体特性是新闻形式的决定因素之一，报媒要考虑新媒体传播形式，新闻报道客体的媒介间性带来新闻的融合发展。

以搜狐网、新浪网与中青在线、中国青年报合作的两会报道为例，新浪网2007年主要使用《中国青年报》提供的新闻。2010～2012年开展联合报道，新浪网新闻专区有《中国青年报》新闻、中国青年报记者主持的系列访谈视频，见报稿以谈话新闻形式呈现，报纸"微政见""两会微论"栏目内容摘编自新浪微博。2013年全面融合，高端访谈、微两会、两会直播间被列为两会特别报道网页的专栏。2014年，新浪网强化"独家"消息源，采用了调查报告、解读新闻、谈话新闻、新闻述评等报纸擅长的新闻文类。2015年，腾讯网强化具有网络特性的新闻专题策划，突出解读性视角和贴近性取向，例如"解码新常态"版块；使用传统媒体信息时进行二次设计，在标题和表现形式上突出自己的视角。2016年，新浪网推出具有媒介独创性的 VR 全景式报道 H5 互动产品《人民大会堂全景巡游》。对这些变化所传递的声音，报媒或应深入思考：报纸所擅长的新闻文类做得足够好了吗？报纸新闻报道的核心竞争力是什么？

媒介终端的融合使得新闻在报纸和新媒体之间转换。密切的跨媒介合

---

① Juha, H., Taisto, H., Paayo, O., 2012: *Intermediality and Media Change*. Finland, Tampere University Press, p.19.
② 段乐川：《论编辑活动的"媒介间性"特征》，《出版科学》2012年第2期。
③ 陈晓敏：《从跨媒体到媒介融合：谈纸质媒体的发展趋势》，《新闻世界》2010年第5期。

作方式对新闻表现形式的跨媒介呈现有一定要求，为满足新媒体的需求，报纸也会相应改变新闻结构体式。如何使得新闻报道形式既能为报纸所用，又能符合新媒体媒介形态特点，最大化地利用新闻资源，是当下媒体及新闻工作者需要关注和探讨的重要话题。记者进行文字采访的同时拍摄视频新闻，整理后的新闻文字稿供报纸刊登，简单编辑后的访谈视频和音频供互联网媒体使用。手机报的新闻源于报纸，但根据手机媒体阅读的特点进行了改写、改编和浓缩。这样一种"多媒体采访与制作"的工作形态及多形态媒介共用新闻的功能要求，对新闻文体有很大影响。报网合一的理念会使新闻文体尽可能满足两种媒体的需求，虽然不是当下的常态，但在一定程度上影响了报纸新闻文类的发展。例如，标题新闻的运用与新媒体新闻形态密切相关，曾经兴盛一时的手机报由于容量的限制，标题新闻占很大比重。

报纸版和网络版新闻可彼此嵌入，《华尔街日报》导读栏提示了每个栏目的网络版链接。各种媒体推出适合各自终端的报道形式，报纸报道核心内容而网络版则更详尽完整，报纸传播文字信息和解读，文字稿和视频、录音被发至网络，移动终端发布图片及现场即时消息。《羊城晚报》2016年3月创办"记者帮"栏目，展示求助人诉求和各方受访者的互动过程，年末该栏目名直接发展为版面名；2017年4月，该栏目转型为融媒体栏目并改名为"记者帮+"，实现了与客户端羊城派"帮NEWS"频道的稿件共享，报纸与客户端采编一体运作。这种生产环节的交互整合部分改变了新闻结构体式。新闻要充分考虑载体特点，如直播报道、对话访谈等样式不适合移动终端这样容量有限的载体。滞后的报纸与新媒体媒介终端分工的结果是：报纸提供原因背景解读、辟谣或证实、细节挖掘、权威观点等，不致力于面面俱全地展示，而是突破某一新闻要素即可。于是报纸新闻结构的完整性与封闭性被打破。

能把报纸与新媒体新闻资源融合在一起的新闻形式盛行。新媒体提供的观点构成了报纸观点新闻、互动新闻的主要来源。博客体崛起之时，正是观点新闻、互动新闻产生之时，微博体又促进了这两种体裁的发展。例如，《南方都市报》"广州读本·早茶"版将来源于网络（以微博为主）的信息以每条不超过140字的消息刊发，借鉴微博格式以"@+用户名称+标题+正文"的形式排列。报纸新闻文类融合，"新闻文本不再强调消息、通讯、特写、深度报道等新闻体裁的独立性，而是将各种新闻文体和新闻表现手法整合在一起"①，如模块化、观点新闻就是典型。报纸新闻不局限于某一固定统一的标准报道模式，而是根据实际需要、载体和终端的特点，采用最符合受众需求的报道形式，其结构往往兼有若干种文类的表达特征。

第三节　本章小结

本章主要关注新闻结构体式的基本要素及处理材料的方式。新闻文体不是孤立、静态的，而是既有一定规范，又有其开放性。一方面，构成新闻文体的各种文类，其体式、风格、功能在日益丰富并不断变动发展，使得新闻文体特征更鲜明，功能更完备；另一方面，新闻各文类之间、新闻在不同媒介之间、新闻与其他文体之间的互动更多，在"对峙"与"互补"中不断发展。报纸新闻文类以自己独特的组合原则和外在特征呈现出较稳定的文体形态。

数字技术及网络媒体促进了新闻体裁的演进，"平面媒体的信息传递功能与数字媒体相比，开始显现出在传递时效、信息容量、相关链接、动态感染等方面的弱势，但是平面媒体最可贵的强势——阅读者对信息的主动选择、理性思考却在竞争中得到了凸现……新闻体裁的演进，确有应对网络媒体的一面，比如充分发挥平面媒体优势，争夺分析性、解释性的'第二落点'"②。

报纸新闻各文类呈现的演变趋势是：消息类持续处于主要地位，但总体下降；通讯类占比稳定，但风格更平实、篇幅更精短、细节更突出、结构更灵活、调查更深入；述评类稳定增长；解说类占比稳定，与背景性的新闻资料相较，更凸显观点、视角表达的新闻解说增加；图片类占比多且稳定，其中图表新闻、漫画新闻增长，样式更丰富，有更强设计感及信息表达功能，尤其体现在用图表形象展现和解读数据之间的关系；边缘类文体种类增加，对话体的谈话新闻是其中最稳定、占比最多的文类，近年互动新闻稳定且形式丰富。

由此可见，从结构转化的角度来看，在文类层面上，新闻文体占支配地位的核心规范——事实情节为结构中心的信息范式，虽然没有发生根本性转变，却同时体现出观点信息结构规范的倾向。观点性事实材料占比更

---

①　刘寒娥：《媒介融合背景下新闻业务形态的整合与发展》，《内蒙古大学学报（哲学社会科学版）》2008年第7期。

②　黄铮：《不仅是面对网络媒体》，《新闻大学》2007年第1期。

多、表达形式更多样，占比较多的新闻述评、观点新闻、观点与观点碰撞的互动新闻、谈话新闻、个性化表达的新闻札记是明显的观点化表达叙事框架，还有日益增长的数据（图表）新闻、解读类新闻、调查报道都能凸显报媒的立场、视角。

报纸新闻文体变易的另一个途径是媒介间性带来的新媒体文体的交叉渗透，以及新闻各文类之间的交叉渗透。前者使报纸新闻越来越体现一种开放的文类发展趋势，从原来较封闭的体式发展出片段式碎片化、版块化、融合化、互动化结构，从品种较为集中单一向多样化发展，从视角较统一向多元发展，更多呈现新闻中多元发声主体的对话过程。多视角使得新闻的结构越来越复杂。背景资料、示意图、照片、调查报告等成为报道的有机组成部分，与各方意见共同构成多维的立体结构。后者表现最明显的就是，报纸新闻体现出观点和事实信息的交叉，观点以事实为依托，事实又体现观点。

新媒体语境下，报纸媒体与新媒体在新闻文类上有互相模仿、追逐的关系，也有突围反思、坚持自身特性的结构与形式。顺应读者超文本与超链接的非线性阅读需求，致力于"悦读"效果，学习新媒体形式特点，迎合大众趣味性追求，在娱乐化与世俗化的道路上发展出多样的新闻类型，漫画新闻及特写消息等幽默诙谐、具有视觉冲击力和凸显可读性的新闻类型增多。同时，由于专业定位赋予的新闻追求，以及在媒介竞争中的突围，报媒在新媒体语境下坚持自身优势，其新闻文体在一片"世俗风"中仍凸显主动加工与诠释的色彩，以及个性化表达的特性，重视素材的加工、重组、意见表达，具体表现就是述评类和解读类新闻的崛起。20世纪80年代，迎合大众心理而出现的"新闻故事"栏目及以讲故事的手法来报道事件的新闻减少了，更追求注意力、更注重个性化和专业主义的新闻文类增加了，新闻文体趋于多样化、专业化与整合化。

新媒体语境下报纸新闻文类呈现出信息、解读、观点、互动、融合的结构范式。报媒在新媒体带来的复杂激烈的媒介竞合环境中，保持开放性视野，表现出较强的探索精神，发展并建构起具有一定竞争力的体裁范型，在新闻形式的定位与突破上具有启示与示范意义。

第五章 新媒体语境下报纸新闻的语体变易

18世纪英国著名作家乔纳森·斯威夫特（Jonathan Swift）说，文体就是"恰当场合的恰当的词"①。语体的创造是文体的第二层次问题，运用语言学方法可以在文本内部描述文体的特征及其构成。不论何种文体都有某些共同的语言形式要素，如词汇、句子、语法、修辞及表现手法等，同时不同文体呈现出各自不同的语体特征，在"语言范围内运用、选择、组合语言交际手段的方法"② 各不相同。刘勰在《文心雕龙》中提出文体受制于时代，"时运交移、质文代变""风动于上而波震于下"。与其他功能文体相比，直接记录时代变迁、社会发展、政治经济变化的新闻语体，最能生动地体现语言和社会的变化及其相互作用。本章从语体层面考察新闻文体特征。需要说明的是，本书并非以语言学为目的，而是着重于文体框架里的研究，更注重作为新闻文体构成部分的语言体式所呈现之特点、所表征之媒介场域，以及以其为纽带传递出的媒介社会建构与媒介空间关系等。

此部分基于这样一种认知：符号学、人类语言学认为语言本身就是文化的一部分，又是文化的一种表征，同时它给生活在一定语境下的人民提供了一种认知事物的模式，语言命名的不同限制了人们对世界的看法。故此，新闻形式包括语言范畴里的新闻语体，既体现一种新闻理念，是当时新闻理念的一种表征，同时，它给新闻从业者及受众提供一种新闻认知模式。它既反映社会政治经济文化，又是一种社会文化构件，因时而生、因势而变，同时影响和规约着社会认知模式。

第一节 议题内容与叙事视角：报纸新闻话语秩序建构

新闻语体作为一种建构性的语言体系，一方面反映了社会结构变化，另一方面通过媒体构建的拟态社会来强化这种变化。话语秩序框定了说什

---

① 《简明不列颠百科全书》，第3卷，北京，中国大百科全书出版社，2005年，第127页。
② 林兴仁：《实用广播语体学》，北京，中国广播电视出版社，1989年，第6页。

第五章 新媒体语境下报纸新闻的语体变易

么和如何说，有突出新闻事件的功能，对体裁使用也有影响。本节的新闻话语是微观层面的，指以新闻媒介为载体的信息内容的话语结构方式，侧重于分析报纸新闻事实所关联的话题建构及权力主体，较粗略地从报纸新闻主题倾向来看其说什么，从新闻稿件来源观照谁在说。

一、议程设置：加强公共话语空间建构

新媒体环境中媒介话语向多元分化发展，更加开放和复杂，媒介话语权向社会扩散。中国媒介话语结构有：国家/宣传话语、精英/理性思辨话语、大众话语、民生话语、公共话语、草根话语，后三者标志着中国媒介话语性质出现转型，即朝更具民主、文明、法治及人文精神方向转化；媒介话语权向官方指令、媒介自主、利益群体操控、民众自主四个方面分化。① 此处借鉴《中文新闻信息分类与代码》中的类目，通过对报道领域的指向性分析，探讨新媒体环境中报纸新闻话语内容和话语权的变化。

报纸头版新闻的主题设置，映射出媒体聚焦什么议题。媒体在构建话题的过程中形成一定的话语秩序，而话语秩序有突出新闻事件的功能，它决定了体裁、话语的选择。在1998～2018年《广州日报》和《南方都市报》头版新闻主题类别中，政治类主题占比增长，社会类主题占比有所下降（如图5-1所示）。随着媒体融合逐渐走向深入，报纸新闻逐渐减少新媒体平台更有优势的一些议题。新媒体可提供多模态话语使表现手法更多样，赋予更多元受众更多话语权，文化类、社会类内容在互联网上拥有更多话语空间优势。而报纸新闻突出传统主流媒体优势，发挥公信力，发表权威性话语，整体表现出对公共话题的深度参与趋势。公共话题是与社会公众利益相关、社会群体议论热度高的话题，例如水污染、高考改革、自贸区、地产改革等。

笔者以《南方都市报》为例，比较各二级报道主题的演变趋势。

（一）政治报道：扩展选题范围，回归严肃的硬新闻

政治报道一直是新闻报道的重头戏，本书主要关注其议题内容分布及变化。报纸新闻政治报道议题演变大致可分为三个阶段。

（1）1999～2002年，议题分布较集中，以"政令党建"为主，注重政策宣传。议题涵盖政令党建、会议议程、政治人物、国际政治和外交关系、政治选举、行政规划和反腐倡廉等方面，其中以"政令党建"和

---

① 黄晓钟：《中国媒介话语秩序的重构》（学位论文），四川大学，2007年。

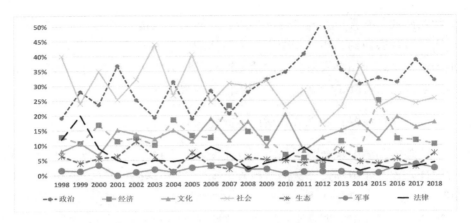

(a)《广州日报》1998～2018年头版新闻主题类别比

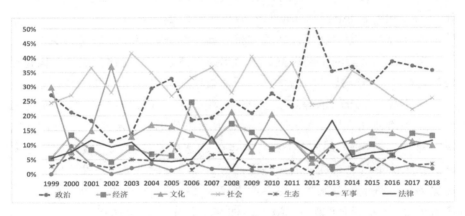

(b)《南方都市报》1999～2018年头版新闻主题类别比

图 5-1 《广州日报》《南方都市报》头版新闻主题类别占比趋势

"国际政治和外交关系"为主。"省府机构重点改革"等与政府组织建设、党员干部管理及政策制定相关的议题占比多。2001年,中国加入WTO,了解国际形势变得越来越重要,像《阿富汗临时政府成立》等新闻有助于市民形成良好的国际关系认知观。

(2) 2002～2008年,拓展报道领域,会议议程、国际政治、行政规划、政治人物等报道占比相当。对政治人物的报道增加,以及"其他"类中的内容多样化,既扩展了新闻选题,又表现出硬新闻的软视角风格。

(3) 2008～2013年,行政规划和政令党建等政策类新闻、政经观察类新闻增加。政策解读和地方观察的视角加强,体现了"顺应国家治理格局,开拓多元治理话语空间"的新闻理念。《部门重大决策主动征求网民意见》《网上信访》则体现了较强的互联网思维。2014～2018年,政

第五章 新媒体语境下报纸新闻的语体变易

令党建类和外交关系类新闻增加,可见报媒回归塑造严肃、客观的媒介空间。

(二) 经济报道:从行业视角向消费者视角转变

本书的经济报道题材包括劳动就业、劳资纠纷、工资待遇、财经资讯、致富信息、商业规划整改、消费纠纷、商业纠纷、生产消费等主题内容。20年间经济报道占比变化不大。

(1) 1999~2002年,经济报道以行业为视角,传播经济资讯。报道议题涵盖了商业纠纷、财经资讯、消费纠纷、规范整改和劳动就业。财经资讯占比第一,《昨闭幕的广交会成交创新高》《股市遭遇黑色星期一》等有关商业展会、股票市场、创业故事的新闻,其报道的切入视角较集中于企业、行业、政府等,由于经济报道专业性较高,有一定理解难度,此阶段经济报道与受众明显有距离感。

(2) 2002~2008年,经济报道以读者为中心,拓展报道实用性。国民经济迅速发展,进一步改革开放和城市体制改革,中产阶层崛起,传统的经济报道已不能满足读者需求。财经资讯、规范整改、生产消费报道比例上升,《省长惦记着百姓的菜篮子》《要让大家吃得起猪肉》等新闻更多从普通百姓的角度出发。

(3) 2009~2014年,经济报道关注就业群体,注重报道的民生性。《未经授权被扣垃圾费 谁动了我的银行账户》等经济纠纷、劳动就业题材比例有所上升。媒体特别关注大学生、外来务工人员、公务员、事业单位工作人员等社会群体的就业议程。2014~2018年,聚焦资讯和规划,注重报道的权威性。议题集中在财经资讯、规划整改。

(三) 社会报道:从灾难报道到人文关怀

社会报道占比为24%~40%,中间经历了较明显的增长期,近5年有所回落。它的主题变化体现了媒体对于公共话语空间建构的变化,体现出其从城市观察者的角色向参与者角度转变,积极参与社会建构。

(1) 1999~2002年,社会报道关注灾难和犯罪,博取读者眼球。"事故与不幸"和"打假扫黑"是此阶段的重头戏,使用"葬身""爆炸已死""有毒瓜子""封杀""致癌""绝不允许"等吸引眼球的字眼。

(2) 2002~2008年,社会报道关注住房和医疗,重视民生新闻。事故与不幸、医疗卫生和住房问题等议题占比较高,还增加了交通运输和户籍问题相关题材的报道。这些题材与社会和城市发展的社会背景与热点话题高度吻合。

（3）2009～2014年，社会报道拓展报道范围，注重人文关怀。增加了表彰奖励、食品安全和知识普及主题内容。2014～2015年，公共管理领域选题增加，占比前三分别为：治安管理、交通运输、事故与不幸。

（四）文化报道：教育、科技与产业题材稳定增加

文化报道包括与文学作品、戏曲、音乐等各种文艺形态，以及与电影、电视等通俗大众文化产业相关的题材，还包括教育、考试、体育、娱乐八卦等相关的新闻。

（1）1999～2002年，《南方都市报》文化报道涉及教育培训、体育竞赛、文化产业、旅游、娱乐八卦和科技网络六个方面，其中以科技网络、体育竞赛和娱乐八卦为主。

（2）2002～2008年，体育报道是重点，因为北京举办奥运会，2008年体育和竞赛报道占比激增。文化产业报道开始出现并成为头版的"常客"。

（3）2009～2014年，教育新闻、高考是报道重点，文化产业报道占比稳定。

（4）2015～2018年，占比前三位的分别是教育培训、科技、文化产业报道，科技和互联网是这一阶段新闻报道的重点。

新闻主题是媒体进行议程设置的外在体现。综上，作为传统主流媒体的报纸新闻塑造了一个多元的媒介空间，加强了社会建构功能，深化了政令类的公共话语体系的建立。

二、叙述视角：话语主体多元化、个性化

新闻视角有"报道视角""新闻（报道）角度"等概念，广义上认为其是"记者在采访和新闻写作中认识和表现新闻事实的着眼点和侧重点"①；狭义上则特指新闻写作角度，又可分为新闻立意角度与新闻叙事角度。此处从叙事角度展开分析。叙事角度即叙述视角，是作者的一种叙述策略，指作品中由谁及从哪个位置和角度来叙述这一故事，也就是叙述者所站位置与故事的关系。② 从根本上这是一个叙述者权力自限问题。新闻叙事角度则是记者对某一新闻事件进行叙述时所选定的口吻、身份、体

---

① 甘惜分：《新闻学大辞典》，郑州，河南人民出版社，1993年，第167页。
② 罗钢：《叙事学导论》，昆明，云南人民出版社，1994年，第158页。

现了记者和所叙述事件的一种表述关系。① 此处还指向分析话语言说的主体，即谁在说话。

黎明洁参照叙述学命名者托多罗夫和法国结构主义批评家热奈特的视角理论，提出四种新闻叙述视角：①全知全能视角，托多罗夫用公式"叙述者＞人物"表示，热奈特称之为零聚焦或无聚焦视角，叙述者无处不在无所不知，没有任何限制；②人物有限视角，托多罗夫用公式"叙述者＝人物"表示，热奈特称之为内聚焦视角（内焦点叙事），叙述者始终从人物视角出发来叙述，叙述者知道的和人物一样多，视点人物是一人或由多人轮流担当，新闻报道的内聚焦视角有记者视角、当事人视角等；③纯客观视角，托多罗夫用公式"叙述者＜人物"表示，热奈特称之为外聚焦视角，是从一个非人格化视角出发进行叙述，叙事者像摄影机一样只反映外在的人物语言、行为、外貌和环境，无法对人物做内心分析、对事件进行评判；④复合视角即叙述文本视角的转换，叙述者在叙述中安排合理的视角转换，使叙述超越了单一视角所限定信息而又不影响读者的阅读和判断，托多罗夫称之为"观视点的变化"，热奈特称之为"变音"。② 热奈特把人物有限视角与纯客观视角统称为限知视角，采用零度焦点叙事的文本叙述者是全知全能者；外焦点叙事中叙述者仅是一个客观的"声音"；内焦点叙事中叙述者是记者或新闻人物，不仅展示来自不同角度的信息，也呈现记者接触事实的印象，种种印象之间留有许多"意义空白"，从而给文本带来不确定性，由读者下结论，这样的叙事文本达到新闻报道"记录"的目的。③

（一）从单一到多元，从"讲述"向"展示"发展，真实性增强

限知视角、复合视角成为新闻常用视角。全知全能视角一直是主要的新闻叙述视角，但报纸新闻对于其他叙述视角的尝试与突破所带来的叙事视角多样化，是新闻人对于新闻"怎么表现"的一种积极探索，是新闻生产专业化发展中的一种主动求变。当前人物有限视角和复合视角已撑起了报纸新闻的半壁江山。合适的就是最好的，叙事视角没有优劣高下之分，它的"艺术效果之一就是叙述者不仅控制事件、人物及其命运，而

---

① 杨先顺：《试论新闻写作的叙事角度》，《新闻大学》2001 年第 2 期。
② 黎明洁：《叙述学视角下的新闻写作改革研究》（博士学位论文），复旦大学，2004 年，第 25～27 页。
③ 肖伟：《全知视角对几类新闻报道真实性的影响》，《暨南学报（哲学社会科学版）》2006 年第 1 期。

且还控制了读者"①。

图 5-2 显示了样本中"无"视角及"一元：记者"视角占比的下降趋势，这两种情况基本等同于全知全能视角。图 5-3 是对《广州日报》《南方都市报》样本"内聚焦视角"中表达者身份的统计分析。我们将叙述主体的"声音"分布大于等于三个人物叙述者的称为"多元叙述视角"，其历年比例呈增加趋势。可见报纸新闻中，人物叙述者的多元声音使新闻叙述视点从一元视点向多元视点转变。

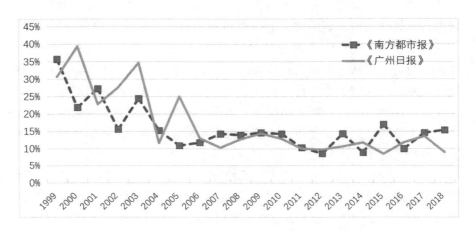

图 5-2　《广州日报》《南方都市报》全知视角趋势

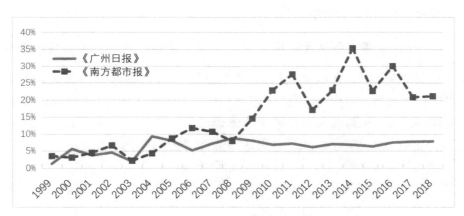

图 5-3　《广州日报》《南方都市报》多元叙述视角比例

---

① 胡全生：《小说叙述与意识形态》，《四川外语学院学报》2002 年第 3 期。

第五章 新媒体语境下报纸新闻的语体变易

既要直接客观地描述事实,又要最大限度减少全知叙述者的叙述声音,美国小说家亨利·詹姆斯(Henry James)认为,除了人物对话外,还可通过人物意识、人物观察来展示故事时间的"图画法"模式。① 分析数据显示,传统报纸新闻惯用的全知叙述减少,采用 n 个主要人物的观察角度以构建 n 个主要"视角区域"(perspective blocks)的叙述方式更常见。

申丹认为,任何一种叙述模式均有长短,重要的不是评价哪种模式优于其他模式,而是充分了解每种模式的性质、特点和功能,以便把握其作用。全知视角叙述的两大特点是:在叙事手法上享有极大自由度,上帝般的叙述中介破坏了作品的逼真性和自然感。② 在全知全能视角中,叙述者是"上帝"式的,可以无限制地说出任何人物都不知晓的事实信息,也可以直接进行抒情、评判和心理描写等,以权威身份传递结论性信息、建立道德标准,读者只需被动接受。而在人物有限视角中,叙述者与活生生的人物平等,受限于人物视角,且人物传递的是他自己所了解的事实信息和观点意见,因此这种信息带有明显个人性。就如"罗生门"一样,来自不同人物的不同角度构成事件相对完整的信息,也就是说,它所提供的往往不是终极结论,而是开放信息。读者需要进行一定思考、重新阐释,才有可能接近对事件全面真实的了解。

新闻追求客观叙述的一个明显变革是以对话为主对新闻事件进行叙述。《广州日报》2014 年 2 月 6 日 A2 版新闻《春天里的对话》就是采用明显的限知视角,获得广东省新闻战线"走转改"活动一等奖。

> 2 月 4 日,立春。晚上 9 时 30 分左右下班回家后,本报记者走进位于广州洛溪新城的一家"兰州拉面馆",与店里小伙儿有一番对话。
> "老板,来一碗葱油拌面!"
> "好嘞!先生怎么这么晚才来吃呀?"
> …… ……
> "没有人来收任何费吗?"
> "就是每个月要交垃圾费。你干嘛问这些?"
> "没事,随便聊聊呗!"

---

① Miller, J. E., 1971:Theory of Fiction:Henry James. Nebraska:University Of Nebraska Press,p. 99.
② 申丹:《叙述学与小说文体学研究》,北京,北京大学出版社,1998 年,第 222 页。

小伙儿和妈妈、舅舅、表弟来自甘肃临夏，在此开拉面馆有3年了。

——《广州日报》2014年2月6日A2版新闻《春天里的对话》（节选）

运用有限制的叙事角度（即内焦点叙事及外焦点叙事）可清楚交代新闻来源，读者能清晰了解新闻材料来源。这种"展示"的叙述方式是"某个人讲的"，比全知视角"以自己名义讲话"的"讲述"，更能有效避免评论失实。它不具有深入人物内心的能力，可有效避免合理想象及心理描写失实。从传播效果来说，这种叙事视角给读者更多判断空间，更追求新闻的专业化与权威化表达。① 从全知视角到限知视角，给受众的感觉是叙述者对事件的干预减少，或者说传播态度的方式越来越隐蔽。

叙事学认为，全知视角的作者叙事情境属于叙述者性格，是"讲述"的叙事方式；叙述者记录及讲述，对所叙述的故事做出各种评论和解释，与读者交谈，叙述者以传达者自居，时刻有意识地把某种信息传达给读者，有些叙述者常常自己出面概括故事主题，使得文本意义较明确。而采用限知视角的人物叙事情境，是"展示"的叙述方式，基本上属于反映者性格，通过人物意识反映外部世界，读者直接观察反映在人物意识中的外部事件和人物对这些事件的反映。② 简而言之，讲述是"以自己的名义讲话"，展示则是"某个人讲的"。从这个角度讲，报纸新闻理念体现出一种对"讲述"的限制以及对"展示"的发展和突出。

（二）叙述主体在多元化中凸显个性化色彩，对话感趣味性增强

新闻叙述主体就是新闻文本中叙述者的形象。传统叙事作品中采用第三人称属于全知叙述模式。20世纪初以来，新闻发展出了第三人称人物有限视角叙述，即叙述者采用故事中主要人物的角度来叙事，西方批评界将其等同于第一人称经验视角，这种观点有极大争议，但本书不着重于此。

如前文所述，报纸新闻中第三人称全知叙述减少。第三人称全知叙述是为了满足宏观叙事、媒体方便随时发声的需要。林达·M·夏尔斯（Linda M. Shires）从意识形态批评方面对这种叙事常规的分析也适用于新闻的全知叙述："这种叙述（即第三人称全知叙述）倾向于消除小说的

---

① 肖伟：《全知视角对几类新闻报道真实性的影响》，《暨南学报（哲学社会科学版）》2006年第1期。

② 罗钢：《叙事学导论》，昆明，云南人民出版社，1994年，第189~193页。

话语特性,推进有机和谐的形式感",这种形式"不仅把读者置于有利的认知和道德判断位置,从而使其主体性适合于维多利亚中产阶级规范,而且这样做是以建立遵从为目的"。① 报纸新闻显示出叙述技巧的进一步发展,有限视角、自由间接引语的使用,带来叙述视角和叙事声音的使用增多。如日记体、书信体、第一人称叙述等有限视角,更着重个人叙事与私人视角。

此处着重考察第一人称叙事新闻中的叙述者身份。第一人称叙事,尤其是直接以"我"或"我们"的口吻在新媒体中运用非常广泛,新媒体最早就是一个提供登载"我手写我见""我手写我心"的主观内容的平台,人人是作者、人人是记者。当下报纸新闻中以这种个性化甚至是有主观色彩的第一人称指称进行叙述的作品有所增加,并有所创新。

第一人称新闻营造一种叙述者的在场感,其中这个出场叙述者"我"的身份在新媒体语境中越加复杂多样:①"我"是记者,可以是一个不参与事件的观察者如记者观察手记(黎明洁称之为记者异故事),也可以是事件参与者如体验式新闻,新闻中常以"记者"或"笔者"自称(黎明洁称之为记者同故事)。②叙述者"我"不是记者,或是事件中的某个人物,如《妈妈教我放鸭子》中的陈惠容,或是虚拟的某人甚或待定的某读者,如报纸以"我"冠名的专栏(黎明洁称之为人物同故事)。《南方日报》2007年3月3日A3版"专家视点"新闻《冯骥才:初一放到初七没有道理》中以被采访对象第一人称叙述是采用专家视角的一种叙事角度。《深圳特区报》2012年12月"科学发展幸福感受·我的十年"、《羊城晚报》2013年"我和《羊城晚报》的故事"等专栏,"我"即是第一人称的虚拟叙述者。

  本报讯(记者/陈枫 蒲荔子)我一直主张取消"黄金周"这个概念,因为这是一个商业概念,不是老百姓体会中的节日。
  …… ……
  至于要不要给其他传统节日放假,我觉得这需要讨论。中秋、端午、元宵这些节日可以缓一缓,但我认为清明节应该放假。
  ——《南方日报》2007年3月3日A3版新闻《冯骥才:初一放到初七没有道理》(节选)

---

① Shires, L. M., 2001:*The Cambridge Companion to the Victorian Novel*. Cambridge: Cambridge University Press, p. 65.

③"我"的拟物化,即以某一物件的口吻进行叙述,增强新闻趣味性。如《2000岁古井叫救命》里"我"是一口古井;《羊城晚报》2013年"新百家姓十大户"系列报道开设了"宗祠自述"栏目,"我"就是其中某间宗祠,新闻是以宗祠的口吻进行第一人称叙事,例如:"在天河区广州大道中的一片商业旺地中,我显得特别安静。"①

> 我是一口古井,大半年了淤塞不畅,臭水浸漫,漂满垃圾油污,见者无不叹息,并为我请命:救救古井。
> 别看我其貌不扬,井口直径不到50厘米,被埋没在海珠区下渡村东约狭窄的深巷之中,但我大有来历。
> ——《羊城晚报》2013年2月26日A16版新闻《2000岁古井叫救命》(节选)

《羊城晚报》2015年10月1日A4版新闻《260公里!动脉奔腾不息》中,整篇报道中的叙述视角不断转换,开栏语和"数据说事"采用了全知视角,而结构主体"主角说变"采用了拟人手法——第一人称叙述者"我"是"地铁","记者体验"版块则采用了记者的限知视角。这种叙述角色的不断转换使新闻更生动有趣,而且也可看出记者在新闻文体上力求创变的新闻理念。

第一人称叙述的新闻明显增多意味着限知视角叙事的增加趋势,而且第一人称"我"所指代的对象多样化,有记者与人物,甚至出现拟物的被叙述者角色。记者手记是第一人称人物限知叙述,"记者既是出场的叙述者又是视点人物,一切事物都由记者的眼光出发,为叙述抒情带来了便利"②。这一叙述策略的调整,加强了新闻叙述主体见证人的功能,尤其是在记者同故事和记者异故事的叙事中,记者的在场提供了真实性保证,而这恰是新媒体时代信息真假良莠不分的语境下,报纸获取更多读者信任、保持受众黏度、加强品牌建构的重要保证。记者述评、新闻札记以及记者为第一人称的调查报道等体裁采用记者第一人称叙事,记者作为观察者的角色被强化。这种新闻更具备当代美国著名叙述学家苏珊·S.兰瑟(Susan Sniader Lanser)所说的"外露的作者性"(over authoriality)或

---

① 刘云、李春晔、天宣:《刘氏家庙:英雄声威留穗石》,《羊城晚报》2013年11月19日A17版。
② 黎明洁:《叙述学视角下的新闻写作改革研究》(博士学位论文),复旦大学,2004年,第39页。

第五章 新媒体语境下报纸新闻的语体变易

"作者性"特征。记者从幕后走到台前,突出了记者在新闻中的地位,也是一种彰显媒体独特视角和个体意识的叙事方法,给予读者主观色彩较浓的阅读感受。

第一人称叙事同时,这强化了叙述主体与读者的直接交流感,拉近了叙述者与读者的距离。由此可见,报媒致力于营造更好的交流感。《羊城晚报》2012年开设专栏"'跟着'人大代表上北京",3月3日A3版的报道中,第一段是全知视角,第二段的"我们"即指记者,正文部分的"我"是"黄细花"。这篇体验式报道以人大代表第一人称方式来写,好像在对"你"(读者)讲述故事。

> 每年3月,就像赴一场约,代表们带着激动、兴奋又熟稔的心情,带着全省、全国人民的重托,带着身为人大代表的那份责任奔赴北京。
>
> …… ……
>
> 3月2日,从22℃的广州飞赴 -2℃的首都北京,让我们跟随来自广东惠州的全国人大代表黄细花,一同体会这个特别的"赴约之旅"——
>
> 机场:不走绿色通道
>
> "虽然是第五年了,但是来到白云国际机场,在衣襟别上那张红色'广东代表团'证,我的心还是猛地收紧了一下。
>
> ——《羊城晚报》2012年3月3日A3版新闻《体验"赴约之旅"》(节选)

叙述主体的变换也带来新闻多叙事视角。报纸广泛采用的来自网络的"拍砖",网友是叙述者,如《南方都市报》2006年3月6日A9版新闻《部长,我愿意要低水平的免费医疗》中,奥一网网友成为新闻中的"我"。2005年岁末,《南方周末》的《年度经济博客》运用博客文体,是一种第一人称叙事的典型。"前言"讲到此次尝试的宗旨就是要借鉴网络表现形式,做一份"以博客这种虚拟方式呈现的关于2005年中国经济的零散记录"[1],该报道使用博客式的第一人称"我"来叙述。下面节选中叙述者"我"是千千万万老百姓中的一员:

---

[1] 《年度经济博客——前言》,《南方周末》2005年12月22日C17版。

161

11月1日　年终奖问题

你每个月交多少税？

父母这辈人是不用为这个问题发愁的，可现在这越来越成为问题。每次看到工资单上扣去的个人所得税，我都会心跳加速。我当然还算不上高收入者。

——《南方周末》2005年12月22日C18版报道《年度经济博客·财富》（节选）

记者角色分化，除传统的集体意识代言人身份（如集体署名的"记者观察"）外，还出现了个体意识表达者（如《羊城晚报》的"宇航观察"专栏）和客观中介者身份的记者。第二人称的运用使对话感、交流感更强，虽然报纸新闻中纯粹的第二人称叙事文本极少，但在标题和文中直呼"你"的写法增加。《广州日报》2016年的新闻《最新的学校布局记者带你买楼！》和《本报喊你投票　感人医患瞬间》中的"你"就是读者，有直接呼吁读者的效果。

（三）叙述者身份变化带来视角下移，形成共同视域下的多元话语场

视角的运用既是写作技巧，也是一种思维方式，它的变化实质上是叙述者对事实阐释方式的变化。从全知全能到人物有限视角、纯客观视角的变化，叙述者对事实的阐释方式也相应地从独白阐释向多元阐释衍变。打破传统单一全知全能视角，意味着新闻对事件由独白阐释、终极结论向多元解读事实和开放结论的转变，是语言"暴政"与意见"专断"的终结。① 《南方日报》2010年3月10日A4版"圆桌"栏目的新闻《刚开始也忐忑不安　只要用心学习就行》《个别代表利用两会　走访领导令人痛心》均采用了视角转换，新闻前段综合采用了第三人称的全知视角和以被采访者第一人称叙述的限知视角。

但可能就连虚心请教的基层代表也没有想到，这位提交了5份议案、30多份建议的"陈大姐"，当选新代表时也和他们一样，曾经"忐忑不安"——

---

① 黎明洁：《叙述学视角下的新闻写作改革研究》（博士学位论文），复旦大学，2004年，第52页。

第五章 新媒体语境下报纸新闻的语体变易

  这几年大家都亲切地叫我"大姐",可能与我本身从事律师行业有关,对一些法律法规比较熟悉。有时候,不少新代表,尤其是基层代表有什么问题需要咨询,全国人大、省人大也会建议他们来找我。
  ——《南方日报》2010年3月10日A4版新闻《刚开始也忐忑不安 只要用心学习就行》(节选)

  2012年以来,这种以信息源为主要叙述身份的报道更多、比例更大。如《广州日报》2012年3月8日新闻《1个社区居委会竟挂43块牌》《广东团代表追问政府负债情况:建议逐步提高中央财政在教育经费方面的比重》都是如此,后者全篇584字,其中,体现第一人称叙事视角的直接引语有216字,间接引语268字。2018年,新华社全国两会报道《全国政协委员段树民:脑科学进展将推动人工智能重大突破》全文746字,其中引语512字,没有起承转合,有刊登导语——"人工智能什么时候能够像人一样思考?这一天也许很快就要到来"后就进入引语部分。

  新闻力求展示尽可能多的视点,将视角对准普通人,提供给受众更多思考解读的角度。《南方日报》2008年3月6日A8版专题新闻《北京奥运东风能否激活雷锋精神?》,"前方调查"版块是记者在北京街头随机采访、简单的调查统计、采访人大代表组成的报道,"后方联动"版块《三问今天该怎样学雷锋?》是后方记者在广州街头的采访、简单统计、相关机构与专家的阐述,还有"声音"栏目刊登来自广州一名小学生、两位全国人大代表、一位市民、共青团广东省委员会书记的观点,形成多维话语场。

  叙述主体的多样性和视点多元化,至少说明新闻叙述在分化和消解话语霸权,多种声音共同形成话语场。"行业大炮"是以"敢言"著称且具有业内知识和眼光、在本行业具有较高地位和成就的行业意见领袖,兼具公共性和专业性。① 他们的观点更多地出现在报纸新闻话语结构中,更容易拉近与公众的距离,给人亲近感、信任感和认同感。

  尤其需关注的是大量民间话语的兴起。从2006年开始,这个话语场域大量增加网友意见,话语权进一步分化。《南方日报》2006年3月4日A2版新闻《机场建设费是霸王餐应停收》后面链接了《网友评论》,但笼统称之为"网友",并未列明具体的网名等信息,是一次不彻底的赋

---

  ① 陈刚、魏文秀:《乳品安全议题传播的批判性话语分析与话语秩序的重构》,《学术研究》2016年第3期。

权，读者容易对其信息源的真实性产生怀疑。2008年，《广州日报》以大篇幅做两会"百姓期盼"专栏，有姓名、有家庭住址、有工作单位的草根市民构成叙述主体。《南方日报》2008年3月7日A7版"网尽两会"专版《网问：委员该为谁说话》将网友的意见和委员的声音交织一起，叙述人物和视点不断转换。

  张茵3月1日接受本报记者采访时表示，中国目前对高收入阶层的征税还是太高……
  "作为政协委员，她的提案却只顾自己的利益，根本没考虑到广大人民群众的根本利益。"有网友直接到"张茵吧"提意见。另一位网友说……
  网友的呼声在政协委员那里得到了回应，一位教育界别的政协委员前日说……
  ——《南方日报》2008年3月7日A7版新闻《网问：委员该为谁说话》（节选）

  以广东新闻奖获奖作品为例来对比其叙述视点的变化。获2000年广东新闻奖版面一等奖的《羊城晚报》2000年7月30日A5要闻版，其中中国新闻奖名专栏"昨夜今晨"新闻《"宝马"顶着两人街头狂奔》，全篇新闻皆为当事人一方的广州市第三公共汽车公司崔姓和高姓司机对事件经过的讲述，采用单一视角，既没有采访巡警，也没有采访旁观者和目击证人，没有任何直接引语。《深圳特区报》2003年11月13日头版长消息《我市破获特大儿童拐卖案》获得2003年一等奖，有一句引自相关领导批示的直接引语。2011年通讯一等奖作品——《羊城晚报》11月16日头版专题报道《两车先后碾过两岁女童 十多冷血路人见死不救》，几个部分的标题分别是：《医生：小悦悦要撑过去比较难》《对话当事人：只要我女儿能好起来》及《今日独家 疑似肇事司机浮头只想赔钱不肯自首》，分别采访了事件相关各方，从当事双方、医生等不同角度讲述，新闻来源清晰；每个部分讲述的均是从该当事人视角看到的事件，皆为有限视角叙述，整个专题形成了不断转换的多重视角。该新闻中，记者作为叙述主体所起的作用也很重要，运用了"对话实录"结构叙述事情全貌的消息标明新闻材料来源是："15日晚，记者看到了事发时的监控视频。"新闻中记者对其看到的、听到的和想到的，以及各方所讲述的事实，交代得很清楚，读者可以准确地了解信息，形成自己的结论和判断。

第五章　新媒体语境下报纸新闻的语体变易

多元的视角代表了多种社会群体的观点，同时一定程度上强化了多元的社会结构。在新闻业报道样态变迁的背景下，记者与受访者重构平等关系，强调对受访者的赋权和尊重。受访者成为记者的学习对象，记者基于对受访者的理解，通过亲身体验对受访者的生活故事和意义建构做出解释，而真正的理解建立在视域的融合上。① 报纸新闻呈现出多元主体的对话，记者、被采访对象等叙事者身份平等、视角合一，构筑了一个视域融合的话语场。

第二节　词、句、篇：报纸新闻语体特点

本节运用内容分析方法进行定量统计和定性分析，选取《广州日报》《南方都市报》进行系统抽样，取样方法同第四章；同时以《人民日报》《羊城晚报》为参考观察项，在每年每季度中随机抽取一天的报纸新闻进行调查。

系统量化分析以头版新闻报道为研究样本，因为头版是报纸形象的第一视觉要素，浓缩了报纸新闻内容的精华，其语言在很大程度上代表并凸显了该报语体特征和风格。在营销时代，头版新闻往往成为报纸的重中之重，承载着有效传达重要信息、导读检索、第一时间吸引更多读者、表达新闻理念、树立品牌形象等功能，有利于提高报纸的竞争力和影响力。头版新闻是指载于报纸第一版的新闻报道，本书所指的头版包括导读版及之后的第一个新闻报道（非新闻评论）版面，若遇专题版则以就近原则抽取前一日或后一日的报纸为研究样本。

一、新闻词汇：口语化、大众化、网络化

一般认为，报刊语体中书面词语较多，网络语体兼有口语、书面语特点，表现在新词语、外来语、俗语较多。② 新媒体语境下，报纸新闻语体在词汇方面的总体情况是：书面语仍占主体地位，但口语词汇的运用整体增加；文言文词汇数量递减，且高频词范围集中，有常用口语化倾向；形成了融合新闻语体、口语语体和网络语体的新体系。

---

① 徐笛：《新闻业与社会科学的第二次联姻：从量的转向到质的发现》，《新闻界》2018年第11期。

② 李杰：《媒体新闻语言研究》，北京，中国传媒大学出版社2009年，第8页。

165

（一）书面语化、典雅化词汇减少，口语化、生活化词汇增加

样本中文言词汇和文学性词汇使用减少，以适应通俗化语境。这两类词汇是书面语化最主要的表征，而书面化表达是为了达到更委婉含蓄、增加文学色彩、更富诗意的目的。文言词汇简约精练，符合新闻行文简洁、语言精练的要求，但较艰涩难懂、有距离感。

本书所统计的文学性词汇以成语及典雅化明显的词语为主。表5-1统计了《广州日报》1998～2018年头版新闻所使用的文言词汇，数据显示，文言词汇使用数量略有减少，且逐渐转化为相对通俗及常用的字词，如1999年"飨""之虞"和"尔后"等是日常生活中极少用的字词，而2010年以来则多使用普及率较高的文言词汇，如"足以""携"及"赴考"等。

表5-1 《广州日报》样本中的文言词汇

年份	《广州日报》样本中的文言文词汇	数量
1998	逾（4）、见状、举家、实属、一道、一再（2）、招致（3）、赴、见状、据悉（6）、需、之徒、予以（3）、凡、大抵相仿、且、直言相告、苦煞、尚未、与会者、逐一、尤为、百余、闻讯（2）、大疫、翌日、系	42
1999	之虞、列席、尚未、致、据悉（2）、难觅、亦有、喜获、到此、缓行、皆因、尔后、甚远、悬赏、鼓（鼓其如簧之舌）、逾、有识之士、飨	19
2000	嘉奖、与会（2）、不日、尚、据悉（5）、颇感不便、凭吊、从简、兵谏、道、年逾不惑、适逢、如约、待、日渐、问津者、纳妾、方能、赴京	25
2001	据悉（3）、皆因、亟待、分赴、遥相祝福、一行（2）、迄今、设宴、继而、如期、致、阁下、诸多、仍未	18
2002	一行、据悉（5）、致以（3）、缘何、久旱逢甘霖、一俟（2）、难言之忧、此次、共赴、免、闻讯、其、仍、此间、若、已、	24
2003	获悉（4）、诸多、敬请垂注、持、均、暨、有何、抵（2）、则、呈、稍有、如此、即可、陡增、不巧、不日、于、已、银两、堪忧、美其名曰、就、一行、诉诸、惟愿、与会	30

续表 5-1

年份	《广州日报》样本中的文言文词汇	数量
2004	获悉（2）、尚、之、免却、恕、逾、其（2）、之、据悉（3）、故、为（2）、恰逢、甚、不胜、之际、尚在、次席、禁、予以、尚属、普降、赴、有所为有所不为	28
2005	拟、执掌、涉嫌、或（3）、无恙、会晤（2）、务必、磋商、有望、修缮、致信、拥趸、尚、晤、赴、暨	19
2006	鼎甲、伊始、捷报、致信、罹难、契机、有碍观瞻、绳之以法、夙愿、念兹在兹、磋商、行径、征稽、竣工、免去、获悉、质证	17
2007	告罄、尚属、铤而走险、坐镇、驻足良久、迭出、精神矍铄、晤、有望	9
2008	鏖战、拟、切不可、莅临、纾解、荣膺	6
2009	共克时艰、因、灭门、与会、兮、均、就、举、襄	9
2010	携、巾帼、八龄童、涉水、察、举省、致哀思、足以、罹难、步出、荐、云集（2）、何以	14
2011	另、拟、聚首、殒命、有恙、如、殊荣、倾、漫、无恙	10
2012	之、抚、追昔、耄耋、甚、泽被、聚首、抵、十载	9
2013	赴考、逾、或、拟、勘验、均属、垂范、之	8
2014	蹴鞠、一笑置之、淮橘为枳、安之若素、摩肩接踵、轻车简从、驻足、不积跬步无以至千里、宁可食无肉不可居无竹、何其、请缨、谒	12
2015	坐而论道、同仇敌忾、张目（2）、之（2）、拟、仍现	8
2016	之（5）、一行（4）、榜首、于、获悉（2）、据悉（3）、涉、未遂（2）、逾	20
2017	戒惧、适逢、会晤、行、笄礼、四梁八柱、之（2）、逾、修缮、抵	11
2018	获悉（6）、勿、据悉（6）、届时（2）、于（2）、之（6）、赴、乃、至此、亟待（2）	28

注：括号内数字为该词出现频次，1次则不标注数字。

报纸新闻词汇的口语化增强，更平民化。现代汉语词汇可分为典型书面语、典型口头语和通用语（既可作书面语又可作口语）三类，此处只把典型口头语作为口语词汇进行考察。由于新闻的严肃性和大众传媒的公众性，新闻报道呈现出文稿严肃性和语体书面化的特点。笔者关注的是新媒体语境下报纸新闻书面语与口语的变化情况，运用口语化词汇的报道数量占当年样本总数的百分比如图 5-4 所示。可见，书面词汇仍占绝对主体，但口语词汇从 2006 年后整体有所增加，占比多在 20% 以上。

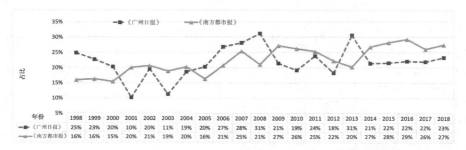

图5-4 《广州日报》《南方都市报》使用口语化词汇的新闻条数百分比
（1998～2018年）

以《羊城晚报》为例，1995～1996年文言词汇和文学式词汇是其新闻语体重要的组成部分，文言词汇如"由是""未几""遂""遁形""堪舆""哉"等，文学词汇如"春雨潇潇""游人如织""坐荫啖荔""踞树擎红"等。两类词汇覆盖面广，所用位置既有重要头条、新闻大标题，又有读者来稿，切合当时报纸严谨、正规、典雅化的语言风格与人们的阅读习惯。1997年起，这两类词汇的出现率有所降低，通俗化和口语化词语增多，如"闹不明白""咋回事""对头""闹翻脸""放马过来"等日常交流常用词。2001年以后，《羊城晚报》头版新闻中习惯性运用口语词汇，"珠水高歌"此类文学词汇数量少且多用于政治类硬新闻，类似"捞一把""搞活市场"这样的表述使用量增加。2008年以来，文言词和文学词的使用减少，在以书面语为主的基础上大量采用浅显易懂、通俗的词汇，且现代感较浓，如"抓狂""半拉子"等。2014年之后，两类词汇的使用进一步减少，如2015年6月7日新闻《全省75.4万学子赶考》用"赶考"而非"赴考"，使用的文言词汇集中在"逾""之"等日常化程度高的语词，多使用"坑爹""拼爹""晒"等新潮网络常用语。此外，新闻中运用惯用语、方言、行语乃至民谚、民谣，以丰富报道内容和语体表达。

报纸新闻中专业术语及简缩词的使用呈增多趋势，且对其进行了通用化处理。20世纪90年代以来，社会现实更复杂，新媒体语境拓展了报纸新闻报道涉及面。在版面的限制下，报纸新闻更追求简洁与准确，多用专业术语和简缩词既可节省版面，又更凸显专业化程度，因此这两类词汇被经常使用，公众也很快地接受了它们。不少专业术语和简缩词由于被新闻经常使用而成为通用语，如"缉私""扫黄打非""DNA""ETC""雾霾"等。同时，报纸新闻更注重对其进行通俗化处理，或采用常用词汇解释专业术语，或通过修辞增强娱乐性和趣味性，如"三姑娘"指嫦娥三号探测器。

(二) 新词语的使用整体呈增加趋势，增强时代性和娱乐性

新词语即新创造的词语，或指示对象是新的，或代表概念是新的，同时，它的形式也是新的。① 新词语体现了时代变化与文化迁移，是直接反映社会生活变化的一种语言现象，政治、经济、社会、科技、军事、人文、体育、教育等方面出现的新政策、新概念、新事物都会直接影响新词语的产生。这是新闻语体多变性的体现之一。本书把流行语（含时代性新创词、网络词汇）、翻新词（旧词新用）和外来词均归为新词语。研究发现，新闻语体中新词语的使用增加，从正面反映了新闻语体的时代性。笔者列举了《广州日报》《南方都市报》具代表性的新词语（见表5-2）。

表5-2 《广州日报》《南方都市报》样本所用部分新词语表

报纸	年份	部分高频新词汇	数量
《广州日报》	1998～2002	大哥大、全国抗洪、法轮功、手机入网、进口车、一国两制、台湾问题、澳门回归、神舟飞船、网友	14
	2003～2006	入世、网上征集、三个代表、电子政务网络、十六大精神、非典型肺炎、恐怖主义、小康社会、科学发展观、羊城通、申亚、泛珠三角合作	16
	2007～2010	金融海啸、最热门、义丐、北优、首善之区、强险、珠三角一体化、经济危机、汶川大地震、G20峰会、村官助理	23
	2011～2014	十二五、限购、自驾游、后亚运、暖企行动、地沟油、廉租房、国际金融危机、正能量、中国梦、网络安全、单独二孩	31
	2015～2018	粉丝、引擎、一带一路、快车道、五玩时代、三旧改造、IC卡、丝绸之路经济带、踩点、杠杆、朋友圈、十三五、打卡、网红、人类命运共同体、吐槽、玻璃心、乡村振兴	50

---

① 符淮青：《现代汉语词汇》，北京，北京大学出版社，1985年。此后，其在一系列论著中均对"新词语"有所论述。

续表 5-2

报纸	年份	部分高频新词汇	数量
《南方都市报》	1999	3+X、阅兵仪式、澳人治澳、神舟飞船、航天飞船、回归、网络致富、网友	12
	2000	春运高峰期、股市、两岸关系、冒顶、包二奶、商品房、十五、上市公司、摘牌、澳门回归、休渔	19
	2001	新世纪、地铁、打工妹、对外开放、黑色星期一、科教兴国、扫黄打非、反塔利班	14
	2002	电脑、唐装、科教兴粤、舆论导向、网上、网民、烂尾、公务员招考、WTO、三个代表、克隆羊	31
	2003	外来工、非典、越战、民工潮、公益、地产商、电脑合成、速递、拆迁模式、禁行区、数据库	26
	2004	非典、禽流感、联网、网络直播、短信、网络诈骗、跨境工业区、小康社会、邮购、奥运、以人为本	21
	2005	物流、相亲、炒房、百度、特首、开发商、关税、短信投票、超女、申遗、世遗、神舟六号、航天员	24
	2006	经济适用房、黄色警报、四金、个税、网民谣言、房价、维和、安全感、官方网站、求职、消费税、绝杀	20
	2007	腐败、房价、农民工、门户网站、创卫、上市、绿色、广佛、灰霾、医改、GDP	28
	2008	手机漫游、网友、博客、博文、拆迁、台独、雪灾、医改、参合、社保、炒地、炒房	30
	2009	15条、金融峰会、货币政策、金砖四国、G20伦敦峰会、国际危机、大学生就业、猪流感、CPI、通胀	32
	2010	实名制购票、平行志愿、网上信访、保障房、限行、三公消费、"被××"（被均等）、CEPA7、"最××"（最牛）	37
	2011	粤Ⅳ标准、幸福感、核事故、房价调控、百度文库侵权、潜规则、讼托、醉驾、"水帘洞"、晒、拉网式	41
	2012	网购、转型升级、乌坎事件、政绩工程、恐婚症、数字时代、雷语、幸福广东、三公经费、晒、双非	33
	2013	史上最严、吐槽、闯黄灯、房姐、雾霾、限奶、调控楼市、坟爷、闯险滩、奔月、房价、低保、正能量	29
	2014	快闪、躲猫猫、晒、单独二孩、中国梦、中法梦、亚历山大、YES或NO、盗图、三公、网络强国、暴恐	21

续表 5-2

报纸	年份	部分高频新词汇	数量
《南方都市报》	2015	秀、摘帽、自贸片区、防火墙、摇号、低碳、计生法、两孩、创客、晒、全面二孩、创新共享、全面小康	22
	2016	限外、互联网+、一带一路、免税店、公租房、大众创业、小确幸、网红、段子手、"最×"、炫富、大V、豪抢	20
	2017	新三板、货币政策、去杠杆、减税降费、雄安新区、共享单车、港珠澳大桥、裸奔、文化+、外类小哥	30
	2018	供给侧、N种、撸起袖子加油干、精准扶贫、独角兽、数据驱动、金主、湾区、智库、一带一路、大IP、粉	27

每个时期的新词语都有时代特点，新词与政治、经济、社会生活息息相关，如"科学发展观""三个代表""入世""非典""粤港澳合作"等均为当年特有的新概念和社会现象，也是民众关注的焦点话题，"房姐""坟爷"这类反映社会不良面的词汇亦是社会热点。一些新鲜提法如"创客""绿色人才""双创"则是改革开放和中国科技发展的见证。这些新词集中关注中国经济发展和社会转型问题。

新闻新词语的使用在数量和性质上都有变化。以《羊城晚报》为例，1998 年，关于网络的词汇已出现但提及率不高。1999 年，网络专用语多而全，且专业性较强。"网民"一词被认为诞生于 1998 年 7 月 8 日①，但 1999 年 1 月之前报纸新闻中多采用"上网人士""来访人""读者""客户"等说法。2008 年之后，网络用语及流行语的使用数量大大增加。

词：草根、一姐、微博、果粉、淘宝、北上、口水仗、晒、挺
短语：零距离、正能量、有木有
特定格式：××热、××荒、××党、××门、××族、××哥、最×、被××

这些时代新词多源于网络，有很高的知名度和点击率，且延伸至现实中成为大众日常生活用语。这些词语或词格简洁而生动地速写出某种社会现象、反映一定背景下的社会和文化生活，并呈现年轻化和平民化趋势，如"果粉""有木有"等词汇的指示对象或使用主体多为年轻受众，而"草根""××哥"等则体现明显的平民化意识。2014 年以来，报媒使用的流行语更贴近新媒介环境下的新生活形态，如"大V""刷脸""点赞"

---

① 1998 年 7 月 8 日，全国科技名词审定委员会公布了第二批 56 个信息科技名词，其中"互联网的用户"的中文名称被确定为"网民"。

"作秀""炫""吐槽""××说三遍""互黑"等。

流行语也是口语化词汇的重要组成部分。《人民日报》2003年、2008年、2013年、2017年使用频次较高的年度网络流行语见表5-3。网络流行语使用频率渐高，表现出报媒对新媒体语境有着更敏锐和及时的感知。语言学界普遍认为网络流行语具有新奇性、流行性、简洁性、不规范性等特点，社会学与心理学领域则认为其具有反传统、求新求奇、减压宣泄、彰显个性等社会心理特征。① 《人民日报》对网络流行语的使用是经过了筛选的，类似"拍砖""粉丝""山寨"等有较强适配性，且更易摆脱原始出处局限的词汇，经受得住时间考验，在传播中不断被赋予新意义；而"上头条""俯卧撑""做人不能太CNN"等具有强烈原始事件背景相关性的词汇，则很难被留存下来。作为国家级党报，《人民日报》使用网络流行语本身就可能成为新闻从而形成二次传播，如"中国梦""点赞""倒逼"等具有正面含义且较规范的流行语更多被采用，如"很黄很暴力"等过于戏谑或消极的流行语则使用频率很低。

表5-3 网络流行语在《人民日报》全年使用次数

年度网络流行语		2003年	2008年	2013年	2017年	总计
2003年	拍砖	0	18	34	2	54
	粉丝	0	38	210	257	505
	灌水	0	17	12	0	29
2008年	山寨	—	4	69	76	149
	雷人/雷到	—	0	25	7	32
	宅男/宅女	—	0	6	9	15
2013年	中国梦	—	—	1874	1647	3521
	光盘行动	—	—	54	56	110
	倒逼	—	—	352	442	794
	点赞	—	—	4	614	618
	奇葩	—	—	29	70	99
	逆袭	—	—	36	56	92
2017年	油腻	—	—	—	48	48
	怼	—	—	—	11	11
	扎心了！老铁	—	—	—	5	5
总计		0	77	2705	3300	6082

---

① 周晓凤、刘鸽：《网络流行语现象的语言文化分析》，《东北师大学报（哲学社会科学版）》2014年第3期。

第五章 新媒体语境下报纸新闻的语体变易

近年报纸新闻使用与民众关心的热点话题有紧密联系的高频新词汇较多，如"打假""医改""三公消费""养老"等。有些词随着时代发展被赋予了新含义，如"蜗居""拼爹""共享"等，这些词汇使用更频繁，可见报纸新闻语体更贴近时代和民众。报纸新闻有语法新潮化特点，如中西结合的创新表达"最 TOP 产品"、具象和抽象名词组合"绿色自信"等，精辟地传递了信息的准确含义，是语法新用的成功范例。

因为社交媒体的流行，2110年，信息传播的发展一日千里，新闻也有很大变革，微博体、微信朋友圈形式在报纸新闻上的使用，使得网络用语大幅出现在报纸新闻中，新闻话语现代化及流行化非常明显。外来词则集中在经济、科技和医疗三个方面，经济词汇比重增大，专业性强，"GDP""CPI"等表示经济指数的词在2003年以后频繁出现，且常处于头版较为醒目的大标题和导读部分。2010年之后的翻新词多为网络热词，如"奇葩""房姐""坟爷""大咖""HOLD 住"等，语体色彩轻松活泼，娱乐性强。

（三）方言词汇的使用减少并通用化，传播范围更广

方言语汇是方言词语的集合体，有狭义和广义两种，前者指不同于普通话的特殊词语，后者则指方言所使用的全部词语，既包括与普通话不同的特殊词语，也包括与普通话相同的词语。此处只以粤方言为主要分析对象，在狭义范畴内寻找案例并兼顾广义范畴来进行比较。《羊城晚报》样本中典型的方言词汇见表5-4。

表5-4 《羊城晚报》样本所用粤方言词汇

年份	样本中的方言词汇	年份	样本中的方言词汇
1995	倾倾计、俾心机、流嘢、锁匙、踩你、孖生	2000	生仔、挤爆、抢闸、
		2001	埋单、搞掂
1996	帮衬、吹咁、call 佢	2002	塞车、揾食、工仔、单车仔、有脑
1997	大阵仗、冇着数（"冇"即没有，是典型的仅存于粤方言中的字）、教仔、蒙查查、猪肉佬、塞车	2003	的士、揾工
		2004	档主、打工仔
1998	打脚骨（指旅途中抢劫财物，又引申喻被迫或勉强的破费）、搞掂、得闲、揾工、帮衬、平靓正、新扎师兄、脚踏车踩来	2005	落力、档主、大老细、北仔、受落、吹水、卡士（"class"的音译，意为层次、档次、格调，粤语口头语）、靓车
		2006	几多、K 歌
1999	靓女、的士、塞车、激我、讲数、马仔、走得快好世界	2007	几多
		2009	靓女、埋单、几多

续表 5-4

年份	样本中的方言词汇	年份	样本中的方言词汇
2010	靓相、睇片	2016	盛意菜（即生菜）；行通济，无闭翳（意为走过通济桥，人生无烦恼）；大头虾（意为：很粗心）；炒鱿鱼；执到宝
2012	踩车、吹水、出街		
2013	太公分猪肉		
2014	靓妆	2017	咸鱼翻身、贺丁头
2015	早晨（早上好之意）	2018	的士、大咖、蒙查查

从表 5-4 可见，1995～2000 年方言词汇总体使用频率较高且使用范围较广，常见粤方言俗语甚至俚语，如"打脚骨""讲数""抢闸"等；多使用狭义方言词汇，如"倾倾计""俾心机""流嘢""吹咩""蒙查查""搞掂"等。它们是广府地区语言文化的体现，有明显本土意味，若不加解释，即便结合文章内容，非粤语地区的人也很难理解其含义。值得注意的是，20 世纪 90 年代中期，《羊城晚报》方言词汇基本出现在"读者来稿""公众议题"等小篇幅、非重要新闻里，很少被运用于正式、重要新闻中，可见对粤方言词汇的使用较为谨慎。本土新闻中有时会使用北方俗语，如"用几句俏皮话对中心团队作出满意的评价"（1995 年 10 月 15 日）、《给大企业开开"小灶"》（1997 年 1 月 15 日）等。从 1997 年起，粤方言词汇才多出现在大版块头版新闻。

2001～2005 年，纯粤方言词汇和俗语俚语的使用频率稍有下降，方言词汇有一定口语化趋势，较多日常生活用语，更贴近生活、贴近大众，亲和力较强，如"有脑""吹水"等词汇体现出一定的幽默意味。

2006 年之后，《羊城晚报》头版较少使用纯粤方言词汇及俗语俚语，所使用方言数量也下降，广义粤方言使用的比例增加；更多使用普及领域广的粤方言，如"埋单""靓""狗仔""的士""走鬼""塞车"等已被普及为全国性流行语言的方言词。

在更大区域通用。① 2009 年以来，方言词的使用更注重简洁，增强新闻娱乐性、趣味性，例如"过堂""粗口""话你知""打乱仗""平靓正""好彩""孖台""叹茶"等。而"炒鱿鱼"（比喻工作被辞退、解雇或开除）一词已被普通话所吸收，在全国普遍使用。

---

① 中国新闻网 2014 年 8 月 6 日新闻《纽约华人小区修路导致大塞车 民众叹出行难》用了"塞车"一词；天津《城市快报》2014 年 8 月 10 日新闻《天津市河东区一的士被撞 液化气罐泄漏》使用"的士"一词；《人民日报》2010 年 8 月 24 日新闻《城市管理须告别"市容本位"》反复用到"走鬼"一词；新华网 2014 年 8 月 18 日《青奥礼仪志愿者点"靓"赛场》，"靓"这个词被广泛使用。

二、新闻句式：简短化、交互性、直观化

句子是由词及词组（短语）构成，能表达完整意思的语言单位。新闻报道中的句子有长句和短句之分，句子从语气上可分为陈述句、疑问句、祈使句和感叹句四种类型。新媒体语境下报纸新闻句子的表现形式发生了一定变化。

（一）短句比例略有上升，阅读难度降低

句子长短是相对而言的，主要由句子的词汇量决定。除了长短，影响理解的还有句子的结构、层次与成分。长句信息丰富，表述严谨，短句活泼明快。① 统计参考现代汉语相关分析标准，以"。""！""？"作为一个完整句子的标志，有些具有明显分隔作用的"："" …… "也可为一句。作为通俗文体，报纸新闻多用短句。

如图 5-5 所示，2002 年是个拐点，自此开始，《南方都市报》与《广州日报》新闻中短句占比上升、长句占比减少，报纸可读性增强。单句多、句子易理解；复句中以单一重复句为主、多重复句较少，分句较短，句中停顿多。

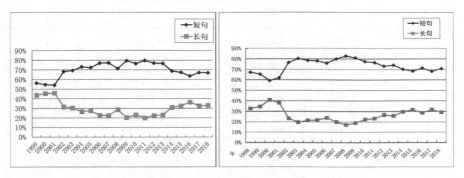

（a）《南方都市报》　　（b）《广州日报》

图 5-5　《南方都市报》《广州日报》长、短句比例

微软公司在研究中发现，人类的持续注意力从 2000 年的平均 12 秒降至 8 秒，同时人类执行多重任务的能力有所提升。可见随着数字技术进步、"手机革命"深入、使用社交媒体成为习惯，不断切换注意力的训练和在不同信息间转换的模式使人类逐渐丧失了对一件事情保持长时间注意力的能力，但可以让人们在短时间内快速筛选信息。布鲁斯·莫顿

---

① 吴云芳：《从句子长度看新闻语体和小说语体》，《语文学刊》2001 年第 5 期。

（Bruce Morton）认为，这是人类渴望更多信息的结果。① 显然，人们对新闻的注意力发生了变化，媒体（包括报纸新闻）更多地在适应这种变化。

"短"报道符合网络时代读者信息接收的习惯，是增强新闻可读性的好办法。"短、实、新"是《人民日报》2019年改版的总要求，"短"不仅指文章短，有的文章虽然篇幅不短，但用创新的形式"取短补长"。获得第三十届中国新闻奖文字消息一等奖的《习近平：我将无我，不负人民》，正文8个自然段419字，结构上没有导语和背景部分。《人民日报》5月29日第2版评论《柳暗花明又一村》，占据不到半版的文章分了54个段落，两三行为一段居多，没有长句、难句，使用短句、短段的版面编排使得长文变"短"，读者更愿意读下去。②

（二）陈述句占绝对主体地位，疑问句有所增多

样本中陈述句是最主要的新闻句式（见表5-5、表5-6）。陈述句多且以肯定句为主，以客观传播信息、消除不确定性为主要职责。祈使句有鲜明意识形态色彩，报道部分会议性质的硬新闻使用了一定的祈使语气，但频率不多。通常用来表达设问、疑惑等感情色彩的疑问句有所增多，体现了报纸新闻注重引起读者注意，或加强语气、突出重点的理念。

表5-5 《广州日报》四种句式所占百分比

单位：%

年份	陈述句	疑问句	祈使句	感叹句	总计
1998	97.3	0.8	1.2	0.8	100
1999	96.8	1.2	0.7	1.2	100
2000	97.2	1.3	1.1	0.4	100
2001	96.2	1.8	0.0	2.0	100
2002	95.5	1.4	1.1	2.0	100
2003	97.5	1.5	0.4	0.6	100
2004	96.8	1.8	0.2	1.3	100
2005	96.2	1.9	0.5	1.3	100
2006	96.9	1.2	0.0	1.0	100
2007	96.6	1.5	0.9	1.0	100
2008	95.2	1.4	0.8	2.5	100

---

① 乔颖：《智能手机让人类专注力下降为8秒 比金鱼少1秒》，见新华网（http://www.xinhuanet.com/world/2015-05/19/c_127814365.htm）。

② 张晓红、王玉凤、李清：《融媒体时代党报版面的守正与创新——〈人民日报〉2019年改版观察》，《青年记者》2019年第19期。

续表 5-5

年份	陈述句	疑问句	祈使句	感叹句	总计
2009	96.0	1.7	1.0	1.2	100
2010	96.4	1.8	0.1	1.7	100
2011	97.5	1.7	0.6	0.2	100
2012	94.3	2.3	1.6	1.8	100
2013	93.2	3.0	1.5	2.4	100
2014	96.0	1.8	0.6	1.6	100
2015	95.2	2.2	1.2	1.4	100
2016	86.2	1.5	11.3	1.0	100
2017	96.5	1.6	1.1	0.8	100
2018	98.4	0.8	0.2	0.6	100

表 5-6 《南方都市报》四种句式所占百分比

单位：%

年份	陈述句	疑问句	祈使句	感叹句	总计
1999	99.2	0.4	0.0	0.4	100
2000	96.0	1.8	0.7	1.5	100
2001	97.5	0.6	1.9	0.0	100
2002	92.5	4.9	1.0	1.6	100
2003	97.0	0.8	0.7	1.5	100
2004	95.5	2.4	0.8	1.3	100
2005	96.6	1.2	2.2	0.0	100
2006	91.0	0.9	8.1	0.0	100
2007	88.0	6.1	3.7	2.2	100
2008	88.8	3.1	5.9	2.2	100
2009	97.4	1.9	0.7	0.0	100
2010	93.9	2.7	1.5	1.9	100
2011	93.4	6.0	0.5	0.1	100
2012	96.7	2.4	0.6	0.3	100
2013	97.0	2.3	0.6	0.0	100
2014	94.1	4.8	0.7	0.4	100
2015	95.2	3.8	0.7	0.4	100
2016	93.7	3.0	2.8	0.5	100
2017	95.7	2.3	0.8	1.2	100
2018	96.1	1.7	1.9	0.3	100

(三) 引述句增多

大量使用引述句是新闻语体特殊之处，它提供了来自新闻当事人、旁观者、专家学者、政府官方等的话语或思想，以增强新闻真实性与权威性。引述句作为"言语证词"补充说明核心话题，同时也是"作者（引者）和引语内容责任分离"（dissociation of responsibility）的一种手段①，即这是一种新闻专业化操作的手法，它们的占比一定程度上表现出报纸新闻的价值与立场变化。

图5-6的数据显示，从2004年开始，非引述句的使用占比下降、引述句占比增加，而且话语主人公范围更广，上自政府要员、专业权威人士，下至新闻当事人或普通百姓，都可在新闻中直接发声，使得报道更真实可信。直接引述与间接引述的语用功能有一定差异，前者有逐字复刻（verbatim reproduce）、不易描写和吸引（engrossment）等功能，② 其口语化表达可使新闻内容更充实、更生动形象，而且书面语中引号的使用能吸引视觉注意力；后者则更精简直接，能体现传播者的主动性、立场与价值观。样本中间接引述句占比较多，常见于政治、经济、科技报道，直接引述句更多用于社会类、生活类新闻。2008年后，直接引述句稍有增加且占比稳定。

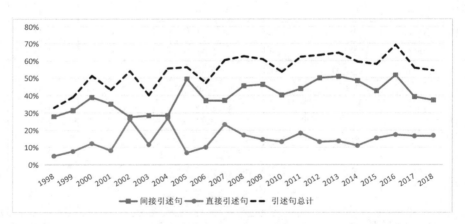

图5-6　1998~2018年《广州日报》《南方都市报》引述句的比例

直接或间接引语的使用频率增加，是"观点新闻化"的一种表现，彰显了新闻生产专业性的规范。传统媒体面对新媒体涌动的喧哗与意见时，以新闻框架和信息思维来均衡传播各类代表性观点，用以调和多元意

---

① 徐赳赳：《叙述文中直接引语分析》，《语言教学与研究》1996年第1期。
② 徐赳赳：《叙述文中直接引语分析》，《语言教学与研究》1996年第1期。

见、构建社会共识。对民间话语与网络话语的"移植"增强了新闻的可沟通性,主要表现在:媒体采用越加多元的表达主体及其形态、更宽泛意义上的意见类和情感类信息,通过借鉴和修辞等对民间话语进行"新闻化"转化,起到构建社会价值认同的共识整合作用。①

(四) 更直接和能吸引注意力的修辞手法使用占比增加

报纸新闻使用修辞的目的是使新闻更新颖和形象生动,提高表达和传播效果,同时一定程度上是映射新闻与受众之间关系的重要表征。新媒体语境下报纸新闻对修辞手法的运用减少并简单化,体现为夸张与对偶明显减少,即新闻更平实,信息化功能增强;设问明显增加,加强互动功能及信息的宣告提醒功能。

此处以《羊城晚报》为例。1995～1999年,样本引用现成语(成语、诗句、格言、典故等)占比最多,而且引用词范围广泛,其中,以民间谚语或俗语为最多,如"杀个回马枪""患难见真情,烈火见真金""丈二金刚摸不着头脑""你做初一,我做十五"等。样本普遍使用文学词汇,如"雁过拔毛""雪上加霜""偷龙换凤"等成语,以及"养在深闺人未识""气可鼓不可泄"等古诗词句,既符合报纸新闻面向普通大众的特性,又力求表现浓重的文学色彩。统计数据显示,在此期间的《羊城晚报》抽样样本运用比喻句14次,以暗喻为主,明喻次之,借喻最少;比拟句4次;14个设问句和2个反问句,出现位置无特别规律。故事化叙事较浓郁的新闻使用设问句最多,如1999年10月15日头版新闻《神兵自天降匪首惊惶　疾风扫落叶余党败亡》,篇幅不长但使用了4个设问句,这些句子突出重点、推动情节发展、设置悬念,能吸引读者的阅读兴趣。

2000～2007年,样本中引用修辞减少,并且减少使用谚语和民间俗语;修辞形式较丰富多样,反语和反复常被使用。设问句的使用比例大幅增加,并多被用于导语或开头等重要位置,社会及民生等新闻常用设问修辞。值得注意的是,此阶段的比喻句和比拟句使用率高,如《羊城晚报》2007年10月10日新闻《绿染广州:三年新造一个半"白云山"》:"'绿色'大步挺进城市。'绿色'站到路边。'绿色'爬上桥梁。与此同时'绿色'也钻进社区、正在布满河涌两岸,甚至是居民楼的屋顶。"接连

---

① 操慧、夏迪鑫:《新闻观点化与观点新闻化——对公共传播视域下媒体话语实践理路的审思》,《西南民族大学学报(人文社科版)》2020年第9期。

四个比拟句体现了广州的变化,"挺、站、爬、钻"四个动词将"绿色"拟人化,使新闻更生动具体,摆脱了枯燥和乏味之气。

2008～2012年,修辞手法的使用少了很多,引用、比喻、比拟手法的使用比例大幅减少。值得关注的是,设问句的使用大幅增加,成为新闻中常用的修辞手法。常见一篇新闻中用几个设问句,且涉及的新闻类型多,社会、民生、经济、政治和教育类新闻均常用设问句。

2013年以来,比喻、比拟修辞手法的使用较稳定,而且集中于常态使用的表达。例如,现行年票制是"一刀切"、年票信息如"雾里看花"、经济下行的"寒潮"。"黑户""僵尸企业"等指代、比拟用法也是读者熟悉的,直接且形象,以增强新闻感染力和说服力。

三、新闻标题:信息量增大、文学性减弱

新闻标题要对新闻内容加以概括或评价,起划分、组织、揭示与评价新闻内容,以及吸引读者阅读的作用。以往报纸新闻标题力求文字简短、内容精练、形式整齐。21世纪以来,为了适应读者快捷性"阅览"行为和浅阅读习惯,报纸新闻标题从价值取向上和形式上都发生了很大变化,更浅显化及直观化,方便读者快速获取和选择信息。此处将样本中的导读一并分析。

(一)标题有加长趋势,信息量增大

如图5-7所示,新闻标题平均字数呈上升趋势,其中主标题字数皆有明显增加。如前所述,新媒体时代的人类有在短时间内快速筛选信息的能力,如果标题信息更明确,就可以满足读者在海量信息里迅速浏览和选择阅读意向的需求。

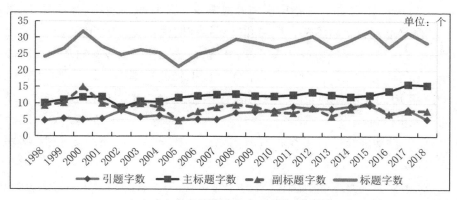

(a)《广州日报》新闻标题的平均字数

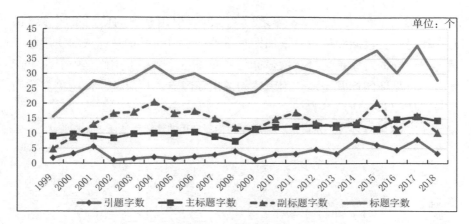

(b)《南方都市报》新闻标题的平均字数

图5-7 《广州日报》《南方都市报》新闻标题的平均字数

如图5-8所示,两报中有一半左右的新闻标题用了数字,标题中数字的使用整体略有增加。标题长度和数字的增加,加强了其信息宣告功能,表现出报纸新闻信息中心前移的理念。正因为标题承载了更多揭示内容与新闻点的功能,新闻才可以更简短。

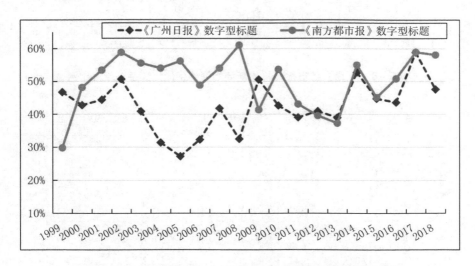

图5-8 《广州日报》《南方都市报》数字型标题所占比例

(二)文学性减弱,修辞形貌化,注重交互感

从表5-7、表5-8可知,样本中新闻标题所使用修辞方式的种类和数量占比均有所下降。2005年之前,对偶、比喻是使用较多的修辞手法,

2005年之后有所减少。2008年之后，设问、引用修辞的使用量明显增加并占比稳定。设问的使用量增加即意味着标题对问号这一标点的使用频率增加，设问的对象是读者，增强标题的交流互动感。引用修辞中引用原话增多，可见新闻标题更多使用引述句突出新闻点，相应地，标题更多使用引号，如图5-9所示。

表5-7　《广州日报》样本新闻标题使用的修辞手法所占比例

单位：%

年份	比喻	比拟	夸张	排比	对偶	反复	设问	对比	借代	引用	双关	无	总计
1998	2.33	2.33	0.78	0.78	5.43	0.00	0.78	3.10	1.55	4.65	0.00	78.29	100
1999	2.67	2.67	0.00	0.00	4.00	0.00	0.00	0.00	1.33	5.33	0.00	84.00	100
2000	5.56	1.11	0.00	0.00	1.11	0.00	1.11	0.00	1.11	6.67	1.11	82.22	100
2001	8.75	1.25	0.00	0.00	3.75	0.00	0.00	0.00	0.00	2.50	0.00	83.75	100
2002	4.60	5.75	1.15	0.00	1.15	0.00	1.15	0.00	0.00	4.60	0.00	81.61	100
2003	2.17	1.09	0.00	0.00	2.17	0.00	1.09	1.09	1.09	2.17	0.00	89.13	100
2004	2.86	1.43	1.43	0.00	4.29	0.00	0.00	1.43	1.43	1.43	0.00	85.71	100
2005	1.27	1.90	0.00	0.00	1.27	0.63	0.00	0.63	1.27	1.90	1.90	89.24	100
2006	0.78	2.34	0.00	0.78	1.56	0.00	1.56	1.56	0.78	1.56	0.00	89.06	100
2007	0.68	1.37	0.00	0.00	0.00	0.00	0.68	0.68	1.37	2.05	0.68	92.47	100
2008	1.32	0.66	0.00	1.97	0.00	0.00	1.32	0.00	0.00	1.97	0.00	89.47	100
2009	1.02	2.03	0.00	0.00	2.54	0.00	2.54	0.00	0.00	1.02	8.63	82.23	100
2010	0.61	1.23	0.61	0.00	3.07	0.00	1.23	0.61	0.61	7.98	0.00	84.05	100
2011	0.58	0.58	0.00	0.00	1.74	0.00	3.49	0.58	0.00	15.1	0.00	77.91	100
2012	1.26	0.63	0.00	0.63	0.00	0.00	1.89	0.00	1.26	10.0	0.00	84.28	100
2013	1.18	1.18	0.00	0.59	0.00	2.37	0.00	1.78	0.00	0.00	0.59	83.43	100
2014	2.96	2.96	0.74	0.00	4.44	0.00	0.74	0.00	0.00	1.48	8.89	0.74	77.04
2015	2.26	3.76	0.75	0.00	3.01	0.00	2.26	0.75	0.75	4.51	0.00	81.95	100
2016	1.22	1.22	0.61	0.00	0.61	0.00	3.66	0.00	1.22	3.66	0.00	87.80	100
2017	1.45	2.17	0.00	0.72	0.72	0.00	1.45	0.72	1.45	4.35	0.00	86.96	100
2018	2.45	1.23	0.00	0.61	1.23	0.61	1.84	0.00	0.00	6.75	0.00	85.28	100

表5-8　《南方都市报》样本新闻标题使用的修辞手法所占比例

单位：%

年份	比喻	比拟	夸张	对偶	设问	反复	借代	引用	双关	排比	对比	反语	无	总计
1998	9.38	6.25	6.25	9.38	0.00	0.00	3.13	3.13	0.00	3.13	3.13	0.00	56.25	100
1999	10.81	2.70	10.81	5.41	0.00	0.00	5.41	2.70	2.70	2.70	2.70	0.00	54.05	100
2000	3.85	1.92	1.92	13.46	0.00	0.00	1.92	5.77	0.00	0.00	0.00	0.00	71.15	100
2001	9.84	1.64	1.64	16.39	4.92	1.64	3.28	6.56	0.00	0.00	0.00	0.00	54.10	100
2002	5.15	1.03	1.03	9.28	8.25	1.03	1.03	1.03	0.00	0.00	0.00	1.03	71.13	100
2003	1.98	2.97	0.99	10.89	7.92	0.00	1.98	0.99	0.00	0.00	0.00	0.00	72.28	100
2004	5.62	1.12	0.00	8.99	3.37	1.12	1.12	5.62	0.00	0.00	0.00	0.00	73.03	100
2005	2.04	2.04	3.06	4.08	1.02	0.00	0.00	6.12	0.00	0.00	0.00	0.00	81.63	100
2006	1.22	1.22	3.66	2.44	3.66	0.00	1.22	4.88	0.00	0.00	0.00	0.00	81.71	100
2007	1.59	0.00	6.35	12.70	7.94	0.00	1.59	6.35	3.17	0.00	0.00	0.00	60.32	100
2008	5.19	5.19	5.19	3.90	3.90	0.00	0.00	11.69	1.30	0.00	0.00	0.00	63.64	100
2009	2.17	1.09	0.00	2.17	3.26	0.00	0.00	3.26	0.00	0.00	0.00	0.00	88.04	100
2010	1.19	1.19	0.00	1.19	3.57	0.00	0.00	3.57	0.00	0.00	1.19	0.00	88.10	100
2011	1.23	1.23	0.00	1.23	3.70	0.00	1.23	3.70	0.00	0.00	1.23	0.00	86.42	100
2012	0.00	1.22	0.00	3.66	3.66	0.00	0.00	6.10	0.00	0.00	1.22	0.00	86.59	100
2013	1.06	3.19	0.00	1.06	3.19	0.00	0.00	11.70	1.06	0.00	1.06	0.00	77.66	100
2014	2.70	5.41	0.00	1.35	2.70	0.00	2.70	4.05	1.35	0.00	0.00	0.00	79.73	100
2015	1.41	1.41	0.00	2.82	7.04	0.00	1.41	5.63	0.00	0.00	0.00	0.00	80.28	100
2016	3.03	3.03	0.00	0.00	6.06	0.00	3.03	3.03	0.00	0.00	0.00	0.00	80.30	100
2017	2.70	1.35	1.35	0.00	5.41	0.00	1.35	9.46	0.00	0.00	0.00	0.00	78.38	100
2018	1.49	0.00	0.00	1.49	4.48	0.00	2.99	5.97	0.00	0.00	0.00	0.00	83.58	100

第五章　新媒体语境下报纸新闻的语体变易

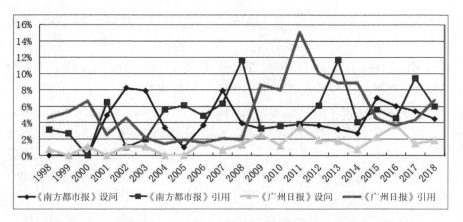

图 5-9　《南方都市报》《广州日报》样本标题使用设问、引用所占比例

　　传统上新闻标题为了版面整洁和简洁紧凑，一般省略标点符号。而报纸新闻标题增强标点符号的使用，体现了修辞形貌化的趋势。陈望道的《修辞学发凡》提出"辞的形貌"就是利用书面语言的形貌进行修辞，即把直接诉诸视觉形象、引人注目的材料当作修辞材料，建构书面语言的特定形貌来刺激读者注意力，增强语言表达效果。数字入题、标点修辞是最常用的形貌修辞辞格。形貌修辞直观形象、生动有趣，具有可视性。

　　仍以《羊城晚报》为例。《羊城晚报》1995～1996年头版新闻中，各种题材和长短篇幅的新闻标题使用对偶非常频繁，如《一串数字　几番硬仗》《感情出岔子　行为出乱子》《春秋四十载广交朋友　商贸八十回再续华章》等。即便公众议题和读者来稿这类小专题，标题也力求字数一致，甚至词性与结构也有所要求，如《一百元露马脚》《三百元被掉包》《上万人苦等水》都是以数量名词为主语的主谓句式。标题的文学气质浓郁，用词考究、讲究意境。如《天下有名酿　坛开小城香》《学子本是栋梁材　可惜南澳去不还》《滚滚黄河抛尸骨　萋萋青草掩断肢》，不直接指向信息，更多是对新闻内容的提炼和情感升华。即使重要程度和篇幅不同的新闻标题，也尽量做到字数和句式一致，长短与格式统一。

　　1997～2000年，对偶标题数量减少且多为宽对偶形式，或只是字数相同，对词性和句式要求不高，如《改得快　好世界》《只字不漏　一抄两千》《读完中学做工　先去入学培训》，56条导读中有6条以宽对偶形式出现。长通讯中的小标题较常用对偶式修辞。追求韵律感和节奏美，形式对仗、文学色彩和措辞精致度减弱，字数处理上有一定宽松度和灵活度。如《不管白狗黑狗，无牌就拉走》《劁猪苦，三更五更寒与暑》《你上网我上网　伊人两眼泪汪汪》《千条线万条线　落到"水里"都不见》，

183

注重词语押韵，朗朗上口，有流畅跳动之感。口语化趋势逐渐明显，日常用词增多，如《不打针，崩了你》《买二手楼十天"搞掂"》《蔡某人荣誉不保官也丢了》《这对狗男女要抵命受死》，现场感强，摆脱了严肃拘谨的官方气息。这种句式以"写——读"的传播方式，带来"听——说"的传播效果，以文字的形式感凸显朗朗上口的魅力。多用比喻与比拟修辞，如《如何再次"腰斩"长江？》画面感强，给人较多想象空间。标题与导读之提示、导引的信息宣告功能不强，常用名词主语或介绍性短语告知大致方向，晓其主旨或重点并不突出，如《广州时装节》《家庭旅馆》《陈道明"从商记"》等。

2000～2007年，新闻标题形式的修饰性相对减弱，修辞手法的使用从讲求形式美到以更具体、生动、形象为目的，多采用通俗大众的语言，口语化色彩更明显，如《哇——千禧宝宝追龙"抢闸"》中的"抢闸"采用了比拟修辞手法。就连报道"广交会"这样的大事件，标题也显示出"亲民"姿态，如《三十万内外客商捧场广交会》《广交会"九十大寿"热闹非凡 一早开门来了几万人》《广交会不搞会场开幕式，宾主抓紧时间进入角色 一开门马上斟生意》《新老展馆喜"广交"》，少了文绉绉的词语点缀，多了亲和自然的生活感。虽仍注重字数一致的形式美，但信息清楚、简洁不含蓄，流行使用"NP+VP"句式（主谓句）标题，如《〈白门柳〉入选中国文库成经典》及《小网迷 家具门窗全都拆了卖》，注重视觉上的整齐划一。文学式句子少，无修辞手法的陈述句多，传递的信息清晰明了。

新闻标题使用标点符号且逐渐多样化，问号和叹号的使用越加常见，如《过路费：一公里收一块钱！》《哗！好大一个"龙"字》《唐装？中山装？》《"〈劳动合同法〉令我丢饭碗！"》《高级程序员考试泄题？》等。标题题末的叹号，或是记者直接表现主观情感，间接表达认知和看法，或是有意识地选择新闻人物感性话语，共同点是希望强化信息的震撼力，增强视觉效果。问号既表达猜测、不肯定和质疑的态度，又能吸引读者参与思考、引起兴趣和关注。修辞手法的使用更明了、更丰富，如《电车甩了"大辫"四围走》运用了比喻；《出城串门一路"高速"》运用了双关；《疾驰火车"伸手"杀人》运用了比拟；《毛油是怎么炼成的？》运用了仿拟。新闻标题多样化，更生动活泼，更具娱乐色彩，有利于提高阅读趣味性。

2008～2013年，标题更开门见山、直入主题，多采用主谓句式直接点明新闻重点，增加使用引用修辞格。继续采用句中和句末标点的方式，

第五章 新媒体语境下报纸新闻的语体变易

如《广州看电影太贵了!》。修辞手法的使用整体有所减少,更注重视觉冲击力,多用对比或具动感的词汇,以迅速抓住读者注意力,如《阿根廷绝杀　杀进世界杯》《控烟三个月　罚款是个0》(用数字"0"即为形貌修辞)。值得关注的是标题数字增多且更精确,尤其是涉及公共事件和经济报道的各种数字,如GDP、CPI指数,工资涨幅、常住人口数等,常常精确到个位,且形貌化以达到强化视觉的效果。新闻标题所赋予的信息量比以往任何阶段都大,且用语和指向性更贴近时代和生活。

2014年以来,主标题的字数虽然增加,但采用短语式对偶、短句式排比的形式,方便读者迅速抓住注意中心,如《拆旧村　造新城　原住民　成富豪》《让国家更富强　让社会更公平　让生活更美好》《更求品质、更重体验、更有个性》。修辞方式的使用进一步减少且更集中。形貌修辞格的使用更多见,设问手法的使用量增加且大多用了问号,如《约吗？今夜博物馆邀您赏月赏花赏文物》中的"约吗？",信息功能不强,却是一个非常有互动感的视觉中心。使用设问时还常"自问自答",或将问号和感叹号配合使用,妙趣横生,如《招聘时先问女性婚否？不可以！》《"电商专供"价格平？可能是销售套路深！》《老广往来港澳不再要通行证？假的！》《广州现埃博拉？谣言！》等。引用娱乐话语或者网络语境的文本,利用新媒体语境的文本互文营造通俗感和亲近感,如《手机话费去哪儿了？下月起电信企业须按月推送账单短信》《只因在新闻中多看一眼　好心人帮助她找到家人》《广东经济释放"洪荒之力"》等,标题中使用"闪辞""吐槽"等网络热词的做法也很常见。这些修辞方式的使用,其着眼点不在于追求形式优美,而是从语言习惯和表现形式上尽可能接近读者生活,缩短与受众的距离。

四、篇章视角：多元视角与或然性结构

一般语言学的篇章分析集中关注文章架构及篇章布局的结构性问题,此处根据研究目的稍做调整。

如图5-10所示,《广州日报》1998年和1999年的新闻平均每篇400字左右,2000～2003年每篇增长至550～600字,2004～2013年每篇长度基本稳定在500字,2014年和2015年平均每篇为550字左右,2016～2018年为550～800字。《南方都市报》1998～2001年每条新闻平均为400～450字,2002～2005年平均为500～550字,2006～2009年为700～900字,2010～2013年为1000字左右,2014～2018年为1250～1350字。这体现出报媒在新媒体语境下并不一味求短,而是以一定篇幅

和容量的新闻凸显专业化新闻生产优势的理念。

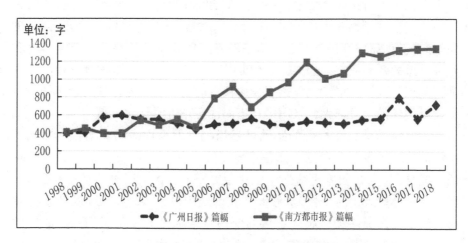

图 5-10 《广州日报》《南方都市报》样本新闻平均篇幅

（一）篇章结构方式有一定或然性趋势

图恩·梵·迪克（Teun A. van Dijk）提出作为一种话语的新闻，其图式结构组配元素有概述（含标题、导语）和故事（含情节、背景、评价），不同媒介新闻文体组配的结构各不相同。李杰认为，网络新闻的语篇结构是以语篇和超语篇语境控制上下文语境，以超链接的语篇语境提供若干种可能的宏观结构，以一种或然性结构让受众自由组合篇章。而报刊和广播电视新闻等传统新闻是一种实然性结构，是通过上下文语境制约语篇的宏观结构。[①]

媒介的限制使得报纸新闻无法突破形式上的线性结构。但是新媒体的影响使得报纸新闻篇章以平面的文本结构追求虚拟的立体超文本结构。新闻追求细节化；将完整的新闻文本切割成分散、零碎、网状的多个信息节点，受众可以自由取阅、随意组合若干节点。最明显的就是将背景资料、解释和观点以链接的模块呈现，构成受众的多元多向度解读。

报纸新闻篇章结构的组成较自由开放，给读者的选择空间更大，而且读者可以更积极和主动地参与事实建构。报纸新闻出现更多层次的标题和小标题，以进行更片段化的文本处理，意味着新闻结构的目录化。《南方都市报》2020年2月25日A12版新闻《我拉着30吨酒精，雪夜穿行3

---

① 李杰：《媒体新闻语言研究》，北京，中国传媒大学出版社，2009年，第11～12页。

省，送到武汉》中，"我"分别是货车司机、华中科技大学广州校友、武汉志愿者，不同叙述主体（即不同的叙事视角）共同构筑一个"接力"式闭环的故事。区别于移动终端竖状分布的文本结构，以及从上到下滑动阅读单篇长文的特点，这种只有纸质版的平面布局才能呈现的散点结构形式，给读者更多阅读选择空间。

（二）突出消息源，视角多元化

新闻视角即新闻角度，是新闻工作者对于新闻事实的观察点、写作报道的立足点和出发点，是凸显新闻权威性和专业化程度的重要指标。它所涉及的是站在什么位置从何处着手去处理新闻素材，怎样表现新闻主题的问题①，也是传播者在主体意识、新闻理念和报道观念指导下对现实生活中复杂信息的甄别和处理过程。具体到新闻文本是传播者从选题和选材两方面，对报道对象、新闻内容和叙事角度的选择。

本章的定量分析只关注事实叙述者视角，呈现的是从谁的眼里看到的事实，即从新闻呈现的叙事角度做简单统计分析。它呈现了记者对新闻事实的某方面选择和理解的角度，是记者新闻观察点和聚焦点的重要表征。图5-11为两报视角概况统计，若无明显角度则标明为"无"，即典型的"上帝视角"。所有新闻都有记者这一叙述者视角存在，但为了更清晰地区分叙述视角，此处统计中记者视角是指新闻中出现明显记者身份的叙事者。统计中不含导读和索引部分的新闻报道。

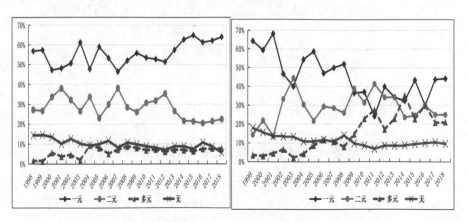

(a)《广州日报》视角立场趋势　　(b)《南方都市报》视角立场趋势

图5-11　《广州日报》《南方都市报》新闻所使用视角立场的趋势

---

① 张荣刚：《新闻叙事框架与新闻视角之关系》，《新闻与写作》2004年第6期。

笔者考察的是新闻叙述的显性视角，并以此为切入点考量新闻角度及新闻专业化水平。样本中没有标明叙事者的"无"明确视角新闻比例下降，由三种及以上身份的叙事者构成的多元视角的使用有所增加，二元视角的新闻在震荡中曲折上升。也就是说，新闻越来越注重标明消息源与意见源；新闻场域中话语权的集中和霸权被打破，越来越多的声音出现在新闻中；新闻叙事技巧的运用更专业和熟练。

随着新闻报道实践的发展，新闻关注对象从国家、政府等官方立场向民众（包括网民）、商业机构的更多元化立场转变。新闻视角的变化，从一个侧面显示出新闻报道的视角从俯视到平视、从"单声道"到"多声部"复调的话语通道、从宣传教育到加强服务的转变；报道关注面也扩大到社会中的方方面面。

其中，简讯、通讯体裁和金融证券、天气资讯类信息更多采用"无"视角，即一种没有明确叙事主体的全知视角，不注明消息源，也不做进一步解读；时政新闻更多使用政府/官方的一元视角；民生类新闻则视角更多元。对新闻解读性的重视使得新闻视角更多元，来自专家与民众的不同声音形成"多声部合奏"，因此一元视角的使用减少，同时二元与多元视角的使用均有所增加。

"本报记者"的叙事视角逐渐被强化，《南方日报》2015年3月11日新闻《钟南山向本报记者展示将提交的建议》、《南方日报》2016年3月12日新闻《本报记者：非公经济机遇在哪》、《羊城晚报》2018年3月3日新闻《赴京履职的全国人大代表接受本报记者采访》，均在标题中突出"本报记者"，报道中"记者"这一叙事视角频频出现，"记者走访""向记者展示"，以及"××报记者"这样标明记者所属媒体的表述屡屡可见。

五、故事文本：借事表情、重叙事与对话

（一）新闻故事化叙述从描写向叙事与对话发展

新闻故事文本既指新闻文本结构中的故事性元素，即采用对话、描写和场景设置等，细致入微地展现事件中的情节和细节，凸显所隐含的能让人产生兴奋感、富有戏剧性的故事；又包括记者的主观意识构建，即发掘事实中的故事因素，以讲故事的形式表现新闻事件。① 此处主要以《羊城

---

① 陈燕：《新新闻主义背景下的新闻故事化文本生产》，《求索》2008年第6期。

第五章 新媒体语境下报纸新闻的语体变易

晚报》为例,探讨报纸新闻的一种讲故事式叙述方法的变化。

1995～1999 年,《羊城晚报》有不少以动作和细节描写取胜的"故事化"新闻,甚至用心理描写来刻画人物,场景描述详细、高度细节还原、过程完整,追求曲折情节,凸显新闻故事性。在此阶段,《羊城晚报》基本上每天都刊登这种故事化新闻,涉及题材广泛,在典型人物报道、说明解释性及调查性报道中都常见。如 1995 年 7 月 15 日头版新闻《英勇无畏 壮哉如航》、1999 年 10 月 15 日头版新闻《神兵自天降匪首惊惶 疾风扫落叶余党败亡》,在保证核心信息真实的基础上,采用场景描写、动作展示等表现事件情节和细节,使得新闻更具冲突性和戏剧性。

> 但是,棘手问题接踵而至:叶成坚团伙在酒店有多少人?叶本人住哪号房?眼下尚不清楚;另外,一旦场面失控,双方驳火,酒店旅客安全不保;更令人不安的是,酒店第二天举行"六一"庆祝活动,届时有上千名儿童、家长参加……
>
> 怎么办?送餐——他们没叫餐;强攻——恐遭歹徒向外扫射累及房客。
>
> 专案组经再三斟酌,决定:将与 1216 房邻近的几间客房腾空,转移客人,全部住进干警;分组监控叶及其团伙的三个房间。
>
> ——《羊城晚报》1999 年 10 月 15 日头版新闻《神兵自天降匪首惊惶 疾风扫落叶余党败亡》(节选)

2000 年以后,《羊城晚报》逐渐增加与政治、经济和科技相关的硬新闻,思想性、指导性和知识性愈加明显,故事化极强的新闻数目减少。故事表现形式从详细和具体的描写转为多用白描以及更多的叙事。《羊城晚报》2006 年 4 月 15 日头版新闻《突袭》也是刑警抓捕犯罪嫌疑人的新闻,比较而言,其描写简化,内容和形式简洁,表达理性克制。

> 七名持枪的便衣刑警,以迅雷不及掩耳之势,踹开房门,冲进一间出租屋内,"不许动!不许动!"三两下就将屋内的疑犯拿下……
>
> 本月 1 日中午,女事主魏某在荔湾区东漖北路茶滘湾商业大厦交通银行提取 2 万元,然后搭乘一辆摩托车往花鸟鱼虫市场行驶,行至花地大道工商银行附近,一辆摩托车快速追来,后座一男子拿出一把刀,割断魏某的挂包带子,并残忍地割伤魏某右臂,抢去巨款……案发后荔湾分局成立专案组侦查,锁定嫌疑人陈某、古某,经过十多天

侦查，昨天终于收网。

——《羊城晚报》2006年4月15日头版新闻《突袭》（节选）

此阶段的"故事化"写法多用于深度报道，如《毛油是怎么炼成的?》《摆摊一德路 当街卖发菜》等生活味较浓的社会民生新闻。新闻的"故事化"着眼于人物的语言引用和叙述上，多通过大量直接引语呈现对话，赋予人物较强生命力，动作描写则没有以往那么详细。人物对话除了让新闻更真实生动，还能引发读者思考，如《羊城晚报》2005年10月15日新闻《关爱独居老人：苦寻电话那头的老婆婆》，呈现记者与郑小姐、独居老人林婆婆的大量对话，这种故事化手段是将时代热点问题具化为生活细节、现实场景，将一个普遍存在的现象转化为个人化的生活体验，又在对话中展现各种社会关系，具有强烈的互动感与参与感。

2008年以来，《羊城晚报》头版新闻导读和硬新闻增多，此阶段的新闻故事化力图既为受众提供对故事的审美感受，又能使其获得重要信息。新闻故事化是为了易读、易接受，是一种受众角度的信息处理方式，以达到新闻深刻性和贴近百姓生活二者平衡为主要目的，而非追求故事化叙事效果。例如《广州上千女士陷"柔婷"骗局》，新闻的故事化体现得不明显，直接或间接引述人物对话依然是新闻故事化的主打方法。不突出情节的曲折性，注重人物的代表性、话题的显著性，将作为新闻的"故事"与作为文学的"故事"明显区分开来，通过故事融合新闻的真实性、接近性、深刻性与趣味性。

第二步 推销终身卡 套你没商量

……店长还许诺："拿着这张卡，在全国任何一家柔婷连锁店，都可以享受免费服务"。

"在买终身卡时，我们确实怀疑过。但店长说你绝对可以放心，'柔婷'是一家集科研、生产、销售、服务、休闲为一体的大型化妆品集团公司。它在全国30多座大中城市有4000多家标准化国际连锁美容美体店。"

——《羊城晚报》2009年3月18日头版新闻《广州上千女士陷"柔婷"骗局》（节选）

再以"故事性"叙事最集中的故事新闻这一文类为例，比较其"故事化"叙事方法的发展。《羊城晚报》1998年几乎每期都有故事新闻，

第五章 新媒体语境下报纸新闻的语体变易

2002年以后"新闻故事"栏目减少,而且故事新闻多以新闻个案形式呈现。《广州日报》2002年3月7日"民工故事"栏目中的新闻《户口,让我们如此心痛》:"记者倾听来自各地的代表讲述着他们身边的民工进城故事",并以"故事一""故事二""故事三"平铺三个个案。与以前的新闻故事相比,共同之处是都没有体现记者的采访过程与视角,采用故事叙述口吻;不同之处是篇幅短小,功能上不以故事叙述为主而以提供新闻个案为主,叙述上不以煽情和描写为主而更注重客观性,以概貌性描写与叙事为主。《羊城晚报》2005年3月2日A3版专题报道《大年三十顺应民情放大假?》中的组成部分,不追求曲折情节,记者遵循客观真实原则,以亲历现场、记录事实为己任,是以"个案"方式进行故事化叙事的案例。

下班"抢"菜,差点没了年夜饭

"想起今年大年三十那顿年夜饭,我现在还觉得心慌",陆英娣是广州一家银行的柜台营业员,除夕那天一到傍晚下班,陆英娣就直奔菜场。

——《羊城晚报》2005年3月2日A3版新闻《个案篇 除夕不放假 麻烦还不少》(节选)

2007年一些冠以"故事"的栏目中,新闻的故事性叙述减弱,背景、解读及评述的部分增多。如《广州日报》3月4日A3版"股民故事"《借助股改重组机遇 中小股民逆势暴富》,前三段是新闻背景材料,第五段是背景,第六段是解读,只有第四段是故事和观点:"在广州天河工作的普通白领窦先生,正是看准了海信科龙两家国内知名企业强强联手的题材,在2006年底购买了8万元科龙股票,不到两个月,这笔投资资金已经变成了12.2万元。"

报纸新闻的故事文本从注重细节和心理描写向更简洁和动态的叙事方式转变,注重运用对话体,语言修饰减少,更多为平直的叙事风格。

以对话或直接引语构成新闻篇章主要部分的做法越来越常见,即便是两会报道这样偏"硬"的新闻也通过对话场景的展示增强故事感,如《南方都市报》2015年3月9日A18版《刘悦伦:你写方案 我来落实》《代表们齐记忆儿时踢球时光》两条新闻,都是由对话场景构成报道内容。

"你们干了赶快往省里报。"

"你写个方案给我,我回去研究。"刘悦伦立刻表态。

"我代表所有中小企业谢谢你。我宁愿拿你1个亿的借款,不愿拿你500万的补偿。这样就能很快实现技术改造,这才是我们企业家的真正需求!"梁凤仪说。

这时,广东省发改委主任李春洪也插话了:"你们干了赶快往省里报,可以在全省推广。"

——《南方都市报》2015年3月9日A18版新闻《刘悦伦:你写方案 我来落实》(节选)

(二) 弱化情感色彩,借事借话表达情感

所谓新闻情感是指采访人在受到新闻事实刺激时迸发出来并在新闻作品中有所体现的一种心理反应,是新闻源与新闻记者相互作用的产物。① 新闻追求客观真实,但总带有某种主观判断和意图。法国新闻学家贝尔纳·瓦耶纳(Bernard Voyenne)说:"要做到客观是很难的也是自相矛盾的。因为从根本上说,人们想报道什么事情,这本身就是思想的产物,必然会有报道者智力的加入,因而也必然会包含个人的系数在内。"② 新闻情感主要通过新闻语言体现出来,在新闻传播中有不容低估的效用和价值,当然夹杂过多个人情感因素则会影响新闻的客观性和真实性,不符合新闻专业化要求。此处通过有无运用具情感色彩的词语和句子来进行区分。头版新闻的局限性使得其在情感的体现上不如其他版面突出,但仍可作为一个窗口考察新媒体语境下报纸新闻语体有无较明显的情感色彩。

图5-12数据显示,无直接情感表达的新闻占多数,并呈整体增加趋势。笔者以《羊城晚报》为案例,梳理报纸新闻情感表现形式的变化历程。

洁白的鲜花、翠绿的文竹,环绕着黄振宇的骨灰盒,为救人而牺牲的好青年黄震宇终于又回到了家……

尽管壮志未酬,但黄震宇依然活在人们心中。

——《羊城晚报》1995年10月15日头版新闻《学子本是栋梁

---

① 马琳:《论新闻情感》,《学术交流》2001年第3期。
② 〔法〕贝尔纳·瓦耶纳:《当代新闻学》,丁雪英、连燕堂译,北京,新华出版社,1986年,第34页。

材　可惜南澳去不还》（节选）

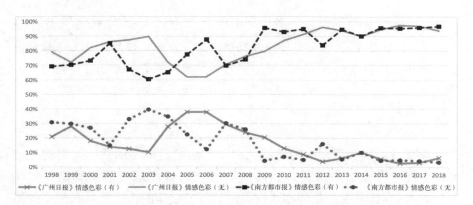

图 5-12　《广州日报》《南方都市报》新闻报道的情感色彩比例

记者对人物的直接评价及感情的直接宣泄是记者情感态度的投射。在上例中，记者直接抒发感情，表达自己对新闻人物或事件的感情态度，借以强化新闻主题思想并影响受众，增强新闻表现力。

　　记者以饮食店老板的身份走进了窝棚，迎面就看见一口大锅正在煮东西，里面全是黑黑的猪油。一个打工仔汗流浃背地往灶里添柴火，一边用一只大铁铲在油锅里搅动。油锅上面吊着两袋东西正往下面滴油，打工的大伙子说那是油渣。油锅旁有一排大油桶，还有一些小桶里面装着已炼好的黑猪油。在窝棚的地面上，到处都有一堆堆还未榨的猪板油、花油，上面黑压压地爬满了绿头苍蝇。
　　——《羊城晚报》2002 年 10 月 15 日头版《毛油是怎么炼成的?》（节选）

这一阶段新闻多通过细节描写间接表达情感，较少直抒胸臆，记者通过人物的细小神态动作、环境和生活细微变化、事物具体特征等表达情感态度。借景融情成为最普遍的新闻抒情手法，记者不直接表露心声，而是将情感隐藏在对客观事物的描述之中，不着痕迹地表达感情。此外，通过拟人、比喻及引用等修辞来表达感情的方法在此阶段也很见，前文提到此阶段《羊城晚报》新闻修辞多，也是新闻情感的间接体现。

下例运用比喻和拟人表达情感，自然真切、生动形象且洋溢着喜悦之情。

> 从空中俯视南粤大地，可以发现高速公路的"纹路"越来越密——北看，京珠高速公路粤境段上货车如龙；西望，开阳、西部沿海高速公路像一双强有力的臂弯将珠三角和粤西紧紧拥抱；……
> ——《羊城晚报》2004年1月15日头版新闻《全省地级市 市市通高速》（节选）

2008年之后，新闻中的情感色彩不甚明显，记者的情感投射更不明显。下例新闻文字通俗易懂、简洁平实，记者情感表达更隐蔽，如用"华哥"这样极具生活化的称呼指代市长，轻松活泼，拉近其和群众的距离；用"市长应邀骑车"来关涉环保大问题，逐步深化对城市建设的讨论。记者赞扬的情感、肯定的态度融入新闻自身框架设置和表达方式之中，情感表达与事件叙述融为一体，不借助明显的表情手法，叙事框架和情感表达契合度高。

> 从7月1日起，"拜客广州"负责人陈家俊连日发微博，力邀市长陈建华骑自行车畅游广州，并请缨当陈建华的导游，"一边吹水，一边为广州绿色出行出谋划策。"……面对一波又一波邀请浪潮，"华哥"是否应邀？……昨晚又传来消息：与华哥骑车的时间就定在15日！
> …… ……
> 对此，陈建华回应说，踩单车确实是一个环保出行的方式，他鼓励大家少点开私家车，多选择其他出行方式，例如搭地铁、踩单车、步行等。市政府将会更努力建设好公共交通系统。
> ——《羊城晚报》2012年7月15日A版新闻《"华哥"今早绕白云湖踩单车》（节选）

借用新闻人物的话语来间接抒情也是重要方法，大量人物对话语言是记者传情达意的载体和工具，尤其情绪冲击力较强的话语容易引起读者的有意注意。微观层面上对词汇的选择和运用，表达出一定的情感倾向，例如《羊城晚报》2016年10月12日A15G版新闻《被坑年轻人痛说"亮碧思"噩梦》中的"痛说"、《海峡导报》2017年4月5日第16版新闻《日本中小学竟要教孩子们"拼刺刀"》中的"竟"，均形成间接抒情的效果。

第三节 新闻语体视阈下的报纸新闻文体

传媒通过新闻语体建构一定的新闻语境,从而与受众产生关系。而受众消费新闻,不仅消费新闻内容,还同时消费承载新闻的媒介形态,消费新闻的表现形式及其背后的价值观。此节进一步从新闻语体角度系统考察新媒体语境中之报纸新闻文体。此处把报纸新闻语体视为一个整体进行考察,没有细分消息类、通讯类等不同体裁的语体特点。

一、信息宣告和注意力功能增强

(一)标题的信息功能增强,注意力和新闻点前置

报纸新闻句式的直观性特点明显,新闻信息中心前移而且更强化。新媒介语境下读者需要第一时间了解信息并快速做出选择,标题的形式美让位于内容的直白表达,概括新闻事实的主谓式写实型标题成为主要形式,点明新闻重点,信息指向更清晰、更直接。20世纪90年代,报纸新闻标题简洁又整齐,长新闻与短新闻、重要新闻与次要新闻的标题长度、结构基本相同,以单行、双行标题为主,言简意赅,但信息中心不突出。而在当前报纸版面中,新闻标题成为信息宣告的重要手段。

新媒体语境下报纸新闻标题增长,增加了数字表达。图5-13显示了2005~2020年广东新闻奖获奖新闻标题的平均字数,主标题稳定在12~16字,总标题平均字数有明显上升趋势,2016年达到峰值的45个字,相比2005年的27.2个字、2006年的25.8个字,升幅明显。长标题的新闻点更丰富元素更多,这意味着新闻将信息诉求前移至标题,最大化满足读者阅读选择的便捷需求。《羊城晚报》2010年8月23日获奖新闻的标题为《上市房企:左手借债 右手囤地——62家上市房企负债逾6000亿,16家企业负债同比增长100%,最高的ST兴业负债率达844% 潘石屹公开表示,开发商借"土地银行"增加公司市值,泛海建设某地块囤5年收益200亿元》,该副标题里体现了两个重要信息点。2014年,获"好标题奖"的新闻《请来"凤凰"代言 未能书写"传奇" 华亮灯饰老板失联 欠发工资150多万》(《中山商报》2014年10月30日),副标题是《公司注册资本过千万,几个月前还举行产品推介会 人社及公安部门已介入调查,员工变卖设备发工资》,既生动形象,

又具体鲜明。

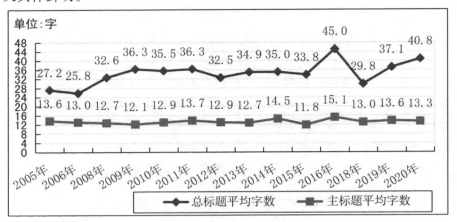

图5-13 2005～2020年广东新闻奖获奖新闻标题平均字数

长标题及通栏横题成为流行趋势,把"办报办题"与"看报看题"的新闻理念演绎到极致,甚至有把提要放进标题的趋势。这体现了报纸新闻在长标题容易喧宾夺主、冗长而造成读者视觉疲劳的劣势,以及承载更多信息、满足读者扫描式阅读需求、提高阅读选择率等优势中的一种取舍。以前报纸新闻主标题一般为10～12字,现在常见20字以上的主标题;副标题提要化明显。《21世纪经济报道》2010年9月1日2版头条新闻《黄氏底牌的背面:国美非上市门店净负债20亿——北京国美累计向鹏润地产输血30亿左右;"非竞争协议"要求黄光裕控股30%以上,若低于此比例,则协议失效》,主标题为20字,副标题长达近50字。《羊城晚报》2013年3月4日A4版新闻《全国政协委员陈红天:"我觉得中国房价没有泡沫"——打都打不烂的不叫泡沫;政府应关注租不起房的人,大量建廉租房》全文344字,标题就达52字。

从篇章的信息安排来看,标题和导语包含新闻事件要素的自足度与结构完整度成反比,完整自足者篇章结构松散。① 如《羊城晚报》2013年3月4日A4版新闻《高考考外语"是一个悲剧"》,副标题为《据其调研,九成大学生毕业后用不上外语;因此考外语是'劳民伤财''其他课程全耽误了'》,长标题将新闻内容提要化,使受众注意力前移。这给新闻结构带来的影响是:打破了结构完整性,没有导语,甚至没有开头;挤压式传播,压缩叙事空间,把要点甚至最具新闻价值的背景和数据等元素压缩

---

① 李杰:《媒体新闻语言研究》,北京,中国传媒大学出版社,2009年,第12页。

第五章 新媒体语境下报纸新闻的语体变易

进标题后,正文的叙述简洁,且由于不需要起承转合,段落更具跳跃性。

新闻标题中出现大量数字信息,注重"用数字说话",将新闻事件中最具表现力的数据呈现出来,读者在扫描式阅读时能快速抓取关键新闻信息。报纸新闻更多以数字入题,是从信息抓取的注意焦点出发,以直接宣告数字来达到概貌修辞的视觉化效果,如2006年3月5日《南方日报》头版《暨大今年内外招生比例仍为1:1》,以数字呈现的"1:1",成为视觉注意焦点。2011年获得广东新闻奖报纸新闻消息类与通讯类一等奖作品的标题中,涉及数字的占比为56%,例如消息类有《逾43万车主自愿停驶"礼"让大运》(《深圳特区报》)《787死魂灵混进广东新农保》(《广州日报》);通讯类有《两车先后碾过两岁女童 十多冷血路人见死不救》(《羊城晚报》)《试管婴+代孕富商生下"8胞胎"》(《广州日报》)。

新闻标题以本土化视角,突出更通俗和生活化的信息点,将其作为注意中心,甚至为此有时出现文题不完全对应的情况。《广州日报》2011年3月3日A6版新闻《巩汉林赞广东平价超市》,内容是关于明星委员们的提案亮点,标题却提取最本土、最市井的一句话。更口语、更通俗的方言入题也是一种明显的本土化处理,如《南方都市报》2012年3月6日A7版新闻《"发展农业保险,绝对有采纳我地嘅意见!"》。

报纸新闻标题的注意力功能更突出,新闻语言发挥了更多宣告作用。《广州日报》2003年3月3日头版新闻《本届全国政协委员中有51位名人之后"毛家三姐妹"齐聚政协》,把媒体认为最具新闻价值、最易吸引受众的新闻点放到主标题中,然而,事实上在正文中只有一句"继妹妹李讷、嫂子邵华之后,毛泽东的大女儿李敏今年第一次出现在全国政协会议的现场"与"毛家三姐妹"有关,占新闻1/20的篇幅。

新媒体引发的"标题党"之争虽褒贬不一,但其在新闻标题中凸显新闻的焦点,更追求趣味性、幽默性和娱乐性,甚至加重悬疑色彩等,以吸引受众眼球进行下一步阅读的做法,影响了新闻业态。报纸新闻标题注重运用网络语、双关、借代等,口语化、提问式、数字式标题增加,注重煽情元素,更多从受众角度出发,例如运用"我""你"第一、第二人称,目的也在于吸引读者的注意力。

(二)信息点的抽取使得叙事更有跳跃性

2006年以来,报纸新闻更注重使用数据作为信息点对新闻事实进行提炼。图5-14是《南方日报》2006年3月4日第4版的"京粤博客"

专版“调频”栏目，将对记者证等级、安检门、委员数和政协提案办复率四个方面新闻事实的提炼，用“D2”“3”等四个数字列出，数字作为新闻重要信息点被抽离出来解读。2011 年，《南方日报》开设栏目“论数”“数字点睛”，有意识地将数字作为视觉注意中心，3 月 9 日的“论数”把预算报告中的数字单独列出进行述评，“数字点睛”则将代表、委员讲话中的焦点数字列出来（如图 5 – 15 所示）。碎片化处理虽适合一览式阅读，但不利于受众对事实完整性的了解。

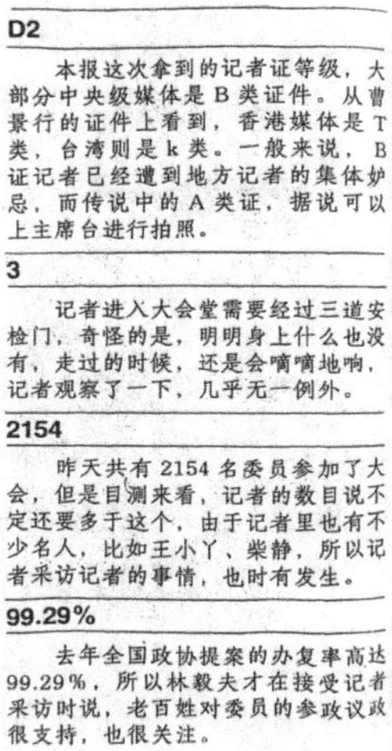

D2

本报这次拿到的记者证等级，大部分中央级媒体是 B 类证件。从曹景行的证件上看到，香港媒体是 T 类，台湾则是 k 类。一般来说，B 证记者已经遭到地方记者的集体妒忌，而传说中的 A 类证，据说可以上主席台进行拍照。

3

记者进入大会堂需要经过三道安检门，奇怪的是，明明身上什么也没有，走过的时候，还是会嘀嘀地响，记者观察了一下，几乎无一例外。

2154

昨天共有 2154 名委员参加了大会，但是目测来看，记者的数目说不定还要多于这个，由于记者里也有不少名人，比如王小丫、柴静，所以记者采访记者的事情，也时有发生。

99.29%

去年全国政协提案的办复率高达 99.29%，所以林毅夫才在接受记者采访时说，老百姓对委员的参政议政很支持，也很关注。

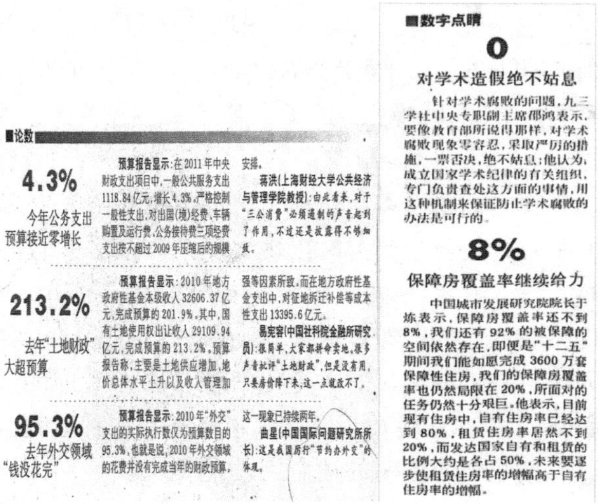

■论数

4.3%

今年公务支出预算接近零增长

预算报告显示：在 2011 年中央财政支出项目中，一般公共服务支出 1118.84 亿元，增长 4.3%。严格控制一般性支出，对出国(境)经费、车辆购置及运行费、公务接待费三项经费支出按不超过 2009 年压缩后的规模安排。

蒋洪(上海财经大学公共经济与管理学院教授)：由此看来，对于“三公消费”必须遏制的声音起到了作用，不过还是披露得不够细致。

213.2%

去年“土地财政”大超预算

预算报告显示：2010 年地方政府性基金本级收入 32606.37 亿元，完成预算的 201.9%。其中，国有土地使用权出让收入 29109.94 亿元，完成预算的 213.2%。预算报告称，主要是土地供应增加、地价总体水平上升以及收入管理加强等因素所致。而在地方政府性基金支出中，对征地拆迁补偿等成本性支出 13395.6 亿元。

易宪容(中国社科院金融所研究员)：很简单，大家都拼命卖地。很多声音批评“土地财政”，但是没有用，只要房价降下来，这一点就改不了。

95.3%

去年外交领域“钱没花完”

预算报告显示：2010 年“外交”支出的实际执行数仅为预算数目的 95.3%，也就是说，2010 年外交领域的花费并没有完成当年的财政预算，这一现象已持续两年。

曲星(中国国际问题研究所所长)：这是我国厉行“节约办外交”的体现。

■数字点睛

0

对学术造假绝不姑息

针对学术腐败的问题，九三学社中央专职副主席邵鸿表示，要像教育部所说得那样，对学术腐败现象零容忍，采取严厉的措施，一票否决，绝不姑息；他认为，成立国家学术纪律的有关组织，专门负责查处这方面的事情，用这种机制来保证防止学术腐败的办法是可行的。

8%

保障房覆盖率继续给力

中国城市发展研究院院长于炼表示，保障房覆盖率还不到 8%，我们还有 92% 的被保障的空间依然存在，即便是“十二五”期间我们能如愿完成 3600 万套保障性住房，我们的保障房覆盖率也仍然局限在 20%，所面对的任务仍然十分艰巨。他表示，目前现有住房中，自有住房率已经达到 80%，租赁住房率居然不到 20%，而发达国家自有和租赁的比例大约是各占 50%，未来要逐步使租赁住房率的增幅高于自有住房率的增幅。

图 5 – 14　《南方日报》2006 年 3 月 4 日“京粤博客”

图 5 – 15　《南方日报》2011 年 3 月 9 日“论数”“数字点睛”

同时，更多的网络组稿对报纸新闻结构也带来了冲击。博客尤其是微博兴起后，报纸新闻中不少以块状结构对网络信息进行重新梳理及整合，突破金字塔或倒金字塔等传统新闻结构，常常采用“几问几答”“支持、反对、中立”的结构，叙事上有很强跳跃性。如《广州日报》2013 年 1 月 3 日 A10 版新闻《土豆？地球!》，把网友意见、说法梳理成若干方面予以呈现：

……美国航天局在其中文微博上贴出了一张地球照片，却让一干网友们纷纷大呼想不到……

“@ NASA 中文”在贴图的同时作了说明：“从太空看……

对于这样一张照片，很多网友都大呼没想到地球竟会这么

第五章 新媒体语境下报纸新闻的语体变易

"丑"。

"Rise-Tm"很激动:……

网友"张马驰"就说:……

——《广州日报》2013年1月3日A10版新闻《土豆?地球!》(节选)

2014年世界杯期间,《新快报》"世界杯朋友圈"版模仿微信朋友圈的形式进行人物报道;同年6月18日,《南方都市报》"朋友圈"版新闻《李贻伟和他的佛山朋友圈 和马布里打过球 和企业家侃音乐》转载率很高、影响很大,其小标题分别是:"运动圈:和马布里过过招的'大哥'""书友圈:常向人甚至是上司荐书""老板朋友圈:和老板聊交响曲 聊出合作",结构和叙事有很强跳跃感。

二、文体互渗带来娱乐化、碎片化

"文体互渗"是指不同文本体式的相互渗透融合、相互激励,以形成新的结构性力量。① 这是一个普遍、古老的现象,新闻文体亦有互渗现象,只是新媒体使新闻文体之间的相互渗透变得更普遍、快速、显性和直接。报纸与新媒体、各种语体的文体边界被打破,不同体裁、言说方式相互渗透。

新闻语体具有相对稳定长效的功能域,同时为了满足新闻传媒的创新发展、适应社会需求,借用、吸收他体的语言体式和功能手段,以丰富其结构表达系统,拓展传播功能域。祝克懿把新闻语体的交融归为四类:新闻语体与文艺语体、政论语体、科技语体、公文语体的交融。新闻语体既接纳与新闻学邻近学科的优质元素,又吸收古典文学优良传统,集中体现在词汇的变化上。②

报纸新闻的词汇融合性增强,表现为:增强口头语与书面语的融合、网络用语与报章语体的融合、通用语与方言词汇的融合,与时代结合更紧密。用语更贴近时代、贴近生活,凸显鲜活的生活现实感和现代感。报纸词汇的多样化趋势更加明显,口语化程度较高的日常生活用语、新词汇和专业术语的使用比例有所增加。狭义的方言词汇使用比重下降,多采用广义的方言词汇。这也是新闻工作者意识理念变化的一种表现。

---

① 方长安:《现当代文学文体互渗与述史模式反思》,《湘潭大学学报(哲学社会科学版)》2008年第6期。

② 祝克懿:《新闻语体的交融功能》,《复旦学报(社会科学版)》2005年第3期。

报纸和新媒体之间的内容互通频繁,一些新闻事件在互联网广泛传播,随之产生了网络热词,如"俯卧撑""打酱油"等,它们又迅速被报纸新闻吸收,更普遍地融入报纸语体中。特别是新闻标题这样的重要位置,"交融语体"表现方式近年非常明显。《人民日报》2010年11月10日头版头条新闻标题《江苏给力"文化强省"》运用了网络词汇"给力",折射出一向严谨严肃的党报顺应网情民意的趋势。在百度搜索中以"去哪儿了"为关键词搜索新闻标题,相关新闻约有822万篇,以"给力"为关键词约有733万篇,以"走起"为关键词约有401万篇。① 这足见网络语言在新闻标题中被提及的频次之高。《广州日报》2013年12月3日新闻《创业板暴跌逾8%》用了"哇噻""郁闷""暴跌""受不了""惨绿"等口语词汇和网络常用词。

报纸新闻融合更多、更流行的网络热词,成为时代语言的载体。翻新词以及"语法新用"的使用,新词汇中网络用语和流行语增多,使得新闻语体轻松活泼、新潮时尚。它们的语意往往更多样、更凝练,年轻化、平民化,诙谐幽默,拉近新闻与民众的距离,受众容易产生代入感。

娱乐话语和网络话语入题,新闻语体更鲜活及娱乐化。严肃的时政新闻更通俗,趣味性增强。2010年,《南方日报》在时政类系列深度报道"深读广东厅"中开设"两会'苏珊'"专栏,3月10日刊登了系列报道中的首篇新闻《苏珊们,你们准备好了?》。这组新闻借用英国选秀节目中苏珊大妈这一来自基层的符号,表达把时间、版面最大限度留给来自基层的代表、委员的理念,"让时政报道可读耐读"②。

与新媒体文本特点相对应,报纸新闻篇章与句式有碎片化及跳跃化的特点。报纸在与新媒体的共动中,形成了新闻生产流程中采访、写作、编辑环节的即时性和切割化运作,使新闻篇章结构渐趋版块化与碎片化,传统较为封闭与规范的新闻语体常常被打破,完整性被弱化。2010年以来,微博、微信大量介入新闻采访和报道,多渠道、多手段、多符号、多终端的采访报道和呈现,给报纸新闻语体带来一定影响,访谈中不少记者也认为,报社所要求完成的"即时稿"对报纸新闻的结构和语言会有影响。相较于以往报纸新闻更注意统筹整体感、报道全局观、书面化语言、更宏观视角的范式,微博、微信介入后,多场景的全局性报道减弱,版面统筹更重现场镜头感;受采集内容多样的影响,成文结构零散、体裁多样,整

---

① 搜索时间为2014年6月25日8:00。
② 徐林:《让时政报道可读耐读》,《南方日报》2010年10月22日特20版。

体性被削弱，语言运用也更为灵活。赵雪以《人民日报》为语料，认为融媒体时代传统媒体新闻呈现出主体部分阙如、内容相关的消息共用标题等现象，在结构层面上趋于简化。①

三、简洁、通俗、平实以提升理解度

（一）淡化诗化的语言，修辞手法趋于平实直白

报纸新闻简化修辞及减少使用修辞手法，增加使用更浅显、更易理解的修辞格，注重用说明性、介绍性、解读性语言叙事，追求表达清晰、描写准确、生动有趣。1998～2003年，报纸新闻注重使用对偶修辞，带来较强的形式美，文句优美。2004～2008年，报纸新闻则更多使用借代、比喻、拟人的修辞手法，以达到形象具体、事实明白的效果，如《广州日报》2004年3月8日头版新闻《广东产品要多拿"单打冠军"》标题中的"单打冠军"，以及正文"广东现在是团体冠军，必须拿更多的单打冠军，团体冠军的位子才能坐稳""只会生孩子，不善取名字"，均是对产品生产和推广运用的比拟修辞手法。2009年以来，新闻更多以事实细节表达情感和态度，趋向运用较具普遍性的修辞手法增强幽默感和趣味性，如《广州日报》2011年3月2日A4版新闻标题《发热时应该喝杯凉茶》针对房价问题运用了比喻修辞。2013年之后，新闻中对比喻、比拟、设问的使用比例较稳定。

信息时代要求语言更具黏性、更直接，以便受众花较少时间获得较多信息和较深印象，简洁之美成了报纸新闻语言所追求的目标之一。报纸新闻的句子和篇章结构淡化韵律性，减少使用注重形式美的修辞，暗喻及双关等深层的修辞格较少使用，设问、引用这类致力于帮助内容理解、相对浅表的修辞格使用增加，表达更明确、更直白。抒情性语体减少，追求句式的实用性、信息性。

（二）词汇和句式更直白明确、口语化，易懂易读

报纸新闻的文学色彩减弱，日常用词使用增多，句子表达流畅，采用无过多修饰、通俗的语言，减少了语句强调舆论引导的约束。书面语句子较长、句法结构较严密，口语句子一般较短、结构较松散。报纸新闻短句增加、句子结构简单、停顿多，有口语化趋势。以单句和一重复句为主，

---

① 赵雪：《融媒体时代的新闻语体》，《当代修辞学》2019年第5期。

表达简练清晰、易理解。广东新闻奖消息一等奖——《羊城晚报》2013年10月17日A5版新闻《广州市委各部门晒"三公"首开全国决算公开先河》中有12个短句,全篇短句率达67%,其中长句停顿多且节奏快,如:"今年9月,广州有22个街道公布了2011年'三公'经费决算,合并后的18条街道公布了2013年部门预算,成为全国首个实现三级政府'三公'经费全面公开的城市。"这是结构相对简单的一重复句,朗朗上口。

新闻中减少使用文言词汇和文学词汇,注重口语化、生活化。新闻语体逐渐融入了口语语体的色彩,词汇选择上更注重"亲民"。书面语相较于口语,最大特点是需要充分酝酿、斟酌字句,调动多种语言要素,展现语言形式美,更含蓄、耐推敲。报纸新闻语法上也有不少新潮化的现象,最典型莫过于"副词+名词"用法,如"很绿色""很男人""非常男女"等,虽不符合严格的语法使用标准,却并不影响意思的准确表达,反而能更增加语言的亲和力与活力,让新闻更贴近生活、贴近民众。这既进一步契合其办报理念,也符合现代报纸媒体的发展趋势。

信息明晰直接,人物指称更精确。《南方日报》1998年3月7日新闻《大会堂澳门厅独家探秘》结尾部分为:"代表们和委员们说,我们都期待着澳门回归以后坐在这里商讨国事、参政议政的一天早日到来。"此处的"代表们和委员们说"是不确定的指称。相较而言,2013年《广州日报》的"街坊两会"栏目中,采访对象有姓名、有身份介绍、有照片。明显的信息化还影响了词语使用,例如引用内涵丰富的网络语,新词语的信息被浓缩化。

新媒体时代的竞争态势中,报纸新闻语体追求一种信息服务精神,不同于新闻要写得"生动""有韵律感"的传统审美要求,而是以平易来提升新闻可读性,词汇、修辞的使用致力于阅读的流畅通达,减少冗余信息。报纸新闻表达了在这样一种媒介环境、生存状态中的专业化态度,承载信息传达功能的新闻语体突出了区别于文学语体的独立范型。

四、注重互动性、增强对话交流感

(一)标题中标点符号的使用营造直接交流感

标题中问号与感叹号等表达情感倾向的标点符号使用增多,"能充分提高信息的吸引力,调动读者阅读的好奇心,让他们参与思考。这样不仅

第五章 新媒体语境下报纸新闻的语体变易

实现了报刊标题的吸引功能，也强化了它的感染力"①。1999年获广东新闻奖的作品《洛溪大桥有多长》，标题虽为问句却未用标点。《广州日报》2000年12月18日头版的访谈新闻《国家借百姓3600亿债还得起吗——财政部部长项怀诚说：一定能够还，今后还将继续实施积极财政政策》，主标题是设问句却没有用问号，副标题是一句引述句却没有用引号，表现了传统的报纸新闻标题对标点符号使用的慎重态度。2003年《南方日报》获奖新闻作品《非典型肺炎病原是衣原体？》《钱从哪里来？》的标题则用了问号。《广州日报》2006年4月9日和11月13日头版新闻《机场建设费明年取消？尚无定论》《蛋黄为什么这样红？鸭子吃了苏丹红！》，标题中的标点非常引人注意。

《辽沈晚报》2011年3月16日头版新闻《济源双汇!! 十八道检验!!! 我呸!!!》，标题用了"咆哮体"，第2版半版登出大量惊叹号的"咆哮体"②，引起热议，褒贬不一。《广州日报》2011年3月29日A23版新闻在报道"咆哮体"这一现象时，标题《咆哮体你玩过木有!!!》，连用三个感叹号，具有极强的刺激性。

新闻标题中经常使用问号和叹号有四个方面的原因：一是确有其问、确有其感；二是引起注意和思考，强调一种交流感，如《广州日报》2008年1月8日A1版新闻《治病赚钱？不!》标题中标点的使用，形成设问句和感叹句，有很强对话感；三是表现一种媒体态度，如《南方日报》2011年3月9日新闻《她回家了，他怎么还房贷？》；四是表达一种言外之意，例如广东新闻奖通讯类一等奖作品——《广州日报》2012年8月19日B1版新闻《〈"假"如这样——真"假"藏品对比展〉在首博举行 "天下收藏"砸瓷行为惹争议——被砸瓷器当中有珍贵文物？》，有对此提法未能下结论、提出来大家探讨的意思。表5-9是2013年获广东新闻奖作品的标题运用问号和叹号的情况，可见标题运用标点符号已成为常态，有助于强化对读者的宣告与交流感。

表5-9　2013年广东新闻奖部分报纸获奖作品标题

项目	标题	刊登报纸	标点功用
报纸系列特别奖	《唐慧赢了，法治赢了没？》	《南方周末》	1、2、4
报纸系列	《系列报道：有事就寻阿添古!》	《南方日报》	2、3

---

① 张琦：《标点符号在当代报刊标题的应用及其扩展功能》，《新闻知识》2009年第12期。
② 2011年流行于网络的"咆哮体"，典型特征是带大量感叹号的字、词或句子。

续表 5-9

项目	标题	刊登报纸	标点功用
报纸消息	《他！捐百多万元后打"摩的"离开》	《西江日报》	2
报纸通讯	《究竟是倒卖还是代购？》	《佛山日报》	1、4
报纸通讯	《天亮后，还有一群儿子在等你！》	《羊城晚报》	1、3
报纸系列	《医院专家号，得了什么"病"？》	《深圳商报》	3、4

标点符号入题的另一常见情况是使用双引号，意味着更多使用来自采访对象的直接引语做标题。这种标题在形式上省略了转述者，给读者一种直接交流感。

（二）设问句与引述句的使用增多，互动感增强

设问句的使用量大幅增加，且在新闻标题、导语或开头这些重要部分普遍使用。新闻使用大量疑问句设问，如《羊城晚报》2006 年 3 月 28 日新闻《正在研究收不收初装费》中，小标题皆为设问句，同时，正文有"管道气初装费属什么性质的收费？"等 12 句设问，占全文（共 25 句）近一半篇幅。

报纸新闻句式中，直接或间接引述人物对话增多，承载功能更强，达到新闻的故事化处理、场景的呈现、新闻源的强调、情感态度的投射和表达、读者交流感与参与感的获得等效果，以突出报纸新闻文体的真实性、互动性、权威性、现场性、趣味性特征。尤其要关注直接引语的增多，李希光曾认为没有直接引语是"中国新闻文风的癌症"①。赵毅衡将引语分为四类，认为直接引语是直接记录人物"原话"，说话人物在转述句中自称"我"，间接引语由叙述者把人物语言用自己口吻说出来，将说话人称为"他"。引语以"他说""××道"等作引导句时称引语式，引语不加任何引导词而直接从叙述语转入转述语则为自由式。使用不同的转述语类型，叙述主体意识的强度在文本中会有不同体现（见表 5-10）。②

---

① 李希光：《畸变的媒体》，上海，复旦大学出版社，2003 年，第 44 页。
② 赵毅衡：《当说者被说的时候》，北京，中国人民大学出版社，1998 年，第 162~167 页。

表 5-10　引语的叙述主体意识和叙述者主体强度关系

转述语	说话人物主体强度	叙述者主体强度
直接自由式	∨	
直接引语式	∨	
间接自由式		∨
间接引语式		∨

笔者把直接自由式归并入直接引语式。直接引语的使用量大幅增加，增强了话语的"民主化"倾向。[①] 黎明洁认为，直接引语数量增加，意味着作为记者的叙述者主体意识强度减弱，而作为人物的个人意识加强。它表现在直接引语的结构位置突出，叙述者有名、有姓，身份更具体，从统一叙述到"复调"叙述，从而消除人物叙述者和作者叙述者（新闻中指媒体代言人，如记者、编辑）之间话语权力的不平等和不对称。[②] 笔者认为直接引语还关涉"麦克风"伸向谁，即把话语权交到谁手里的赋权问题，这种话语赋权应引起重视。新媒体语境下报纸新闻更注重标明叙述者身份，以突出信息源的可信度与多样化，叙述人物的具体化冲破了主题化界限，也给予了发声者独立话语权而非"类"化的傀儡身份。

这种直接引语的变体是观点新闻、互动新闻。在这些新闻中，人物叙述者的话语单独成段，结构上更明显，因此享有更独立的地位。话语的"民主化"不仅在记者和人物之间有所体现，也是对倾听者的一种态度，对读者知情权、选择权、对话权的一种尊重，读者被赋予与人物"对话"的权力而非被灌输的角色。

新媒体语境下直接引语的"麦克风"所交予的对象多样化，更多普通市民可以发声，读者与话语叙述者的平等地位被彰显，互动交流权利被重视。通过丰富的互动形式搜集到的广泛民意，成为报纸观点新闻、互动新闻、述评新闻的主要构成部分。《广州日报》"街坊两会"专版上叙述的市民身份被具体化，如 2013 年 3 月 5 日 A3 版述评新闻《悭俭，是广州的本土气质》中，发表意见的"街坊"有家政从业人员肖南华、白领卢美玲、家庭主妇程海华、海珠区公务员刘敏希等；观点新闻《广州市民

[①]〔英〕诺曼·费尔克拉夫：《话语与社会变迁》，殷晓蓉译，北京，华夏出版社，2003 年，第 187 页。

[②] 黎明洁：《叙述学视角下的新闻写作改革研究》（博士学位论文），复旦大学，2004 年，第 75 页。

对两会的期待》中的观点来自外企白领张春晖、外来务工人员梁爽等，此版刊出所有叙述者的照片，营造了强烈对话感。

引述句的增加使得报道中第一人称叙述分量加大，给读者一种直接与新闻当事人对话的感觉，现场感和读者参与感增强。述评也通过大量直接引语，强化观点提供者与读者的直接交流感。新闻语篇不仅有消息部分，还有精选的用户留言或评论部分，这种"融媒体新闻语篇⊂消息次语篇+留言次语篇"①的结构，形成了受众与媒体、受众之间即时互动的对话性。

五、情感和观点表达的多维话语场

（一）淡化新闻主体显性情感表达，读者的情感流从隐性到显性

此处以案例做纵向对比分析。对于2000年7月28日的广州火车站歹徒劫案，全城媒体均进行重点报道，《羊城晚报》第一版整版的新闻专题《火车站广场15分钟生死接力战》获得当年广东新闻奖一等奖。其中新闻《亲人见面没人说他"傻"》报道一位追凶英雄，报耳处是某男士在火车站候车回家的照片，配发了抒情意味浓重的文字："他不知道脚下的这块地方，尚隐约可见勇士黎桂城最后在广场上留下的血迹。一个惨烈的地方就这样转眼被人们的脚步掩盖，但很多很多的人是不会忘记的"，以明显的情感表达和直接议论，表达对见义勇为者的最高褒奖。

2006年获奖新闻——《深圳特区报》4月26日A1版报道《一座城市向一位普通市民告别》也有一些直接抒情和议论之处，如"默哀3分钟。丛飞的生命虽然只有37岁，但他用无私大爱所铸造的崇高精神境界，犹如电光火石照亮深邃夜空，让一座城市引以为傲"。但这篇报道更多通过细节与背景材料表达故事、态度及情感，从标题到正文呈现一种相对克制的态度。

> "我们会珍惜和记住丛飞留给我们的每一个故事，这是诉说爱和坚韧的故事，是真正的深圳人、深圳英雄的故事。"王京生主持仪式时眼中噙满泪水。
>
> 灵堂外聚满向丛飞告别的市民，手捧束束鲜花，带着亲手折叠的纸鹤，为自己心中的英雄送行。莲花北康复站工作人员，与丛飞有着

---

① 赵雪：《融媒体时代的新闻语体》，《当代修辞学》2019年第5期。

第五章 新媒体语境下报纸新闻的语体变易

长达 8 年的深厚友情,泪流满面地说:"一定要把丛飞的爱心传递下去。"
——《深圳特区报》2006 年 4 月 26 日 A1 版新闻《一座城市向一位普通市民告别》(节选)

2013 年获奖新闻——《南方日报》12 月 24～30 日系列报道《"有事就寻阿添古!"》,报道了先进典型人物、翁源县周陂镇司法所所长刘河添的事迹。新闻"展示"大量对话、直接引语,由一个个场景构成正文,直接的情感表达极少。

前不久,刘河添参加镇党委委员公选,以第二名憾负,没有成功。镇长叶米昌说:"我们一开始担心他有情绪,后来发现他没受影响。"刘河添坦言,当党委委员其实也是为了更好地调解,所以"落差"不大。
刘河添的调解日记本扉页上写了首自编的打油诗:调解工作实不凡,做起它来不简单,愁云化在笑容里,苦口婆心劝恶善。
旁边,还画了一颗稍显笨拙的心。
——《南方日报》2013 年 12 月 24 日头版《"有事就寻阿添古!"》(节选)

《羊城晚报》2018 年 2 月 1 日 A6 版新闻《广州本土创作话剧〈邯郸记〉登陆英国伦敦》中,记者陈述该话剧"在伦敦的三场演出上座率达 90%",在此基础上评价"观众反响热烈""太精彩了"的情感态度,则是由英国著名导演贝塔丽奇(Betteridge)等六位新闻人物从不同角度所表达的感受来呈现。陈阳等分析了 1993～2018 年中国新闻奖一等奖文字作品的情感性因素,发现报道体裁对于情感再现的影响不大。他将情感再现手段分为三种:感受(affect)是新闻文本表达新闻人物或消息源的情感态度;判断(judgement)指在新闻文本里记者对新闻人物的行为做出评价;评价(appreciation)是记者对非个人的实体做出评价。[1] 斯坦沃尔(Stenvall)在研究美联社和路透社的新闻报道时,认为能被观察到的直接

---

[1] 陈阳、郭玮琪、张弛:《中国报纸新闻中的情感性因素研究——以中国新闻奖一等奖作品为例(1993—2018)》,《新闻与传播研究》2020 年第 11 期。

感受和间接感受（指新闻人物的情感活动外在表现为某些行为和神态，从而被他人看到或听到）是最客观的情感再现手段，通过解释或建构而表达出来的感受则更主观。① 从这个角度出发，新媒体语境下报纸新闻更多呈现的是被观察到的"感受"，也就是说记者的情感和态度多是隐而不显的，且新闻文本的情感表达方式没有全然采用宣传模式，更追求接近客观报道的准则。

报纸新闻有舆论引导的功能要求，在情感表达上也有导向性，同时适当的新闻情感表达能够引导读者"有意注意"。情感是不间断地从新闻信息源（新闻事实或人物）经过新闻传播者（记者）和新闻信息载体（新闻作品），通过一定的传播媒介，到达新闻受众的流动和反馈，这种情感的流动过程叫作"情感流"。值得注意的是，"情感流"不是单向的流动，而是在信息源、传播者和受众之间的双向交流和相互作用。媒体方作为新闻传播者，是凝聚、提炼和推进"情感流"，并使之有序化的主导因素。② 报纸新闻在克制记者等新闻主体进行情感表达、减少直接抒情和价值评论的同时，增加对新闻人物及读者情感反馈的文本呈现，因此网民评论成为情感流的重要构成。

（二）呈现与描述意见观点，展现多声道，形成话语场

新媒体语境所构成的复杂信息场需要权威性的意见。报媒作为专业化新闻机构，其优势在于多年积累的采访资源及读者资源，把两者连接起来的重要做法就是展示更多声音，报纸新闻视角的多元化和多样化也因应这种要求而产生。2004 年，《南方日报》两会报道推出"代表心声"专栏，让尽可能多的代表心声出现在报纸上。据统计，这年广东代表团 161 位代表中有 101 位被《南方日报》报道。③

新媒体前所未有地提供了更多表达意见的渠道、赋予更多平民百姓发声的权利，正因为网络平台的便利，更多平民百姓可以了解、参与国家政治生活。笔者仍以报纸中出现的两会报道为例。2008 年全国两会期间，人民大会堂的议政之声与街谈巷议共鸣，仅通过互联网"向总理提问"

---

① Stenvall, M., 2014: "Presenting and Representing Emotions in News Agency Reports: On Journalists' Stance on Affect Vis-à-vis Objectivity and Factuality", *Critical Discourse Studies*, no. 4.
② 马琳：《论新闻情感》，《学术交流》2001 年第 3 期。
③ 段功伟、苏冬、王晖辉等：《专题做得好 版面编得活》，《南方日报》2004 年 3 月 15 日头版。

的民众就有上亿人次。网络媒体报道方式使人感觉新闻视角更平民化,"'两会'有我""我有问题问总理""代表难题我来解""'两会'之网民听证会"等形式多样。新技术、新手段的广泛运用,将网络媒体关于全国两会的报道推向高潮,会场内代表、委员建言献策,互联网上老百姓畅所欲言,网络以前所未有的方式表达了人民对国家的责任和担当。

　　报纸新闻顺应时代精神,刊登更多来源、更多形式、更多层次的意见和观点。2007 年,《羊城晚报》开设"百姓两会"版大量刊登来自网民的新闻述评和观点新闻。"百姓代表"栏目每期设置一位"百姓代表",讲述他的故事及各方意见。2007 年 3 月 4 日 A5 版"百姓代表"选择的是"走鬼"(方言,即流动商贩)苏慧芬,评论来自研究人员、管理部门、代表、委员,还有来自网友博客的评论。这说明新媒体语境下报纸新闻语体淡化情感表达,强化观点传达;读者评论为显性,记者态度为隐性。

　　正因为报纸新闻表现出了媒体话语权的让渡、更多展现多声道话语,新闻形成了一个"话语场"。《南方日报》2007 年评论文章《对网络开放就是对公民开放》提到两会报道中"话语场"的建构:"我们由此既可以在传媒上看到代表、委员'针尖对麦芒'式的互相反对的声音,也可以看到代表、委员对政府具体政策的指摘,更可以看到大量民间话语的兴起。"报纸新闻借助新媒体技术和渠道,充分运用网络话语和民间话语,使两会现场声音和民间声音碰撞与交流,传播技术的日臻完善和传播理念的与时俱进都得到反映,促使两会的碰撞和交流形成了新的"话语场":"既有类似于'网友社论'这样的'言论场',也有反映各地实际情况的'新闻场'"①,最终成就了大量备受社会关注的公共话题,并促使与部分话题相关的政策问题得到迅速解决。

第四节　本　章　小　结

　　在报媒与新媒体的"共动"以及文体互渗中,报纸新闻语体呈现出通俗化、多元化、融合化、专业化、新潮化的特征和变化。

　　新媒体语境下报纸新闻语体呈现叙事性的信息化功能增强、文学性的抒情化趋势减弱的特点。最明显的表现是基本上放逐了之前的诗化语体,简化修辞手法,强调平直的叙事表达,追求信息化、浓缩化。重要新闻要

---

① 周虎城:《对网络开放就是对公民开放》,《南方日报》2007 年 3 月 16 日 A5 版。

素被前置进标题和导语,因此标题变长,信息指向更清晰。报纸新闻标题在信息泛滥的新媒体语境下所起的引导与宣告作用无疑增强了。

新闻报道视角下移,更多元化与平民化。报纸新闻通过叙事视角的客观性,营造叙事者与受众平等的审美感受,从全知全能的零聚焦视角到人物有限视角,记者的视角有所放低,从俯视者转变为探寻者,记者的权威性也受限。叙述声音从一元化到多元化,叙述主体、叙述声音和视点多元分化。设置更多通道,提升读者地位,给予受众更多传播者权力,让渡部分话语权。报纸新闻呈现更多原生态语言,减少使用控制性话语,增加行业事务与公共事务"异见者"的发言。

直接引语使用的大幅增加增强了话语的"民主化",记者成为一个见证者和交流者。读者权力得到最大化体现,他们可以直接听到不同声音,选择和思考判断的空间更大。本报视角和综合性多视角融合,新闻常常根据视角的转换进行版块安排,形成平行及平等的对话交流氛围,既提供多信源,也给受众更多思考和选择的参考。这样的报道结构和多元视角在强调统一道德准则的年代是不可能出现的,这种改变与社会文化观念日趋多元和包容、新媒体带来更多思考维度有关。富于个性化的语体方式,暗合了这个时代将话语权下放至每个个体的现状。

新媒体语境下报纸新闻语体的互动性增强,建构了去中心化的话语场。新媒体带来的开放和互动,冲击了传统纸媒较为封闭的单向传播理念,拓展了话语空间。最直观的就是增加了话语来源和话语层次,开放的态度带来场内场外的积极互动。报纸新闻形成一个话语场,注重呈现不同身份的人物(即话语主体)的不同声音。媒介作为一个话语场,话语本身成为一种权力,产生了福柯(Foucault)所说的话语霸权。话语主体的变化产生了一定的角力,反映了新闻场域内部力量发生的改变,甚至延伸为当代社会权力的一个角斗场。民众(包括受众)由于拥有更多直接发声的权力,而在新闻场域的话语博弈中获得了更多权力。

叙事话语主体和视角多元化,新闻语体的互动性必然增强。这体现在民间话语与官方话语体系的互动,网络话语与纸媒话语的交融,通俗语口语势位提高、渗入传统报纸话语,更多使用对话体以强化不同话语主体交流互动等,从而体现出社会各阶层、报纸与新媒体话语之间的交流和共动关系。这打破了以往"自上而下"的传播路径而体现一种平等观念,甚至部分建构了"自下而上"的新理念。

叙述人身份的转化也增强了互动感,一方面客观的"隐身人"向着显性的叙述人及评论人转变;另一方面"他说"向着"己说"转变,增

第五章 新媒体语境下报纸新闻的语体变易

强与受众的对话感，比记者转述带来的互动感更强。明显转变就是直接引语增多增长，一篇新闻里大大增加以第一人称叙述的部分，记者与叙述者身份合一、隐于叙述人身后的情况增多，通过虚拟被采访对象与受众的沟通，从而实现互动。注重对话式句式及结构。新闻标题更具交流感，追求形貌化的视觉效果，对话式、聊天式标题增多；设问句增多，实现新闻与受众的直接互动。凡此种种，主要目的皆为增强受众的参与感，增进情感对话，拉近报媒和读者的心理距离。

新媒体语境中报纸新闻语体有通俗化和娱乐化倾向。互联网时代的典型特征之一就是全民狂欢，肯定和追逐大众文化是当下的社会潮流，而世俗化和娱乐化即大众文化特征。受到这种市场需求的影响，为迎合大众口味、适应时代特点，报纸新闻创新使用时代语汇、网络热词、新语法、口语词，大量直接引语和对话提供了一个现实的口语话语空间。增多使用通俗化修辞，减少使用文学性用语，议论和抒情平直化。娱乐化和网络性增强，报纸新闻语体更时尚与轻松。

新媒体技术带来了拟态平等、网民集体自嘲及草根文化崛起，词汇的游戏化集中体现在全民"造词运动"，新词语迅速流传又迅速消失。报纸从精英文化的倡导者转变成草根文化的同行者，带有鲜明草根色彩的网络新词如"犀利哥"等被迅速而广泛地使用于报纸新闻，体现了浓重的百姓气息和平民化色彩；一系列谐音三字格如"蒜你狠""豆你玩""姜你军"等质朴亲近又风趣幽默。在网络引发的"标题党"影响下，标题也有趣味性及娱乐化趋势。人们要进一步思考：报纸新闻语体弱化了准确性及严谨性，是否是一种文字追求的倒退？报纸媒体是以文字符号传达事实的报纸新闻文体，其语言及以语言构成的文本口语化、网络化、通俗化甚至庸俗化的趋势，是一种积极应对还是一种自我放逐？

报纸媒体在开放融合的语境和以信息传达为目的的追求中，突出新闻专业化语体的呈现。报纸媒体是专门的新闻生产机构，报纸新闻语体的一种成熟的专业化理念是，关注社会生活及各种媒介形态变化，随时在扬弃中体现自己作为"把关人"的主体意识。因此，报纸新闻在与新媒体深度融合的同时，以传达和突出信息为目的，体现出一种努力将新闻语体从相关语体谱系中独立出来的姿态。在融合不同形态媒介用语习惯的同时，既迎合新媒体语体的特点，又强调报纸新闻语体的定位，建构自身体系。例如，叙述视角既多元化，又追求专业平衡；在信息化表征中适度加重评价性信息化的比重，减少事实性信息的比重。目前这种信息呈现模式的效果不得而知，但在报纸新闻长期被赋予的信息功能方面，这种转变或是一种信号。

　　报纸新闻在新媒体时代彻底摆脱宣传语体的特点,明确新闻文体的边界,呈现出真正融入时代与社会生活,追求更清晰的信息传播、更强的交流语感、更多的交互功能语篇、更通俗生活化、更重事实与专业表达的新闻文体特点。

第六章　新媒体语境下报纸新闻主体的文体认知

陶东风认为文体史的对象是"文学话语体式和文本结构方式的历史，并由文本结构方式的转换生成深入到审美心理结构和艺术精神结构的演化变易，揭示出艺术的感受——体验模式和艺术反映世界的方式的历史"①，即文体还与创作者的个性、心理特征、文体意识相关。同时文体的接受和效果涉及读者，文体特征只有在与接受者的关系中才能得以确定。接受者是与主体相对的概念，因而把握文体的另一途径是接受美学和阐释学。据此类推与对应，新闻文体史还需关注特定社会文化背景下的创作主体特征与受众需求。

文体系统论认为文体的呈现层面作为文体的内界与周围环境包括客观外部环境和作家主观条件，在信息及能量上进行交换。一方面，创作者的感觉和体验方式、精神结构、思维方式、个性特征，以及社会文化精神促使文体形成；另一方面，文体折射并一定程度上影响、制约和规范着创作者主体以及社会历史、文化精神。把文体及其相关的主客观情况联结起来考察是在文体研究范围之内的问题。② 新闻文体作为社会文化的一种表征，其特征及演变过程折射出人的生活方式与信息接受习惯，与媒介环境及媒体角色认知、记者和编辑集体意识精神有关。

新闻文体包含着传播主体对新闻事件的不同认知方法和思维方式③，丰富变化的新闻文体蕴含着新闻主体认知方法和思维方式的变化发展。本章聚焦记者、编辑的文体意识层面，深入探讨报纸新闻文体的内层次特征。而受众需求和阅读特点在第一章已有所探讨。

---

① 陶东风：《文体演变及其文化意味》，昆明，云南人民出版社，1994 年，第 5 页。
② 童庆炳：《文体与文体的创造》，昆明，云南人民出版社，1994 年，第 182 页。
③ 冯帆：《大浪淘沙还是买椟还珠？——对融媒时代"新新闻文体"热潮的冷思考》，《青年记者》2020 年第 13 期。

第一节　扎根理论分析方法在本书中的应用

一、扎根理论的研究思路

1967 年，美国学者格拉斯（Glaser）和斯特劳斯（Strauss）在著作《扎根理论的发现》中提出了扎根理论（grounded theory）。其基本宗旨是在经验资料的基础上建立理论，是一种在系统收集和分析经验资料的基础上寻找并提炼反映社会现象的核心概念，然后通过概念之间的联系建构相关社会理论的质性研究方法。① 其主要特点在于它从经验资料中抽象出新的概念和观点，发现新的互动与组织模式②。

扎根理论研究方法的三个步骤是：通过观察和互动等方式搜集经验资料、分析质性数据、扎根在数据中建构理论。对资料进行逐级编码是扎根理论最重要的一环。凯西·卡麦兹（Kathy Charmaz）认为扎根理论的主要思想体现在初始编码（initial coding）、聚焦编码（focused coding）、轴心编码（axial coding）和理论编码（theory coding）四个过程。具体如下：①初始编码，以开放态度对收集的原始资料进行初步整理分析。②聚焦编码，使用最重要的和/或出现最频繁的初始代码，用大量数据来筛选代码，判断哪些初始编码最能敏锐及充分地分析数据。③轴心编码，使类属的属性和维度具体化，目的是分类、综合和组合大量的数据。选择、确定、发展主范畴与副范畴及其之间的有机联系。④理论编码，整合性地对所有已发现的类属关系进行系统分析后，汇聚和建立能够涵盖和串联所有类属的"核心类属"，从而将多数研究结果囊括在一个较宽泛的理论范围之内，形成初步的理论观点。③ 陈向明将扎根理论的编码步骤归结为一级编码（开放式登录）、二级编码（关联式登录或轴心登录）和三级编码（核心式登录或选择式登录）。编码是一种把资料分解和概念化，然后再以一个崭新方式把概念重新组合的操作过程，由此，理论得以从庞杂的资料中建立起来。④

深度访谈（in-depth interview）通过与被调查者深入交谈以了解某一

---

① 陈向明：《扎根理论的思路和方法》，《教育研究与实验》1994 年第 4 期。
② Suddaby, R., 2006: "What grounded theory is not", *Academy of Management Journal*, no. 49.
③ 〔英〕凯西·卡麦兹：《建构扎根理论：质性研究的实践指南》，边国英译，重庆，重庆大学出版社，2009 年，第 61～90 页。
④ 陈向明：《扎根理论的思路和方法》，《教育研究与实验》1999 年第 4 期。

社会群体的生活方式和经历,探讨特定社会现象,从而提出解决思路和办法。深度访谈生成丰富的文本性资料,便于运用扎根理论对个体经验进行比较和辨析,从而抽象出概念及范畴,并在此基础上构建出反映现实生活的社会理论。扎根理论不仅可为深度访谈提供建构社会理论的手段和策略,还提出了分析资料的具体方法和步骤。①

二、扎根理论的研究路径

以记者生产的话语作为对象和资料的研究大量出现。西方学者考察新闻专业性时形成了两条研究脉络:一是研究新闻业如何建构社会现实;二是侧重讨论新闻业如何建构自身。② 媒体的自我讨论及其从业者如何描述新闻工作自身,是第二条脉络中的重要方面。

前文系统地探讨了新媒体语境下报纸新闻文体的外层次特征,即从新闻从业者的话语实践出发考察这个群体如何呈现新闻。本章将在此基础上进行扎根理论研究,以报纸新闻工作者的论述为对象,考察其对新闻文体的阐释与理念,集中探讨新媒体语境下记者、编辑作为新闻主体的文体认知和意识,并探究他们对于报纸新闻文体在新媒体语境下创新、发展的看法,即通过描画异质的新闻从业者群像、散乱的论述③,探讨文体和实践之间的关系。笔者主要采用陈向明提出的编码方式,对访谈数据,进行一级编码、二级编码和三级编码(如图6-1所示)。

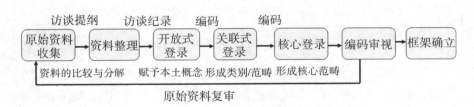

图 6-1　本章扎根理论分析步骤

本章采用半结构式访谈,深度访谈是最主要的数据搜集方法。访谈围绕报纸新闻文体的特征、原因、发展三个方面建构问题维度:一是对新闻

---

① 孙晓娥:《扎根理论在深度访谈研究中的实例探析》,《西安交通大学学报(社会科学版)》2011年第6期。
② 白红义:《边界、权威与合法性:中国语境下的新闻职业话语研究》,《新闻与传播研究》2018年第8期。
③ 周睿鸣、徐煜、李先知:《液态的连接:理解职业共同体——对百余位中国新闻从业者的深度访谈》,《新闻与传播研究》2018年第7期。

主体与前述新闻文本内容分析总结出的文体特征进行关系验证，寻找认知吻合度，并深入挖掘观点；二是从新闻主体寻找这种发展的原因、动力，这是访谈的中心和重点；三是新闻主体对新媒体带来的新媒介生态中报纸新闻文体的发展趋势及策略的看法。访谈问题提纲见表6-1和附录六。

表6-1　深度访谈的问题维度

维度	问题群	问题序号
文体意识——报纸新闻文体发展的新闻主体原因	一、对怎么写与写什么的关系的认知	1
	二、新闻主体的感觉体验方式、思维方式、审美情趣、新闻理念、思想情感、个性特征等表征出来的特点	6、7、8、10、11
	三、新闻主体对读者文体期待的认知	12
新闻主体对新媒体语境下报纸新闻文体特点的认知	一、对报纸新闻文体特点、创新变化及其原因的看法	2、3
	二、对新媒体语境下报纸新闻形式特点的认知	4、5
	三、对新媒体语境下全国两会报道文体的看法	17
新闻主体认知中的新闻专业主义理念	一、对新闻专业主义及其演变的认知	13
	二、新闻专业主义的理念和变化对报纸新闻文体有何影响	14
新闻主体对新媒介生态中报纸新闻文体发展的看法	一、报纸新闻文体的传统和惰性	9
	二、新媒介环境中报纸新闻文体如何发展、突破	15、16

本章访谈对象主要供职于广东三大报业集团（即南方报业传媒集团、广州日报报业传媒集团、羊城晚报报业传媒集团），且访谈时均工作在新闻一线。为保证质性资料的覆盖面，使扎根理论分析有扎实而广泛的"根基"，笔者采用目的性抽样①的调研方法，访谈对象由两部分构成：①多数访谈对象是身兼记者、编辑及管理多岗位的综合型资深报纸新闻工作者；②小部分访谈对象为年轻记者与编辑，他们在报社参与新媒体的运作，熟悉报纸与新媒体新闻的融合流程。深度访谈对象的人员结构见表6-2。

---

① 目的性抽样是按照研究目的抽取能够为研究问题提供最大信息量的研究对象。其研究结果效度不在于样本数量多少，而在于该样本是否可以较完整、相对准确的回答研究问题。

第六章 新媒体语境下报纸新闻主体的文体认知

表 6-2 深度访谈的人员结构①

单位：人

性别		访谈时所属媒体						报纸新闻从业时间			访谈人数
男	女	南方日报	南方都市报	广州日报	羊城晚报	21世纪经济报道	新快报	>10年	6～10年	2～5年	
10	14	4	7	6	5	1	1	13	5	6	24

笔者将此部分的新闻主体限定为记者和编辑这一报纸新闻文体的直接内容生产者，将他们视为多层次因素综合体。新闻主体本身就受所生存时代的社会文化外部环境、媒介环境、组织及个人需求等多层面因素影响，是高度复杂的个体表征。本书希望能通过每个访谈对象，联结起报纸新闻工作者这一群体对于文体的共同认知之图谱，探讨媒介环境中报纸新闻文体的主体特征，不做价值判断。此章使用 NVivo 软件作为辅助分析工具，并运用扎根理论对质性访谈研究数据进行分析。

第二节 规范与创新：新闻主体文体意识与行为认知

创作者是一个由多种结构构成的系统。一般而言，创作者的创作个性有三个亚结构：一是受人的生物因素制约的"内向心理组织"；二是主要受社会因素决定的"外向心理组织"，如个人经验、思想倾向、价值观念、性格特征、占优势的情感、社会理想、宗教信仰等；三是由前二者在创作实践中相互结合而形成的审美素质，包括审美体验、审美趣味、审美理想、艺术才能和修养等。② 出于研究目的，此部分不着重考察新闻主体内向心理结构，即气质个性等方面，而是集中考察后两者，即记者与编辑群体受社会因素影响，在新媒体语境下形成的主要体验感受方式，以及在新闻实践中表现出的审美素质。

新闻主体是制约文体变易的重要主观因素，文体意识是主体对文体规范与惯例的认知③，它影响记者的文体实践——新闻报道。本节主要考察报纸新闻工作者对新闻文体的自觉感知、选择、分析与运用，旨在描述和分析新闻主体在新闻文体的范型建构中之文化心理结构，同时其也是建构

---

① 从业时间计算到访谈时为止。
② 童庆炳：《文体与文体的创造》，昆明，云南人民出版社，1994年，第196页。
③ 陶东风：《文体演变及其文化意味》，昆明，云南人民出版社，1994年，第101页。

新闻文体范型的组成部分。本书聚焦一定媒介环境下，通过新闻主体的思维方式、审美情趣、新闻理念与思想情感等表征出来的特点，勾连起新闻实践与文体意识的关系。

一、新闻主体文体意识要素分析的编码过程

（一）一级编码，即开放式登录

一级编码的目的是把收集的原始资料进行初步整理分析，通过逐段编码，提取及确定本土化概念，表6-3为本研究进行一级编码的统计格式，显示出原始访谈资料被打散和被赋予本土概念的过程，以及编码过程中所引入的部分本土概念。

表6-3　开放编码引入本土概念的过程

	分析单元（访谈记录）例句	引入概念
问题1	①我觉得新闻题材是兴奋中心，一条新闻到底是不是好新闻，题材首先就决定了，有很多细碎的新闻线索本身不可能成为一条很好的新闻，我认为题材很重要	题材是兴奋中心
	②题材依旧是兴奋中心。但个人感觉优秀报道和优质内容一年比一年少，所以有时候行业和从业者才会觉得不够"兴奋"	题材受限，优秀报道和内容减少
问题2	①怎么写是文本或者说是写作技术上的问题，写什么就是新闻体裁的问题。我认为两者缺一不可，任何一方的缺失都会让新闻黯然失色	报道内容和形式同样重要
	②"怎么写"和"写什么"同样重要，对于像特稿、调查类稿件尤其如此。"怎么写"在某种程度上决定了传播效果以及读者对内容的接受度、感受力和理解程度等。好的结构和行文能打动读者，也能传递情怀	
	③大家都报道的话就看报道的文本了，这时候新闻怎么报道，它的表现形式很重要	题材同质化严重，表现形式更重要
	④如果以内容包括题材和形式为前提，就是说报纸的内容生产包括写什么和怎么写，以这个为切入角度的话，那么我觉得怎么写很重要，甚至重要性超出了新闻题材本身。因为在题材同质化的背景下我们的深度或者说观点这方面是有一点优势的	作为报纸内容生产构成，形式很重要

续表 6-3

分析单元（访谈记录）例句	引入概念
问题 3	①我认为一个记者的个性，例如性格、个性、世界观等对新闻表现形式有影响。我认为自己适合做记者，是因为我精力旺盛、八面玲珑、效率高，但我不适合报道突发新闻，因为报道突发新闻的记者要很冷静，而且要有一点江湖气，这些我都没有。我比较喜欢报道观察性的新闻，通过观察和变化来做出一些样板，对以后城市的发展也有一些借鉴	个性直接影响新闻表现形式
	②我觉得没影响，我还是坚持新闻客观，个人情感怎么样都影响不了新闻	个人情感影响不了新闻
……		

本节研究从所有原始资料中引申出 96 个本土概念，见附录七。

（二）二级编码，即轴心登录

归纳合并相关或重复内涵的本土概念，发现、挖掘范畴并建立范畴之间的联系，建立了 8 个主范畴和 17 个副范畴（见表 6-4）。

表 6-4　文体意识范畴与有关概念关系表

主范畴	副范畴	包含概念序号
题材作用大	①题材的地位	1、2、3
文体与题材同样重要，文体重要性增加	①题材与文体的辩证关系	4～9
	②报纸新闻需以文体突破	10、11
进行模仿学习	①专业学习	12
	②对经典新闻范本的模仿学习	13～16
对个性与新闻文体关系有清醒认知	①个性对新闻表现形式的影响	17～19
	②喜欢、擅长的新闻文体	20～25
有较强文体规范意识	①有意识进行新闻文体选择	37～40
	②全面认知影响新闻文体选择的各因素	41～47
	③对体裁规范及其影响作用有自主、到位的认识	26～36
自主文体创新追求	①新闻文体创新意识强	48～51
	②文体突破创新的主动性强	52～60

续表6-4

主范畴	副范畴	包含概念序号
敏锐感知读者对新闻报道的需求变化	①读者环境及角色变化	61~63
	②读者审美趣味、新闻需求更多元,要求更高	64~75
	③多种渠道感知、了解读者需求	76~84
新闻表现形式满足读者的需求	①新闻与读者需求建立强关联性	85~90
	②新闻文体各方面满足读者需求	91~96

(三) 三级编码,即核心式登录

三级编码是指通过分析,选择一个或几个具有较强概括力和关联能力的核心概念(范畴),并以此整合其他概念(范畴)的过程,最后形成理论框架。新闻主体文体意识的要素见表6-5。

表6-5 新闻主体文体意识的要素

核心范畴	主范畴
新闻主体对新闻文体重要性及其与题材关系有理性认知	题材作用大,文体与题材同样重要
主体的新闻文体自主选择与创新意识强	进行模仿学习,对个性与新闻文体的关系有清醒认知,文体规范意识较强,自主文体创新追求
新闻主体建构了新闻文体与读者需求的强关系	敏锐感知读者对新闻报道的需求变化,新闻表现形式满足读者需求

在编码归类基础上,笔者提出三个扎根理论:新闻主体对新闻文体的重要性及其与题材的关系有理性认知;主体的新闻文体自主选择与创新意识强;新闻主体建构了新闻文体与读者需求的强关系。

二、自主意识:新闻主体的文体内蕴和路径

文体意识是"一个人在长期的文化熏陶中形成的关于文体的或明确或朦胧的意识"①,是指人们在写作时对不同文体模式的自觉理解、熟练

---

① 陶东风:《文体演变及其文化意味》,昆明,云南人民出版社,1994年,第99页。

把握及独特感受,是对写作实践的一种能动认识①。在写作文体学视野中,文体是一种既有着稳定特征与规范,又有特定意味的感性书写形式,文体意识则是对文体类型、文体图式与文本图样从感性到抽象层面的全位看待,是一种指标化、"文化"化和生存化的意识。②

新闻学视域里的文体意识指记者对新闻报道话语体式和结构方式(包括新闻报道表现形式)的鉴别和感知能力,既是衡量记者专业水平高低的重要标准,也是记者进行文体实践和创新的重要推动力。③ 新闻主体对新闻文体内蕴的阐释既是其新闻创作的核心理念和行动指南,也是研究和诠释新闻文体的重要参照系。

新媒体语境下报纸新闻主体呈现出自主性强的文体意识,以及全面的文体认知性。④

(一) 对新闻文体重要性及其与题材关系有理性认知

童庆炳认为,文体的创造就是生活转化为文学的中介机制,任何创作者在动笔前都面临两个问题:写什么?怎么写?由此,新闻文体的创造就是将生活转化为新闻的中介机制,任何记者、编辑都要选择表现什么这一题材问题,以及怎么表现这一形式问题,包括文体的选择问题,对二者关系的认知是文体意识表现之一。如何看待内容与形式的关系是新闻报道观念中较为基础的一环。关注"写什么"固然重要,这是坚守文体本位,遵循文体基本规范的表现,而注重"怎样写"显示出文体变革之道则尤为重要,对"怎样写"的意识愈强烈,文体的创造意识就愈强烈,文体的生存力、变通力与生命力就愈长久。⑤

对新闻主体而言,好的题材可遇不可求,只有文体才更具选择性。以前的记者追求的是通过自己更多的勤奋和技巧获得更多信息、制作更多新闻,提供给编辑选择刊出。新媒体语境下的记者要更多考虑新闻制作的问题,例如怎样的文体适应读者需求,如何把新闻点更准确更好地呈现出来。通过以上扎根理论分析,可见以下特点。

---

① 李大同:《记者是"好事之徒"》,载方芳、乔申颖《名记者清华演讲录》,北京,人民日报出版社,2003 年,第 107 页。
② 佘佐辰:《"文体意识"简论》,《吉首大学学报(社会科学版)》1995 年第 4 期。
③ 刘勇:《从自发到自觉——论新时期中国记者新闻文体意识的嬗变》,《国际新闻界》2010 年第 5 期。
④ 基于匿名原则,大部分访谈者姓名用化名,并用括号标注于句后。
⑤ 王晖:《本位坚守与叙说新论——论 20 世纪报告文学作家的文体意识》,《南京师范大学文学学位学报》2003 年第 4 期。

1. 新闻题材仍作为新闻的兴奋中心而受到广泛关注

题材在新闻报道中依然具有核心的决定性作用，在充满细碎杂乱的新闻线索的网络时代，它"首先决定了一个新闻能否成为好新闻"（CY），也决定了新闻版面、受众关注度和能否采访到独家新闻。此外，访谈对象认为题材的关键之处还在于：从制作与采编空间看，优秀题材在报媒与数字化媒体的竞争中决定了新闻的传播影响力；好的题材对于主流媒体而言，决定其能否获得新闻奖；优秀的题材对记者个体的培养非常重要，容易使其成长为名记者或名编辑，锻炼培养新生代主力军。

同时，新闻主体对题材作用受限也有理性认识：一是不赞成唯题材论，XS认为如今纯粹靠题材形成不了常规流程，经常出现题材优秀反而新闻稿质量不高的情况，新闻从业者的报道视角、思路想法与呈现方式也对题材价值产生影响。南方日报高级记者、南方+总内容官曹斯认为："从哪个角度切入、找到别人还没有报道的细节还是很重要的"。二是由于外部原因，题材受限，优秀内容和报道减少。三是由于外部环境变化，题材的作用退化。伴随媒介生态和新闻语境变化，报纸"从前卫的发布方变成资讯发布中的一个单元或元素"（FS），对信息渠道的控制和垄断大大减弱，内容同质化现象严重，独家题材很难拿到，题材的地位难免被动摇。四是新闻主体认识到不同领域的题材作用不同，如时政类新闻比文化娱乐类新闻更易获奖，突发事件比一般新闻更能吸引读者的眼球等。

2. 新闻主体能辩证看待新闻题材与表现形式的关系

无论认为"怎么写"的重要性是上升还是下降，新闻主体都不是简单判断二者中谁更重要，而是从各种角度深入思考，对"写什么"和"怎么写"表现出极强的辩证思考。

（1）从内容、题材与形式三者关系去看待新闻文体的地位。在新媒体的冲击下，报媒安身立命之本是"内容为王"，报纸更注重内容生产，内容生产包括题材和形式，从这个角度说，怎么写很重要（GZ）。新闻题材"行话说就是有没有料"，文体"就是有没有范儿"（YZ），两者相辅相成、互相促进。

（2）新闻主体认为新闻题材与表现形式同等重要。"怎么写是一种文本或者说是写作技术的问题，写什么就是新闻题材的选择问题。两者缺一不可，任何一方的缺失都会让新闻黯然失色"（CY），"内容和形式密不可分，没有谁轻谁重"（ZQ）。有访谈对象指出，传统的消息、通讯、评论体裁较为单一，新媒体环境下已无法囊括所有信息，伴随视频、博客、微博等表现形式的兴起，体裁创新也对题材的变化产生促进作用，如《羊城晚报》"两会问答题"形式即新体裁下产生的新内容，故题材与体裁没有孰轻孰重之分。

（3）新闻主体普遍认为，在当下媒介环境与时代背景下新闻形式的重要性上升。受访者对新媒体语境所带来的题材与形式比重关系的变化有敏锐感受和充分观察，对媒介环境与时代特点等变化所带来的二者关系做了深入思考和比较。当下信息和新闻内容同质化严重，"独家新闻的时代基本上一去不复返了，这个时候新闻文体是非常重要的"（CG）。新闻太多，同时读者接受新闻的渠道太多（XW），独家信息来源与新闻题材极少，"基本题材都比较类似，看你怎么表达"（YG）。题材创新难，报纸新闻可以"通过形式包装，在外延寻找可利用的热点，通常在确保新闻题材有报道意义的前提下，适当追求新闻文体创新"（YY）。新媒体语境下，报纸作为传统媒体，"文体上仍保留部分精英意识与个人意识，经过时间与实践双重累积沉淀所形成的报纸文体风格成为传统媒体竞争的优势所在"（GZ）。针对网络媒体特点，报纸表现形式的重要性增强，成为与新媒体竞争的取胜手段之一。集中了形式特点的版式是报纸可以同网络及App应用相抗衡的方面（HP）。因此，二者之间的地位有一些微妙变化。"过去写什么很重要，你没得选"，现在报媒同行竞争激烈，又面临着新媒体、全媒体发展，两者权重变化，"写什么过去可能占90%，现在可能下降到60%"（WZ），怎么写的重要性有所上升。合作的工作模式也给记者带来极大的难题——如何避免同质化，找出自身与其他记者、自己服务的部门及版面与其他的部门和版面的区别，以及自己供职的报纸与其他报纸、与其他的媒介类型之间的区别。在新闻生产过程中，记者为了这种目的，也会从新闻文体角度形成一定的突破口，例如创新新闻文类，或者用能体现自己解读视角的解说新闻，或者不同的稿件组合方式，如照片配文与漫画配文，以达到不同效果。

（4）客观对比分析不同题材、媒介形态中形式的价值。针对同质新闻，"怎么写"的分量比以前更重要，但对独家新闻而言还是看"写什么"（HP）。对于一些资讯或重大突发事件如"二胎放开"题材，"怎么写"的影响不大，但对大部分题材而言怎么写和写什么都很重要（FS）。

（二）主体有文体边界认知，同时规范意识弱化

对文体边界的认知是考察文体意识的一个重要方面。新闻文体边界从

广义到狭义有三层含义：作为文体的新闻边界，是将新闻放在广义文本视域中与其他领域文本写作如小说等的区别认知；作为媒介形态的新闻边界，是对新闻通过不同媒介形态传播时形式变化的边界认知；作为采写规范的新闻体裁边界。文体学往往通过体裁意识及其觉醒问题来考察文体意识的水平。一般认为体裁意识是指创作者自觉地意识到体裁审美规范的重要意义，能明确划清不同文学类型的界限，进而尊重它、自觉地运用它，体裁是相对稳定的。

本书所提取的第26～36个本土概念指向受访者的文体边界和规范意识。受访者对体裁规范及其影响作用有自主、到位的认识。无论受访者在态度上是否认同，主观上都基本认为是有新闻体裁规范的，多数人认为规范对自己有影响，即便是下意识的运用也还是受到其限制和影响。当然也有认为影响不大的看法。

（1）大部分受访者认同自己有意或无意受到新闻体裁规范约束。他们还具体提出了体裁规范与"写什么"有关。

（2）大部分受访者认识到新闻组织内部事实上是有文体规范的，"新闻用什么体裁去经营它，还是来自一线的自觉"（ZQ），这是代表新闻专业操作的一个面向。"我赞同新闻内部体裁与体裁之间是有界限的"，新媒体如公众号对体裁的要求不明显，但是报媒还是很明显的，新闻与其他文体也是有界限的，体裁选择是记者专业训练内容，"这并不是束缚，而是规范"（YX）。一部分界限应该保留，"基本界限要掌握，不能说我务实、我灵活，于是我什么都不掌握，你是在规范的基础之上去创新"（XS）。同时，这种规范是约定俗成的，"我们内部没有文件，没有非常明确的标准。操作者自然而然、潜意识、下意识朝着这个评价系统来"（CG）。而评奖奖项有一定影响，新闻组织内部是有文体界限，但实际操作要求并不十分严格（GY）。新闻组织内部的文体规范是不断发展而非一成不变的，如"新南方体"的提法（CG），应该在对文体规范有所认知的基础上再去求变、求突破。

（3）对新闻各体裁边界有理论认知，同时看到了体裁规范的弱化与界限的模糊化。这与网络时代背景有关，"我觉得整个规范性没有之前那么严了，网络语言对汉语规范有一种瓦解的作用"（YG）；非新闻专业出身的记者增多，接受的专业训练较少，且不会特意浏览相关规范，报社内部整体的规范性没有以前那么严格（JL）；资深记者与年轻记者在遵守体裁规范上的观点存在差别，前者认同度高于后者，年轻记者甚至对规范要求有排斥心理（ZQ）。这种淡化与新闻改革有关（GZ）。正因如此，也有受访者表达了新闻组织有没有文体规范都无所谓的观点。

（4）普遍坚持新闻与其他文体的界限。这种界限是"新闻专业方面的要求"（GZ）。同时，有受访者提出新闻与其他文体应融合借鉴，如新闻跟文学互相影响（JL），某些特稿的写法与小说的界限较模糊（YY）。新媒体时代新闻与其他文体界限越来越不明显，传递事实的新闻目的不变，但传递方式可以多样化（GY）。

（5）清晰感知新闻通过不同媒介形态传播的形式变化，并能灵活选择文体。多角色对于记者新闻生产有着直接的影响。在2017年全国两会期间，广州日报全媒体采编团队组成京穗两地九大全媒体战队，由"中央厨房"统一指挥，同时，派出采编人员入驻人民日报"中央厨房"协同进行内容生产。全媒体融合进程中报媒和PC端、移动端发布的内容整体保持同步输出，但并非简单地把报纸新闻版面原封不动地搬上网络，而是从报道角度到语言风格、结构方式都做了相应调整。2015年全国两会开幕当天，羊城晚报的报纸新闻主要报道大会各项议程等，官网和"两微一端"则"走进人民大会堂"，展示会议场景的图片和数据。

记者会根据所供渠道进行区分："即便是同一个题材、同一篇报道，也会根据不同渠道的分发稍做修改，以更适合报纸或新媒体的要求"（GY）。多端适配的模板会按不同传播渠道的特点，充分考虑传播需求以达到最优化传播效果。① 南方都市报广州新闻部首席记者裘萍对比《看广州副市长怎么炼成》的报纸版和微信版报道，认为二者主体内容相同但结构方式不同，报纸版采取传统编辑方式分切成数据分析和专家解读，微信版则将数据分析和专家解读打通、装盘，形成五组问答。②

根据传播媒介的不同而灵活运用新闻文体，在新闻报道的话语体式和结构方式上有差异认知，且根据不同平台特性及其面对的不同受众而采取不同报道形式，是记者专业能力的重要表现。同一件事在微博、微信、报纸三个平台上，"我会用三种不同的文风和形式去报道"，报纸需要考虑版面再去想写什么，"微博我更希望体现现场好玩的东西，在微博发过的东西我不会再在报纸上重现它"（ZX）。

（三）新闻主体的文体自主选择与创新意识强

新闻主体的感觉体验方式、思维方式等个性特征，以及文体意识对新

---

① 郭亦乐：《打造"三种能力"，寻找价值突破"风口"——〈21世纪经济报道〉的实践与探索》，《传媒》2016年第9期。
② 裘萍：《微信报道要有人味儿》，《南方传媒研究》2015年第2期。

闻文体特征都有影响。文体常常是标准化、规范化的,其源头通常可追溯到某个创作者的实践,经由众多自觉或不自觉的模仿而获得了一定有效性和权威性,因而成为一种传统和惯例。这种惯例逐渐内化为"文体意识"或"文体期待"。同时,文体又与写作者对其独特风格的追求密切相关。有鉴于此,基于文体生成的微观视角考量,任何一种文体(尤其是文类文体)都是生产者文体意识和个体风格相互作用的结果。① 新闻主体对这两方面的认知以及在遵守新闻文体规范和追求个体风格之间平衡的能力,是其文体意识的一种表征。

1. 专业水准内化为大部分从业者自身的要求

报纸新闻主体注重进行专业和模仿学习,对自我习得和接受培训态度积极主动。受访者大都进行了新闻相关的专业学习(见表6-6)。

表6-6 受访者学科背景分布

学科背景	第一为新闻传播	第二为新闻传播	非新闻传播
人数	14	5	5
比例/%	58	21	21

他们普遍认可范本的重要性并普遍存在对经典新闻作品有意识的模仿学习。85%受访者能具体描述给其留下深刻印象的经典新闻样本,95%受访者直接表达对经典范本作用的认可。受访者普遍表示对语句平实又有深度的新闻报道的印象更深刻,故事和细节被反复关注,如"看起来没什么技巧""没有过多倾向性""语言平实""《南方周末》调查类稿件、《南方人物周刊》人物类稿件都比较喜欢看"等表述;且对讲求观点性、理论深度、难度大的政论通讯情有独钟,如新华社(2)(注:括号内为出现频次)、《人民日报》(2)、《南方日报》政论通讯(2)、《南方周末》新年献词(2);推崇专业化程度高的新闻,对《中国青年报》的《冰点》周刊(4)、新华社消息(2)、《华尔街日报》(3)、普利策新闻奖作品(2)、《纽约时报》关注度高。受访者还列出具体范本的篇名及作者名并有非常具体的描绘,如穆青、《永不抵达的列车》《五婶五叔》《起底王立军》等。

70%受访者明确表示有过模仿学习行为,或推荐过别人学习和模仿一些新闻报道方式。如有意识地学习《南方周末》《第一财经》《华尔街日

---

① 刘勇、邹君然:《记者文体意识与个体风格的互渗与博弈》,《中国地质大学学报(社会科学版)》2018年第1期。

报》《纽约客》等所刊载的新闻，以及一些专题策划及特稿，模仿采写角度、写作技巧及操作方式。还有模仿娱乐化写作方式与风格，并将其应用到报道中。模仿的重要性不可忽视，很多记者的新闻都是从模仿开始，而具体如何模仿则要依据自身特点而定（GZ）。模仿主要针对语气、写作方式、篇章结构，同时这是一种潜移默化的影响过程（GL）。目前新闻从业者对经典文本的学习借鉴不够，前辈要多向新记者介绍经典作品（FS），并引进类似《纽约客》特稿这样的国外优秀新闻作品进行交流讨论和学习。从模仿到突破，寻找个人风格，这是一个学习的过程。

2. 新闻主体对个性与新闻文体关系有清醒认知

（1）理性审视个性对新闻表现形式的影响。有认知才能有控制，受访者对气质、资禀、性格等个性维度对新闻文体的影响，毫不避讳地予以肯定，并做了细致分析。有时候个性会影响新闻事实呈现，比如报道内容、角度、力度的选择（GY）；新闻语言更能鲜明体现出新闻从业者的性格特点，性格差异会对新闻形式产生直接影响，如性格直爽的人所报道的新闻平铺直叙、表述简洁，性格内敛的人较倾向于观察性新闻或特写；甚至对性别的影响作用也有思考，如"女记者可能会对细节场景等比较注意，会用一些故事性的东西。男记者会比较干硬一点"（YY）。受访者多认为个性对新闻文体有影响，但并非绝对，也有性格与新闻形式特点不相符的情况（FS），这与记者阅读结构、阅读兴趣、政策理解及个人积累有关系。此外，媒体工厂化的流水作业方式对个性空间有所压缩，在协同生产的条件下，环境中的个体互相影响，标准趋一。

（2）从个性出发描述自己喜欢与擅长的新闻文体，有较强把握性。能从个性角度区分喜欢的和擅长的新闻文体，如最擅长写消息的 FS 说，"深度报道到现在还是我最爱的"；对通讯类的深度报道（含特写、调查报道、人物报道等）（7）、观点表达的述评评论（2）、消息类（2）有较集中的偏好，对简单的语言和形式（2）、有文字追求（3）、有趣有冲突性（4）、故事化、独特角度或观点等表达形式有所要求；考虑到影响自己喜好的各种因素，如个性、性别、新媒体、专业性追求（3）、新闻专业主义等。有20%受访者回答"没考虑过、不知道擅长的新闻文体"，原因在于"什么都写过"（CY），或根据内容需要进行调整（XS）。

（3）个性与规范的辩证统一。记者的个人风格不会被体裁结构所限制，记者通过细节和逻辑的把控凸显自己的写作水平（YX）。两者关系辩证发展，过去的党报时代记者难以表现个性，新媒体时代"越来越呼唤有个性的记者，报道同样一个题材，希望内容能够丰富一点，或者表现形式能更生动一些",记者个性对报纸风格也是一种互补(WZ)。

3. 新闻主体有较强新闻文体规范意识

对待新闻文体规范的态度是新闻主体文体意识的最主要表征因素,对新闻文类的规范化要求是职业化、专业化程度的重要指标。受访者普遍能有意识地进行新闻文类选择,且对自身新闻写作规范有较高要求。除了四位受访者表示"选择某种新闻体裁或语言体式是无意识的",其余都表示新闻文体的选择运用是有意为之,即便是习惯性运用(4)也是长期的职业训练造成的熟练运用,是一种"职业本能"(HP)。

受访者对影响新闻文体选择的因素有全面认知。一是题材、内容及其新闻价值对文体选择有直接影响,如报道政府决策的题材用严肃的语言表达更适合,与社区相关的报道可以用轻松、网络化的语言,"这是有意识的"(YY)。"选择不同的新闻体裁是根据我和编辑对新闻报道的内容取舍来定的",如果写消息有字数限制,就摘取信息要点、语言简练,如果字数可以扩充,就先定框架,再抓细节(YX)。

二是所供职媒体的形态风格、新闻组织机构的影响。报纸或版面风格的要求是影响因素,每一份报纸或版面都有它的"气质"(ZX),比如《南方周末》体裁以通讯为主,日报以消息为主(WZ)。报社管理体制、编辑部的主导作用、编辑的建议也会影响选择和判断。

三是读者定位、传播效果影响新闻文体选择,"主要还是从传播的效果来考虑,我始终认为读者的定位非常重要"(XS)。此外,受访者对传播渠道、记者个人因素等影响因素也有所论述。

4. 新闻主体表现出强烈的文体自主创新追求

在规范的基础上,体裁意识还指创作者根据所写内容需要,大胆突破体裁的审美成规,改造、丰富、扩大原有体裁的审美规范。① 新闻主体自我的文体突破创新意识强,表现在15人明确表示有突破、创新某种新闻文体的实践行为,体现在使用网络新兴语言、追求个人风格、结构方式、表现形式、体裁样式等方面的全面突破。

新闻主体求变、求突破,更多呈现一种主动性。社会需求的改变对文体突破形成一种被动的推进作用,而新闻主体对自我的要求则让他们更积极主动地求变,"我不喜欢重复自己写过的,所以在导语等的写法上会做各种尝试,这是我自己在求变"(CS)。南方都市报深圳采编中心编辑戴越提到,佛山数据版的创新对内部号召力巨大,大家纷纷学习追赶新目

---

① 童庆炳:《文化与文体的创造》,昆明,云南人民出版社,1994年,第108页。

标,当时负责常规动态版面的他想突破重复度高的编辑工作,于是做了数据新闻的尝试并开创了珠海读本"政情官察"版。①

突破创新的原因和动力中,自我突破和创新需求出现的频率为 10 次,"创新的原因和动力还是在于自我的一种突破,自我的一种创新需求"(FS)。其他如学习的动力(2)、上进心责任感(3)、"尝试改变是追求一种职业的愉悦"(LY)等,也多指向自我要求,例如"但凡还有一点上进心和责任感的记者看到好的东西之后都会想去尝试,这是要改变和创新的原因"(CY)。

南方日报时政新闻部政法工作室副主任李强推进"慈心善法"全媒体报道,制作适合报纸、PC、手机等端口的内容产品,在报、网、端三个载体同步发布并互相嵌入。报纸以头版消息+评论+3 篇深度报道的形式做出高度和深度,南方网和南方+客户端除同步推送这些内容外,还有图解作品、H5 作品和动新闻等。他探索的动力是:"创新、融合、转型成为我的年度关键词。一种非常强烈的紧迫感在心中升腾。"②

其他新闻文体的创新原因主要有两个方面:①媒介环境和读者因素等外部因素促使改变和突破。"记者要不断要求自己适应市场、适应读者"(CS),"受形势所迫一定要突破。这个形势来自不同媒体之间的竞争,还有读者的阅读习惯被网络改变,所以报纸不变不行"(GZ)。媒介竞争中要强化独家新闻,"现在这么多报纸,人家都这么报道,要让稿件更加不同"(JQ)。记者意识到保持一成不变将面临被淘汰的命运,因此有意识地在表现方式上追求额外的附加值及个性化创新(YG)。新闻主体会根据读者需求或阅读习惯来调整自己的文本或方向,寻求适应市场与快速阅读的新形式,让信息更快速便捷地直达读者,媒体采用符合阅读和快读的形式(ZQ)。②希望在突破中获得同行认同。"有些创新会使自己所在媒体在媒体评判中得到高分,希望自己的探索不仅仅立足自家媒体,还能引领这个行业。"(GL)自我的反省和突破有个从量变到质变的过程,突破了以后反响比较好,会受到一种鼓励,"就会思考为什么我去打破了以后它反倒更好,我以后哪种情况下需要打破,哪种情况下要遵从。这个时候是有意识地去考虑的"(WM)。而当下在内容上难以突破,从而希望在形式上有所突破。

新闻主体的描述也体现了文体互渗中的悖论现象。新闻领域一直未能

---

① 戴越:《新闻路上不敢停步》,《南方传媒研究》2017 年第 1 期。
② 李强:《"以变应变"重构跑线生态》,《南方传媒研究》2017 年第 1 期。

建立起较完善成熟的文体审美规范和理论体系，新闻主体表现出较强的逸出、偏离乃至对抗的态度。强调不按预设的理论模式生长和发展的突破性追求与相对稳定的理论规范建设之间有一定落差。

（四）新闻主体建构了新闻文体与读者需求的强关系

记者、编辑是新闻主体，新闻接收方是读者，如何看待新闻文体与读者期待的关系，是关于新闻主体的感知范式的问题。新媒体时代重塑了受众观念，大众传播媒介传受关系以双向互动模式取代了单向不对等模式。

1. 受访者的读者意识强，敏锐感知读者对新闻报道的需求变化

（1）客观看待读者环境及角色变化，以读者为主的观念强。新媒体对读者"进行一种分化，而且信息接收的选择权掌握在受众手里"（LY）。读者获得的信息多而杂，但缺乏"注意力"（GZ），同时读者获取资讯的自主性很强。受访者的读者观有三层：一是读者作为消费者，被视为报媒发展的衣食父母。二是一部分读者同时是报纸广告等业务的投资者，是一种合作伙伴。甚至还有受访者用"女朋友"来比拟读者在其心目中的角色。三是"报纸不是办给所有读者看的，而是为定制客户服务的"（GL），将读者视为"定制客户"是目前读者观最高层次的变化。

（2）受访者认为读者审美趣味、新闻需求更多元，要求更高。扎根理论一级编码此处获得的本土概念多（12个），可见受访者对读者审美趣味和新闻需求有敏锐感知。新闻主体认为，当前读者的审美趣味和新闻需求具有发散性、复杂性，"多元"这个词在此问题的回答中出现了7次；读者审美"更倾向于轻松、有趣、实用、有料、八卦"（XW），对"事件性、服务性以及跟自身利益切身相关的东西较关注"，对客观专业的服务性信息或指导性新闻尤其关注（LY），读者阅读新闻不只是为了获取信息，还要获得自己的利益，得到更大满足，"新闻跟读者有没有关系始终是读者对这个新闻有没有兴趣的关键"（CY）。

新媒体时代不缺信息，但注意力稀缺，读者的审美容易疲劳，相反，阅读兴趣阈值、刺激阈值越来越高，需要通过不断转换题材和形式来刺激读者的阅读欲望，"'重口味'，新闻要猎奇，是否新鲜是否独特。因为看的新闻越来越多，能够让他产生兴趣的东西越来越少，必须突破原来的底线才能引起关注"（YZ）；同时要求新闻告别量播，走向便捷与精简，追求眼球效应。信息量大大拓展，关注的东西多了，在新闻报道形式方面要求"是要对他有用的、有关联的、真实事件性的，而不是假大空的"（LY）。

第六章 新媒体语境下报纸新闻主体的文体认知

社会节奏加快，读者的时间精力有限，在碎片化时间下养成快速阅读的习惯，他们对"信息量会很在乎，就是内容上要更多，同样是100字，要比以前表达更多的信息，能不能提供尽量大的信息量才是读者最关注的"（JQ）。

新媒体环境培养起读者新的阅读需求，如不只看文字，还要听声音、看视频（JQ），新媒体更多采用新闻的组合传播，控制新闻的长度和深度，因此，读者对深度报道的关注有所下降，难以保持对长篇大论的持续关注。新媒体环境下读者审美趣味分化，年纪大的读者较喜欢节奏慢的，年轻读者喜欢看速度较快的，或者比较吸引眼球的（WZ），个性化阅读也成为首推，同时对信息的筛选分类要求增多。

读者受教育水平逐渐提高，自我判断能力增强。"他们的选择更接近新闻专业主义的要求"，对非专业性的东西没兴趣（LY），要素齐全的消息可能无法满足读者"对新闻的需求，他们更需要的是分析解读"，需要观点性的内容（YY）。

（3）新闻主体通过多种渠道主动、及时感知读者需求及其变化。其中最主要的渠道是互联网，关注网络点击量、转载量及网民评论是最为常用的方法（13频次）。新闻从业者本身也是读者，会通过换位思考，站在读者角度体验了解；报社读者调查也会提供相关数据。但受访者认为系统、规范、科学的调查正是目前报媒较缺失的环节，因为操作所花费的人力、物力、财力较多，所以虽屡次提出建议，但却被忽略（CG）。读者调查是一种比较系统科学的考量，而"整天看微博转载量，是无法真实地反映读者群体对报纸新闻需求的"（YY）。有受访者通过搜集朋友圈意见，以及观察周围人来了解读者需要。此外，还有一种观点认为报纸某些栏目版面的设置是通过臆想的方式来了解读者需求的，不具备很强针对性，能否真正对读者产生效果很难说。

2. 积极迎合、满足读者变化着的需求

新闻主体注重针对新闻与读者需求建立强关联性。受访者认为，新媒体语境下报媒所提供的资讯从量上无法与新媒体竞争，因此，报纸新闻更需提高读者需求契合度（10），"让那些跟它相关联的受众找到需要的节点、时间点或者信息点，受众就是一切"（LY）。要根据读者关心的内容选择新闻，在表现形式上也尽量满足这些需求和变化（5）。新闻报道从以往更多的议题设置，发展到更多地注重读者喜好，有一定受众议程倒逼的趋势。自己与同事都会有意识地对新闻文体进行突破和尝试，创新写作风格和语言使其符合现阶段读者的阅读习惯，以增加阅读量（YX）。

受访者全面分析了在坚持新闻原则的基础上，如何从新闻文体的写作方式、版式呈现等各方面，满足当下读者需求。

（1）以"版块式的组合方式把内容切割，进行碎片化处理"（GZ）。虽然这种内容组合方式在版面处理上会将阅读顺序打乱，但却避免了大块文字堆积，版面呈现更清晰，尤其深度报道通过裁剪、切割处理使阅读更快捷，"读者停留在版面上的时间越来越短了，你要抓住他的注意力，就需要进行拆分、切割"（JL）。受访者对增加链接和提要式导读、内容有机组合、版块区域划分等以满足读者趣味变化的更高要求均有表述。《羊城晚报》从 2007 年开始尝试小版化操作，把一个整版拆成两个"半版"①，这种变化提高了对报纸记者的专业的要求：既能够文体结构干练、文字精简，又不削弱深度报道的力度。

（2）"读题时代"到来，标题的贴近性与细化程度加强，标题不仅增长，还突出亮点，且越来越贴近生活（JL）。现在"阅读者有限的精力、有限的目光和停留在某一条新闻上的时间越来越短"，视觉效果变得异常重要，"标题抢眼能够抓住读者的注意力，也起到非常良好的阅读效果，迎合市场的喜好需求"（GZ）。

（3）增强易读性。趣味化、口语化、语言网络化，设置互动版并及时收集读者反馈，直观可视化，版面更清晰，避免大块的文字。

（4）增强相关解读和观点，帮助读者分析信息。受访者普遍认为，新媒体语境下读者有更高的信息要求。如政策性或数据性报道对市民影响大，但因其太宏观，往往使读者认为与自身联系不大，新闻工作者就有必要对其进行解读，使之贴近民生。同题新闻则以通讯、述评、记者手记进行报道效果更好，"可以给读者提供另一种视角，以及对事件的补充和解读"（YY）。

三、多维认知：全面感知报纸新闻文体变革

本书第三章至第五章对新媒体语境下的报纸新闻文体从文类、语体两个层面进行了系统分析，此处以扎根理论进一步分析新闻主体对此的看法，并通过互相对应和比较，从另一个角度了解和剖析报纸新闻工作者的主体文体意识。美国传播学者詹姆斯·凯瑞（James Carey）认为，传播的最高表现并不在于信息在自然空间内的传送，而是通过符号的处理和创造，参与传播的人们构筑和维持有序的、有意义的、成为人的活动的制约

---

① 胡润斌：《时政报道的六个"嬗变"——以羊城晚报为例》，《青年记者》2012 年第 18 期。

和空间的文化世界。可见信息是怎样的固然重要,但信息是如何处理的这一"仪式"同样传递着重要信息。新闻主体如何参与新闻构建这一行为、如何认知自身的行为是考察新闻主体特征的重要面向。

此处一级编码获得112个本土概念,见附录八。

二级编码建立了8个主范畴和20个副范畴,见表6-7。

表6-7 报纸新闻文体特点范畴与概念关系

主范畴	副范畴	包含概念序号
20世纪90年代末以来,报纸新闻文体变化明显	①报纸新闻文体特点有变化	1~3
	②20世纪90年代末以来,报纸新闻文体特征多元化发展	4~21
影响此阶段报纸新闻文体变化因素复杂多样	①外部因素复杂多维	22~32
	②内部因素指向新闻主体素质及追求	33~35
新媒体语境对新闻主体思维方式、审美情趣有影响	①新媒体语境对新闻主体思维方式、审美情趣有影响	36~38
	②新媒体语境多方面影响新闻主体思维方式	39~46
新媒体语境进而影响新闻主体的新闻形式运用	①新媒体影响新闻表现形式	47~50
	②从新媒体获取新闻材料	51
	③新媒体影响新闻版式结构	52、53
	④吸收新媒体的语言风格特点	54、55
	⑤新媒体提供新闻比较渠道	56、57
	⑥新媒体影响读者观等新闻理念	58~60
对当下"新闻"的形式特点认识	当下新闻的形式特点认识分散多元	61~76
报纸新闻文体呈网络化特点,同时突出自身优势	①新媒体特点直接影响报纸新闻形式	77~90
	②报纸新闻突出区别于新媒体的形式	91~93
报纸媒体全国两会新闻报道的表现形式多方面变化	①报纸全国两会报道的结构形式创新	94~100
	②报纸全国两会报道的语言风格创新	101、102
	③突出报纸新闻的文体特点	103~105

续表6-7

主范畴	副范畴	包含概念序号
影响报纸全国两会新闻报道文体的因素多元	①新技术及媒介环境影响因素	106～108
	②其他相关外部环境影响因素	109～112

此处三级编码所建立的核心范畴即三个扎根理论（见表6-8）。

表6-8 报纸新闻文体特点核心范畴与主范畴的关系

核心范畴	主范畴
新闻主体对20世纪90年代末以来，报纸新闻文体变化的多元认识	20世纪90年代末以来，报纸新闻文体变化明显、影响其变化的因素复杂多样
新媒体语境正向影响新闻主体思维方式及其新闻文体运用	新媒体语境对新闻主体思维方式和审美情趣有影响并进而影响其新闻形式运用
全面感知新媒体语境下报纸新闻报道的形式特点	新媒体语境下报纸新闻文体特点呈网络化，同时突出自身优势，报纸全国两会新闻报道表现形式多方面变化，影响因素多元

（一）对20世纪90年代末以来报纸新闻文体变化有多元认识

新闻主体对报纸新闻文体特点的认知，与前文所做的新闻文本的内容分析结果吻合度高。

1. 新闻主体对报纸新闻文体的变化全面感知

对"20世纪90年代末以来，报纸新闻文体特征的变化发展"这一问题，受访者普遍认为有变化。媒体也常有回顾审思，梳理发展轨迹。"我翻过一些早年的报道，即使是最辉煌的时候，整体呈现的稿件质量远不如现在。最辉煌的那个时候是标杆，但现在进步多了，只是鹤立鸡群的感觉少了。"（XS）受访者进一步具体对比报纸新闻文体的创变过程中的变与不变之处。根据受访者所讲述的此阶段报纸新闻文体特征变化，运用扎根理论所提取的本土概念达到18个，而且多元、全面、具体，可见新闻主体对此有很深刻的认知和感受。

新闻结构发生变化。标题受网络影响变化明显。与20世纪90年代追求的整齐不同，标题更长，放入更多新闻要素，简练的同时提供更多信息，如提要题增加（YG），呈现方式多样，还会利用放大字体、添加动画、运用方言或采用更多符号的方法来吸引眼球、引起注意，标题里直接引语和标点符号的运用增多（JQ），情绪化标题也出现了。在网络化和数字化时代，新闻靠标题来吸引读者。

新闻分切得更细。如对分段的要求有所增加，"以前对段落划分没有要求，现在切忌一两千字一个部分，基本上可能七八百字就切成一小块"（HP），避免因字块太厚增加阅读难度。小标题常态化，"八百字的稿切成两条或三条稿。一条稿只有一个大标题只能卖一个新闻点，将里面的新闻点挑出来做成一个大标题，再将一条稿件切成三条稿件就能有三个新闻点吸引人家，读者只用看标题就能获取新闻基本信息"（CG）。体裁多样化，出现类似"一句讲晒"即一句话说完新闻这样的新形式。结构变化还包括故事性叙述方式增多、更注重人性（HP），导语写法多样化，注意用平视视角，直接引语更多，等等。

语言的网络化、生活化增强。20世纪90年代，广东媒体语态已在全国领先，特别是报纸的时政新闻贴近读者语言，写作平实且严谨，而评论等则大胆尖锐、一针见血。《南方周末》在当时使用一种突破式写法，从人物或细节入手，通过文字构筑意境，使传统的新闻语言开始向个性化发展，成为新闻从业者学习模仿的对象。伴随新媒体发展，网络语言逐渐被读者接受，报纸呈现更多网络化语言。风格逐渐转向活泼生动，"会加入很多白描、细节和故事，从小地方切入做报道"（CS），更平易近人。为贴合读者的口语化表达，报道尽量减少使用生僻字及文学性词语。"以前更注重文字本身的工整漂亮，现在新闻本身传递信息的功能在凸显，而文字的功能或文采整齐不那么重要了，这是此消彼长的。"（LY）

新闻表现形式追求视觉化，数据、图表增多，且进一步视觉中心化。"两微一端"兴起，大数据成为潮流，"我所在的部门没有被打乱阵脚，倒是积极地做了很多尝试。尤其是好些以编辑为核心的新版块。比如报社好些部门都在尝试数据新闻"，数据版打破了时政版块、社会版块的区别，"文本看似被弱化，其实是要不动声色地起到完整讲述的作用；呈现是纯视觉化的，有无限多的可能"①。"现在很流行做图表、数据、饼状图等，甚至一整个版新闻都是用图来表达，让读者一目了然，便于阅读又能引起兴趣"，这跟读者的阅读习惯有关系（CY），也符合近几年所强调的新闻易读性，追求新闻的简单化、图片化与视觉化。为此，新闻纸宽度变窄，分栏更细以方便阅读。版式上讲究时尚化、生活化，倾向于"悦

---

① 戴越：《新闻路上不敢停步》，《南方传媒研究》2017第1期。

读",通过碎片化切割和组合编辑,使版面呈现更细致,重视读者的阅读体验与互动。《南方都市报》2013年对流动摊贩的报道,以生态报告的形式呈现了对广州街头流动摊贩群体的"摸底"调研,突破传统经验性的报道模式,独立主导了群体调查并采用"经验+数据"形式,还给出了科学治理流动商贩的政策建议。①

报纸新闻有融合的趋势。报纸新闻"体裁、结构本身也吸收了一些其他媒介、网络媒介形式上的东西"(GZ);新闻文体之间的融合,突出的是体裁的融合。各种体裁杂糅的情况增多,文体边界逐渐模糊,"消息、特写、通讯这些区分不是那么明显"(LY),"像消息又像评论又像通讯,通讯又夹杂述评在里头,完全是为了适应市场需求,打破了传统的体裁规定"(WM)。《南方都市报》以最流行的元素"朋友圈"命名版面,并对内容进行精准定位,即对时事热点中的某一人物或组织团体进行深度挖掘,是新闻报道与版面探索实践的一条新路。② 新的文体形式产生,自20世纪90年代末,新闻体裁开始裂变,评论、大调查、数据新闻、漫画新闻、微博体等增多,记者本身对文体的规范性意识也有所减弱。

新闻文体更专业化。同题材的系列新闻报道扩展到一次性推出多达十几个版,形成规模效应,抓住读者眼球。除了这种选题和策划上的专业追求,"对于专业的表现手法,其实我们也在做突破,包括对版式的要求"(GL),解读分析及思想观点凸显的述评观察和时评解读类文体增加(WM)。新闻更具体直接,"15年前的报纸可能还有一点文件体或会议体,虚的东西比较多。现在是和人家抢市场的时候,干货比较多,要具体的新闻事实,要具体的新闻素材、数据,直接引用新闻人物原来的话"(HP)。重视读者体验,更多考虑读者想看什么。新闻专业主义也对新闻文体产生影响,逐渐由被动接受发展为主动追求,报道中情绪表达减少,趋于平实、客观,逐渐从煽情发展到理性、从激情发展到专业(WM)。

凡此种种给报纸新闻的版面编排带来极大变化。"报纸改版非常频繁,不是说只有哪一家如此,而是大家都这样。版式编排上感觉自我应该进行创新,2009年开始到现在,我们每年都有一次改版。"(FS)

2. 理性思考新闻的核心和形式创新的利弊

受访者认为新闻的核心、专业化操作和形式不变。"务实和责任"的

---

① 裘萍:《换个姿态和公权力相处》,《南方传媒研究》2015年第2期。
② 廖智晟:《流行语在大众传播中的应用》,《南方传媒研究》2015年第2期。

第六章 新媒体语境下报纸新闻主体的文体认知

新闻内核没有变化（XS）；新闻几个要素始终不变，"新闻就是要求新、真实，然后具有贴近性、兴趣性，对人有启发的、读者关心的，这些新闻核心的东西不会变。这也是我们现在还辛苦坚守在做报纸、做新闻的道路上的原因，就是以前说的新闻理想"（CY）。虽然增加了新的元素，但一些专业化操作不变，如用扎实的调查手段、符合新闻操作要求的写法"在任何时候都是需要的"（JH）。

正因如此，报媒在积极寻求"全媒体转型"中保持自己的核心竞争力，例如日报有周刊化趋势。又如《南方日报》根据自身定位一直以政治新闻为主，但从2007年开始新闻文体发生了很大变化，其中有两个标志：一是开设网络版面和栏目，通过搜集网络资源，用网络语言写新闻；二是设置深度版，更能体现出报纸的个性化内容生产，即追求速度、广度、深度、信度、互动度和海量，也是应对新媒体冲击的一种方式。同时将深度扩展、重新整合后形成新栏目"时局"，将时政类新闻做成大稿，保证深度新闻的日常化与常态化，寻求创新（CG）。

他们提出不应盲目融合网络形式和特点。报纸与新媒体有很多不同特点，因此有些元素无法融合，"现在很多报纸向网络学习，但这种学习我觉得有种亦步亦趋的味道，首先它在时效和参与的广度方面不可能跟网络比，另外它所借鉴的这种互动或者说这种交互性的东西所呈现出来的大众化意见是经过筛选的，从本质上就不一样"（GZ），比如微博体"实际上只是模仿一个样子，媒体喜欢追随一些潮流热点。也有一些困惑，上网的人未必看报纸，把网上的模式搬过来，网民喜欢，但报纸读者未必喜欢"（XS）。他们思考在可视化追求下图表与文字的关系。数据新闻和图表新闻增多，但要为内容服务，"不能一窝蜂做数据和图表，我们开始要求数据和图表要规范化和精细化"（CG）。

受访者表达了对新闻工作者队伍新闻文体能力之忧思。当下报纸新闻呈现出的通俗化、口语化和网络化的语言风格，与新闻记者及编辑的文字素养降低有很大关系。"这几年毕业的记者，文字水平大幅下降"；典雅严肃的表达方式少了，是"因为那个语境离他们太远，消息写作，以及文件类、会议类的正统文字，对他们是有难度的，但让他们写一些新新人类和娱潮新闻就得心应手"（HP）。

3. 深入挖掘影响报纸新闻文体创新的复杂多样的原因

受访者认为外部因素复杂多维。其一，社会现实的时代变化影响报纸新闻文体。"报纸、媒体不就是社会政治经济的一种反射吗？我觉得社会的影响是最大的"（ZQ），"这个社会已经发展了，报纸把它呈现出来，真实地反映这个社会的发展，也就是说表现的对象发生了变化，内容呈现也就自然发生了变化"（JQ）。社会结构和社会心理变化对新闻文体产生影响。这些年"报纸媒体变化最重大的原因就是这个城市的人群结构发生变化"，外来人口增多，影响了报纸新闻的语言表达，例如"外省人"等相关词汇在新闻中基本消失（LY）。而整个社会的文化心理呈现去中心化的趋势，也让新闻形式有了反精英化的苗头，以前受众是被动的，现在受众则主动参与了创造，甚至这种创造比新闻事件本身更精彩、更有看头（GZ）。报纸新闻中，由网络评论组成的观点新闻更多，能展现更多方面的声音。

快速阅读的时代促使传统叙事方式更新，促进报纸新闻采用新的表达形式。社会影响也让媒体本身从宣传状态逐渐转向传播格局（ZQ），使单向传播有了多向反馈。读者可从其他渠道接触相同的信源，在权威性上会抱有质疑和批判的心态，不再全盘接受；而记者受到来自各方的反馈与压力后也会重视对事件的客观呈现，促成写作文风的转变。地域也是影响因素之一，例如，广东由于其毗邻港澳的特殊地理位置，新闻文体会更多受港澳影响，内容更贴近民生、风格更活泼。

其二，受众对新闻信息的需求以及阅读习惯的改变，使信息需求量及报道角度产生变化，而读者认知水平的提升也会对新闻报道产生影响。受众从20世纪八九十年代高度关注政治到如今高度关注经济生活，特别是社会经济元素更加活跃之后，房产等与受众切身利益相关的题材逐渐成为报道重点。题材变化必然影响文体表现，"受众的角度，公众对新闻讯息的需求很重"（LY）。考虑读者需求与自身的服务功能，报纸新闻提供更多的文化、民生新闻产品。报媒非常重视给读者提供良好的阅读体验，为了满足"悦读"要求，其在新闻文体上也做了很多改革，如趋向浅阅读，"市场化导向使报纸在承担原本宣传作用的基础上，更多考虑读者的需求并努力靠近市场需求"（CS）。时政新闻以更多的基层案例和语言将"高度""深度"与贴近群众实际生活相结合。①

其三，信息与媒介环境变化，特别是新媒体的冲击是重要影响因素。竞争激烈的环境给报纸新闻带来巨大生存压力。"互联网技术本身也更新得很快，传统媒体有一种被边缘化的危机感，无论如何都想改变，每次改版方案在指导思想里总是有这么一条，是要适应竞争需要，要借鉴新媒体

---

① 张学华、郑幼智：《激活地方党报时政新闻报道的方法和路径——以南方日报〈时局·南粤〉版为例》，《新闻实践》2013年第4期。

的一些形式或者精髓，虽然实践起来未必能达到这个目标，但是整个思路都受此影响。"（GZ）融合趋势明显，报媒的访谈体、微博体等是学习新媒体而出现的新兴体裁。新媒体新闻不断改革也进一步推动报纸新闻加快创变节奏。

其四，媒介技术是推动新闻形式变革的重要动因。随着媒介技术的网络化和移动媒体的出现，尤其是微信与微博的推广、报纸网络版的上线，先进的网络技术促使报纸新闻变革，因此"很多新的时尚的表达形式，比如新媒体的形式、很多大调查的形式，以前都比较少，现在都不断地变化出现"（GL）。此外，媒体管理与控制逐渐放开，为媒体发展提供更广阔的空间，给报纸新闻的形式变革提供了相对开放的空间。

内部因素则指向新闻主体素质及追求。一方面，新闻文体受新闻主体水平的影响。新闻工作者队伍变化，"之所以我们的语言会变得网络化、口语化、零碎，是因为新加入的人本身具有这样的语感，他们的书面语言表达能力还需加强"，也正因为如此，当下报纸新闻消息写作或文件类、会议类等报道的文字风格更活泼（HP）。另一方面，新闻从业者自身有提升专业素质的要求，追求不断创新。一代又一代媒体人孜孜以求地变革，"新闻从业者的追求就是对新闻理想和新闻职业的一种理解和追求"（FS），"文体变化的原因还是新闻专业主义"（WM）。

（二）新媒体语境正向影响新闻主体思维方式及新闻文体运用

采用新的形式技巧是对历史成规的突破，这与创作者感知社会现实的新方法有关系。受访者明确表示新媒体对自己的思维方式和审美情趣有影响，主要表现在以下方面：新媒体语境使自己思维更开阔，并习惯用互联网思维进行思考，因为新媒体各方面的信息来源多，"互就是互动，联就是联结，网就是网络。互联网思维就是在这三个字的基础之上构建起来的"（CG）。新媒体存在一种严肃新闻戏剧化的特点，再悲剧、再惨烈的事物都会进行后现代解构，以至于不那么严肃与"高大上"（HP），影响新闻的价值判断并扩展到追求有意思的东西。互动思维明显常态化，"我们部门常常会问，你觉得网友会怎么看，读者会怎么看，要不直接在网上进行调查吧"（ZX）。这种思维变化还体现在"用户需求理念以前是没有的，现在必须有，没有你就失败了。贴近性的服务理念必须有，服务还要本地化"（FS）。

新媒体语境进而影响新闻主体对新闻形式的运用。新媒体成为记者获取新闻线索和信息的主要来源，以及发布新闻的平台之一。互联网提供新闻信息源、背景材料等，微博、微信等成为受访者每天获取和发布信息的主要渠道。"我的新闻理念不会变"，但报道风格和结构、语言方面是会有变化的，"比如短句更多，更迎合读者的阅读习惯，在一些叙述里带有感情色彩。记者本身也求变，也需要适应报纸改版与升级，两方面是可以同时存在的"（YX）。

新媒体还影响了新闻主体的写作方式。新闻报道整体结构化减弱，线性的结构被改变，跳跃感加强；语言体式网络化，"希望我的导语就是一个140字的微博，能直接被拷贝到网上转发，且有比较高的转发量"（YY）。语体风格也随之增强娱乐性与趣味性，尽量用轻快的语言风格或网络语言等，比如，将娱乐活泼的文体运用到时政新闻写作上（HP）。在策划方式和表现形式上，传统的大块通讯写法也有所改变。受读者快速阅读习惯的影响，报社倡导进行短稿写作，记者本身也在学习多用短句及多分段的写作方式，同时还要兼顾新媒体平台的写作属性，适应不同传播渠道和传播平台要求，努力契合新媒体的传播特点和规律。

新闻生产流程受互联网影响，新闻形式发生相应改变。微博和微信成为报纸新闻采访的渠道，记者需要提供各种媒介形态的新闻。全媒体报道方式也给新闻形式带来变化，"如现场的东西更多，现场的细节和对话因为在现场即时记录得以呈现得更多"（CS），"记者在操作报纸新闻报道的时候，之前在微博、微信上用过的材料还会再拿过来丰富这个稿子，现场感强一些"（LY）。

新媒体影响新闻的呈现版式。最明显的是将报纸新闻进行版块化处理，"对版式上几千上万字的稿子，为了可读会有意做块状化的处理"（HP）。"链接"版块的出现就是根据网络搜索引擎的思维逻辑设立的。通过开设互动栏目及二维码扫描等新媒体形式，加强报纸新闻与读者的互动；版式上增加网页版，改版中也渗透着互联网思维，一方面回归传统，另一方面积极与新媒体高度融合。

有一种情况需特别关注，受访者把新媒体视为一种比较渠道，不断寻找报纸新闻与新媒体的区隔。例如手机等新媒体报道在文本和版式设计上过于简单，报纸要坚持版式传统，不断创新、加强版面优势。报纸新闻报道"应在思路上取胜，不停留在事件本身，还应做成事件的解读，让报道深度立体"，类似追求"短平快"的"搜狐体"，只是为了适应移动端的快速阅读，"我认为报纸不应该和网站或者移动端在时效上竞争，而应还原细节，做出自己的独家新闻"（XW）。

16位受访者表示新闻报道所用到的新闻题材和结构会受到网络、手机报道的影响，准备好新闻材料后会先看看新媒体和自媒体如何推送，"看看他们做到哪一地步，还有什么可以补缺补漏，也会借鉴一下形式如图表等"（HP）。"网络如果把事情说清楚了，那就往后挖，解读数据，做大数据，总要写点跟别人不一样的。"（YG）"我们都不可避免地去关注一些新媒体环境下的公众号推文之类的，会去琢磨它点击量高的原因在哪，哪些字眼表达会更适合当下使用、引起读者关注"，虽然不能完全复制这种新兴文体的结构样式，但它们确实带来了新视角，进而对新闻表现形式产生影响（YX）。

（三）全面感知新媒体语境下报纸新闻报道的形式特点

1. 对当下各种媒介形态中新闻的形式特点认识多元分散

受访者对各种形态的新闻的概括庞杂混乱，提炼的本土概念分散，既体现出在碰撞复杂的环境、多种形态中存在的新闻之多变性，也体现出新闻主体一种认识的困惑及复杂的态度与情感。

当下的新闻是善变的，报纸新闻主体的实验性与探索性精神更强。新闻的生产流程和生产态势变化，过于追求快速，所以容易碎片化，"形式的碎片化，是把更多的内容提炼出来呈现给大家"（XS）；信息量太多，"太多的新闻，对于个体来说承受不了这么多"（CG）；信息太乱，"它是不是矛盾的？你把读者搞糊涂了"（CG）。新闻专业规范性淡化，因为求快不注重核实，导致新闻不可信了，"我觉得现在新闻有种不太可靠的感觉"（YY）。以前一些话题性和概念性的现象现在能够直接成为新闻，"有很多热点新闻根本没有基本新闻事实，但是大家对这件事情有争议、有关注，它就变成新闻"（HP）。

新闻的融合性强，新旧媒体的界限模糊与融合，新闻与媒体的特点结合得更紧密，"一些比较有深度的东西就通过平面媒体发布，那种突发性的信息就发微博、微信"（LY）；新闻在各种媒介中互动，体现在多种媒体间的互动："纸与视频互动，形成立体感受，新电影、微记录与系列文字报道结合"，以及"先网后报"："现在网络慢慢地对纸媒的领导性更强了，经常是它们在设置话题"（GL）。

也有受访者认为新闻的本质和基本元素没有变，"介质可以发生变化，还是以内容为王，但形式和内容又是不能分开的"（JL）。

2. 新媒体语境下报纸新闻文体特点的变化指向网络化和突出优势

新闻最突出的报道形式特点就是网络化。①利用网络的开放式空间及丰富资源对新闻内容进行整合创新。②传统的通讯员报料无法满足日益增长的新闻量，大部分报纸新闻来源和信息获取会与网络有直接关系。挖掘网络中趣味化、大众化及民生化的素材以满足读者需求，也逐渐成为报纸的革命性变化（FS）。③业务链条变化，新闻架构形式和语言体式也发生变化，网络论坛意见及网络热词被广泛运用在稿件与标题上，语言更通俗及灵活。开设网络版和互动版，刊登大量网络体新闻。注重呈现与读者的互动，扫码新闻与调查增多。"以前的传统新闻，互动环节就是我说你听，现在是我说的东西你有什么样的反应，你反应的东西我又怎么样反馈，非常注重互动。"（ZQ）④分众化信息增多，报媒通过定制与分众来缓解读者群扩增压力，提供网络式的个性化服务（ZQ）。

一方面新闻可视化，更加追求"短平快"，着重突出重点、简短精练，"文字在减，图在增。报纸很注重读者能不能在短时间截取基本信息"（ZX），注重切割与碎片化呈现，"要求就是用短句、短段落，如果是突发事件，可以用蒙太奇的方法来写故事，版面编辑会更注重切割"（YY）。另一方面，受访者集中提到报纸新闻突出了区别于新媒体的形式。"两手抓的那种，拳头产品也要保证，不能减质量掉水平"（ZX），这个"拳头产品"指对深度的追求，如深度调查报道面更广、操作更频繁，突出观点和解说的综述型、分析型增多以区别于新媒体。"述评类新闻越来越多，新闻市场发展到下一个阶段就是观点市场，以观点来引领、来吸引读者。"（CG）更多更深的加工整合，"用我们成熟的技术，把网络上零碎的东西加工整合"（HP）。通过专业求证，使信源更准确。全面挖掘数据，"新媒体呈现手法较多，但在数据收集获取上并没有超过报纸。报纸有版面排版，新媒体竖条形式很难呈现思路和稿件间的逻辑性"（YZ），网上很多素材"只是零散地存在，但是把数据组合在一起，进行挖掘和综合分析，可能呈现的信息内容和内涵就完全不一样了"（GZ）。

3. 对新媒体语境下报纸媒体全国两会报道新闻文体特点的准确认知

受访者中有10位参加过全国两会的报道，访谈中有13人谈及对两会报道文体改革问题的观察与思考，他们普遍认为报纸全国两会新闻表现形式多方面变化。"媒体在每年全国两会报道中都会绞尽脑汁地想出新东西"（FS），全国两会报道是各媒体的新闻大战，"每一年的两会报道都是这一份报纸当年改革的思路体现，都希望将自己最好的一面呈现出来。每年两会报道的课题一定是与当年的版面改革有关系的"（GL）。

（1）新媒体语境下报纸媒体对于全国两会新闻的结构形式创新。形式更丰富，更多维、立体、活泼。结构诸多变化，例如观点多样化，以前往往只有一个专家点评和解读，或以"记者了解到"之类写法发出去，

第六章　新媒体语境下报纸新闻主体的文体认知

现在要采访多人,再把这些观点分类切割,"多了很多互动版块,如'大家访谈',其实就是考虑元素的多样化"(CS)。新闻体裁变化,更注重互动,"喜欢用图表、漫画、专家的访谈,还有一种是记者手记,强调以现场感为主,多写'我'看到了什么"(YG)。追求镜头感,如"街拍两会,是真正把一些现场的声音用文字搬到报纸上"(JQ)。又如"街坊两会"报道体现贴近民生的理念,它"实际上形式大于内容,是一种街坊表达情绪的东西"(YG)。

(2)新媒体元素多。报纸两会报道开设专版及专栏,运用新媒体表现方式,如数据图表和读者的互动,连接会内会外、前方后方。"《南方日报》做过博客体,记者手记就用博客体的形式来写,微博兴起后就用微博体来写,一个版里有好多记者写的短小的微博体"(GL);网络化,如《羊城晚报》栏目"微博两会""i团队""提问姐";潮流化,如"两会好声音""时间去哪儿""代表、委员去哪儿"等(XS)。

(3)语言通俗生活化,风格活泼。"越来越有种娱乐化的趋向,这肯定也是受网络影响的结果。另外就是表现形式,越来越多引用民间的声音"(GZ),语言没有以前那么高高在上了,而更加"接地气"。

(4)强调形式包装,版面编辑语言和版式方便阅读。最突出的是版面更多为可视化呈现,"比如说图片、图表和数据的加工,虽然这样记者的工作量会很大,但是把数据提炼出来整合成图表,文字会更简短、信息更简洁,而且图表更能展现完整性,读者对信息的抓取就会更快"(GL)。以前两会版面较规整,近年报纸在版面创意和编排上做了很大创新,"比如对国家领导人选举的报道,用了很多大图,而且有些是直接做铺底图的"(FS),突出视觉注意力,是一个很好的突破。

受访者客观辩证地看待报网互动,认为两会报道中报纸与新媒体新闻文体是互相学习、互相促进的。"以前《羊城晚报》有个'名人汇'栏目,现在腾讯也做'大家'"(XS),形式上互相借鉴。同时报纸要突出自身新闻文体特点,重视和增加能突出报媒视角的文体,"比如政治性常识、历年的常委他们去哪里"这类体现梳理性的新闻(YG);述评形式及调查性报道,时任南方日报经济新闻中心主任郭亦乐认为"在大家都忙着做动态报道的时候,《南方日报》突然出现这种述评形式,品牌展示上取得好效果,就成为品牌栏目传承下来"。她总结认为,2008年有关危机应对报道中借助形式多样的调查性报道拓展了报道空间,在切入视角、表现手法和内容张力有所创新和突破。①

影响报纸全国两会报道文体的因素多元。最明显的直接影响因素是新技术及媒介环境。互联网及其带来的媒介环境的巨变也影响了受众需求。受访者对新媒体多持开放性态度，"新媒体造成的这种压力、这种变化，是无可否认的"。但同时新媒体是"更方便、更互补"的平台，"市场这么大，你用不用它都在那里"，那就利用它丰富报纸新闻，做更多形式的创新和实践（JQ）。而当下日新月异的媒介技术革新带来了全新的传播渠道和呈现平台，成为报纸新闻文体变革的重要驱动力。其他相关外部环境的影响因素还包括政策开放度，以及新闻主体对两会报道这样的严肃题材进行轻松化处理时，所必须进行的文体突破。

第三节 模糊与辩证：新闻专业主义理念及发展预测

关于新闻专业主义的内涵与外延一直没有统一定义，因而这是一个有争议的命题。黄旦认为，新闻专业主义的基本理念包括：报刊的主要功能是传播新闻、干预和推动社会，核心内涵是强调信息与开掘深度；报刊的性质必须是独立自主的；目的是为公众服务并反映民意；要靠自己的有效经营来运转；报纸的约束机制是法律和职业道德自律，尤以后者为重。②陆晔和潘忠党将其基本原则概括为服务公众利益、真实报道事实、把关信息流通、独立于政治或经济势力及行业自律五个层面。杨凯将新闻专业主义界定为新闻业以一个专业所需要的一套价值标准作为目标与社会互动的建构过程，内涵是新闻媒体拥有不受政治、商业及其他势力影响的独立空间，作为社会公器对政府进行舆论监督，为公众提供客观与公正的信息服务。新闻从业人员有自己的专业规范和道德操守，接受专业社区自律而不是服从其他任何权力或权威。③ 本书不讨论其基本要义和发展，而是通过新闻主体的描述，管窥当下新媒体语境中报纸新闻工作者的新闻专业主义理念及其与新闻文体运用的关系。

记者及编辑的文体追求是其新闻理念的直接体现，而他们的新闻理念又往往在接受、批判和发展某种新闻传统中形成。没有哪种新闻理念是僵

---

① 郭亦乐：《调查类经济报道三种视角与特点——〈南方日报〉2008年有关危机应对报道实践》，《中国记者》2009年第1期。

② 黄旦：《传者图像：新闻专业主义的建构和消解》，上海，复旦大学出版社，2005年，第32页。

③ 杨凯：《美国新闻专业主义发展研究》（博士学位论文），暨南大学，2013年。

第六章 新媒体语境下报纸新闻主体的文体认知

化的、固定的、唯一的，人们不应把新闻传统及新闻理念理解成单一的，中国新闻史是各种新闻理念既排斥又吸收、既冲突又调和的长期发展过程，因此"新闻是阶级专政的工具"有一个被扬弃的发展历程，"喉舌论""新闻客观论"，以及新闻专业主义在中国经历变革与发展，成为中国新闻传统及新闻理念的构成。

一、对新闻专业主义认知全面但认同不高

访谈中新闻主体作为职业主体，常常将新闻专业主义转化为职业化的指标。近些年由于种种原因，报纸新闻从业者的社会地位下降，职业稳定性同步下降，但访谈中，新闻主体仍整体呈现了较好的职业认知和身份认同，有较强的职业共同体荣誉感。

新闻主体对新闻专业主义认知方面的一级编码获得了54个本土概念，见附录九。二级编码建立了3个主范畴和6个副范畴（见表6-9）。

表6-9 新闻专业主义认知范畴与有关概念关系

主范畴	副范畴	包含概念序号
新闻主体对新闻专业主义的认知全面	①对新闻专业主义含义的理解	1~16
	②新闻主体对新闻专业主义的态度	17~19
新媒体背景下新闻专业主义的发展	①当下中国新闻专业主义的现状不乐观	20~25
	②新媒体语境中新闻专业主义理念的发展喜忧参半	26~42
新闻专业主义理念及其变化对新闻文体有一定影响	①倾向认为有一定影响	43~46
	②新闻专业主义理念影响具体报道形式	47~58

三级编码建立的核心范畴，也是新闻主体对新闻专业主义认知的扎根理论。正如新闻专业主义的定义无法统一一样，新闻主体对其认识也是混乱、模糊、多向甚至是矛盾的，态度不乐观、不清晰；对其发展的认知也不统一，意见分散，感情复杂（见表6-10）。

表6-10 新闻专业主义认知核心范畴与主范畴的关系

核心范畴	主范畴
新闻主体对新媒体语境下新闻专业主义的认知客观全面，认同度不高	新闻主体对新闻专业主义的认知全面、新媒体背景下新闻专业主义的发展、新闻专业主义理念及其变化对新闻文体有一定影响

(一) 新闻主体对新闻专业主义的认知客观全面

1. 新闻主体对新闻专业主义内涵的认知

(1) 以一种发展观看待新闻专业主义。新闻主体认为,新闻工作者既然从事新闻事业,就应坚守新闻专业主义,不仅不能丢弃新闻的原则与法则,还需进一步强化它。同时在当今社会,新闻专业主义本身即是一种动态的、需要不断调整和丰富的理念,其外延在不断地拓展。以往的观点多从意识形态角度理解新闻专业主义,认为其必须是独立的,不受政党、立场或宣传任务的干扰,现在更多观点认为作为专业新闻人,所要坚持的新闻专业主义还包括专业的操作及技巧等方面。

(2) 坚持客观准确、追求真相与独立判断的内核以及社会功能不变。深度挖掘与客观真实性是一直不变的内核和标准,新闻需要提供更明晰准确的信息以及更真实的细节。从新闻本质和功能的角度看,新闻专业主义坚持客观与真实,是"严守客观中立去呈现真相,最大特征就是去导向性"(LY);是利用公开数据及调查走访,用更平实和客观中立的态度去解读与呈现现象,其特点就是"更加理性、更加客观、更加准确"(WM),尽可能接近真实和真相;是对专业的追求,对事实"一层层剥开去了解真实情况"(CS)。它还是对独立选择与判断的追求。"本质上还是认同客观与专业的,我觉得纸媒人需要有自己的独立分析。"(XS)因此,专业主义最大的特征应该是去导向性,尽可能保持平衡中立,同时新闻专业主义对社会进步起作用,"希望我们的报道能够推动政策的完善,或者是社会进步、公民意识的觉醒"(YY)。受访者对新闻专业主义的社会职能有所认识。

(3) 将强化专业性追求与职业化结合。新闻专业主义实际上是各组织内部机制及新闻从业者的一种职业规范和要素,即"专业人士干专业的事"(WZ)。它"是指对新闻报道从业人员专业度的要求",是对新闻从业人员进入行业的基本要求,也是强化专业新闻人在新闻操作理念和规范、技巧和能力方面的专业化要求,"对新闻的运作程序非常自律,要求非常严格"(FS)。这是一种新闻理念和职业精神,LY 解构新闻主义概念认为,"'主义'就是特别强调专业,专业成为一种精神,一种传统的核心的东西,是一种要求"。同时,受访者认为它是指需严格按照新闻专业规范运行操作,如"记者的门槛并不低,表达和复述有很多陷阱,作为记者你就要去质疑"(CS)。这包括采访与写作的专业化追求,"要更专业一点无非要把话说明白。一篇专业的新闻必定是非常清晰明了,用词相当

第六章 新媒体语境下报纸新闻主体的文体认知

准确的"(CS),而这需要更加专业的选择和判断,以及从业者在新闻规范、传媒伦理和职业操守上的坚持。

不少受访者将专业主义转化成职业化认知。南方周末记者刘斌理性认识到,由于国情、记者见识、新闻事件复杂性,在中国当下社会谈新闻理想过于浪漫,但认可新闻从业者应该且必须做到专业、职业。① 强化职业化规范,职业化与专业化的道路是支撑 21 世纪经济报道编辑徐炜旋坚守下去的主因。②

(4) 提出新闻专业主义新的拓展方向。将受众纳入新闻专业主义理念体系,重视读者需求,表述明晰通俗也是其应有含义。"受众的接受程度一定要是新闻专业主义的构成部分",要"考虑到受众怎么样才能更好地接受。"(JH) 读者定位要专业化,"所谓新闻专业主义,我觉得读者是第一位的,必须要把握读者的心理"(LY),用大众易读易懂的语言,让读者看得明白。要有服务性,"有时候你要服务政府,有时可能你要服务市民"(JQ)。专业是指给读者更加明晰的答案和信息,承担更多分析解读的功能,报纸新闻的专业体现在专业的信息服务。媒体行业自省加强。在报媒面对生存发展压力时,新闻职业共同体表现出更多的专业性自省和行业反思。

(5) 形成了全面、平衡、客观的认知。新闻专业主义应该与坚持舆论阵地、坚持社会主义核心价值观及马克思主义新闻观统一起来,"首先新闻专业主义不要把党的舆论阵地和党管舆论媒体对立起来",任何一个国家都有利益集团,这是必须正视的现实,"专业的前提是价值观不能偏离"(ZQ),因此要坚持马克思新闻观和国家利益这条底线,即便《泰晤士报》也有面对利益的平衡处理。21 世纪经济报道特稿部总监陈小莹认为,在保证准确性的情况下,通过数据加工和概括、强调可视化,尽量提高文本可读性,二者可以兼顾。③

2. 新闻主体对新闻专业主义的态度

有七位受访者坚定并明确认可要坚持新闻专业主义。"作为一个媒体,还是要坚持自己的专业性",从事新闻行业者"怎么可能不坚守新闻专业主义呢?我们不仅不能丢弃做新闻的原则、法则,而且要强化它,那是我们的看家本领"(ZQ)。特别要注意的是受访者表现出的辩证观,他

---

① 刘斌:《我为什么要在南周做新闻》,《南方传媒研究》2015 年第 2 期。
② 徐炜旋:《七年之痒》,《南方传媒研究》2015 年第 2 期。
③ 张志安、刘虹岑:《财经记者要有一套自己的方法论——专访〈21 世纪经济报道〉特稿部总监陈小莹》,《新闻界》2013 年第 16 期。

们认为坚持新闻专业主义并不代表一种陈旧的方式、理念和呈现方式，"它既要坚持原来的，同时又要不断丰富，融合很多新媒体的思维方式和手段"（JH）。在面临各种冲击的情况下，新闻专业主义得到进一步强化，价值会更加重要，从而不可替代。其中有三人从信息过剩的现状出发，提出更需要新闻专业主义，一人从报媒发展的角度提出此观点，表现出对新闻专业性运作一定的信心。

（二）新闻主体对当下中国新闻专业主义现状看法不乐观

新闻专业主义近几年备受争议，因此，受访者也多呈现较为悲观和犹豫的态度。不少受访者表达了对当下中国新闻专业主义现状不乐观的看法。

一是行业规范和程序缺乏。新闻专业门槛逐渐降低，对专业性要求减弱，新闻文体的规范性不强。行业标准执行的优劣并不会对新闻好坏程度的判断产生直接影响，导致行业标准无法被很好地贯彻，这限制了新闻专业主义的被接受度。对于个性化主导，行业没有坚持自己的标准，"我们现在没有程序的基础，是完全的个性化时代，每份报纸都不同，每个领导都不同"（CG）。

二是外部环境限制了新闻专业主义发展。从媒体属性到所面临的压力都导致目前新闻专业主义的式微。社会对专业主义的理解有些偏颇，如认为它等同于"揭黑"报道。报媒面对生存第一的压力，也很难以追求新闻专业主义为己任。多头把关、指令多变也使新闻主体无所适从。

三是内部人员素质影响了新闻专业主义理念。"整个从业人员的专业能力跟不上这个时代的快速发展"（ZQ），不仅不够专业，"还有记者借专业主义之名做不专业的东西"（CS），例如使用引导式语言、故意营造冲突或将新闻写作复杂化。

受访者对新媒体语境中新闻专业主义理念的发展看法喜忧参半，集中表现出两种看法。

一种观点认为，新媒体降低甚至动摇了新闻专业主义标准。从媒体多元化角度看，新媒体和自媒体所传播的资讯大多没有信源，传播者不做核实，是不遵循新闻专业主义思维方式的。在新媒体背景下，新闻"把关人"的功能在弱化，新闻的真实性和客观性、新闻人的独立性受到冲击，"不讲究重要性、接近性"（ZX）。而自媒体"存在非常大的问题；第一，没有出版流程；第二，呈现的是经过自媒体人咀嚼以后的产物，有浓厚的个人色彩，与传统的新闻专业主义是背道而驰的，传递的消息不一定准确"(YZ)。因此,从大环境角度来看,新闻的专业标准下降了。

另一种观点认为,虽然新闻专业主义的确发生了一些变化,但其内涵核心不变,无论何种形式,新闻都要专业、客观、真实,持这一观点的受访者占70%。超过一半的受访者认为,新媒体可以促进新闻专业主义。新媒体语境对新闻专业主义提出更高要求,报媒记者不仅要有扎实的新闻技能,还要学习新媒体更强的服务性,以及如何通过发帖引起话题的讨论、如何带动网民互动等网络内容生产技能。这也是一种提高新闻专业技能的鞭策。

新媒体冲击了新闻专业主义,但同时对它的需要被强化。新闻源越多,越需要真实性,"前提条件是新闻专业主义是变化的,它本质是往前走的"(CG),要在动态调整中融合新媒体思维方式和新手段。社会大环境在变化,"以前读者是单向的,你传播什么,他就接受什么,但网络时代有一个反向的反馈,他如果觉得你这个报道不专业,可以从别的途径接收信息,然后对你这个传播源产生一种质疑。久而久之他就会对你产生非常强烈的憎恶感或是不信任感"(WM)。YZ的观点很具代表性:"新闻最大的优势在于权威,告诉别人专业的东西。新媒体环境下,去新闻主义是不对的,要在多元化中以差异化找准自己定位,要守住新闻专业素养,保证真实性。"因此,在新媒体冲击的大背景下报媒要强化新闻专业主义。

受访者还提出新闻专业主义发展须注意的问题,包括不要因为新媒体语境追求快速而忽略核实的环节;技术是没有人情味的,坚持专业主义的同时要补充人文关怀,"可以把新媒体当作提高专业主义的一个手段和工具,去改进我们的报道,增强新闻真实性,但不要走进专业主义或技术主义的死胡同里面"(WZ)。

(三)新闻专业主义理念及其变化对新闻文体有一定影响

60%受访者明确表示,新闻专业主义对新闻文体有一定影响,新闻文体的变革与新闻专业主义有关。新闻专业主义是20世纪90年代以来报纸新闻文体变化的主要因素之一,"从煽情到理性,从激情到专业"(WM),变化原因是新闻专业主义。有一些文体规范与新闻专业主义有关系,对一部分特色鲜明的体裁可以追求或保留,因为它们代表了新闻专业操作。有些体裁变化与新闻专业主义也有关系。如2005年前后兴起了深度报道热,国内很多媒体设立深度报道部或调查新闻部,成立专业队伍,这与当时新闻专业主义的讨论热度有直接关系。

新闻专业主义通过影响主观认知来影响新闻采制流程,"你如果更加专业的话，会更加理性和从容地去面对这个环境"（WM），更加客观公正、更注意平衡各方观点，尽量少用或不用主观色彩浓的表达，少用有明显褒义或贬义的词，少用主观判断的表述，而追求客观、中性的记录。

新闻主体对这种影响的态度逐渐由被动接受发展到一种主动追求，报道中的情绪表达减少，开始趋于平实及客观冷静，更加关注个体与易读性，回归专业性。新闻专业主义对新闻报道形式的影响是一个动态的变化过程，包括对事实的真实客观传播，以及包装形式上让读者感兴趣。求证核实的准确度要求更高，信息源更清楚，细节更真实。

受访者认为，新媒体语境下报纸新闻应更关注市民新闻，更强调与读者的贴近性，表达更多声音和元素；回归真实性要求，通过调查的方式来做"辟谣新闻"，"在多元的信息里面做准确的调查，告诉大家准确的情况是什么"也是新闻专业主义的一个体现（CG）。新闻专业主义在变化，新闻结构也在变化，例如注重专业筛选而不讲究新闻的完整性，要求简洁、符合传播要求，还有更加严格化及流程化的操作范式要求。

二、报纸新闻文体发展的深度专业化追求

此部分从新媒体语境中报纸新闻的优势、好的文体传统及其需要摆脱的惰性、报纸新闻文体发展演进三个方面进行探讨。

新闻主体对报纸新闻文体发展认知的一级编码获得了64个本土概念，见附录十。二级编码建立了3个主范畴和9个副范畴，见表6-11。

表6-11 发展认知范畴与有关概念关系

主范畴	副范畴	包含概念序号
新媒体冲击中报纸新闻有专业化及媒介形态优势	①观点、解读、调查等深度挖掘优势	1～8
	②人员和资源优势	9～11
	③平面媒体的版式优势	12～14
新闻主体对报纸新闻文体传统的认知深刻	①报纸新闻报道有好的形式传统	15～25
	②报纸新闻报道有好的传统观念	26～32
	③报纸新闻惰性集中于观念问题	33～41
新的媒介环境中报纸新闻文体多方面发展	①报纸新闻文体的发展原则	42～45
	②报纸新闻报道体裁、语体风格、版式包装的发展创新	46～59
	③报纸新闻文体应注重读者需求和阅读体验	60～65

第六章　新媒体语境下报纸新闻主体的文体认知

三级编码建立的核心范畴见表6-12。在此基础上提出一个扎根理论：新媒介带来的新媒体环境中，报纸新闻文体将既融合又突出报纸形态优势，从体裁、语体风格、版式、读者本位等各方面发展。

表6-12　发展认知核心范畴与主范畴的关系

核心范畴	主范畴
新闻主体对报纸新闻优势及其传统有良好认知	新媒体冲击中报纸新闻有专业化及媒介形态优势、新闻主体对报纸新闻文体传统认知深刻
报纸新闻文体发展趋势	新的媒体环境中报纸新闻文体多方面发展

（一）新闻主体对报纸新闻优势及其传统有良好认知

1. 新媒体冲击中报纸新闻有专业化及媒介形态优势

受访者普遍认为，在新媒体带来的竞争与冲击中，报纸新闻的优势主要体现在三个方面。

一是权威内容生产及深度挖掘优势。新媒体对报纸新闻影响大，但报纸毕竟更具权威性和公信力。新媒体语境下人人都是记者，人人都可成为媒体，但传统媒体会经过谨慎核实再发布新闻。相较而言，报纸的情绪传播功能减少，内容生产优势大，观点重组更重要，因此"更深、更有观点价值"（GZ）、"有态度的新闻"（WM）成为报纸新闻优势，有观点和解读的综述分析型新闻受到欢迎，"现在读者看报纸不是因为信息多，而是你把信息集纳起来便于接受、做出判断"（WM）。记者观察及述评成为报纸新闻品牌，调查性文体对严谨度及证据链要求非常严格，有一定风险，只有报媒这样的新闻专业生产机构才能更好地把握。现场性成为报纸新闻的优势，因为"只有专业的记者才可能到达那里"（LY）。不要被网媒、新媒体的"唯流量论"束缚，传统纸媒要讲影响力，高质量、专业化和准确度是报媒评价标准。① 信息狂欢的时代充斥了太多廉价无用的信息，传统严肃的新闻仍有存在价值。②

二是报媒的人员和资源优势。相关部门对网络新媒体未开放采访权，因此，报媒有独家采访的优势。报纸的核心竞争力在于采编专业化程度高，报纸的优势之一就在于长期积累的优秀人才储备和丰富甚至独家的采访资源，同时报纸新闻从业者有较高专业化程度及要求。

---

① 李维：《始终保持自觉意识》，《南方传媒研究》2016年第1期。
② 刘斌：《我为什么要在南周做新闻》，《南方传媒研究》2015年第2期。

251

三是平面媒体的版式优势。报纸的媒介形态有其平面化阅读的优势，纸张带来的包装优势集中于"版面语言的呈现，因为网络不可能同时看两个评论，要先后看，但报纸就创造了这种可能性，你可以对比而且可以反复地琢磨"（WM）。

2. 新闻主体对报纸新闻传统的认知深刻

形式作为一种传统在历史发展中形成，报媒持续改革，新闻主体对报纸新闻文体良好传统的认知集中在四个方面。

一是市场化程度高，读者意识增强。媒体对受众的重视程度是市场化及市场化新闻观的指标。市场化需求是"以老百姓想关心和想了解的为主"（HP），贴近性强。这些观念体现在报道形式上，比如民生性新闻多，注重新闻的故事性、阅读性，讲究易读，关注文字形式是否为老百姓接受、好不好看，阅读乐趣强不强等。读者本位意识强，考虑读者感受，"只写读者感兴趣的东西"（WM）。

二是突出各自的新闻文体特征。报纸新闻有一定文体追求，"会有自己鲜明的文体特征，有标签化的因素"（GZ）；"怎么呈现每家的风格都不一样，不同的报纸对相同的新闻其报道形式不一样"（JL），例如《南方日报》新闻的深度、《羊城晚报》对新闻话题的持续关注、《广州日报》运用街坊邻里的视角，每家报纸新闻都有自己的文体特性，包括培养有个人风格的名编辑和名记者以突出其文体特点。

三是形式的创新意识强。报纸新闻勇于自我突破，"开放、大胆、敢为人先、更接地气"（XW）。新媒体在转型中迅速调整，在新闻表现形式上勇于创新，"比如版面上标题跨版，文本方面用新写法，更强服务性，与导语很规范、描述很客观、克制理性等传统写法相比，有更多本地化色彩"（YZ），融入网络文化，报纸对在网络用词的采用上更具开放性和包容性。讲故事、重现场、注意平衡客观性，这些都是报纸新闻好的传统。

四是有好的观念基础和专业范式。作为最早的专业媒体，报纸发展最为充分，"当然媒体发达也导致媒体要提早面对可能面临的各种问题"（JH）。在现代报业发展历程中，报媒不断直面各种"新媒体"的冲击，新闻理念和表现形式变革已成常态。在过去信息短缺的时代，报纸用丰富的内容培育了一批爱读报纸、爱看新闻的受众，由此形成一种文化和习惯并将之沉淀下来。相较于其他媒介，报媒形成了最为专业的新闻理念和专业范式。此外，报纸新闻从业者勤快，注重职业操守，坚持新闻专业性，认为"媒体作为'公器'要担当责任"（ZQ）。这些特质使得报纸新闻与新闻专业主义靠得更近。

当然这种传统也会成为一种惰性，受访者能客观辩证地看待报纸新闻文体成规与突破的关系。他们认为这种惰性主要体现在三个方面。

其一，新闻从业者自身产生惰性。首先，新闻工作者形成了惯性，在新闻表现形式上"老编辑不太认同一些新尝试，例如我们想做地图，涉及大量的制图，编辑觉得太花哨，这是丰富经验产生的惰性"（YZ）。其次，新闻从业者缺乏新闻热情和内驱力，"各大媒体高层的职业追求减弱，一线记者基本上是'80后'和'90后'，对大部分事情都不太有兴趣，也没有激情"（LY），而要摆脱惰性，对于个人来说无疑是要向内寻求对于新闻的热情，由内而外才会有源源不断的动力与能量。由于原有知识结构的限制及近年来整体水平下降，新媒体环境下人才流失非常严重，"这些年新闻传播整个队伍的水准实际上没见长，传承与交接得不够好"（FS）；报媒对新闻从业者业务水平的关注也下降，以至于"题材还在那儿，但是能操作这种题材的记者不在了"（XW）。正因如此，报纸的每次改革都是对传统的一次突破，有的报纸甚至一年改版两次，通过一次次启动改版，以对规范的不断变革来克服惰性。

其二，自我否定和放逐阻碍了报纸新闻发展。当下报媒过于关注新媒体，不太关注报纸形态本身的发展问题，"悲观论甚嚣尘上，唱衰纸媒的恰恰是我们自己。我觉得最重要的是自己不要丧失信心，要相信自己"（JH）。大环境传递的信息也是报媒出路不再光明，给从业人员带来负能量。"自我放弃，就是觉得自己是不重要的"（FS），媒体的自我矮化与自我悲情化对报纸新闻发展带来不好的影响。

其三，工分计算及薪酬待遇等劳动量评价未体现对新闻文体创新的鼓励，影响了新闻主体的变革动力。很多报社对记者提交到微博及微信公众号的新闻稿件不计工分，对图表新闻没有合理的计酬标准。作为指挥棒的新闻奖评选奖项的设置和要求跟不上变化，也必然对报纸新闻发展造成不良影响。此外，在政策要求下报道口径过紧，报纸长期刻板的官方思维和语言，当下各种新闻空间更严重的同质化，新闻从业者的角色转变太快、视野狭隘等均是限制报纸新闻发展的惰性。

（二）新闻主体对新媒体语境中报纸新闻文体发展趋势的预测

发展未来这一审美理想是人们所期待与追求的境界，也是社会理想的折射。受访者提出了新媒体环境中报纸新闻文体多方面发展方向。

1. 新闻主体提出明确的发展原则和方向

首先，要不断创新。"我觉得创新永无止境，这种职业精神应该也是专业上很重要的部分。所以整体来说不用太灰心,这个团队还是存在的,这个状态还是存在的,只要给它更多的空间营养,它是可以成长得很好的。"(ZQ)这种创新的思维是值得肯定的,既要内容充实丰富,又要有新的亮点,特别是有新的形式、新的版块、新的栏目。"数说"与"求证"等栏目都是新近发展起来的,版式语言、图表新闻与数据新闻也是报纸寻求改变的产物。

其次,需要根据不同媒介形态进行明晰的新闻区分。"做区分和分工,记者同时向南都网和报纸供稿"(XW),那些偏重时效性的消息只在南都网和移动终端上推送就够了,因此,2014年南方都市报优化升级把所有全媒体产品的链条都梳理得更清晰,比如动态新闻出口是网络新媒体,报纸上只做扫码新闻或导读的呈现,方便读者据此链接到互联网渠道。

最后,"融合"被多次提到。融合别的媒介特点,同时发展报纸媒介的优势新闻文体。XS的观点很有代表性:"第一,报媒将没有做好的做好;第二,学习网络的一些优势。"融合互联网思维,新闻文体要有开放性,加强与新媒体融合,包括接受吸纳新媒体文体特点。利用网络新媒体资源,借力打力;加强融合,"新媒体和传统媒体进行一种嫁接,你中有我、我中有你。具体到新闻表现形式上,会更加靠拢新媒体的那种形态,会更加多元",从而在表现形式上呈现官方和民间两个话语场的交集。南方日报记者刘江涛认为,报网融合下的传统报媒可以突破版面上的限制,增加可读性;不同版面会有不同的报道文体取向,新开设的版面为记者文体创新实践提供了良好平台。①

新媒体与传统媒体互相学习借鉴,而非互相打击。报媒不应跟随新媒体而迷失自我,影响报媒的行业规范,"要强调两者的区别,就是要有不一样,你不能完全跟它走,否则还不如直接去做新媒体"(JL)。最不好的是发展定位摇摆不定,把握不清"到底是想做纸媒,还是想变成新媒体,既对报媒发展失去信心,又没有做好新媒体的能力"(HP)。

受访者基本认同对于报纸新闻而言,内容生产与信息解读是优势。新媒体的载体平台变化太快,YZ认为"新闻的根本是不变的,越是在载体动荡的时代,越是要坚持最核心的东西,真正能支持做下去的是内容和采编团队"。因此,坚持原创和专业是区别于新媒体甚至其他报纸的核心竞

---

① 刘江涛:《南方日报全新改版》,《南方传媒研究》2015年第2期。

第六章 新媒体语境下报纸新闻主体的文体认知

争力。同时，报纸媒体不能被网络媒体牵着走，报纸要做的就是新媒体无法替代的新闻，突出差异化竞争，做特色化报道，从纸张形态到文字符号突出报纸的不可替代性。此外，紧跟受众的需求方向，才能更有利于报媒发声，推广品牌和影响力，使报纸更多地区别于新媒体。

对报媒区别于新媒体新闻文体的发展之道有清醒的思考和准确的把握。"报网复合受众"为新闻二度处理提供了发挥空间，报媒在深度、精度、观点的解读上有优势。新媒体环境下报媒想要生存，需要朝纵向深耕，这种纵向的实践不是指在篇幅上拓宽内容，而是对其从独特角度的挖掘，只有传递不拘一格的描述风格、掷地有声的评论观点，才能与网络新闻真正形成互补。① 报纸新闻文体的发展方向是易读和深度的结合，"新媒体对信息推送的速度快，今后报纸上消息类新闻文体将逐渐减少甚至消失，传统媒体更多往深度类新闻发展，更注重事件的叙述、文笔的细腻，通过慢阅读和深阅读来引发读者思考"（YX）。

2. 报纸新闻从报道体裁、语体风格、版式包装进行突破

报纸新闻谋求在体裁和语体风格上的发展。突出报纸新闻"内容制造者"的定位，强调报媒与新媒体的差异化，会影响体裁分布与文体发展。报媒擅长梳理关系，呈现逻辑，强调一定的深度和观点，因此，调查性报道、数据新闻、分析解读性新闻是体裁发展方向。从求生存及媒体突围的角度，解析性文体会增多，"我所期待看到的变化是，短新闻最终在网络上发布，而报纸则更专注于把新闻内容做全做深，这是报纸新闻的一种突破"（CS）。报纸被倒逼着改变报道方式，争取做出更有可读性、有自身特色的独家报道。报纸未来的发展还是要侧重内容生产，稿件就是产品，甚至应实现24小时不断地滚动供稿，"如果不是重磅的，报纸上要有消息可以少一点，差异化的东西多一点，不要太多同质化的内容。报纸上要有更多分析和观察的稿子，进行二次加工不要罗列原始数据"（YY）。同城媒体处理同质化新闻时，应强化主题性框架，弱化事件性框架。"更多综合呈现各家之言，读者自己选择观点。我们的核心竞争力是什么？我们可能拼不过网络的时效，但是报媒的观点输出和深挖还算是目前的一个优势。"（ZX）未来要进一步实现表达观点的多元化，调查更专业化和科学化，观点更独家，数据新闻更可读。

众声喧哗的新媒体时代，文体发展回归报纸新闻核心理念，呈现客

---

① 张志安、刘虹岑：《我们乐于输出娱乐价值观——专访〈《南方都市报》娱乐周刊〉执行主编谢晓》，《新闻界》2014年第4期。

观、权威、真实的内容，无论报道严肃抑或轻松的新闻都要向各方求证。"在资讯彻底爆炸的时代，回归到旁观者真实呈现的位置上，应该越来越客观甚至越来越枯燥，枯燥也是一种权威，表达更加直接。'乱花渐欲迷人眼'，最终还是回到原本上，报纸安身立命的东西就是这个。"（YZ）因此，新闻文体强化报道专业性，"更加权威、深度的解读角度，要做好对新媒体消息的延伸，还要有自己的视点，做得更加多元"（JQ）。

当然，报纸新闻文体也要吸收各种元素，新闻版式更加活泼、轻松、有趣。《南方都市报》2014年改版也是为此，正如崔向红所言："A叠一直负重感比较强，有点过于端着了，不能跟上现在新媒体冲击之下的这种语境变化，它需要更灵活、更灵动的呈现。"报纸新闻文本上的遣词造句需要更网络化、更轻快。报纸新闻"形式上更多互动环节，包括二维码等的应用，把很多读者的反馈意见呈现在报纸上"，与读者的互动更多（GL）。

报纸新闻要突出版式优势。纸张印刷带来的版面感也是报纸可以突出的元素，纸张和版式既是报纸新闻的局限，又是其特点，可以发展为优势。纸张的平面化有其阅读快感和特点，读者一眼扫过去能很快抓取到多条新闻的核心元素，从获得信息的成本考虑，同等时间下阅读报纸比点击新媒体获得的信息更多。因此，报纸新闻可发挥版面语言呈现这个优势，做一些视觉上的突破，"发达国家的报纸版面做得很好看，图文的搭配和版面的设计很漂亮，让你很有阅读欲望。我们套印的技术、纸张和表现力还有提高空间"，"在版式上下功夫，让版面更漂亮、更新锐，视觉效果更强烈一些"（HP），版块分割和功能定位可以更清晰。

报纸新闻内容是第一位的，要发展可读性强及多样化的报道方式。为了达到这个目的，报纸新闻运用图片图表及分割组合版块化呈现，"切分得很细碎，没有那种几千字的长篇大论，现在记者也会觉得碎片化比较严重"（CH），"大的事件碎片化呈现，而怎么组合可能将会交给受众"（LY）。呈现中立性和客观性的信息，给读者自己组合与思考的空间，等于在信息的传播和接受的过程中实现了民主化。这种碎片化可以使信息和观点精练，新闻的版式非常明快。

3. 报纸新闻文体未来更注重读者需求和阅读体验

"传统媒体多多少少会有一些以前的优越感，或者是历史积累下来的对自我的认同"（ZX），但未来报纸新闻要越加重视读者的感受，适应读者的需求，"以平等的姿态做新闻"。现在媒体形态多，接触信息渠道多，受众被培养得越来越有辨别力及分析能力，以后媒体也会往细分的

第六章 新媒体语境下报纸新闻主体的文体认知

方向发展，因此要有分众的概念。新闻实现个性化和定制化，报纸根据受众需求和自身定位，判断新闻应以何种形式表现才能更精确化地吸引受众。从读者阅读的角度进行新闻文体调整，使用更多平民视角与平等视角，更"接地气"，更突出实用性。"资讯服务性很强或者指引性很强的文体会多一些"（FS），社区新闻将会成为报纸新闻新的增长点，做"新媒体没法关注到的很小的新闻，小众化，给读者提供一个互动的机会"（HP）。

第四节 本章小结

根据文体的社会属性，除了内部语言成分的构成之外，外部语境及主体意识对文体形成的作用不可或缺，新闻文体是内外共同作用的结果。本章着力于考察新媒体语境中报纸新闻文体的主体特征。

刘勇以"自觉"来归纳新时期中国记者新闻文体意识。①《现代汉语词典》定义"自觉"为"自己有所认识而觉悟"。本书提出，新媒体语境下的报纸新闻主体在文体自觉的基础上表现出一定的自主性。自主则有自我管理及独立存在的能力之意。丁金国认为，理想的文体意识需具备"辨域、识象、定体、选语"② 的能力。扎根理论分析所呈现之报纸新闻主体对新闻文体重要性及其与题材关系有理性认知，对新闻文体规范及其影响作用有自主、到位的认识，有主动学习的能力，新闻文体自主选择与创新意识强，对读者与文体、新闻语境及其对自身的影响均有敏锐感知和准确描述，即从四个方面展示了较理想的文体意识，在新闻建构的文体自觉基础上体现更强的自主性。

报纸新闻主体对新闻与其他文体形态坚定地予以区别，并表现出自主选择使用及创新新闻各文类的意愿和能力。也就是说，他们意识到了新闻这一文体类型独立存在的重要性与必要性，并能有意识地选择和自觉创造。大部分新闻主体能划清不同新闻文体之间的边界，且能做到遵守并灵活运用新闻文体规范，能根据不同媒介属性选择新闻文体。但同时他们对新闻文类的细化和区分认知不统一，这虽契合了新闻文类融合的趋向，但也显示出新闻主体对报纸新闻文类的规范没有稳定的认知态度，缺乏对新

---

① 刘勇：《从自发到自觉——论新时期中国记者新闻文体意识的嬗变》，《国际新闻界》2010年第5期。文中还提到"新闻专业主义渐次成为记者文体意识的旨归"。
② 丁金国：《语体意识与语言运用》，《修辞学习》2005年第3期。

闻"文类文体"更高层次的细化和拓展，长远来看会影响报纸新闻文体的科学性和文类竞争性。

新闻主体对新媒体语境下报纸新闻文体特点、创变及其原因的描述全面且深入。他们客观地直面新媒体带来的新闻理念和操作变化，并积极调整，大部分受访者认为新媒体的运用开阔了视野、更新了理念，使他们能用更新且更具发展力的眼光看待事物。新闻主体对20世纪90年代末以来报纸新闻文体变化的准确认识、新媒体语境下报纸新闻文体特点的全面感知，与前面的文本研究高度契合。他们从外部和内部因素分析了影响报纸新闻文体特点的因素，其中对新闻主体因素的分析尤其值得关注，表现出对自我、行业及新闻从业队伍的清醒审视。新闻主体还能全面认知和深描新媒体对自身及其新闻报道形式的影响。

新闻主体对新闻专业主义理念有较全面认知，但未有较高层次的认同。受访者对新闻专业主义理念内涵及外延的理解未形成相对统一的共识，且认知基本集中于专业性操作层面，体现了较强的行业自律意识，但是在对新闻专业主义的态度和情感上认同度不高。受访者普遍表示，当下中国新闻专业主义现状不容乐观，对新媒体语境中新闻专业主义理念的发展看法喜忧参半。在新媒体技术及竞争环境的挤压下，媒体特别是报纸媒体组织及新闻工作者的新闻专业主义理念发生了巨大变化，这种变化影响着新闻文体意识，同时也影响了新闻业务实践、新闻生产各环节包括内容生产，并且通过文本外显来对报纸新闻文体产生影响。

新闻主体对报纸新闻文体的发展持辩证和理性的分析态度，既用开放的态度融合新媒体及新元素，又强化报纸新闻专业化生产的优势。他们认为新媒体语境中报纸新闻文体将多维发展，报纸新闻有专业化、市场化程度高、创新意识强等优势。他们所描述之新媒体语境中的报纸新闻文体，追求的是一种平衡和理性的表达，既强化新闻理念内核的专业性追求及报纸新闻核心竞争力，以突出报纸与新媒体等形态的区别，又在新闻表现形式上融合新媒体特点、渗入互联网思维。专业化的调查、解读与观点提供客观、准确、权威的事实，在严格把关下呈现信息，这是报纸坚持内容专业化生产之本；在此基础上，更具可读性、更生动娱乐化、更多元素、更丰富的版块、更注重互动性的新闻是报纸需提升的方向。

报纸新闻主体所表现出的文体追求，是推动新闻创变的重要因素。令笔者感动的是，受访者虽然认识到报纸新闻在新媒体时代的困境，但仍对这份职业充满肯定与热爱，对其是"报纸新闻职业共同体"中的一员而感到骄傲。访谈中XW认为，"良好的业务氛围，向一处使劲儿的团队，

第六章 新媒体语境下报纸新闻主体的文体认知

会形成一种不可思议的磁场",他引用了江艺平所说的"寻找志同道合的伙伴比一人摸索更重要",并认为这是形成陈菊红所描述的"那些金子一样的日子,闪亮得让人不敢相信"① 的媒体时代的重要原因。

---

① 陈菊红:《陈菊红:离开》,见腾讯网(https://new.qq.com/omn/20190818/20190818A03Q6K00.html)。

第七章 总结：时代变局中的报纸新闻文体特征及发展

20世纪末以来，以网络化、新媒体崛起为主要背景，新闻媒体生存环境发生了极大变化。报纸媒体在多方力量推动下，在世界新闻理念变动、媒介行业互动频繁与竞争激烈的环境中，其新闻文体不断变革以适应新闻传播模式、受众需求和信息接收习惯、媒介技术等的变化。

在本章，笔者回到研究原点并做总结，回答以下问题：新媒体语境下报纸新闻文体是怎样的？其外层因素和内涵、编码和解码过程发生了什么变化？笔者将立足于时代文化视角，在前文基础上，总结新媒体语境下报纸新闻在结构形式和话语体式等方面所表征出来的特点，理性审视其与主体的关系，并进一步探析和预测其发展趋向。新闻文体的研究目的不是仅对构成新闻的各类型、语体，以及新闻这一文体做孤立研究，而是通过对其构成类型及发展历程做比较、归纳和串联，探究文类、语体与主体、时代等文体特征和演变规律。

第一节 研究总结：新媒体语境下报纸新闻文体特征

新媒体的加入使新闻格局更复杂、竞争更激烈，报媒在多方力量推动下不断革新新闻报道方式，以适应媒介环境、新闻传播模式、受众需求和信息接收习惯等的变化。新媒体语境下报纸新闻文体总体呈现组合化、模糊化、专业化及融合化的变迁之路，建构了一个开放、多元的信息性、述评性、解读性和可读性并重的专业化文体系统。回到"新闻文体"的内涵，即作为"事实报道"之新闻的话语体式及新闻文本的结构方式这一外层次表征，以及新闻主体及时代的内层次意涵，总结新媒体语境下报纸新闻文体的特征及创变规律。

此部分是在辩证基础上，着眼于新媒体语境下新闻文体的变化之处。本书并非否定报纸新闻文体并存着多种叙事模式，事实上本书的统计显示消息类新闻仍在大多数年份占比第一，倒金字塔与金字塔结构等以叙述事实信息为主的文本结构在报纸新闻中仍然是主流叙事方式之一，笔者将其

第七章　总结：时代变局中的报纸新闻文体特征及发展

统称为"信息范式"。同时本书也不否认"故事范式"及"宣传范式"①的存在。本节在肯定新闻文体多元范式并存的立场上，着重总结报媒在与新媒体共动中，由于结构性转化而形成的新闻文体特征，而非将单一范式上升为"元概念"。

一、互动范型：新闻结构方式和话语体式的交融性

新媒体带来的不仅是竞争，还有更深更广的合作，报纸阵营与新媒体阵营的博弈也存在于若干种合作中，这些合作也给报纸的新闻生产包括属于表现形式范畴的新闻文体带来一定影响。基于此，媒体融合中报纸新闻文体更关注新媒体语境带来的新闻生产及传播特点，更突出自身媒介特点，更注重读者需求及阅读体验，既融合新媒体报道形式，又发展个性化和专业化特征。

所谓"交融性"是指交互融合，是由新媒体语境下报纸与新媒体不同媒介形态的交融所带来的新闻文体交融性。它既指报媒开放交融的理念，因为没有开放性就没有交互融合，报纸新闻融合新媒体特性体现互联网思维；也指在这种理念下，报纸新闻生产和传播路径的交融带来新闻文体内部交融性；还指报纸新闻在文类和语体文体上呈现出交互性和融合性增强的特点。新媒体的突出特点是交互性，这种交互性突出体现在内容和传受关系上，报纸新闻吸收这种交互性理念，融合自身与新媒体的特点，改造报道文体。

跨媒介新闻是必然的趋势，不可能要求报纸新闻的纯粹性，甚至不能要求新闻自身的纯粹性。形成报纸新闻交融性特征的原因有四点：一是媒介生产流程的融合；二是新闻人身份的融合，这两点形成了新闻内容共创的态势；三是受众新闻获取渠道与阅读终端的融合；四是传受身份改变，报纸作为传者，读者作为受众的传统身份有很大改变。这种文体交融性体现在三个方面。

第一，结构的交融性。报纸新闻开放性理念增强，在结构方式上的跨越程度深，变革强度大，往往形成新的新闻结构体。报纸新闻与其他形态的媒介之间以及新闻文体内部的互相融合都更频繁，主要体现在以下四点。①把新媒体新兴文体的结构融合进报纸新闻文体，产生了报纸的"博客体""播客体""微博体""朋友圈体"新闻等；②新媒体信息源直

---

① 刘勇：《1978年以来中国报纸新闻文体的演进史——基于范式变迁的视角》，《中国地质大学学报（社会科学版）》2010年第10期。

接融入报纸新闻结构，观点新闻的增加与信息渠道更多，特别是网民成为重要信息源有很大关系；③交互性强的新闻文类和结构增多，谈话新闻、对话运用、互动新闻与观点新闻增加；④报纸新闻文类的各种融通性，文类有界限但屡被打破，各种文类的关系越来越密切，融合在一起，如新闻照片与文字的融合、调查报道与图表的融合、消息与评论的融合。

第二，语体的交融性。由于时代发展和大众传播的需要，报纸新闻语体传播的功能域大大拓展，借用吸收他体为我所用以及话语层面的互通，丰富了新闻语体的结构表达系统。从纵向历时角度来考察，新闻语体的形成历史就是一部为适应交际需求，主动自觉拓展自体功能域，与其他语体建立跨功能域的交融，以获取超常言语功能效应的历史。① 新媒体语境下报纸新闻语体实现了多种声音的融合：专家视角、媒体视角与群众视角的融合，给予社会各阶层人群更多直接叙述权；通俗话语与文学话语、专业话语的融合，例如方言与书面语的融合、通俗的平民化语言与专业术语的融合；网络话语与报媒话语的融合；叙述方式的交融，例如各种信息源和言论、各种视点和叙述主体的转换而形成的交融，给予私人话语形式更多尊重；正式和非正式报章语言的融合。新闻语体的开放程度如此之高，打破了长期相对封闭稳定的报章语言传统。

结构和语体的交融性，是报纸新闻文体吸纳其他文体、其他媒介形态形式特点而形成的。体现出一种对外部环境的开放性，尤其是与新媒体外环境的积极互动，才能达成内循环和外循环的快速发展。

第三，更快速频繁的传受互动在新闻文体上有所呈现。例如互动新闻及观点新闻等凸显交流各方、互动过程的文类增加，口语化、引述句、设问句、标题标点的使用形成更强的直接或虚拟的互动过程。

二、多元话语场：新闻话语体式多维、多角度、多层次

新媒体语境下报纸新闻呈现视角、语言方式与叙述人称多元化。在语言学中话语"指称比句子更重要的动词性言说"，常用来和"书面文本"相对照，强调言语和被言语者的互动以及言语的产生和解释过程。而在社会学意义上话语通常指用来构建知识领域和社会实践领域的言语方式。在此，话语既反映和描述社会，也会"构成"社会实体和社会关系。话语不仅是语言内容，而且包括规范语言的权力关系。② 诺曼·费尔克拉夫

---

① 祝克懿：《新闻语体的交融功能》，《复旦学报（社会科学版）》2005 年第 3 期。
② 涂鸣华：《中国新闻话语体系的历史流变》，《青年记者》2013 年第 1 期。

第七章 总结：时代变局中的报纸新闻文体特征及发展

（Norman Fairclough）认为，"话语"体系的形成至少包括文本向度即注重文本的语言分析，话语实践向度即文本生产和解释过程、阐述何种类型的话语被权力关系所利用，社会实践向度即话语机构和社会环境等。① 本书结合两个方面的内涵，从词语、句式、修辞和语篇等对新闻的形式和结构开展分析，关注新闻文本生产过程，并从中发现新闻文本和社会权力的关系。

第一，报纸新闻更重视受众，把更多发声权交给受众，包括网友、街坊百姓。新闻报道视角、叙述人称多元化，报道主体视线下移，记者身份从传播学识、告知真相的知识分子、文化精英转向挖掘看点、传达信息的平民等多种身份，写作视角从单一向多元、从俯视到平视转变。报道除全知全能的叙述视角外还增加了记者观察、代表观察、网友观察、镜头观察等视角，新闻展示视角的拓展也使叙述更生动、阐释更客观，最大限度还原事件原貌。

新媒体语境下的报纸新闻从取材角度——对同一新闻主题选取不同材料予以报道，以及写作角度——同一主题同一材料表达方式不同两个方面，均强调在纷繁复杂的信息场中本报视角与读者视角的融合、独家视角和多元视角的平衡、平民视角和专家视角统一而辩证的视角观。

多元话语场的建构是传受关系及话语权的开放性呈现，只有具备足够的开放性，增加每种声音来源独立的话语权威，报纸新闻才能达成与读者传受互动的快速频繁、对抗性和互补性叙述等"复调式"叙述的构成。大量直接引用来自社会各阶层的话语，以至于随时改变场域中各种元素关系，形成"圆桌会议"式的叙述顺序。叙述者各自的观点与个性既得到充分展示，又达到很好的互文效果。虽然从深度访谈和媒体人的叙述中，并不能找到充分材料证明新闻主体对于新闻话语、叙述的主动性调整，也就是没有明显的叙述意识，但是文本分析显示变革是在进行着的，这是新闻主体主动应对媒介环境和受众需求变化的一种求变之举。

第二，在新媒体语境形成的多渠道信息传播中，报纸新闻话语场由多种信息源组成，通过多元视角，追求融合与组合中的深度解读范型。报道中往往版块清晰、文类丰富且功能多样，凸显多视角、多维度的新闻解读，专家观点、媒体观察、资料解读及百姓声音，一一列明各种信息源，而且世界、国家与本土的宏观微观视角交融，点面结合。

---

① 〔英〕诺曼·费尔克拉夫：《话语与社会变迁》，殷晓蓉译，北京，华夏出版社，2003年，第58～68页。

第三，在这个话语场中，语言体式也更多样化。在报纸新闻语言这个场域中，严谨、文学性较强的书面语及报章语言势位有所降低，而俗语、口语、方言和网络语言等通俗风趣甚至有些戏谑的语言势位有所提高，在标题中变化尤其明显，前者的高势语言与后者的低势语言之间距离拉近。虽然学术界普遍认为，语言势位等于文明势位而不完全等于权力势位，但是报纸新闻呈现出的这一语言势位变化，体现了对这种语言所代表的市井文明及网络文化的一种接纳与肯定态度，是一种间接地对语言所表达之隐性权力的赋予。通俗化、网络化与文学性话语作为场域中的元素，在报纸新闻中其边界被模糊。

第四，运用对话体的谈话新闻和新闻中的对话结构增多，表现出一种主动建构显性话语场的姿态。对话体是最能体现报纸新闻话语权的一种新闻品类，对话方下移至街坊百姓，通过具体的身份表征和照片表达对话方的尊重，彰显"复调性"对话。若将之结合语境来考察，既能体现其开放之态度，一种媒介话语权的让渡，亦能视之为媒介之间、媒介与社会的互动形式，一种社会行为与关系的折射。从这个角度看，这种多元话语场最明显的意义在于让以前无法直接发声的行为主体与话语体系成为话语场中的权力方，参与阐释过程和社会互动。①

报纸新闻将理念层面的对话落实为问题层面的对话过程展示。新闻不再是讲授，而"更多的是一种内容更加丰富的对话"②。由于话语空间不断变窄，《南方都市报》从布道者、培育者转变为言说者和同行者，从以精英自居到平等对视，在众声喧哗中推动对话，共同建构一个参与对话的新话语空间。③ 这就是报纸新闻文体在新媒体语境中的发展状态——从单向传播发展到平等的对话交流，搭建更多公共对话平台。

三、述评框架：信息专业化解读，文本观点性表达

社会学家欧文·戈夫曼（Erving Goffman）将"框架"定义为人们用来认识和阐释外在客观世界的认知结构，人们对于现实生活经验的归纳、建构与阐释都依赖一定的框架，框架使得人们能够定位、感知、理解和归纳众多具体信息。甘姆森（Gamson）将框架定义分为两类：一类为界限

---

① 〔荷〕托伊恩·A. 梵·迪克：《作为话语的新闻》，曾庆香译，北京，华夏出版社，2003，第32页。

② 〔美〕比尔·科瓦奇、〔美〕汤姆·罗森斯蒂尔：《真相：信息超载时代如何知道该相信什么》，陆佳怡、孙志刚译，北京，中国人民大学出版社，2014，第178页。

③ 曹轲：《都市报话语权的争取、消减和再造——从〈南方都市报〉路径看中国都市报20年》，《新闻战线》2014年第12期。

第七章 总结：时代变局中的报纸新闻文体特征及发展

（boundary），指取材范围，限定了人们认识社会事件的范围和界限；另一类指人们用来阐释社会现象的架构（building frame），显示了意义的结构，人们以此来构建意义以了解及解释外在世界。其概念分为两类：名词属性的观念框架及动词属性的过程框架。潘忠党曾陈述过"框架"（frame）所蕴含的双重含义：名词性的"框架"与动词性的"架构"，"表达的是以话语方式展开的社会建构过程"①。因此，臧国仁提出："可以把框架概念理解为一个名词和动词的复合体。作为动词，是界限外部事实，并心理再造真实的框架过程；作为名词，就是形成了的框架。"②

框架理论于 20 世纪 80 年代开始被引进新闻传播研究领域，形成"新闻框架"这一概念。传播学家塔库曼（Tuchman）提出"作为框架的新闻（news as a frame）"这一观点，指新闻工作者用来判断信息价值和制作新闻的准则体系。此处借用"新闻框架"这一概念，是在名词性的"框架"范畴内，着重于总体上考察新媒体语境下报纸新闻搭建了怎样的新闻的框架（名词），而非新闻如何架构（动词）社会现实，主要关注"新闻材料的构建处理"这一环节。本书不对报纸新闻进行具体框架分析，即不具体分析报媒对哪些具体新闻事实做了什么样的选择性处理、再现了什么社会现实以及是如何再现的，对新闻工作者框架和受众框架的相关性，也不评价其效果，比如其如何影响人们的认知，而是在最外层探究新媒体语境下报纸新闻文体更倾向于搭建何种新闻框架，呈现了怎样的新闻图式，是一种高度概括的宏观模式化考量。该研究为对新闻框架之"框架"研究，而非针对具体的某种现实或事实分析报纸新闻如何选择和加工，以及新闻文本和意义的建构过程。

新闻工作者在构建新闻材料时，常常通过凸显、弱化、排除及重组等方式处理加工，以"框架化"新闻。从这一角度来说，新媒体语境下的报纸新闻凸显信息亮点，在话语框架、修辞框架层面，其对信息材料的凸显体现在如下四个方面：一是把主要信息点前置于标题这样的显要位置，长标题也是为了信息点更易被看见；二是结构上强化观点性信息，述评新闻增加，观点多元、多样、多"声道"复调，大量引述叙述者语言；三是功能上凸显解读性，解读类新闻增加，解读手段多样，例如更多图表新闻的可视化解读，解读资料独立化呈现，更多新闻链接形式的本土化解读

---

① 潘忠党：《架构分析：一个亟需理论澄清的领域》，《传播与社会学刊（香港）》2006 年第 1 期。
② 臧国仁：《新闻媒体与消息来源：媒介框架与真实建构之论述》，台北，三民书局，1999 年，第 28 页。

等；四是强化更个人化、私人化的叙述视角和人称，同时弱化文学性表述、故事化手法及隐晦复杂的修辞格，减少单纯的事实性信息呈现，例如简讯和短消息减少，故事新闻也极少用，弱化全知全能视角。在新一轮的改革中，报纸新闻材料加工时尽量减少与新媒体同质化信息的呈现，例如排除通过网络已传播的一般性信息，排除没有明确信息源的信息；重组网络信息，重新诠释新闻事实。消息类不再占绝对优势，述评类新闻增加；在句式变短的同时，保持新闻的平均篇幅，即单篇新闻承载的信息量大增，并且容纳更多的主题性阐述内容。

恩特曼（Entam）说，新闻文本的框架是"通过使用或拒绝使用某些关键词、常用语、僵化的形象、信息源和句子，通过某些事实和判断的聚合来强化主题"①。如果以梵·迪克（Teun A. Van Dijk）的新闻话语图式结构来分析报纸新闻的话语框架，简单来说体现了两个方面的特点：一是图式结构中的要素在单条新闻报道中越来越全，即便简短的新闻也要求其中的范畴越来越多；二是"概述""评价""背景性话语"的权重增加，因此相应的"情节"话语减弱。

报纸新闻的材料构建，体现了在新媒体语境下，有意淡化叙事框架，强化述评解读框架的理念。需说明的是，这是一种材料处理上的平衡化体现，是一种偏向性的调整，不是非此即彼、互相否定的关系。这表达了一种态度，报纸新闻报道从"信息化"功能模式回归到曾经的报纸新闻报道与观点融合的一种理念。互联网时代，传统的新闻报道与言论相对清晰的边界被打破，报道集纳表达主体的客观性分析与意见，于是述评新闻、解读新闻增加，通过"新闻观点化"② 形成吸纳更多社会意见和表达的观点传播。

当然这种回归是在一定的社会背景、媒介环境变化基础上进行的，呈现方式也有很大不同。这种演变中的"回归"不同之处在于，当下报纸新闻述评框架是建立在信息化模式基础上，将观点表达内嵌于报道。中国近代报纸报道与评论不分，多用全知全能视角，意识形态的宣传化功能明显，当时人们文化程度低，信息渠道少，需要也能接受这种"教育"与"宣传"的。后来将报道与评论分开，并发展限知视角，专业化、信息化功能明显，适应人们要有知情权、判断权，一种自我思考的觉醒所带来的

---

① Entaman, R., 1993: "Framing: Toward Clarification of a Fractured Paradigm", *Journal of Communication*, no. 4.

② 操慧、夏迪鑫：《新闻观点化与观点新闻化——对公共传播视域下媒体话语实践理路的审思》，《西南民族大学学报（人文社科版）》2020 年第 9 期。

新闻需求。新媒体语境下报纸新闻在此基础上强化述评和观点,呈现更开放多元的视角,以第三人称限知视角为主增加第一人称叙述,显示较强的个性化色彩,诠释的功能增加。叙事结构上通过更多"同故事",以及更多使用当事人或描述者为第一人称的引语,形成一种"我叙事",以更多原生态语言再现并展示多种声音、多元视角,激发平等认同。同时,新闻资料和新闻解读增多,即以链接专家学者和各界人士的言论来提供与事实同步的解读性信息的做法增加,通过释放语用性信息以达到"报道主客体、主客观之间的信息对等和认知均衡"①。这些改变是基于当下媒介环境中受众已经跨越了满足于信息告知的阶段,需要更多的观点,而且这种观点是多渠道、多视角的。同时,经过这些年的成长以及新媒体环境的催化,受众已有较高的媒介素养,能在接受各种观点输出的同时建构自己的判断与认知。

新媒体快速、全面、互动及方便等特性,很大程度上消解了报纸新闻对信息源的垄断,报纸在时效性、全面性和广泛性等方面存在劣势,难以获得独家信息,过去与电视竞争而形成的深度报道也受到一定威胁。如果报纸要在角度、观点的独特性上做文章,应利用网络提供的大量新闻素材,寻找新的脚落点,从中梳理新的深层次的内容和解读,明示观点的报道手法渐成风气。直接明示观点来源和要点的新闻文类增加,从述评新闻、新闻札记到观点新闻、互动新闻,表现形式更直接、观点呈现方式更独立、结构更跳跃。观点来源更多样化,视角更多元,解读更专业。

面对新媒体的围攻,报媒危机意识深重。从 2010 年开始,各大报纸不约而同地改版,反复提出的"深读"之"深",很大一部分就来源于对新闻材料的深挖,从拓展新闻材料的横向与纵向的逻辑联结、更多维地解读、多声道地报道和评论,以达到对新闻事实的深度解读和诠释。这种深读与 20 世纪末的深度报道不同之处在于:不一味强调对某一新闻事件的深度调查采访,不集中体现在报道长度,而是基于报纸阅读体验的优势,提出报纸适合反复读,在长度和广度上有自身优势;报纸的平面版式特点体现在通过各种新闻形式组合,将新闻事实、背景及其解说、述评捆绑式推出,通过新闻内容的解构和重组达到对新闻内容的深度解读。

今天的记者所面对的现实世界更复杂多变,同时还要面对充斥着海量信息和观点的互联网虚拟世界。因此,对于日常新闻采编工作而言,诸如

---

① 操慧、夏迪鑫:《新闻观点化与观点新闻化》,《西南民族大学学报(人文社科版)》2020 年第 9 期。

消息类写作比以往更加烦琐和复杂。人类记者与机器相比,最大优势来自对新闻信息的加工和再创造能力、深度挖掘和调查能力、解读和分析能力。① "在新媒体环境下,对有些重大事件如马航事件的报道肯定要快速,有时效性。其他一些题材好、内容好看、有价值的新闻,时效性弱一点,主题性的框架会更加明显,事件性的框架会有所弱化。"(YY)述评性框架是主题性框架的具体化之一,这也成为报媒区别于新媒体而逐渐形成的新闻文体特征之一。

四、版块化呈现:版面结构模块化,信息散点分布

"版块化"概念最早在电视节目制作中被提出,是指一定时间内报道或议论一定主题或类别的新闻事实或热门话题之类②,有基本固定播出时段及周期,融新闻、信息、服务与文化娱乐等多种节目类型为一体。《现代汉语词典》将"版块"定义为:"比喻具有某些共同点或联系的各个部分的组合","用于报刊、节目等时一般作'版块'";而"模块"是指"大型软件系统中的一个具有独立功能的组成部分"。一个模块完成特定技术功能,若干个模块组合共同完成指令任务,模块与模块之间既相互关联而又各自独立。

模块化与组合化是一对密切联系的概念。组合化是思路及理念,更着重于表示事或物的构成形式,一个事物由若干部分组合而成。"组合法"是指"将思考对象有关部分的功能或特点汇集组合起来,从而产生新设想的一种创造思考方法"③。模块化是工作流程及呈现方式,是将各个单元即模块组合成事或物的过程。新闻文体的版块化呈现,是一种模块化产品,就是以模块的组合为基础而构成的。模块式新闻往往"以某新闻事件或新闻人物为报道契机,整体由事件叙述、背景材料、相关信息、分析评论等若干独立单元组成"④。

新闻版块化是指媒体以新闻事件为由头对选用的新闻材料进行重新编排组合,新闻文体往往由新闻事实、背景材料、资料链接、专家点评等若干模块构成,这几个模块可依据报道内容的具体情况灵活分项和有机组装。⑤ 在传统新闻结构中,背景性、解说性材料被置于新闻导语、正文或

---

① 匡文波:《记者会被机器人取代吗》,《新闻与写作》2017 年第 9 期。
② 朽木:《版块化与模式化》,《新闻战线》1995 年第 7 期。
③ 转引自童时中:《模块化原理 设计方法及应用》,北京,中国标准出版社,2000 年,第 44 页。
④ 高红玲:《模块式新闻表现形式的特性》,《新闻战线》2003 年第 6 期。
⑤ 汪业芬:《新闻模块形式的优势与不足》,《新闻三昧》2007 年第 3 期。

第七章　总结：时代变局中的报纸新闻文体特征及发展

结尾中，且一般较简短，并不深度展开。但当前报纸新闻在网络新闻超链接模式、超文本结构的启发下，常常把新闻背景、新闻资料、新闻解说、意见反馈等以单独模块提出，这样就打破了传统报纸新闻的线性结构，呈现出网状多维结构，既增强了报道深度和广度，又突出层次感，同时适应了网络时代人们的超链接思维，方便读者进行信息选择。正如前文所论述，版块化的形成建立在互文性的基础之上。

报纸新闻版面结构模块化，首先体现在报纸新闻生产流程上，基本上按照"结构新闻事实—信息模块化—版面模块化—将新闻事实不同聚焦点以版块化处理"的步骤进行；其次体现在对新闻材料"切割"版块化处理后，报纸新闻文本组合化呈现。常见的"话题"式专题报道中把事实、评论及图片等内容进行切割处理，以不同的文类承载，形成多重链接的网状多维立体结构，新闻体裁也得到丰富和扩展。大量使用并单独提取列举直接引述句、提炼和分切处理新闻信息点，还有常设"新闻链接""关键词""新闻背景"等专栏放置新闻资料文类，这些常设模块使新闻得以立体式呈现。这种更灵活和碎片化的操作往往使新闻结构的完整性被破坏，新闻各文类规范、新闻文本的工整和标准化被突破。

新闻结构也呈现模块化。报纸消息的小标题就是在网络新闻的影响下产生的，报纸新闻小标题发展为一个个模块，把一条完整的新闻包装成若干模块。例如不少网络版及根据网络消息源形成的报纸新闻报道常采用"网络事实—当事人回应—记者调查—网民观点"的链条，新闻的"复调式"叙述也常常成为模块，构建起版块式新闻。这些版块化模式既凸显了报纸对新闻的独家策划功力，又提供了新闻资源深度开发的空间及新闻辐射的广度，报道的事实经过整理也更加清晰，同时提升了可读性，结构上更简约及直接，指向性更强，能满足读者一般性信息需求。

报纸版面的模块化倾向这一新闻版块化结构变革，是对传统倒金字塔结构及金字塔结构的一种突破。机械还原新闻事件本身的报道几乎绝迹，文字编排基本采用化整为零的方法，围绕主标题设置若干小文章，或将篇幅较大的文章分成几部分，给每个部分取一个标题，所有分标题又统一在主标题之下，丰富版面视觉元素，调动读者的阅读积极性。①

报纸新闻结构的模块化处理，往往建立在对新闻材料"切割"的基础上，呈现出与新媒体传播特性一致的碎片化理念，符合新媒体语境下形成的快速阅读需求与"浅阅读"习惯。此外，形成信息的散点分布，打破

---

① 刘晓丹：《媒介融合视角下的报纸新闻文本转型研究》，《中国报业》2012 年第 20 期。

了传统报纸文字新闻集中、整体的新闻结构和信息呈现格局,以适应当下读者自由、个性取阅的习惯。访谈中 GZ 说到,对新闻版块式的组合方式"印象最深刻的是《广州日报》版面的处理,一篇文章切成一块一块的,让人分不清是要按哪个顺序往下读,但看完以后该知道的都知道了,这的确算是一种形式上的变化"。

这种新闻文体特点以某一事实为触点,集合不同文类、视角及表现手法,运用多种手段如调查、评论和图表等,既能把事实挖透,剖析因果关联,使报道达到深度,又增强可读性及读者的可选择性,使读者获取和理解信息的便捷性、快速性和趣味性要求得到满足,真正做到"深"与"读"结合。

此外,新闻版块化可以满足用户个性化的信息需求,满足读者对核心内容的关注,打通消息、述评、通讯与图片等传统新闻文类的界限,互文性作用凸显,实现信息的规模化制作和呈现,把新闻对信息的一般性传播功能延展为多向度的服务功能,为提供信息服务功能和新闻报道平衡提供空间。所谓信息的一般性传播功能体现在把事情讲清楚的"线性反映"①,提供新闻事件报道的单结构,而多向度的服务功能是指把事情的逻辑关系展现出来,除了提供新闻事件的报道,还组合其他相关信息,呈辐射式复式结构。这种结构方式提供便捷的信息筛选和取舍的通道,分切好的模块指向不同的信息向度,读者就像用户一样快速甄别和选取。

版块化趋势既是报纸新闻文体对于网络新闻形式的一种吸收式变革,也是信息提供的方便模式下的一种文本体现,体现了报媒从传统的新闻"读者"观转变为信息"用户"观的理念变革,更贴近用户需求、更考虑阅读效益。

五、信息诠释:平直易读可视化处理,提高接受性

广义的诠释学(hermeneutics)是指对于文本之意义的理解和解释的理论或哲学,强调忠实客观地把握文本和作者原意。这种理解随着诠释学的发展而呈现越来越宽泛的趋势,包括了对自然、社会与文本的理解,诠释学有包容认识论的趋向。② 从诠释学的角度来看,新闻在分析与解构接受者特征及喜好基础上形成,新闻传播者面对的是接受群体,以追求接受者接受意义趋同而避免歧义,达到对同质性群体的有效传播。

---

① 张晋升、王媛媛:《读者式新闻文本的模块化生产实践——以南方都市报城市新闻的文本变革为例》,《新闻与写作》2012 年第 6 期。

② 王金福、汪丽:《争论的解释学意义》,《外国哲学》2000 年第 2 期。

第七章 总结：时代变局中的报纸新闻文体特征及发展

同时，正如美国哲学家托马斯·库恩（Thomas Samuel Kuhn）所说，"一个人所看到的不仅依赖于他在看什么，而且也依赖于他以前的视觉——概念的经验所教给他去看的东西。"① 新闻接受是个人行为，接受者生活阅历不同因而审美经验和阅读期待不同，并非处于同样的前结构状态，其异质性决定了接受者对文本理解的开放性与不一致性。因此，新闻文本作为意义的载体有两个特征：新闻文本针对同质性接受群体具有大众性；针对异质性的接受个体具有开放性。②

新媒体语境下的报媒强化读者定位、用户服务理念。受众需求受到前所未有的重视，"受众本位"理念形成，新闻报道功能从信息化特点的重在"告知"到逐渐重视服务化特点的"诠释"。报纸新闻文体表现出平等互动的传受关系、从"受众"观到"用户"观的服务理念，注重读者良好的阅读体验，迎合新媒体语境下的受众新闻阅读行为习惯。

从诠释学的视角，报纸新闻文体根据语境变化提升大众性和开放性，使受众能够良好地接受。一方面，报纸新闻提供低语境、更具贴近性的新闻文本，强化易读性和易理解性。由于新媒体平台提供了更多的信息基础，读者对于报纸新闻的需求已不再满足于对新闻过程的了解，而是更想知道相关事实以及对事实的解读与分析；而且新媒体语境提升了受众的社会参与热情，判断力与分析力也有所提升，只有呈现更多经过核实，使用多角度解读、多元观点、可视化加工等更专业化的新闻文体，才能提高接受群体的趋同理解和接受。另一方面，报纸新闻用切割组合的版块化呈现，来满足接受主体相对个性的需求。新媒体语境下新闻接受者个性化差异更明显，因此对新闻进行碎片化操作，严肃与娱乐、官方话语与民间话语、书面语与口语、深度与浅阅读等文体特征辩证共存，以提升报纸新闻文本的开放性。

读者阅读趣味经历着从"看报纸"到"用报纸"的显著转变，报纸因此更强调新闻与读者需求的紧密联系。报纸新闻文体强化信息的接受性诠释范式，其特点表现在以下几点。

首先，注意力中心化。现在成为常规的报纸导读与索引就是为了方便读者对信息筛选而出现的。而标题作为报纸真正的第一阅读元素，其信息宣告功能在新媒体语境下被放大，因此，报纸新闻标题字数有所增加，标题运用甚至连用能调动情绪的标点如问号及感叹号等的做法增多。另一注

---

① 〔美〕托马斯·库思：《科学革命的结构》，金吾伦、胡新河译，北京，北京大学出版社，2003 年，第 103 页。
② 覃岚：《解释学视野中新闻文本的存在态势》，《当代传播》2011 年第 6 期。

意中心为图片新闻,主要体现在漫画和图表的版面增加,功能被强化和扩大,尤其是图表新闻增幅明显。但同时报纸新闻并非无限扩大图片新闻尤其是新闻照片的版面,其占比一直较稳定。这是一种理性对待所谓"读图时代"受众需求的理念和态度,遵从信息需求饱和的适度原则。

其次,强化新闻与读者的直接关联性。报纸的话语权下放,用读者的话语方式和视角来诠释新闻。以通俗易懂的大众化语言来提高新闻易受性是第一要务,报媒更"接地气""讲人话",更具有草根色彩,口语、俗语、方言以及来自老百姓的话语方式被更多运用于报纸新闻,网民创造出的"热词"与"网络语言"越来越多地出现在报纸甚至成为新闻标题,表现出主流媒体对民间与公众表达的接纳和认同。

传统媒体在新闻改革中提出的要加强"公共新闻(public journalism)"或"公民新闻",落实到报纸新闻文体改革,实际上就是聚焦报纸新闻从制作流程到文本呈现要加强新闻与读者的平等交流。20世纪90年代初,美国学者提出的"公共新闻"理论是一个尚在发展的概念。中国目前对这一概念没有明确定义,常将它与"公民新闻"混为一谈。纽约大学杰伊·罗森(Jay Rosen)认为,新闻媒介不应仅是报道新闻而应担当起更积极的角色,"致力于提高社会公众在获得新闻信息基础上的行动能力,关注公众之间对话和交流的质量,帮助人们积极地寻求解决问题的途径,告诉社会公众如何去应对社会问题,而不仅仅是让他们去阅读或观看这些问题"①,普通公众对事件的认识与专家们的认识同样有价值,应该被同等看待。该理论提供了一些关于新闻报道实践的新视角和新技巧。孙旭培教授把公共新闻概括为:"培育和营造公民社会,监督和构建公共领域,报道和指导公共事务,交流和引导公共意见。"② 近年来,报纸新闻主要吸纳"公民新闻"的理念及其因素,例如视角更开放、结构更互动,将"读者"更新为"受众"理念,赋予普通公民更多话语权,其需求与自我表达更得到尊重。

最后,表述直接、通俗易读、可视化处理。这是在信息"用户"观指引下报纸新闻文体凸显的特点。报纸新闻话语体式呈现简短、明朗、直观的特点,文句更直接干净,不铺排少抒情,信息指向更清晰。报纸新闻文体中视觉文本盛行,照片新闻稳定处于报纸新闻文类篇幅前三的位置,图表新闻增加,而信息用可视化方式呈现也是为了更直观、更简洁。

---

① Rosen, J., 1992:"Public Journalism: A Case for Public Scholarship", *Change*, no.3. 转引自蔡雯《"公共新闻":发展中的理论与探索中的实践》,《国际新闻界》2004年第1期。

② 张恩超:《从民生新闻到公共新闻》,《南方周末》2004年11月4日文化版。

第七章　总结：时代变局中的报纸新闻文体特征及发展

新媒体语境下的报纸新闻从文类到语体，体现了对专业化模式和信息接受化诠释的平衡。不仅在扩大信息量的同时增加信息导览功能，增加趣味性，形式更多样、生动活泼，还体现了一种媒体与读者的关系，以及新闻传播理念的转变，营造平等的信息交流关系而非只是信息供求关系，以满足读者实用信息需求为新闻传播的主要功能，形式上注重互动交流感，话语上营造信息的亲切感和对话感，形成良好的接受度。

从信息建构的角度，横向或纵向联结的、契合需求的新闻事实更易引起关注并成为话题。同时，报纸新闻文体要实现可读性，不能仅追求单篇新闻报道形式的生动活泼精彩，而要从多维的角度提升新闻整体品质，其中新闻形式上突出与读者的关联性，包括与读者前阅读经验的关系，是未来报纸新闻文体保持传播影响力的发展方向。

六、主体自主性：主体高自知反省性、主动创新型

在新的媒体环境中，中国报纸新闻主体的思维模式呈现复线及共时的多元思维模式。① 新媒体语境下报纸新闻主体的文体意识呈现明显而强烈的自主选择、理性控制及创新意识特征，使得报纸新闻文体走向专业、多样、丰富和开放。

报纸新闻主体的文体"自主性"形成，表现在其对新闻文体的作用有辩证和理性的认知，新闻文体的自主选择与创新意识强，同时表现出很好的自我提升意识及反思精神，主动阅读范本并模仿学习，表达出对新闻的专业化追求。新闻主体对个性各个亚结构对新闻文体形成的作用、个人文体喜好有细致描述，体现出新闻思维的多元化。

从互文性的角度，传统对文体的影响很直接和明显，新闻文体总是在继承和吸收新闻传统基础上，排斥与创新出独特的文体来。新闻主体对报纸新闻的传统之优势与惰性进行了辩证分析，表现出很强的行业自省能力。报纸新闻主体对新闻报道，可以全面细致地从语言表达、结构方式、体裁样式、表现形式、版面语言等方面进行深入论述。报媒记者和编辑对影响自己新闻报道实践的文体规范和新闻观念的觉察度高。

机构化与规范化是新闻专业主义传统的重要特征，它强调职业规范。行业标准与职业要求内化为记者的职业意识，表现在文体层面即转化为新闻主体的"文体意识"。换言之，"文体意识"是新闻文体的外形式在新

---

① 赵刚健：《论20世纪90年代以来中国报纸新闻的文体革新》，《黄山学院学报》2005年第1期。

273

闻从业者内心的折射与反映，一旦形成，就会对其新闻报道产生专业规约。从这个意义上说，新闻写作是一种"限制性"写作。但是"新闻工作者知道如何在讲述故事的过程中让限制最小化"①，这必然就涉及个体风格问题②。

新闻主体基本认同新闻文体的框架与规范，但是更看重创造出自己风格的文体。他们对作为文体和作为媒介形态的新闻边界认知清晰，明确指出新闻与其他文体的界限，敏锐感知并适应新闻在不同媒介形态传播时的形式变化要求；他们对作为采写规范的新闻体裁边界认知则较模糊，态度分化。

报纸新闻报道体式表现出多样性与丰富性。新闻主体表达出根据自身特点、媒体定位、受众认识等自主选择适宜表达的新闻文体之主观认识。但新闻文体规范却不是可有可无的，在某种程度上反而更重要，这种"规范"的文体图式与不规范原本就是相对的而非恒定的，最主要是要关注新闻主体与新闻文体图式之间的关系。若新闻主体在报道过程中总是或多或少被某种无形的规范所束缚，告诉他该如何去表现，那么这种规范就完全受到文体图式的控制，是低级阶段的文体意识。若新闻主体自己"有所认识而觉悟"，在报道过程中自觉地进入某种文体图式，则是高级阶段的自觉的文体意识。如果这种自觉还表现出更多的自主性，自己按照自己的想法自由选择适宜的表达方式，并且出于对规范的深入思考和全面认知，从而保持自主的创新追求，以及对规范边界的有意识地强化（例如对新闻与其他相关文体明确的区别意识），那么这就是一种对规范融入文体图式并有所超越的自由，笔者称之为"自主性"新闻文体意识。

报纸新闻主体坚持"内容为王"的观点，同时有着极强的忧患意识及内省能力；具有较强的读者意识，认为不能吸引读者的报纸会消亡。新闻主体普遍对"内容为王"有较深刻理解，认为其表达两个方面的意思：一方面是内容丰富有看头；另一方面是表现形式好看，能吸引人读下去，即新闻文体是报纸新闻内容生产的重要组成部分。

新闻主体建构了新闻文体与读者需求的强关系。无论是对读者需求和阅读习惯的认知，还是对报纸新闻传统的阐述、对报纸新闻文体发展趋势的展望，新闻主体都表示出强烈的读者意识。21世纪是互联网迅猛发展

---

① 〔美〕盖伊·塔奇曼：《做新闻》，麻争旗、刘笑盈译，北京，华夏出版社，2008年，第112页。

② 刘勇、邹君然：《记者文体意识与个体风格的互渗与博弈》，《中国地质大学学报（社会科学版）》2018年第1期。

第七章　总结：时代变局中的报纸新闻文体特征及发展

的时代，由于受众越来越深刻的介入，新闻文体更为注重写与读的"互动"，由此衍生出丰富的新体裁和样式。

报纸新闻主体表现出紧随时代文化、环境、技术等外部因素变化而改变新闻文体的敏锐认知，并且有反省和审视媒体、新闻及自我发展历程与动因的良好习惯，其新闻实践行为也体现出文体创变周期越来越短。报纸新闻文体意识和专业追求已经内化为新闻主体的报道观念。

第二节　时代变局中的报纸新闻破体现象及其反思

文风文气是一个时代精神的表现，从这个角度来说，新闻的话语方式也是文体研究的重要部分。例如盛唐时期李白诗歌的大气磅礴、汉朝时期"大风起兮"的大气，表现的是那个时代文化的自信和精神的昂扬。那么，人们研究新闻文体的话语方式和结构体势，也是对这一时期社会风气、时代文化和新闻工作者自信心与思维方式的一种考察。

一、新闻破体：充分感知环境，适应时代变化

中国文体学历来有所谓"辨体"与"破体"之说，前者强调遵循文体规律，后者强调打破文体界限的创新。这是一种辩证关系，也是一种文体平衡发展之需要，因此并不矛盾。新闻文体亦如是，既是一种长期形成的相对稳定的共同形态，又随着时代发展而发展，并不绝对化和凝固化。特别是当社会处于转型时期，直接反映社会，同时又是社会构成的新闻文体更是处于变化流动的状态。

新闻是记录现实的手段之一，新闻作为叙事文本，其文体发展受限于社会、经济、政治、媒介技术、新闻理念与受众等。时代文体涉及时代、民族、社会及文化各方面因素，以及各种因素所形成的媒体环境，是多种社会集团力量所构成的一种巨大合力，新闻工作者无法摆脱这种强大合力的深刻影响。因此在新闻发展的每个主要阶段，都有相应的占主导地位的文类与语体。

新媒体崛起以来，报纸新闻文体呈现一种传承关系。同时，从"时代文体"视角来看，又有几种"破体"的情况。①强调"独家表现"，以突破新闻强调"独家发现"的功能。②各种因素杂糅，以突破现代报纸新闻形成的叙事、议论与抒情的区别。③强调新闻这种文体的专业性，突出新闻文类和语体的独立性。在新闻改革道路上，散文式新闻、讲故事新闻、新新闻文学等的提法，都表明了新闻与文学不可分割的关系，甚至有

"新闻文学化回归"的提法。进入21世纪以来,这种提法被淡化,而且在新闻实践上也不被强调。这是新闻发展至相对成熟时,寻求自我角色的一种专业态度的表现。同时,新闻发展自身的种类和叙述方式,并且进行了各种嫁接新闻文类、融通新闻语体的尝试,新闻文类多样化,并且互相渗透出更多更复杂的新闻文类。许多报纸新闻突破20世纪90年代"深、广、长、重"的模式,具有"轻、短、简"的特征。篇幅适度而不追求长篇大论,题材轻巧或化整为散、化大为小的集束式报道,简洁明了的跳跃式报道,深度简化并做版面分切以追求可读性。这些破体现象,表现了新媒体语境下报纸新闻的活力和现代性。④"我视角"和"我叙事"增多,突破了过往新闻强调客观中立、主体更多以旁观视角叙事的传统,增强了互动感,缩减了传受距离,易让受众产生情绪共鸣减少压迫性,同时更具个人化色彩。

新闻的破体还体现在主体及传播渠道的"打破"与重构。报纸新闻主体身份多元、新闻生产的多话语面向、流通渠道的融合等,都打破了原有边界。作为新闻消费核心媒介的移动互联网、手机智能通信终端等新媒体对报媒构成碾压性优势。新闻的文化和所在媒介密切相关,如报纸及电视有各自的新闻文化与典范。在媒介迭代背景下,传统区分细致的新闻文化被数字技术一体化了,人们能够感受到的途径仅有新媒体分发,所有的新闻都是互联网公司的产品①,报纸新闻与其他媒介的区隔消弭,其原有的典范也不被看见或者被弱化。生产和流通的"墙"被推倒,于是作为文体的新闻就在各种媒介间"流动",以开放的结构、元素的互嵌、转换的视角,呈现出一种突破封闭和限制的文体创变态势。

新媒体语境下报纸新闻文体创变与社会文化需求、传播科技、新闻理念、传媒技术、受众接受信息方式、新闻主体心理与水平、报道内容、国际新闻态势等密切相关。于新闻这种直接表述现实的文体而言,现实对其特点形成及文体创变有着更直接的影响。在当下开放性的社会文化、媒介生态下,人们更应肯定一种开放性的文体研究态度,建立报纸新闻文体与外部环境与产业环境的关联。

---

① 常江:《数字时代新闻学的体系危机与范式革新》,见微信公众平台(https://mp.weixin.qq.com/s/gzMd-wH8XxERxNQJYch28Q)。

第七章　总结：时代变局中的报纸新闻文体特征及发展

二、关于报纸新闻文体发展的几点反思

（一）新闻叙事空间被压缩

"我们试图将一个较长的时间的线性过程压缩在单个流动的时刻中，这是一种上紧发条的做法。"① 大量新闻资料以链接的方式展现，尽可能满足最大容量及最方便原则，方便受众快速了解新闻前因后果，但给记者、编辑提供的叙事空间无形中被压缩了。个人化和私人化的叙事方式、限知叙述视角，严肃时政新闻为了增加可读性而凸显的现场包括现场对话及聚焦趣味性细节，都是对叙事空间的挤压式处理。再如特写型消息，要求对一个大场景能迅速抓取某个瞬间和关键点。这样一种有压力的叙事方式难以做到各种的信息平衡，难免弱化了报媒可反复阅读、前后对比的阅读特点。正如道格拉斯·洛西科夫（Douglas Rushkoff）所说："'当下的冲击'是一种实时的不稳定状态。它不安定，破坏了我们用来构建意义的叙事结构；让我们患上不断上紧发条的强迫症；放大了一个具体时刻的影响力。它不在乎有始终，只在乎永恒的当下。"由此报纸新闻文体常用跳跃性的"概述式叙事"，在叙述步速上造成发生的事件时间与叙述所用的时间即文本时间有巨大差距，形成"讲得太快"的压缩效果。而"讲得太快"又逼使新闻舍弃语言的丰富表现力而俯就词义的一般性。如此包含着众多细节与场面的事件就被剔成了"光光的净骨"，成了卡尔·贝克尔（Carl Becker）所说的"许许多多事实的一个简单概括"②。

如果一定要做取舍，报媒应该更注重结论还是更注重过程？若是前者，将要以意见性信息为主而压缩叙述，尤其要舍弃很多细节。可是在情绪传播日益被强调的互联网时代，细节比意见更能打动人，因此需要报媒更小心地平衡二者的度。

（二）理性审思网络化呈现方式对报纸新闻文体的影响

近年各报纷纷开设的"网络版"和"互动版"往往大量模仿甚至"抄袭"网络的文本形式。"有些东西是没办法融合的，报纸现在很多是向网络学习，但这种学习我觉得有种亦步亦趋的味道。"（GZ）人们很容

---

① 〔美〕道格拉斯·洛西科夫：《当下的冲击：当数字化时代来临，一切突然发生》，孙浩、赵晖译，北京，中信出版社，2013年，第263～264页。
② 〔美〕卡尔·贝克尔：《什么是历史事实》，段渭译，载张文杰等编译《现代西方历史哲学译文集》，上海，上海译文出版社，1984年，第227页。

新媒体语境下报纸新闻文体的变迁与创新

易被动地跟着外部环境的变化调整自己的步伐,又形成新的习惯甚至造成新的程序化,而没有认真考虑自己内部构件的组成和系统特点。

由于网络呈现出的浅阅读方式的影响,报纸新闻的生命力被认为有所减弱,不少新闻工作者认为报纸新闻文体也应适应这种浅阅读,提供表层信息即可,因此就形成了"浅媒体时代"的"浅薄化"新闻,造成新闻专业性追求的迷失。再如,碎片化呈现是否是报纸新闻文体的未来?过于追求可视化而把新闻信息图表化、数据化处理,造成信息的大量切割,以及版块化后破坏了新闻信息和结构的完整性,新闻文体的规范和工整被突破。如何把握以文字为主的报纸新闻文体,与加入的新媒体元素形成良好平衡,这个"度"值得进一步思考。

人们还要反思新闻标题变长和文题不对应的现象,对报纸新闻语言过于网络化保持警醒。访谈中 ZQ 也表达了忧虑,与新媒体时代特点相关联,文本操作所要求的文字准确、文本缜密及语言表达严谨等在倒退,"以前对出版有很高要求,但现在已经放松了"。报纸新闻对网络语言的呈现是否是必然的呢?报纸新闻文本的严谨、格律或内在的追求,是否恰是其在新媒体时代的核心竞争力呢?

与此同时,报媒为了凸显作为传统媒体、专业新闻生产机构的地位,长期经营起的优质资源、权威品牌,报纸新闻版面有专刊化趋势。但若一味追求专题化、深度化报道,矫枉过正,报纸新闻又如何与杂志区别开呢?在今天这个沟通汇流的数码时代,人们普遍认为若把报媒摆在新媒体的对立面是无法赢得"战争"的,应采用适应性策略。那么,报媒如何在适应与创新中前行?报纸新闻在从竞争走向融合的道路上应如何自处?

(三) 互联网时代一些理念变革与报纸新闻传统如何更好地融合

网络世界所强调的用户观过于实用主义,经济色彩太重,容易让人担心对新闻媒体公益性和人文精神产生排斥,而"大媒体业"却使所有新闻工作者必须面对充满矛盾的现实,既不能放弃新闻专业的立场与原则,又要在新的传媒生态中为公众所乐意接受[①],如何找到平衡需要更多实践探索。

草根狂欢是网络的基础,互联网时代精神强调网络民意,形成巨大的意见市场,但容易形成一种"聒噪"的非理性表达。在迎合公众需求和

---

① 蔡雯:《从面向"受众"到面对"用户"——试论传媒业态变化对新闻编辑的影响》,《国际新闻界》2011 年第 5 期。

278

第七章 总结：时代变局中的报纸新闻文体特征及发展

情绪中，报媒如何保持一定的舆论引导，担当文化引领者的角色？在报纸新闻融入多媒体语境的时候，如何保持理性和客观，是未来报纸新闻文体要更加警惕的。新媒体娱乐化色彩重，读者每天接收各种信息的轰炸，刺激阈值越来越高，报纸作为传统媒体在满足读者娱乐化需求上是先天不足的，无法一味满足读者的越来越高的娱乐需求。因此需要一个度的把握——信息的严肃与形态的娱乐之间的平衡。

如何看待互联网追求平等社会造成的人格虚拟平等的过度认知对于报纸新闻的影响？每个人的观点看起来都和其他人同等重要，人们会误以为自己某些无知的观点与特定领域的专家观点同样具有权威性。在这种社会环境下，报纸的迎合使得权威话语失去了焦点的能量，观点新闻的增多及世俗化语体的大量使用即是表征。那么报纸新闻主体的自我独立价值观去了哪里？该如何坚持？就今天的报纸新闻文体来说，需深入考量坚持自身特点与融合新媒体特点的理性平衡。

当下不少报媒提出融媒转型、智媒转型的发展路径，报纸新闻这一平面媒体如何对接与融入转型中？对报媒参与生产的新闻产品，市场反响和用户反应如何？南都大数据研究院入选中国 2019 年应用新闻传播十大创新案例时，评委会给出的评语是："靠数据业务的整合运营，走出了一条都市报融合转型的新模式。"那么人们需进一步思考，数据业务、整合运营、融合转型的新模式这三个亮点所带来的报纸新闻转型如何得到体现？

（四）叙述方式的无目的状态及文体发展的某些失衡

当下报纸新闻叙述方式的探索多是无意识和发散的。新闻文体需要更注重叙事意涵，从符号学意义来说新闻文本具有建构与塑造功能，新闻工作者是个"说故事"的人，是个新闻叙事专业人士，要有意识透过"再叙述"方式说出故事并且赋予意义。叙述的无意识状态还容易造成过度的模仿以及程序化操作。

文体创新中的某些文类和语体的"膨胀"是否合理？访谈中不少新闻工作者对新闻述评的快速发展表达了一种忧虑。GZ 说，"现在述评增加得挺快，其实我个人对报纸的述评量太多并不特别认同"，因为述评是基于事实的一种观点性文章，不管是自己的还是他人的观点，观念文章很容易被认为代表编辑部的观点。述评新闻地位不尴不尬，量不应大（FS）。此外，语体的随意化、口语化发展，会否使报纸新闻文体的格调有所下降，反而失去了发展的优势？凡此种种，都需要进一步思考。

文体意识与边界认知是互为因果的关系，互联网时代社会边界屡被打

新媒体语境下报纸新闻文体的变迁与创新

破,融合语境中的新闻在不同媒介间切换也加剧了文体"破圈"的现象,这必然影响报纸新闻主体的文体意识;反之,报纸新闻主体文体意识混乱加剧了社会边界不清,打破秩序和结构,新闻失焦则造成价值及意见无"中心"化。网络自主表达带来了空前繁盛的观点,媒体话语实践在公共传播层面形成"众声喧哗"话语活跃的背后,是人们面临真相缺失、理性缺位的公民疑症。① 当言说和判断随意充斥于媒体话语甚至成为社会表达的主干时,事实与观点在表达层面失谐,就会表现为信息海量而真相稀缺、观点驳杂而真知埋没、事实缺乏而先验误导。②

(五)"返本归元"与创新变革之间的平衡

新媒体时代对同一事物的描述多且杂,人们在丰富性的迷乱中有一种追求秩序与意义的强烈需求。③ 受众看到不同视角的描述,在纷繁复杂中有一种乱中有序的拨正欲望。但在满足新媒体时代更快的要求和面对更复杂局面的同时,怎样的抉择才能真正满足这种"欲望"?近年报纸新闻逐渐强调回归报媒的专业生产优势,倾向于认为深度、广度是维持影响力和加强竞争力的重要路径,于是大段文字、长篇报道增多,但同时一些轻松活泼的文类如漫画新闻减少,可读性、互动性等减弱,容易造成版面呆板无创意。笔者在研究中感受到,由于社交媒体元素加入,2014~2016年报纸新闻版面创新、活力焕发,2017年以来报媒创新后劲不足,改革力度降低,整体的可看性降低。

有学者分析了孟加拉国五份发行量最高的英文报纸在脸书页面上的17687篇故事和用户参与度数据,发现用户阅读这些报纸是为了获得关于深入分析外交、国家安全、生活方式、科学、技术和国际事件的新闻故事和特写,最不受欢迎的是硬新闻和观点格式,而这些报纸提供的内容与其用户的需求之间存在差距。④ 借鉴此研究发现,中国报纸新闻若过于强化权威信息的严肃性和解读深度,是否会造成与"用户"需求的错位?近年来,在公共议题话语场方面,权威性、控制性话语增强,社会性话语有

---

① 〔美〕皮帕·诺里斯:《新政府沟通——后工业社会的政治沟通》,顾建光译,上海,上海交通大学出版社,2005年,第232~233页。
② 操慧、夏迪鑫:《新闻观点化与观点新闻化——对公共传播视域下媒体话语实践理路的审思》,《西南民族大学学报(人文社科版)》2020年第9期。
③ 喻国明:《拐点中的传媒抉择》,北京,经济日报出版社,2007年,第57页。
④ Yousuf, M., Haque, M. M., Islam, M. K., 2019: "Online niches of English-language newspapers in Bangladesh: Analyzing news stories and user engagement on Facebook", *Newspaper Research Journal*, no. 1.

弱化趋势。这固然是报纸新闻凸显主流传统新闻特点、返本归元的一种文体策略调整，但长久来看，平衡各方力量，使有序的民间话语继续丰富新闻话语结构，通过话语民主化建构多元的话语空间，是报媒建构公信力、有效发挥公共渠道作用、合理配置社会注意力资源的重要因素。呼吁经典新闻概念和伦理的延续及坚守，与媒体社会效益、经济效益的追求之间应如何平衡？

此外，受众多元化需求、新闻主体个性化追求与报纸作为主流媒体价值观输出和文体规范之间如何融合，始终是个难题。而新闻主体的文体自主创新意识若受限，新闻文体囿于守规而忽视创新的话，传统新闻业如何焕发生机？

（六）媒体融合中的文体差异和主体角色定位

人民网官方微信公众号发布的《习近平：我将无我，不负人民》获第三十届中国新闻奖文字消息一等奖，系《人民日报》2019年3月24日第2版新闻《"欢迎你到中国去"》，标题改动而正文一样；而获得第三十届中国新闻奖文字消息三等奖的作品《中国科学家首次证实临界冰核的存在》，于2019年12月19日在中国科技网刊发，次日在《科技日报》头版刊发原文。在网络媒体、移动媒体、报纸媒体等不同介质媒体联动生产和传播新闻成为常态的今天，新闻文体的差异化生产和传播问题需要进一步实践探索。

同时，在这种复杂、边界模糊的新闻工作场景中，在前方记者、后方记者、白班编辑、夜班编辑、新媒体编辑、技术人员的合作中，谁是主导？在全媒体记者的转型过程中，多角色的记者以何种身份为核心？传统媒体报道团队一岗双责甚至一岗多责，给多种媒介提供内容支持、生产多种形态的新闻，多元角色带来的融合固然是主流趋势，同时人们要审思，这样会不会带来角色混乱，从而影响报纸新闻的表达方式？融合报道常用的"1+X"采编联合协调，以及多渠道传播矩阵形成的报、刊、网、端、微、屏各终端融合中，这个"1"是谁？不同媒介传播特性不同，报纸新闻在融合带来的立体传播中应如何发挥自己优势，而并非泯然于"众媒"？

第三节 发展趋向：媒介融合中报纸新闻文体的创变

新媒体发展迅速，各种新媒介技术手段、平台与终端风云变幻，微博势渐弱、微信正扩张,大数据、扫码新闻、众筹新闻、懒人新闻包等各种新概念与新形态你方唱罢我登场。众声喧哗中报纸新闻文体要在互联网思维下,既突出报媒与新媒体等不同形态的区隔,又在新闻表现形式上融合新媒体特点。报纸新闻文体发展要集中解决若干方面的平衡问题:①对专业新闻生产核心理念的坚持和创新新闻呈现方式的平衡;②深内容与轻阅读的平衡,既提供精加工、独特视角与解读到位的有深度的新闻信息,又结合互联网时代的阅读特点,以可视化及切割等手法呈现新闻文本以达到易读性;③作为传统媒体,文字新闻一贯形成的深度严肃正式风格与更轻快活泼甚至娱乐化之间的平衡,以及在舆论引导与平等"悦读"之间的平衡;④多与少的关系,新媒体提供了海量信息,世界更多样与复杂,报纸新闻的兼顾和取舍、表现形式。

一、媒介融合之路上的报纸新闻文体

"媒介融合(media convergence)"概念最早由美国学者伊契尔·索勒·普尔(Ithiel De Sola Pool)于1983年提出,他在《自由的科技》(*The Technologies of Freedom*)一书中提出"传播形态融合(the convergence of modes)",认为数码电子科技发展导致历来泾渭分明的传播形态聚合,其本意是指各种媒介呈现出多功能一体化趋势。最初人们关于媒介融合的想象更多集中于将电视与报刊等传统媒介融合起来。① 近年来,不断有西方学者对"融合新闻"或"融合媒介"做出新界定。蔡雯认为美国学者拉瑞·普雷尔(Larry Pryor)的提法较有代表性:"融合新闻发生在新闻编辑部中,新闻从业人员一起工作,为多种媒体平台生产多样化的新闻产品,并以互动性的内容服务大众。"21世纪初,戈登(Gordon)提出所有权、策略性、结构性、信息采集和新闻表达五种类型的融合新闻②,戴默等提出交互推广、克隆、合竞、内容共享、融合等融合新闻模式③。此阶段融合新闻集中于阶段融合,通过各个环节的合作,各种媒介获取最有效的生产方式和传播方式。近年来,中国的媒介融合关注工具、业务、意识

---

① 孟建、赵亢珂:《媒介融合:粘聚并造就新型的媒介化社会》,《国际新闻界》2006年第7期。
② Gordon, R., 2003: "The meanings and implication of convergence", in Kawamoto, K., Ed., *Digital Journalism: Emerging Media and the Changing Horizons of Journalism*. New York: Rowman & Littlefield, pp. 57–73.
③ 蔡雯:《从"超级记者"到"超级团队"——西方媒体"融合新闻"的实践和理论》,《中国记者》2007年第1期。

第七章　总结：时代变局中的报纸新闻文体特征及发展

等各层面全面交融的状态①，并开始理性审视媒介融合带来的嫁接模式与媒介分化，强调突出本媒介的核心竞争力，发挥自身优势和个性特点②。"媒介融合"概念有狭义和广义之分，狭义是指将不同媒介形态融合在一起，形成一种新媒介形态；广义则涵盖广阔范围和丰富内涵，指一切媒介形态及有关要素的汇聚与交融。

2014年被称为中国的"新媒体融合元年"。其标志性动作是2014年7月由新华社新媒体中心主办的"中国新兴媒体产业融合发展大会"，主题为"新媒体新融合新经济"，并发布了国内首部关注融合发展的报告《中国新兴媒体融合发展报告（2013—2014）》，提出媒体融合是当今传统媒体发展的主潮流，在传统媒体和新兴媒体融合发展的推动下中国正从新媒体大国向新媒体强国迈进。③ 2014年8月18日，中央全面深化改革领导小组第四次会议审议通过《关于推动传统媒体和新兴媒体融合发展的指导意见》，媒体融合正式上升为国家层面的战略部署，这一年也被称为"中国媒体融合光年"。"媒体融合"比之前的"媒介融合"可谓更深刻、更前进了一步，从不同媒介形态的融合上升至媒体组织发展顶层设计的融合。"澎湃新闻"的走红似乎是这个新媒体融合元年的宣言。

媒体融合的背景中，信息传播的生态环境与模式发生变化，报纸作为一个构件，新闻采写理念及其方式相应改变，其新闻文体的发展必然会受到影响，需要更注重各方面因素的互动、内容的共创，更突显报道视角的新颖独特，更快应变，善于运用不断创变的新闻文体。2014年以来各大报业的转型升级、优化改版均围绕"融合"做文章，多种媒介的融合更深。报纸改版不只是版面的调整，而是优化重构采编流程，打通报社各环节各版面，整合报道资源，在传播渠道上实现不同形态新闻的融合。

新媒体时代，报纸的新闻生产在强调"内容为王"这一核心影响力的同时，关注渠道、平台与终端的作用和价值，在读者方面强化对用户的信息服务理念。随着传播技术的急遽变化，原来较为稳定的传媒外在形态已显得不那么重要，重要的是把握变化中的不变：在不断追求全球范围内信息和文化传播的同步与共享的同时，追求最为方便与快捷的信息和文化交流空间，更有利于共同兴趣的人群组合，以及高度还原真实世界的状

---

① 丁柏铨：《媒介融合：概念、动因及利弊》，《南京社会科学》2011年第11期。
② 陈国权：《分化是传媒发展的趋势——"融合论"质疑》，《新闻记者》2010年第3期。
③ 关于此次会议及有关"新媒体融合元年"的提法媒体均有报道，参见新华社《融合发展推动中国迈向新媒体强国》，《新华每日电讯》2014年7月23日头版；《融合发展成为传统媒体发展主潮流》，《新华社每日电讯》2014年7月23日5版。

态。① 时任国家互联网信息办公室副主任任贤良在中国新兴媒体产业融合发展大会上提出推进媒体融合发展的三个坚持：坚持互联网思维、坚持"内容为王"充分运用新技术新手段、坚持差异化发展。② 人民日报社副总编辑马利也说，每一个媒体人都要有"互联网"思维。③

在媒体融合的道路上，报纸新闻文体的发展要解决以下三个问题。①受众视角——迎合与坚持。迎合新媒体语境下受众新的信息需求和阅读习惯，坚持在竞争的传播环境中报纸新闻的定位并发挥媒体优势。②专业视角——理性与发展。达成娱乐与严肃、权威与平民化、（舆论）引导与汲取（各方声音）的平衡。③形态视角——报纸核心理念与新媒体形态的加入。作为与新媒体互相补充的信息获取渠道及阅读内容，报纸新闻发展一方面是补上"短板"，即尽量满足受众多元需求；另一方面是凸显"长板"，即尽量突出新媒体做不了或完成度不高的部分，尽量突出报纸新闻所擅长的特点。

新媒体功能被无限放大的社会中，"媒体责任""专业"与"公信力"就成为报媒核心竞争力。传统媒体把"围观"与"参与"聚合起来，协调与组织自媒体和社会性媒体的新闻，整合力成为报纸新闻的凸显优势。2012年，《塔斯卡鲁萨新闻报》有关龙卷风的报道获普利策奖突发新闻奖，核心内容是记者发的130多条微博描述了龙卷风20多个小时行进路径。该报编辑凯瑟琳认为："这些是受众在那一刻最需要的东西，这就是新闻。"④

新媒体环境下新闻的分发渠道多样化，使得新闻内容与新闻文体的配合更紧密，带来传统文体写作框架的突破而不再只是简单的"嵌套"，文体界限弱化。报纸新闻发展之路不能用简单的"内容为王"一言以蔽之，报媒将"独家新闻"转化为独家视角和观点，挖掘更深层次信息、以更专业手段整合信息，深度报道、调查性报道、评论等就是一种应对举措，同时加强"产品使用"的思维方式。⑤

二、中度阅读需求：满足适度阅读量与阅读深度

形式范畴的文体象征着内容，某种文体的兴起与广泛使用象征着某种

---

① 陈力丹、陈秀云：《传媒变易之五 变化中的传媒与文化》，《青年记者》2009年第7期。
② 《融合发展已成为世界重大变革》，《新华每日电讯》2014年7月23日第5版。
③ 《中国媒体，走在融合路上》，《人民日报》2014年7月18日第16版。
④ 马忠君：《2012年普利策新闻奖"融合新闻"作品解读》，《中国记者》2013年第1期。
⑤ 范以锦：《"内容为王"应赋予新的内涵》，《新闻与写作》2012年第10期。

第七章　总结：时代变局中的报纸新闻文体特征及发展

不被说出的内容应用。新闻文体既是集中于形式的研究，也关涉新闻内容。

（一）中度阅读需求的内涵及其特点

所谓"中度"是在阅读需求的层面上相对于"深度"而言的，遵循的是"适度"原则，目标是适度报道和解读、适度篇幅、适度的深度和广度。这也是建立在相信读者有一定信息整合与辨别能力基础上的报纸内容取舍在形式上的一种表征。提出"中度"阅读需求是基于这样一种认知：新媒体语境下读者通过多种渠道和终端获取新闻，从单篇报道而言，它是一组报道中的构成部分；从一组专题而言，它是系列报道中的一个构成部分；从报纸新闻来说，它只是信息链环中的一节，是信息组中的一分子，因此不需以过于扩散的结构承载过于宏大的叙述任务。

事实上，虽然这几年报纸新闻的改版都关注和提出"深度报道"，似乎祭出"深度报道"这面大旗才能使报纸新闻在纷繁复杂的新媒体语境中保持自己的强势和优点，但是，报纸作为每日刊出新闻的载体，深度报道恐怕未必适合新媒体语境下的报纸。首先，长篇累牍、宏大又细微的深度报道的制作周期及所耗费人力物力无法满足刊出周期的需求。其次，从提供的空间来看，报纸为深度报道所提供的篇幅不如杂志，更不如互联网。再次，从阅读形态来说，报纸新闻作为日消品，且其纸张形态的翻页特点，对于当下的读者而言，跨几个版的过长篇幅恐怕难以消受。最后，新媒体语境中深度报道还是报纸的绝对优势吗？报纸作为专业新闻生产机构确实培养了一大批有专业优势的人才，为完成深度报道打下坚实基础，但人才流失十分严重。当下不少新媒体机构积累了较多人气和资本后，也开始进行专业化新闻内容生产并号称要做最好的"深度报道"。这种情况下人们更要考量：新媒体语境下"深度"的标准在哪里？长的篇幅、细的描写就是深度吗？报纸的"深度"与新媒体的"深度"之区别在哪里？因此，报纸在坚持做深度报道、提升核心竞争力的同时要考虑深度报道的转型问题，并进一步思考新媒体语境下报纸新闻"采编人员该如何通过新媒体的渠道、可视化的形态、互动性的采访进一步做好深度报道"①？

此处的"中度阅读需求"虽是与"深度报道"相对应的概念范畴，但并不只是针对深度报道的形式呈现，而是就阅读需求层面对报纸新闻内

————————
①　晋雅芬：《纸媒遇冷，深度报道也要"转型"？》，见中国新闻出版广电网（http://www._chinaxwcb_com_443.webvpn.xnai.edu.cn/info/44384）。

容的形式呈现之改革的一种思考。下面请看两个个案。一是《广州日报》2012年3月12日A4版新闻《代表、委员激辩拥堵费》，从三个方面讨论"拥堵费"该不该收、如何收的问题，其体式结构分为观点、焦点与记者点评，提供基本事实和各方观点供读者自己进行价值判断。

收了费，就能缓解拥堵？

【焦点】提出征收城市拥堵费者，主要理由是能够大大缓解交通拥堵。事实上有这么简单吗？

【观点一】征收拥堵费可能导致不公

南京大学教授高抒委员：征收拥堵费可能导致不公。……

【观点二】最紧迫任务是做好道路规划

全国政协委员宋林飞：当前，解决拥堵最紧迫的任务是进一步做好道路规划、公共交通等方面的基础性工作，而非加征拥堵费……

【记者点评】从伦敦等城市的实践看，征收拥堵费会陷入一个怪圈：限行或收费—短暂缓解—需求猛增—供给不足—更多限行或收费。我们有我们的国情，收费不宜简单"与国际接轨"……

——《广州日报》2012年3月12日A4版新闻《代表、委员激辩拥堵费》（节选）

对比一下《羊城晚报》2014年6月15日A4版新闻《90后毕业生有父母养"就业不急"》（见附录十一），这篇转自《瞭望》新闻周刊的报道，采用杂志文章的形式，虽用三个小标题分成三部分，但是通篇新闻分四栏直接排下来，非版块化的处理，对于已没有从头至尾通读新闻的阅读习惯的读者来说，难以在短时间里抓取关键新闻点，也难以聚焦注意中心，读者或会选择弃读，报道的效果是不理想的。

报纸新闻从内容到形式以提供中等的信息量及中等的信息深度为度，达到中度的信息接受量，并不一味求深求长。报纸新闻不可能满足所有读者需求，个性化的深度阅读是新媒体定制式的用户阅读系统的特长。既然新媒体新闻的内容、阅读和效果之深度和广度居于两头，那么报纸新闻可以做的是满足人们的"中度"阅读需求及习惯。消息的通讯化表达成为潮流，就是一种"中度"的新闻文体实践，表现在新闻故事化倾向、更具深度、更关注新闻背后的新闻，既刹住"长"风，又在一定程度上保

第七章 总结：时代变局中的报纸新闻文体特征及发展

持文本的完整性、深度化和审美性，以抗衡新媒体时效性的挑战。①

一般报纸新闻文体可采用的中度阅读范型就是篇幅的中度、段落句式的简短、版块化的分解处理。版块常常由消息+解读+评论、消息+背景+评论、消息+图片+解读的模块构成，版块化处理类似于网站深度报道的卡片式阅读，当然报纸不可能真正达到如网站那样无限增加卡片的层次和数量。

（二）为何说报纸新闻文体满足中度阅读需求？

首先，新媒体语境下报纸版面阅读特点与受众中度信息需求和阅读习惯的契合性。媒介互补原则下新媒体与报媒成为互补的信息渠道，新媒体不再仅是报纸新闻的补充性终端，而已成为重要甚至是强势的新闻供方，培养了巨大的受众群体，同时带来受众信息接受习惯、阅读习惯与需求的巨大改变。报纸需进一步突出具有自身优势的新闻形式，形成并发展新媒体无法满足的新闻内容及形式。因此，新闻主体需深入了解、研究新媒体所能满足的信息需求、新闻阅读（此处更指向"提供—获取"之意）的特点，知己知彼才能更有针对性地制定改革策略，包括新闻文体的应对之道。

比较报纸和以网络技术为基础的新媒体新闻推送和版面阅读的特点，总体而言，报纸新闻主要满足受众对信息的了解及认知的一般层面需求，新媒体受众根据自己理解和需求自由选择，链接方向多而散。

新媒体新闻的阅读特点有：一是信息推送与定制服务相结合，滚动更新、海量浏览——受众被动接受，也可自己根据兴趣定制、获取并了解指向性明确之新闻；二是传递速度快、更新覆盖快，信息多而杂——受众浏览方式较随意，浏览多而接受率低；三是阅读时间和空间的灵活性，随时随地的碎片化阅读，使得受众接受的完整性和深度受影响；四是下层链接方式，理论上可提供无限深入和延展阅读，满足对某一问题的精深探讨，但受页面限制，推送新闻条数有限，滚屏阅读或需点击热键进入的模式限制了阅读热情。2019 年，微信公众号打开率仅 1.2%，头条打开率 3.3%。2017 年，安卓应用市场用户使用数据显示 App 应用打开率低，一周内打

---

① 王磊：《媒体融合时代报纸记者如何写好文字消息——以第二十八届中国新闻奖文字消息类获奖作品为例》，《安徽广播电视大学学报》2019 年第 2 期。

开 2 次以上的 App 仅占 0.2%①；新榜公司 2019 年抽样调查了 7242 个公众号，整体打开率约 1.9%，头条打开率 4.3%②。可见被真正接受的信息量少，被真正了解的新闻有限。事实上如何提高点击率吸引受众尤其是青少年进入下一层阅读正是新媒体的发展瓶颈。③ 这几方面带来的副作用是：从所需时间与接受量之比来看阅读效率并不高；容易在层层链接导航中迷路或跑偏，指向性受影响；视乎阅读目的，信息或杂收或精进；受条件限制，出于阅读效益，只有真正感兴趣的个别选题才会被读者主动接受与了解。中间层面的需求处于被忽视状态。

报纸新闻版面阅读的特点是一览式与单层式。其阅读优点是不需进一步点击、不需滚动阅读，版面一览式阅读虽容量有限，但可更快速和方便、有效地阅读与接受（接收与接受有程度的区别）信息，中等阅读量、中等阅读层次，适合最短时间里浏览式阅读特点。报纸的发展需要挖掘新媒体受众未能获得满足的新闻信息和阅读需求，巩固不满足于新媒体阅读的人群的黏着度，发现并主动引导受众潜在的或显性的新闻消费行为。了解了新媒体所能提供的信息指向及其阅读方式特点，与之相反的阅读需求可以作为报纸新闻可突出的和可满足的面向。

报纸新闻形式有所为、有所不为，在不可能满足所有个性化要求的前提下，满足大部分目标受众的大部分需求，舍弃"四面开花"、辐射性过广的做法，减少冗余信息部分，在追求到达效益的基础上，传播有效信息、提高单位新闻到达率。

其次，新媒体语境下报纸新闻文体的发展轨迹也显示出这种趋势。《广州日报》2014 年 2 月 28 日 A3 版半个版篇幅的专题报道《中国最高立法机关通过决定　确定中国人民抗日战争胜利纪念日　设立南京大屠杀死难者国家公祭日》（附录十二），由 3 条消息、1 条言论性资料、1 篇评论组成，文本结构上提供了一般认知层面的信息及重要观点，满足一般化了解层面的需求，读者可根据自己的阅读兴趣和信息取向很快抓取阅读中心、做出取舍。至于哪些国家设立了类似公祭日、世界各国设立的国难日、中国设立公祭日历史等类似的个性化信息，读者可进一步通过互联网获取。

---

① 微小宝：《2019 年最新微信公众号打开率统计!》，见青瓜传媒网（https://www.opp2.com/157772.html）；《当前 App 打开率低的 3 大原因与应对之策》，见青瓜传媒网（https://www.opp2.com/39967.html）。

② 新榜：《打开率 1.9%》，见百度网（https://baijiahao.baidu.com/s?id=1644163828452685221&wfr=spider&for=pc）。

③ 相关国民阅读调查中均有论及，如李新祥《数字时代我国国民阅读行为嬗变及对策研究》（博士学位论文），武汉大学，2013 年。

第七章 总结：时代变局中的报纸新闻文体特征及发展

最后，媒体及新闻主体理性认知也认可此种理念。受访者强调，报纸"深入的质量要跟杂志形成区隔"（HP），但其在产业和行业成本上难以得到支持，是个快餐化、加速化的深度。"深度的新闻真的有那么多读者看吗？常常一说到深度，身边就会有人说，'我很俗的，不能看那么长的东西，长篇大论的很啰唆'"（ZX），这种阅读习惯会影响新闻文体发展。因此，受访者也认为"深度"是在考虑新媒体语境中读者接受习惯基础上，对20世纪90年代深度报道进行改进的"轻深度""浅深度"（GZ）。报纸在快和深度之间选择一个平衡点，一些个性化的要求读者可通过网络搜索，不需要面面俱到，把什么点都铺排开。所谓报纸新闻的深度，指"基本信息点信息面齐全即可"（GL），而且不是篇幅长的就是深度，"只用200多字呈现一个原因也叫深度，是以挖掘的一个点来判断"（WZ）。不少报纸改版提出的"深读"理念，事实上就体现了与"深度"有质和量的区别，"深读"是以读者的阅读需求来定义报纸新闻的深度，而非一味地求对内容的深挖。

三、辫子新闻形态：报纸新闻结构和语体发展趋向

各种力量与各种资源的借用和融合成为当下新闻报道的前提，为报纸新闻文体发展提供了技术基础。谢尔·以色列（Shel Israel）提出"辫子新闻（braided journalism）"这一概念，用来描述微博兴起后各种新闻资源融汇，新旧媒体在短期内实现了由三股新闻资源交织而成的融合：①专业组织，即传统媒体，特指纸媒及广电媒体；②自媒体新闻等非专业人士的新闻传播行为；③社会性媒体，如手机、社交网站等，它允许人们撰写、评价、讨论、分享、沟通，也是传统新闻与自媒体新闻交叉地域，其中，微博最具代表性。① 三种新闻资源交叉、博弈、融合、妥协，折射出当前媒介竞合背景下新闻采编理念的调整策略。

此处借用"辫子新闻"这一概念，表示在媒体融合的环境下报纸新闻文体网状立体多维的发展理念。一方面是指报媒顺应传媒环境变化，挖掘自身优势的同时，积极主动与自媒体、社会性媒体合作互动整合新闻资源。另一方面是报纸新闻文体层面若干元素的整合：①把评论、消息、观点等各种元素扭合在一起形成辫股；②线索或由头来自某一辫股，更多内容生发开来，成为层层包裹着的新闻；③新闻来源上，把网友评论、记者

---

① 〔美〕谢尔·以色列：《微博力》，任文科译，北京，中国人民大学出版社，2010年，第109页。

采访观察、采访对象引语扭合在一起;④结构上,以新媒体文体形式发布采访内容,即直接借用社会性媒体、自媒体形式形成新的报纸新闻形式;⑤形式上,图表、照片、调查、资料、评论扭合在一起;⑥各种叙述身份、报道视角的扭合;⑦过程的融合体现在形式上,不同记者在不同现场进行任务融合、手段融合,QQ与"两微一端"参与到现场直播式报道中;⑧语言上,正式的书面的语言与娱乐的通俗的语言融合,报章用语与网络语言融合。

正是由于辫子新闻每股辫绳的共同作用,新闻向更复杂与更简单两方向发展。辫子新闻的辫股越加越多且越来越细,形态越来越复杂和多样化。微信的加入使采访和报道即时动态化,新闻文体尤其是新闻体裁融合性、组合型更明显。同时,辫股缠绕得越来越紧密。辫绳要能收紧、扭结,才能聚焦,才有威力,因此构成每一辫股中的新闻更简短,元素更少,诉求更单一明确,结构简单,不求完整,甚至每种构成元素都呈开放态势,观点新闻、结构简单化的消息等即如是。

辫子新闻中读者的提问和意见成为辫股。这意味着新闻不再仅呈现记者这一新闻主体和被采访者双方的声音,还融合了读者的声音,从"人"这一角度构成三股力量。彭兰认为,网络新闻带来受众观单向—互动—共动的转变,共动理念在今天的报纸新闻生产中尤其突出,并且形态和功能都有所拓展。①"澎湃"客户端设置"提问""跟踪"两大功能,前者帮助读者发问并获得解答,后者便于读者长期跟踪阅读感兴趣的新闻和主题。当有足够多的读者提问、活跃用户评价包括"点赞"时,它就可以融合成为新闻生产的一部分。当前传媒理念中受众作为一个辫股,需要新闻去发现、拓展并进行表现。这样报纸与受众互动形式将更多更有趣,随着科技发展将出现更多强调"共动"的新闻文体。

报纸新闻常常兼有两种或两种以上基本文体的表达特征,以求信息呈现最优化,例如数据图表与文字的杂糅。新旧文体间不断地相融与重叠,从最初单一的新闻报道文体衍生出几十种新型新闻文体,俗称"新新闻文体",如"微博体""朋友圈体",一出现就引发传播热潮。

辫子新闻还表现在各种视角、叙述方式、语体的交织。此处的视角既指新闻立意角度,也指新闻叙事角度。报纸等媒体一直都非常强调新闻的"视角",但没有任何一个时代会如新媒体时代这样,让报媒在自己的视角和多面的视角间如此纠结。如何在体现来自官方与民间、网民与权威、

---

① 彭兰:《中国网络媒体的第一个十年》,北京,清华大学出版社,2005年,第200页。

别人与自己的多元视角中，凸显本报本记者视角，这种平衡是新媒体语境下报纸新闻要着力解决的问题。

辫子新闻的形态使报媒与新媒体新闻业务直接融合，甚至形成"报道共同体"。来自自媒体和社会性媒体的信息成为报纸新闻选题的重要渠道，不仅成为新闻线索，被直接引用于新闻中，构成新闻主要内容，甚至形成公民记者与专业记者协同报道的新格局。"房叔、房姐""表叔、表哥"、网络反腐等报料多来自自媒体与社会性媒体。报纸整条新闻内容取于自媒体和社会性媒体的情况也很常见，开辟网络专版，从网民所发帖子和留言中寻找线索，登载网民对热点新闻事件的评论、对民生问题的建议和看法，成为公众发表观点、接近媒介的重要窗口。不少知名报纸也有专门的网民评论版，或以网民热议代替传统严肃评论，与新媒体紧密结合，专业记者负责搜集整理编辑。报媒可发挥议程设置功能，聚集社会性媒体、自媒体丰富的资源形成热点。

辫子新闻形态与新媒体语境所常见的"罗生门"叙事密切相关。近年有学者对新媒体环境中所形成的新闻传播"罗生门"现象有所批判，认为对于同一新闻事件提供众多说法甚至相互矛盾的描述，信息从确定变模糊，对新闻的客观性和真实性造成了负面影响。但作为多种因素合力催生的一种现象，人们需正视其产生的实然性，不能一概否定。它就像一把双刃剑，肯定它所提供的大量消息来源，警惕它所影响的新闻生产专业化标准，分析它的结构特性以丰富报纸新闻文体，改革报纸新闻的叙事理念。可将其视为一种讲述方式，也是一种信息接收和判断的方式，称之为"罗生门"式的编码方式和信息接收方式。

多元渠道带来了新闻的"罗生门"叙事特点，对新闻文体发展有所启示：①阅读终端信息获取的多渠道整合，不同形态媒介共同建构新闻；②受众从不同叙述视角获取完整信息；③不同模块从不同角度进行讲述，多角度共合；④提供不同叙述主体的不同声音。报纸的辫子新闻形态也受此叙事特点影响，它提供了一种打破盖伊·塔奇曼（Gaye Tuchman）所抨击的"策略性仪式"范式，塔奇曼认为这种"策略式仪式"是脱离原本丰富的政治经济文化和新闻专业理念而形成的僵化新闻客观性。

四、自主创新：强化报纸新闻主体的文体发展意识

新闻文体规范与创新的关系是老话题，但也是新问题。访谈中，新闻主体在态度层面也有表达：针对报媒发展的"寒冬论"也好，"消亡论"也罢，悲观情绪过度蔓延都是不利的。这些提法虽然彰显了报纸新闻主体

强烈的危机意识和良好的自省能力，但同时也削弱了新闻主体对于新闻文体创新和发展的动力。

从社会学角度看，新闻生产主要受三个方面的因素影响：①微观层面：记者自身的专业精神和新闻理想；②中观层面：传统纸媒编辑部常规的生产机制、报社市场定位及相关利益诉求；③宏观层面：新闻宣传的政策法规、行政要求条例等组织外部影响因素。这三种因素构成了对记者角色定位和新闻文体意识变化的影响。① 在微观层面上，新闻主体要进一步提升对新闻专业化运作的认知，在行动层面需要提升对报纸新闻文体规范化发展必要性的认识。受访者对关于"新闻专业主义"的叙述多持消极态度。

新媒体触发了报纸新闻主体新闻专业主义理念的变化，角色定位及思维感受方式的不同带来叙述方式的变化。20世纪八九十年代，文人及知识分子角色定位的群体进入大众传媒，把握着报纸新闻行业主流话语权。由他们主导的"调查性报道""深度报道""文学性新闻"的提法，以及更早时的"散文式新闻""故事新闻""报告文学"等提法，着重于运用文学手法充实新闻形式，起到很好的文体示范作用，培养了一批名记者和名编辑。21世纪以来新媒体崛起之后，这种文人主导性报纸新闻的行业现象不被主动关注，更强调报纸作为经营性产业、新闻作为媒介内容生产的专业视角，新闻与文学等其他文体的关系被淡化处理。当然这并不是否定新闻中文学修养及文字功夫的重要性，而是对于新闻角色认知的一种态度转变。记者和编辑对于新闻工作者职业身份的认知明确，对于报纸新闻的专业化表现就会更注重和强调。名记者、名编辑被淡化，突出的是新闻从业者这个职业群体专业程度的变化。

在当前媒介环境中，报纸新闻主体更关注于"新闻"的专业问题，在市场竞争中他们回归新闻从业者的职业化认知，使得新闻的话语方式更平民化、大众化，而内容定位不再是早年的高高在上。他们强调了一种对于新闻"职业"化表达的自觉性，一种专业化理解，报纸新闻作为信息场域中的一员被摆在一个正确位置。以深度报道的"特稿"为主打的《南方周末》式微，受众群体萎缩，尤其在习惯新媒体阅读的青年人中阅读量大大降低，影响力急剧降低，表现出受众市场对其叙述方式的不满意。新闻文体呈现一种对外的独立性、对内的结构开放性特点，突破倒金字塔等固有的结构套路，呈现出形态各异的结构状态。

---

① 张志安：《两类报纸记者的不同特点》，《中国记者》2011年第2期。

第七章 总结：时代变局中的报纸新闻文体特征及发展

处于生存竞争的环境，传统媒体呈现不断萎缩的情况是必然的。报纸作为党的舆论阵地，必须遵守一定的准则与规范。新闻主体认知中的新闻专业主义，对于报媒而言是一种机遇，因为新媒体所传播的一部分资讯是没有明确信源的（YY）。新闻专业主义作为新闻的原则不仅需要坚持，更要进一步强化，拓展外延，凸显专业价值，但并不代表要坚持陈旧的理念和呈现方式，既要坚持优良传统，又要不断调整，积极融合新媒体的思维方式和手段（JH）。

报媒作为新闻组织机构，对于新闻文体创新的引导和强化，必然激发报纸新闻的发展高潮。当下不少报媒调整评价体系及计酬方式，例如《南方都市报》2014年重新制定了针对记者刊发图表新闻以及网络即时稿的计分标准。同时，受访者多次提到，新闻奖项的设置紧跟新闻实践、适时调整才能促进新闻文体的创新。

未来报纸新闻文体变化趋势将更注重专业性和趣味性，娱乐化倾向加强，更简洁与突出，叙事体裁逐渐淡化，更多观点和解读。新媒体语境下新闻仍是"以独家为王"，但独家新闻转向为注重独特的策划和视角、独特的表现形式，将会增加与融合出更多新闻文体类型，叙述视角与主体关系将会更受关注。

结　　语

　　文体研究是考察一个时期的新闻演变、探讨新闻内部发展规律独特性的视角与切入点。本书从文体选择与创造的角度，对新媒体语境下的报纸新闻文体进行了多层面的整体阐述。新闻文体本就丰富，新媒体语境下更显繁复。本书无意于简单化地将其作整齐划一的概念限制，而是努力对其做多层多义性解构与描述，显现不同报纸新闻文体类型的特点与意义，深究其主体思维方式、文本建构原则，以及在社会文化中的位置。通过"文体研究"之取径，回答"新媒体语境下的报纸新闻文体是怎样的"这一问题，着重探析其特征及原因，以此为切入点解读新闻业务改革发展规律。

　　质疑与重构本是研究的基本精神。以往的研究，或在宏大叙事的思维中运用一两个概念来做高度凝练与"呐喊"；或延续经验叙事，偏于新闻文体的某一侧，仅从新闻体裁或个体经验，掀开新闻的一角细细品读。此两种路径皆有其合理之处。只是在笔者看来，要在浩瀚的新闻作品中梳理出文体特点和趋向，实难以某个概念来一以概之。况且新闻文本集结了太多力量，对它的发展延续性，无法用断裂的若干概念来归结，因此需要将它放到多维坐标中去审视与探究，多问一句：报纸新闻文体嬗变体现了哪些力量？而视角过于微观容易使研究"跛足"，其片面性也显而易见。故中庸立场与中观视角也不失为一种研究路径。

　　本书的宗旨是以多层次的文体研究框架，在各种联结的复杂关系中审视报纸新闻文体，不失之于偏颇和武断，不轻易下结论，不下简单化的结论。力图构建多维多层次的研究图谱，把报纸新闻作为整体考察对象，将其置于新闻规律和改革视角下进行分析。因此，本书回到理论起源，重新审视新闻文体的内涵和外延，建构起动态的多层次研究体系，而不将其仅等同于"新闻体裁"或停留在语言学层面的观察。将新闻文体置于文体学版图中，集中关注新闻文本结构形式与语言组合方式，以及附于其上的主体认知，并将新闻文本与新媒体语境、新媒体带来的更复杂多元的社会时代因素联结起来。这是本书论述的理论基石。

　　新闻文体与时代所建构的文化环境紧密相关，其结构范型既表征着时代文化，同时又受时代文化制约。正如结构主义对世界的理解，现象必须在了解语境、上下文及其相互关系的基础上才能被真正理解，新闻亦如是，本书第一章力图将新闻文体置于"关系"中认知。

新闻学研究从来不缺主观先行、构建概念体系，再举例论证的论述范式，其逻辑是从先在认知入手形成论述体系。而保持开放的结构，从足够大量的样本中推导出观点，也不失为独辟蹊径的论述范式，其逻辑是在确定大致方向的基础上向未知探寻。前者注重演绎，更具高屋建瓴之气势；后者则突出归纳，更像曲径通幽之寻宝。本书取第二种论述范式，在第三章至第六章建构了一个系统、开放的新闻文体研究图谱。采用的研究路径是：搜集和分析大量有信度和效度的经验材料→挖掘内在理路→综合运用理论分析→观点归纳。适度引入经验主义，将理论建立在对事物的观察与实验等科学方法上，补充新闻学直觉或先入为主的概念建构研究范式。以新媒体崛起与发展为研究起点及背景，使用定性和定量的研究方法，在纵横维度上开展新闻文体的历时性和共时性研究。

文类（即体裁）代表了作品结构特点并规定了个体风格。文类的多寡、兴替及创变意味着新闻中某种结构的变化，整体表现了报纸有意为之的新闻文体特征。从这个角度来看，1998年以来报纸消息类新闻减少，述评类和解说类新闻增多，意味着新闻结构对观点的重视。因此，本书从文类层面进行解构和建构，提出报纸新闻文体有信息、解读、观点、互动和融合的结构性特点。

本书从词汇、句式和篇章等方面，论述了新媒体语境下报纸新闻语体层面的特征。网络、群众、官方等话语方式交融，书面与口语、通俗娱乐与正式风格共存，成为它的常态。新媒体语境中，报纸通过展现更多元、更多渠道的声音来凸显其专业化优势。报纸新闻语体呈现出对真实与解读、事实与观点的平衡追求。真实是新闻的重要特征，新媒体语境下的真实特征体现在：更多直接引语、多层次的被采访者立场、更多元的报道视角。评价性语言增多，叙述摆脱封闭性、同一性模式，向开放性及个性化发展，即便是通稿、通讯社来稿，各报用语由于该媒体的评价性语言，而有了一些不同的个性。

话语活动不是孤立封闭的，新闻的结构方式和话语体式这一外形式层次，总是与新闻主体的感受体验方式有大致对应性，对这一内形式层次的关照能保证新闻文体研究的精神结构和人文色彩。现有新闻文体相关研究很少关注主体层面的特征。因此倾听来自报媒一线新闻工作者的声音，深入洞察新闻主体对新闻文体的"元认知"成为本书创新点之一。通过深度访谈和扎根理论分析,本书以"自主性"概括新媒体语境下报纸新闻主体的文体认知。但这一概念无法全面涵括他们敏锐的审美取向与对报纸新闻文体的深刻剖析,以及他们对所处媒介环境及行业的高反省性和对发展趋向的丰富描述。这些在第六章有充分论证。

报纸新闻文体或者说新媒体语境下的新闻文体,既有普遍性,又有特殊性。报纸新闻文体的某方面变化并非完全线性,而是曲折发展的。第七章在总结归纳的基础上,对传统为体、新媒体为用的问题范畴和报纸新闻文体实践路径进行了再审思。

综上所述,本书以"观点型互动式信息专业化范式"来概括新媒体语境下报纸新闻文体特征。信息在易读性和专业化之间得到很好的平衡。多元话语场建构及述评框架指向了"观点型",互动范型和版块化呈现凸显了"互动式"。新媒体语境下作为"事实的报道"之报纸新闻,事实材料中观点型材料增多,材料结构和语体的互动式、版块化和多元化特点加强,强化了专业化信息理念。

"观点型互动式信息专业化范式"中,观点型更指向读者观,而互动式则突出了用户观。社会文化发展与读者需求变化,使得媒体开始了关于提供"信息用户"服务的探索,读者观与信息用户观交织与平衡,建构了报纸的多元话语空间。"读者观"更注重引导功能,强化报媒优势,提供"我"能提供的最好形式——文辞讲究且有思想深度的读物;"信息用户观"强调使用者的需求和习惯,以"你"所需要的信息形式,提供方便快捷且易读易懂的资讯。前者注重"内容为王",专注于内容生产,后者注重"信息为王",侧重于服务导向。报纸新闻中资讯服务类题材扩张,相应地,其文体特征呈现出多方观点述评,解读成为结构化重点,提供多元碰撞中的筛选方向,搭建更方便获取信息的版块,语体也以方便适用为原则。

本书并非一味肯定融合主义(syncretism),媒介"大同"是一种幻象。新闻作为"事实的报道",其客体具有媒介间性,报纸新闻在与新媒体的交叉与渗透、学习和竞争中,保持联动与强化区隔,其文体呈现螺旋式演进历程。

本书所思考的范围还涉及以建构理论去审思文体与意识、文本与社会的关系。新闻文体既是一种表现形式,又是一个行为形式,它与社会结构之间存在着辩证关系。互联网不仅仅是一种技术实现与革新,它既是社会文化的反映者,也影响着一个时代的社会文化。以互联网为基底衍生的各种新媒介不断发展演变、消失更替,深深影响着新时代人类的生活和思维。受新媒体语境下社会现实、文化、媒介环境、受众、新闻从业者及技术发展等因素的综合影响，报纸新闻文体以更明确的定位、更多样化的表达手段与风格、更广阔的报道领域、更深入细致的开掘向更多的方向分化。

本书中有些地方依旧需要完善，比如不同的内容题材有不同的文体要求，故而影响因素和发展之路也存在不同。对此，本书的篇幅无法装载更细致的对比研究。人们永远面临实然与应然的矛盾，例如报纸版面缩减和大环境变化带来了内容空间和题材方向的限制，一定程度上阻碍了新闻文体的创新，而本书在这些方面所提出的预测在现实面前常常显得单薄无力。本书有着十分丰富的报纸新闻内容题材、文类与语体的统计数据，未来可通过对各分析变量进行交叉验证，进一步建立起三者的横向关联性。

对报纸新闻文体的研究可以促使人们进一步思考新闻以及报纸的命运，可以对报纸新闻形式并扩展至新闻实践发展方向提出建议。通过文体研究把作品评论统一在理论探讨的框架中，有助于建立系统的新闻理论，尤其是系统的文类理论。因此从各种角度开展新闻文体的探析，有着广阔的研究空间。最后，借用保罗·利科（Paul Ricoeur）的话作结，"通过向我们打开的不同之物，历史向我们开放了可能性"，而新闻文体通过向人们打开镜像中的真实之物，引导人们进入现实的各种可能性。

附　　录

附录一：系统抽样样本分布情况

本书在研究中所采用的系统抽样样本分布情况详见表 8–1。

表 8–1　系统抽样样本分布情况

年份	日期
1998	1–1，1–30，2–28，3–29，4–22，5–19，6–17，7–16，8–14，9–5，10–4，10–26，11–24，12–23
1999	1–21，2–18，3–20，4–18，5–10，6–8，7–7，8–5，9–3，10–2，10–31，11–22，12–21
2000	1–19，2–17，3–17，4–15，5–14，6–5，7–4，8–2，8–31，9–29，10–28，11–26，12–18
2001	1–16，2–14，3–15，4–13，5–12，6–10，7–2，8–29，9–27，10–26，11–24，12–23
2002	1–14，2–12，3–13，4–11，5–10，6–8，7–7，7–29，8–27，9–25，10–24，11–22，12–21
2003	1–19，2–10，3–11，4–9，5–8，6–6，7–5，8–3，8–25，9–23，10–22，11–20，12–19
2004	1–17，2–15，3–8，4–6，5–5，6–3，7–2，7–31，8–29，9–20，10–19，11–17，12–16
2005	1–14，2–12，3–13，4–4，5–3，6–1，6–30，7–29，8–27，9–25，10–17，11–15，12–14
2006	1–12，2–10，3–11，4–9，5–1，5–30，6–28，7–27，8–25，9–23，10–22，11–13，12–12
2007	1–10，2–8，3–9，4–7，5–6，5–28，6–26，7–25，8–23，9–21，10–20，11–18，12–10
2008	1–8，2–6，3–6，4–4，5–3，6–1，6–23，7–22，8–2–，9–18，10–17，11–15，12–14

续表 8-1

年份	日期
2009	1-5, 2-3, 3-4, 4-2, 5-1, 5-30, 6-28, 7-20, 8-18, 9-16, 10-15, 11-13, 12-12
2010	1-10, 2-1, 3-2, 3-31, 4-29, 5-28, 6-26, 7-25, 8-16, 9-14, 10-13, 11-11, 12-10
2011	1-8, 2-6, 2-28, 3-29, 4-27, 5-26, 6-24, 7-23, 8-21, 9-12, 10-11, 11-9, 12-8
2012	1-6, 2-4, 3-4, 3-26, 4-24, 5-23, 6-21, 7-20, 8-18, 9-16, 10-8, 11-6, 12-5
2013	1-3, 2-1, 3-2, 3-31, 4-22, 5-21, 6-19, 7-18, 8-16, 9-14, 10-13, 11-4, 12-3
2014	1-1, 1-30, 2-28, 3-29, 4-27, 5-26, 6-24, 7-23, 8-21, 9-19, 10-18, 11-16, 12-15
2015	1-13, 2-11, 3-12, 4-10, 5-9, 6-7, 7-6, 8-4, 9-2, 10-1, 10-30, 11-28, 12-27
2016	1-25, 2-23, 3-23, 4-21, 5-20, 6-18, 7-17, 8-15, 9-13, 10-12, 11-10, 12-9
2017	1-7, 2-5, 3-6, 4-4, 5-3, 6-1, 6-30, 7-29, 8-27, 9-25, 10-24, 11-22, 12-21
2018	1-19, 2-17, 3-18, 4-16, 5-15, 6-13, 7-12, 8-10, 9-8, 10-7, 11-5, 12-4

附录二：广东四报关于全国两会报道新闻文类统计数据

（一）《南方日报》

《南方日报》1998～2018年关于全国两会报道新闻文类统计数据见表8-2、表8-3，各新闻文类篇幅变化如图8-1所示。

表8-2 《南方日报》全国两会报道新闻文类版面篇幅百分比（按目分）

单位：%

年份	简讯	短消息	长消息	一般通讯	特写	调查报道	新闻述评	新闻札记	观点新闻	新闻资料	新闻解说	照片新闻	漫画新闻	图表新闻	谈话新闻	互动新闻	故事新闻	特写型消息	散文式消息	其他
1998	0.0	31.1	22.5	7.3	0.9	0.0	1.5	5.7	1.6	2.4	0.0	20.8	0.0	0.0	5.5	0.0	0.0	0.7	0.0	0.1
1999	0.4	10.9	51.6	3.6	0.0	0.0	2.3	0.7	0.1	2.6	1.8	14.6	0.0	0.0	9.2	0.7	0.0	1.5	0.0	0.0
2000	0.0	36.3	29.8	7.0	0.0	0.0	2.7	1.6	1.4	0.9	0.0	13.0	0.0	0.5	7.0	0.0	0.0	0.2	0.0	0.0
2001	1.2	32.1	23.5	7.3	0.0	0.0	2.4	0.0	2.0	1.6	0.0	17.2	0.0	0.6	11.2	0.0	0.0	0.9	0.0	0.1
2002	0.2	28.6	19.3	4.3	0.8	1.2	0.6	1.3	2.4	2.4	0.0	24.5	0.0	0.6	13.6	0.0	0.0	1.7	0.0	0.1
2003	0.9	9.3	22.6	7.5	0.8	0.0	4.2	1.0	5.4	3.8	6.2	18.4	0.4	0.6	16.4	0.0	0.4	0.6	0.0	0.2
2004	0.1	16.5	31.4	4.0	0.0	0.0	6.8	1.1	3.7	2.0	2.6	17.8	0.1	0.1	11.8	0.0	0.0	1.5	0.0	0.4
2005	0.6	9.7	29.2	9.2	0.0	0.0	7.6	0.2	4.1	1.0	0.8	20.5	0.7	0.2	14.0	0.0	0.0	1.8	0.0	0.3
2006	0.3	11.3	28.9	6.4	0.4	0.8	8.6	3.0	3.7	2.3	3.2	16.3	2.3	0.0	8.1	2.4	0.6	0.8	0.3	0.2
2007	1.0	9.7	31.7	4.7	1.0	0.0	5.7	0.5	6.1	1.6	3.4	19.0	0.3	0.3	10.2	4.2	0.1	0.7	0.0	0.1
2008	0.2	12.7	26.6	4.0	1.7	0.8	5.3	1.6	4.9	2.7	2.3	16.5	1.3	0.1	14.8	2.7	0.0	1.0	0.4	0.2
2009	1.0	12.9	24.0	6.4	1.6	1.2	11.4	0.9	5.6	1.6	1.5	15.5	2.7	0.4	9.3	1.6	0.0	2.1	0.0	0.2
2010	0.6	12.3	25.1	2.2	0.8	5.1	7.5	0.6	6.8	1.6	4.2	19.2	0.6	0.4	9.3	3.0	0.5	0.8	0.0	0.3
2011	1.4	9.5	15.1	8.7	1.2	1.2	11.5	0.9	9.3	1.8	4.1	15.1	2.9	1.0	11.8	2.2	0.0	1.5	0.0	0.3
2012	0.3	9.6	27.9	5.0	2.3	3.0	8.1	1.6	3.5	1.0	3.2	12.0	1.6	0.4	17.0	2.7	0.1	0.5	0.0	0.3
2013	1.1	9.3	18.9	11.8	1.0	1.0	10.0	1.3	5.0	1.7	2.7	14.1	0.5	7.5	11.7	0.6	0.2	0.9	0.0	0.8
2014	0.3	10.9	12.9	11.9	1.1	2.1	12.1	0.3	3.5	1.6	1.3	13.8	0.2	6.1	19.9	1.2	1.2	0.6	0.0	0.0
2015	0.6	9.3	12.2	11.3	1.4	2.4	14.2	2.8	7.8	1.3	4.2	16.3	0.1	3.4	8.1	1.1	1.5	1.2	0.8	0.2
2016	0.2	8.1	7.0	11.8	2.0	1.4	14.2	1.6	7.8	1.9	4.1	17.7	0.2	5.7	12.5	0.7	0.3	1.2	0.1	0.3
2017	0.6	9.3	6.6	12.9	5.2	2.9	17.0	1.0	6.5	0.8	1.6	17.6	0.0	8.7	7.1	0.2	0.3	1.4	0.1	0.0
2018	0.7	7.6	10.8	15.7	1.5	1.8	26.8	0.2	3.9	1.6	2.3	18.6	0.1	2.6	4.7	0.1	0.0	0.3	0.6	0.0

300

表8-3 《南方日报》全国两会报道新闻文类版面篇幅百分比（按类分）

单位：%

年份	消息类	通讯类	述评类	解说类	图片新闻	边缘文体
1998	53.6	8.2	8.8	2.4	20.8	6.3
1999	62.9	3.6	3.0	4.4	14.6	11.4
2000	66.1	7.0	5.7	0.9	13.0	7.2
2001	56.8	7.3	4.4	1.6	17.7	12.2
2002	48.1	5.1	4.4	2.4	24.5	15.5
2003	32.8	9.5	10.6	10.0	19.4	17.6
2004	48.0	4.0	11.6	4.6	18.0	13.7
2005	39.4	9.2	11.9	1.8	21.5	16.1
2006	40.6	7.6	15.4	5.5	18.6	12.3
2007	42.4	5.6	12.3	4.9	19.6	15.2
2008	39.6	6.4	11.8	5.0	18.0	19.2
2009	37.9	9.2	17.9	3.1	18.6	13.2
2010	38.0	8.0	14.8	5.8	20.1	13.3
2011	25.9	11.1	21.8	6.0	19.1	16.2
2012	37.9	10.3	13.2	4.2	13.9	20.5
2013	29.3	13.8	16.2	4.4	22.1	14.1
2014	24.0	15.1	15.9	2.9	20.1	22.1
2015	22.1	15.1	24.9	5.4	19.8	12.6
2016	15.3	15.2	23.6	6.0	23.6	16.8
2017	16.5	21.1	24.4	2.5	26.3	9.2
2018	19.1	19.1	30.9	3.9	21.2	5.8

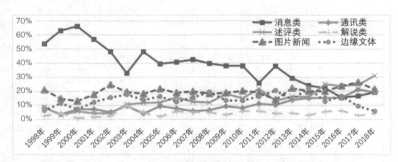

图8-1 《南方日报》全国两会报道各新闻文类篇幅变化折线（以类分）

（二）《羊城晚报》

《羊城晚报》1998～2018年全国两会报道新闻文类统计数据见表8-4、表8-5，各新闻文类篇幅变化如图8-2所示。

表8-4 《羊城晚报》全国两会报道新闻文类版面篇幅百分比（按目分）

单位：%

年份	简讯	短消息	长消息	一般通讯	特写	调查报道	新闻述评	新闻札记	观点新闻	新闻资料	新闻解说	新闻照片	图表新闻	漫画新闻	谈话新闻	故事新闻	互动新闻	特写型消息	散文式消息	其他
1998	11.6	24.9	18.2	2.0	1.9	0.0	5.2	0.9	0.0	1.5	0.0	15.1	2.6	0.0	7.1	0.0	0.0	8.2	0.7	0.0
1999	3.9	24.9	15.8	4.4	0.0	0.0	3.6	7.2	0.0	2.3	1.9	9.7	3.4	0.0	17.4	0.0	0.0	5.5	0.0	0.0
2000	1.8	38.9	18.1	4.1	0.0	0.0	2.1	0.0	2.1	2.2	0.0	12.6	0.0	0.0	6.8	0.0	0.0	11.3	1.0	0.0
2001	7.9	38.2	15.5	1.4	0.0	0.0	1.1	3.6	0.0	0.6	0.0	12.7	0.0	0.0	11.7	1.0	0.0	6.3	0.0	0.0
2002	6.5	37.0	16.3	2.4	1.2	0.0	4.5	0.0	2.2	2.0	1.9	15.1	0.0	0.2	6.6	0.0	0.3	3.4	0.1	0.0
2003	5.2	16.6	15.3	9.1	1.2	0.4	9.7	2.6	8.7	4.6	2.5	20.5	0.4	0.2	1.1	0.0	0.0	1.2	0.0	0.2
2004	0.8	22.8	26.8	3.5	0.0	0.0	8.2	0.7	2.8	2.7	5.8	20.8	0.3	2.5	2.7	0.2	0.0	2.0	0.0	0.0
2005	1.7	25.5	17.9	5.4	0.3	1.1	7.2	0.6	2.2	1.4	2.3	18.9	0.1	0.0	6.7	0.0	0.9	5.1	0.0	0.4
2006	2.4	21.6	15.7	6.0	0.6	1.1	12.7	1.9	7.0	2.8	2.1	14.2	0.4	0.1	6.6	0.3	2.1	2.6	0.0	0.1
2007	2.4	19.2	13.6	6.6	0.5	6.7	5.3	6.0	4.1	1.6	7.6	12.8	0.0	0.0	9.5	0.0	1.0	2.6	0.0	0.1
2008	0.7	20.0	26.8	6.4	0.2	0.3	7.3	0.5	4.0	2.6	2.4	11.0	0.1	1.3	13.2	0.0	0.1	4.3	0.0	0.2
2009	0.9	22.8	15.8	8.7	0.5	0.4	8.7	4.1	10.3	2.4	1.5	10.7	0.4	0.5	7.2	0.0	0.0	2.1	0.0	0.1
2010	1.2	17.3	9.7	3.5	1.5	2.5	10.0	1.8	7.7	2.6	2.9	14.1	1.1	0.5	15.6	0.0	6.4	1.2	0.0	0.2
2011	2.4	17.1	17.8	6.9	2.3	4.5	4.4	0.1	5.6	1.3	2.7	13.3	0.2	0.1	18.7	0.0	0.0	2.5	0.0	0.1
2012	2.4	9.1	15.2	6.1	1.8	1.8	6.6	0.4	6.9	3.2	2.4	13.7	0.9	0.9	24.2	0.0	1.2	3.0	0.2	0.0
2013	2.0	17.0	10.7	6.8	2.0	2.1	10.0	1.0	6.9	2.3	3.1	13.7	2.1	0.0	16.6	0.0	1.1	2.4	0.0	0.1
2014	0.4	11.8	8.0	14.3	2.1	0.5	10.7	1.0	1.8	1.4	1.9	15.6	2.9	0.2	19.7	0.3	5.8	1.7	0.0	0.1
2015	0.1	7.1	12.3	19.9	1.3	1.5	13.6	1.0	1.5	2.7	3.7	14.3	3.5	0.7	11.8	0.3	3.2	1.5	0.0	0.1
2016	0.3	11.3	13.5	16.2	1.7	1.4	12.4	0.2	2.7	3.5	6.6	14.4	4.0	0.4	8.0	0.0	1.5	1.8	0.2	0.0
2017	0.3	10.5	15.8	17.5	1.3	4.3	12.8	1.0	2.4	3.5	2.4	12.8	3.0	1.0	7.5	0.7	1.8	1.3	0.0	0.0
2018	0.6	9.3	15.4	22.1	1.2	0.9	13.5	1.3	6.8	3.4	3.1	15.3	1.2	0.6	3.6	0.5	0.5	0.8	0.1	0.1

表8-5　《羊城晚报》全国两会报道新闻文类版面篇幅百分比（按类分）

单位：%

年份	消息类	通讯类	述评类	解说类	图片新闻	边缘文体
1998	54.8	3.8	6.2	1.5	17.7	16.0
1999	44.7	4.4	10.8	4.2	13.1	22.8
2000	58.7	4.1	4.2	2.2	12.6	18.1
2001	61.6	1.4	4.6	0.6	12.7	19.0
2002	59.8	3.6	6.7	3.8	15.1	11.0
2003	37.2	10.8	21.0	7.2	21.1	2.8
2004	50.4	3.5	11.6	8.5	21.2	4.8
2005	45.2	6.8	10.0	3.7	21.5	12.9
2006	39.6	7.6	21.7	4.8	14.5	11.7
2007	35.2	13.8	15.4	9.2	12.9	13.5
2008	47.5	7.0	11.8	5.0	11.1	17.7
2009	39.5	9.7	23.1	3.9	12.4	11.4
2010	28.2	7.6	19.5	5.5	15.8	23.5
2011	37.3	13.7	10.1	4.1	13.7	21.2
2012	26.6	9.7	13.9	5.5	15.5	28.7
2013	29.7	10.9	17.9	5.4	15.9	20.3
2014	20.2	16.9	13.5	3.3	18.7	27.4
2015	19.5	22.7	16.0	6.4	18.5	16.8
2016	25.1	19.2	15.3	10.0	18.8	11.5
2017	26.7	23.1	16.2	5.9	16.9	11.2
2018	25.3	24.1	21.5	6.4	17.1	5.7

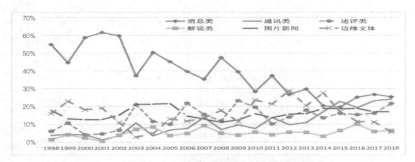

图8-2　《羊城晚报》全国两会报道各新闻文类篇幅变化折线（以类分）

（三）《广州日报》

《广州日报》1998～2018年全国两会报道新闻文类统计数据见表8-6、表8-7，各新闻文类篇幅变化如图8-3所示。

表8-6 《广州日报》全国两会报道新闻文类版面篇幅百分比

单位：%

年份	简讯	短消息	长消息	一般通讯	特写	调查报道	新闻述评	新闻札记	观点新闻	新闻资料	新闻解说	照片新闻	图表新闻	漫画新闻	谈话新闻	故事新闻	互动新闻	特写型消息	散文式消息	其他
1998	8.9	25.7	27.3	5.7	1.0	1.7	2.0	0.0	2.8	5.1	0.0	10.9	0.0	0.0	6.4	0.0	0.0	2.1	0.0	0.5
1999	4.8	34.3	21.5	5.3	0.0	0.0	3.7	0.0	6.9	3.1	0.0	8.8	0.0	0.0	10.6	0.0	0.0	1.0	0.0	0.0
2000	6.0	30.0	20.4	3.0	1.1	0.0	1.4	0.0	5.2	2.5	0.4	19.1	0.0	0.0	8.7	0.7	0.0	1.5	0.0	0.0
2001	6.3	29.6	29.3	2.9	1.3	1.1	1.4	0.0	0.0	0.9	0.0	15.3	0.0	0.0	11.6	0.0	0.0	0.0	0.0	0.2
2002	1.8	20.3	18.8	3.7	0.8	4.4	2.0	0.0	5.4	5.5	1.6	17.4	0.2	0.5	11.7	2.4	0.0	2.4	0.0	1.3
2003	1.4	17.1	26.8	4.3	0.9	0.8	2.2	0.3	3.4	6.1	4.6	20.9	0.0	0.8	9.1	0.2	0.0	0.4	0.0	0.6
2004	0.5	22.6	17.6	6.2	0.5	6.3	7.8	0.0	4.7	5.8	2.4	14.7	0.4	1.2	6.0	2.5	0.0	0.5	0.0	0.3
2005	1.2	20.5	31.1	2.8	1.0	0.3	8.2	1.0	1.8	2.2	4.8	12.9	0.0	1.3	9.3	0.9	0.0	0.5	0.0	0.1
2006	1.4	15.5	20.4	5.0	1.1	1.3	8.2	1.1	5.1	3.6	8.7	13.8	0.4	1.2	9.8	0.3	0.0	0.7	0.8	0.7
2007	1.8	13.1	14.3	4.8	1.0	0.6	8.4	2.8	7.3	4.0	12.4	19.7	0.2	0.6	7.7	0.2	0.2	0.1	0.0	0.9
2008	2.7	11.7	7.3	7.5	1.9	0.9	6.8	0.9	7.2	7.7	9.0	26.5	1.9	1.2	3.3	0.2	0.2	2.0	0.0	1.1
2009	1.6	17.8	13.4	2.5	0.3	0.5	7.3	0.4	8.3	6.7	3.3	17.6	1.0	2.0	12.5	0.0	3.0	1.2	0.0	0.6
2010	2.3	12.4	6.3	3.1	1.1	2.1	12.6	1.1	12.6	2.9	5.9	18.1	1.9	5.1	8.3	0.0	1.0	1.8	0.1	1.5
2011	2.0	13.9	14.2	1.6	0.5	0.3	10.7	2.0	6.2	4.9	4.4	15.5	0.5	1.6	18.4	0.7	0.7	0.8	0.0	1.1
2012	0.8	11.4	7.5	3.5	1.2	1.1	8.6	2.8	9.5	4.4	6.8	22.3	1.0	2.3	13.6	0.1	0.6	1.1	0.0	1.3
2013	1.9	9.3	14.0	5.9	1.2	0.3	9.0	3.4	11.4	4.0	4.4	20.4	1.7	0.7	9.6	0.0	0.8	1.1	0.0	0.7
2014	0.4	11.2	8.6	10.2	1.3	1.2	8.7	4.2	10.8	8.2	2.9	15.4	5.1	0.4	6.6	1.3	1.3	1.3	0.2	0.6
2015	0.4	9.7	14.2	9.8	2.1	0.6	9.3	3.4	11.3	8.0	3.1	14.3	3.4	0.7	6.0	0.2	2.2	0.7	0.4	0.0
2016	0.4	8.5	14.1	12.2	1.6	1.5	10.8	2.5	8.9	8.0	2.8	16.5	1.1	1.3	7.7	0.3	2.0	0.7	0.2	0.5
2017	0.4	7.4	10.8	16.5	1.3	1.3	9.8	3.0	7.8	6.9	3.3	18.9	1.2	1.3	7.1	0.4	1.7	0.4	0.0	0.2
2018	0.3	5.2	10.8	11.6	0.7	0.2	13.6	1.1	20.0	5.1	1.8	21.6	0.3	0.1	4.3	0.0	0.6	0.8	2.0	0.0

表8-7 《广州日报》两会新闻报道文类版面篇幅百分比（按类分）

单位：%

年份	消息类	通讯类	述评类	解说类	图片新闻	边缘文体
1998	61.85	8.41	4.78	5.12	10.90	8.94
1999	60.63	5.26	10.63	3.10	8.78	11.61
2000	56.36	4.13	6.60	2.96	19.05	10.91
2001	65.28	5.24	1.44	0.90	15.30	11.84
2002	40.81	8.89	7.34	7.12	18.08	17.75
2003	45.31	6.01	5.89	10.72	21.77	10.29
2004	40.67	12.98	12.43	8.22	16.35	9.36
2005	52.87	4.08	11.00	7.10	14.14	10.82
2006	37.25	7.42	15.09	12.33	15.41	12.50
2007	29.24	6.35	18.48	16.43	20.54	8.97
2008	21.68	10.27	14.83	16.79	29.64	6.79
2009	32.77	3.27	16.01	9.98	20.61	17.36
2010	20.95	6.25	26.31	8.71	25.09	12.69
2011	30.02	2.33	18.94	9.32	17.66	21.73
2012	19.74	5.76	20.90	11.22	25.64	16.74
2013	25.23	7.40	23.76	8.34	22.90	12.38
2014	20.21	12.70	23.66	11.11	20.82	11.50
2015	24.36	13.05	24.00	11.05	18.35	9.20
2016	23.09	14.43	22.17	10.84	18.09	11.38
2017	18.61	19.25	20.58	10.25	21.42	9.89
2018	16.28	12.50	34.66	6.92	22.00	7.65

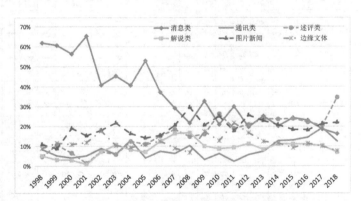

图8-3 《广州日报》全国两会报道各新闻文类篇幅变化折线（以类分）

（四）《南方都市报》

《南方都市报》2000～2018年①全国两会报道新闻文类统计数据见表8-8、表8-9，各新闻文类篇幅变化如图8-4所示。

---

① 《南方都市报》于2000年首次派出两会采访记者4名，故数据统计从2000年开始。

表8-8 《南方都市报》全国两会报道新闻文类版面篇幅百分比（按目分）

单位：%

年份	简讯	短消息	长消息	一般通讯	特写	调查报道	新闻述评	新闻札记	观点新闻	新闻资料	新闻解说	照片新闻	图表新闻	漫画新闻	谈话新闻	故事新闻	互动新闻	特写型消息	散文式消息	其他
2000	1.9	34.4	10.4	1.1	2.0	0.0	2.7	2.7	2.8	5.5	1.3	28.7	0.0	0.0	5.6	0.3	0.0	0.6	0.0	0.0
2001	5.5	17.0	15.6	1.2	0.5	0.3	2.1	0.3	2.9	4.0	0.5	24.4	1.1	0.0	22.0	0.5	0.0	2.2	0.0	0.0
2002	2.2	31.9	8.5	2.5	1.7	0.3	2.0	0.4	1.3	3.2	1.3	22.8	0.0	1.2	19.8	0.8	0.0	2.1	0.0	0.0
2003	1.4	8.9	12.8	0.9	6.1	1.9	7.9	1.4	3.8	5.2	3.0	21.3	0.8	0.0	21.8	0.2	0.0	0.4	0.4	0.0
2004	1.9	14.6	14.9	2.8	0.1	1.5	3.4	1.6	2.4	6.4	3.5	25.0	2.3	0.0	15.3	0.0	1.0	2.0	0.4	0.6
2005	5.1	14.1	13.7	1.7	0.0	9.0	8.1	0.1	3.3	2.0	3.4	19.6	0.6	0.4	17.1	0.3	0.7	1.0	0.0	0.0
2006	2.8	10.8	37.2	2.2	1.5	1.3	4.8	0.4	7.2	1.4	1.0	13.6	0.6	1.1	11.3	0.5	1.3	1.3	0.0	0.0
2007	2.8	19.0	10.9	2.4	1.5	1.3	8.9	0.0	7.9	3.0	5.4	18.7	1.7	1.2	11.7	0.0	1.1	1.9	0.0	0.0
2008	2.6	12.1	6.7	2.0	3.0	0.0	5.4	0.2	3.7	3.3	2.1	14.4	0.4	1.4	39.6	0.0	0.7	2.4	0.1	0.0
2009	2.5	13.8	5.1	4.8	4.7	1.2	14.0	0.5	12.6	1.7	2.8	16.4	1.5	0.7	12.2	0.1	0.8	4.7	0.1	0.0
2010	2.0	9.6	13.6	8.8	4.3	4.3	6.9	1.0	9.4	1.6	2.6	16.8	0.5	1.9	10.4	0.0	0.7	5.6	0.2	0.0
2011	1.4	8.9	15.5	7.7	2.8	0.9	5.8	1.1	7.3	0.8	2.8	17.9	0.7	1.3	22.5	0.1	0.6	1.9	0.0	0.0
2012	1.4	10.7	17.6	6.0	6.7	1.1	10.4	1.0	7.4	2.4	3.3	15.0	0.3	2.0	11.6	0.0	1.3	1.7	0.0	0.0
2013	3.4	9.9	8.6	9.8	4.0	0.4	5.3	0.5	9.1	2.2	3.2	20.7	7.0	0.9	12.0	0.0	1.1	1.9	0.0	0.0
2014	1.5	8.5	3.9	7.4	2.8	1.1	8.3	0.1	7.3	8.5	4.4	16.9	16.7	0.3	7.7	0.7	2.2	1.8	0.0	0.0
2015	1.2	4.7	5.2	7.9	2.1	1.9	10.3	0.3	5.5	5.2	4.9	19.6	9.9	0.8	17.5	0.5	0.9	1.6	0.0	0.0
2016	1.3	3.7	8.6	11.2	0.3	0.5	8.4	0.1	4.9	2.1	3.3	31.8	1.4	0.2	21.2	0.3	0.8	0.0	0.0	0.0
2017	1.6	4.2	5.9	15.6	1.3	2.6	10.1	0.6	3.0	1.8	4.3	25.9	2.8	0.0	18.2	0.4	1.0	0.3	0.2	0.1
2018	1.7	1.3	10.5	11.8	1.0	1.2	9.3	0.3	4.2	1.7	5.2	22.2	3.5	0.0	25.5	0.0	0.1	0.1	0.2	0.0

表8-9 《南方都市报》全国两会报道新闻文类版面篇幅百分比（按类分）

单位：%

年份	消息类	通讯类	述评类	解说类	图片新闻	边缘文体
2000	46.72	3.09	8.21	6.80	28.69	6.49
2001	38.12	1.96	5.30	4.49	25.42	24.71
2002	42.56	4.51	3.67	4.51	22.81	21.94
2003	23.08	8.89	13.09	8.18	23.35	23.40
2004	31.43	4.44	7.48	9.94	27.24	19.47
2005	32.88	10.69	11.59	5.39	20.68	18.76
2006	50.79	5.00	12.40	2.36	15.22	14.23
2007	32.68	5.12	16.76	8.48	21.63	15.32
2008	21.33	4.99	9.39	5.31	16.19	42.79
2009	21.37	10.71	27.14	4.46	18.62	17.70
2010	25.24	17.36	17.26	4.26	19.20	16.68
2011	25.85	11.38	14.08	3.62	19.91	25.15
2012	29.64	13.87	18.89	5.70	17.28	14.62
2013	21.94	14.17	14.93	5.45	28.53	14.99
2014	13.85	11.32	15.73	12.91	33.87	12.33
2015	10.98	11.92	16.13	10.09	30.36	20.52
2016	13.65	12.04	13.33	5.38	33.34	22.27
2017	11.72	19.52	13.78	6.11	28.66	20.21
2018	13.56	13.99	13.81	6.99	25.77	25.89

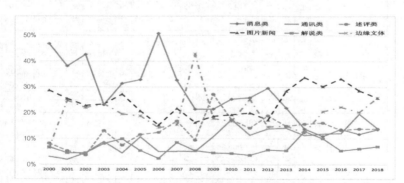

图8-4 《南方都市报》全国两会报道各新闻文类篇幅变化折线（按类分）

附录三：1998～2018年报纸新闻系统抽样统计图表

（一）《人民日报》

《人民日报》1998～2018年系统抽样新闻文类统计数据见表8-10、表8-11。

表 8-10 《人民日报》系统抽样新闻文类版面篇幅百分比（按目分）

单位：%

年份	简讯	短消息	长消息	一般通讯	特写	调查报道	新闻述评	新闻札记	观点新闻	新闻资料	新闻解说	照片新闻	图表新闻	漫画新闻	谈话新闻	故事新闻	互动新闻	特写型消息	散文式消息	其他
1998	9.4	30.5	8.6	23.0	0.7	0.0	5.0	0.5	0.0	2.9	0.6	17.2	0.1	0.0	0.0	0.6	0.0	0.9	0.0	0.0
1999	11.9	27.3	9.5	23.3	0.2	2.6	3.7	0.2	0.0	2.7	0.5	16.7	0.0	0.0	0.8	0.0	0.0	0.3	0.0	0.2
2000	10.4	30.6	9.8	18.1	0.9	3.3	4.1	1.2	0.0	3.9	0.0	15.1	0.2	0.0	1.4	0.2	0.5	0.0	0.0	1.2
2001	6.0	29.0	14.4	18.6	0.8	0.8	2.9	1.3	0.0	8.3	1.5	13.3	0.0	0.0	1.7	0.0	0.7	0.2	0.0	0.6
2002	6.5	35.6	15.5	14.0	0.7	0.5	5.1	0.3	3.1	2.1	0.0	12.3	0.0	0.4	0.5	0.2	0.1	0.2	0.0	3.0
2003	5.7	32.4	12.0	17.9	0.7	0.7	4.1	0.6	1.8	3.0	0.0	16.6	1.1	0.0	2.1	0.0	0.1	0.2	0.0	0.7
2004	7.9	27.8	12.4	19.9	0.8	0.5	2.7	0.3	2.1	2.0	2.4	17.6	0.3	0.6	3.1	0.3	0.0	0.3	0.0	0.0
2005	4.0	28.6	13.4	18.0	2.1	2.3	6.5	0.9	0.7	2.1	0.4	17.9	0.5	0.2	1.3	0.6	0.1	0.6	0.0	0.1
2006	3.8	30.7	7.8	19.4	0.0	4.1	3.3	1.6	3.6	2.1	1.4	18.6	0.4	0.5	0.9	0.0	1.6	0.0	0.0	0.0
2007	5.6	24.1	9.7	15.6	0.2	1.5	6.7	1.7	6.8	5.9	4.9	13.4	0.8	0.2	2.4	0.6	0.2	0.0	0.4	1.4
2008	6.0	28.5	13.6	14.4	1.6	1.2	3.1	1.2	3.4	3.4	3.8	15.8	0.3	0.2	0.8	0.3	0.2	0.0	0.7	0.0
2009	8.1	21.8	7.3	24.4	0.0	2.2	2.4	1.5	2.2	9.1	1.2	16.2	0.9	0.1	2.9	0.0	0.2	0.6	0.2	0.0
2010	2.9	17.3	14.0	19.0	0.2	1.5	12.2	1.5	4.2	2.5	1.9	15.8	1.3	0.6	3.9	0.5	0.2	0.6	0.7	1.4
2011	2.1	17.1	12.9	21.8	2.0	1.7	10.9	1.7	1.7	3.4	1.8	17.4	0.4	0.3	0.9	1.5	0.1	0.6	0.2	0.3
2012	1.6	13.9	11.3	22.3	4.4	2.6	8.6	2.0	3.1	4.9	2.4	18.7	0.4	0.5	1.5	0.3	0.1	0.2	0.0	0.1
2013	1.1	14.8	10.9	18.4	1.5	5.5	11.9	4.1	4.3	5.5	3.1	14.1	0.3	1.0	3.3	1.3	1.0	0.0	0.1	0.4
2014	1.5	17.5	16.1	21.6	0.5	2.3	8.5	2.3	1.9	1.5	2.2	17.4	1.0	0.4	1.9	1.2	1.6	0.6	0.1	0.4
2015	1.4	14.2	6.1	19.6	2.6	3.5	13.2	0.5	7.0	1.1	3.6	18.6	1.5	0.6	3.1	0.1	0.0	0.4	0.0	0.3
2016	1.8	12.4	16.4	19.5	1.2	4.6	15.4	0.6	0.3	0.8	0.5	22.3	1.1	0.4	1.9	1.2	1.6	0.5	0.0	0.2
2017	1.1	14.6	18.6	15.4	0.3	2.1	13.4	0.5	2.5	1.3	2.9	20.8	1.4	0.2	2.4	1.2	0.0	0.7	0.3	0.1
2018	1.1	12.7	19.0	19.6	2.1	1.3	12.2	1.1	2.0	0.5	0.5	21.9	2.3	0.0	2.4	0.4	0.0	0.4	0.2	0.4

表 8-11 《人民日报》系统抽样新闻文类版面篇幅百分比（按类分）

单位：%

年份	消息类	通讯类	述评类	解说类	图片新闻	边缘文体
1998	48.51	23.71	5.53	3.43	17.31	1.50
1999	48.75	26.08	3.88	3.22	16.67	1.40
2000	50.78	22.28	5.31	3.92	15.15	2.57
2001	49.45	20.19	4.11	9.81	13.49	2.95
2002	57.52	15.14	8.49	2.11	12.29	4.45
2003	50.09	19.30	6.55	2.96	18.07	3.03
2004	48.11	21.14	5.10	4.41	17.94	3.31
2005	46.01	22.39	8.16	2.55	18.70	2.19
2006	42.34	23.42	8.62	3.46	19.54	2.62
2007	39.38	17.43	15.26	10.73	14.05	3.16
2008	48.06	17.32	7.73	7.27	16.78	2.84
2009	37.19	26.58	6.21	10.34	16.57	3.11
2010	34.21	20.80	18.12	4.30	17.40	5.17
2011	32.05	25.38	14.64	5.20	19.03	3.70
2012	26.87	29.28	13.39	7.34	19.56	3.58
2013	26.73	25.37	20.25	8.61	15.34	3.70
2014	35.14	24.44	12.65	3.68	18.84	5.26
2015	21.69	25.74	20.60	4.64	20.71	6.62
2016	30.54	25.37	16.27	1.26	23.84	2.72
2017	34.33	17.86	16.53	4.19	22.40	4.69
2018	32.84	22.95	15.24	0.91	24.19	3.87

（二）《羊城晚报》

《羊城晚报》1998～2018年系统抽样新闻文类统计数据见表8-12、表8-13。

表8-12 《羊城晚报》系统抽样新闻文类版面篇幅百分比（按目分）

单位：%

年份	简讯	短消息	长消息	一般通讯	特写	调查报道	新闻述评	新闻札记	观点新闻	新闻资料	新闻解说	照片新闻	图表新闻	漫画新闻	谈话新闻	故事新闻	互动新闻	特写型消息	散文式消息	其他
1998	15.1	38.6	5.3	2.0	0.4	0.5	3.6	0.2	0.0	1.0	0.2	22.8	0.5	0.6	0.5	4.3	0.0	4.0	0.2	0.2
1999	5.9	43.8	7.9	7.5	1.7	0.9	2.7	0.8	0.4	1.5	0.8	22.9	0.7	0.1	0.7	1.2	0.0	0.5	0.0	0.1
2000	5.8	53.2	9.3	3.6	0.0	0.0	1.2	0.0	0.5	1.1	0.0	21.2	0.7	0.3	0.1	0.7	0.4	0.8	0.0	1.0
2001	9.4	35.3	12.3	9.6	0.1	0.0	2.3	0.2	0.2	1.2	0.3	20.6	0.4	0.5	0.8	3.8	0.2	1.6	0.1	1.1
2002	6.1	35.8	16.5	3.2	0.4	0.6	1.2	0.9	0.3	1.8	0.0	24.8	0.6	0.6	3.2	2.0	0.1	1.8	0.1	0.1
2003	1.8	46.2	12.1	6.8	1.5	0.2	0.8	0.6	0.9	0.7	0.7	23.1	0.6	0.9	2.8	0.1	0.1	0.2	0.1	0.0
2004	2.6	37.9	17.9	2.2	0.3	1.7	2.6	0.2	0.8	0.9	1.8	25.1	0.1	0.5	1.3	1.7	0.0	2.2	0.0	0.2
2005	2.7	41.7	11.2	6.5	2.5	0.5	2.5	0.4	0.2	1.2	1.0	25.1	0.4	1.4	1.1	0.1	0.2	0.3	0.0	1.0
2006	1.8	45.3	15.0	0.1	0.9	0.3	2.7	0.1	0.7	1.9	1.1	23.3	0.0	0.3	0.7	2.5	0.6	2.3	0.2	0.1
2007	1.4	42.8	13.5	7.7	2.1	3.0	2.3	0.1	0.4	1.7	1.0	19.7	0.4	1.1	1.1	0.1	0.5	0.5	0.0	0.2
2008	2.4	45.4	13.8	6.5	0.1	0.2	2.1	1.0	2.4	1.0	0.9	19.9	0.2	1.5	1.1	0.4	0.1	0.7	0.1	0.1
2009	2.4	45.1	13.8	6.5	0.1	0.2	2.1	1.0	2.3	1.0	0.9	19.8	0.2	1.5	1.5	0.4	1.0	0.7	0.0	0.2
2010	1.9	39.2	18.7	2.0	0.7	0.8	4.3	0.1	0.7	2.6	0.2	24.6	0.8	0.2	1.5	0.4	0.4	0.6	0.1	0.2
2011	2.0	36.3	17.1	4.3	0.8	0.7	1.9	0.2	0.7	4.0	1.1	20.7	0.5	4.1	4.0	0.2	0.5	0.5	0.1	0.3
2012	1.8	35.7	14.1	3.3	1.7	0.8	4.5	0.3	1.9	2.3	1.7	23.5	0.4	0.6	4.8	1.0	0.8	0.6	0.1	0.1
2013	1.5	38.8	12.8	8.5	1.2	1.2	2.5	0.4	1.7	1.7	1.7	21.3	0.7	1.7	2.9	0.2	0.5	0.7	0.0	0.1
2014	1.4	27.8	11.3	15.7	1.7	1.9	6.2	0.4	2.8	2.3	1.7	20.0	1.3	1.8	1.7	0.2	0.4	1.2	0.1	0.0
2015	1.6	26.0	12.0	18.0	1.2	1.6	7.1	0.4	1.3	2.2	2.0	20.1	2.1	0.7	2.3	0.2	0.3	0.7	0.1	0.0
2016	2.8	27.3	11.1	18.7	1.0	3.1	6.3	0.4	1.2	3.3	1.7	18.4	0.9	1.0	1.1	0.1	0.6	1.0	0.0	0.0
2017	1.7	25.3	12.4	21.2	1.5	2.1	7.0	0.5	0.2	2.0	3.0	18.1	0.8	1.4	2.1	0.1	0.3	0.1	0.0	0.1
2018	0.8	25.8	12.4	22.1	2.2	1.7	6.3	0.5	1.4	2.2	3.0	18.1	0.9	1.3	0.3	0.2	0.6	0.2	0.0	0.1

表 8-13 《羊城晚报》新闻文类版面篇幅百分比（按类分）

单位：%

年份	消息类	通讯类	述评类	解说类	图片新闻	边缘文体
1998	59.00	2.94	3.79	1.19	23.88	9.20
1999	57.64	10.06	3.99	2.28	23.62	2.41
2000	68.30	3.63	1.79	1.14	22.09	3.06
2001	57.04	9.72	2.74	1.49	21.39	7.62
2002	58.32	4.19	2.44	1.85	26.01	7.19
2003	60.06	8.43	2.31	1.42	24.51	3.28
2004	58.43	4.13	3.62	2.76	25.71	5.34
2005	55.60	9.60	3.01	2.16	26.88	2.76
2006	62.10	1.27	3.54	2.97	23.56	6.57
2007	57.81	12.82	2.80	2.70	21.26	2.62
2008	61.66	6.85	5.46	1.90	21.62	2.51
2009	61.26	6.79	5.42	1.89	21.48	3.16
2010	59.81	3.51	5.19	2.82	25.53	3.13
2011	55.40	5.85	2.85	5.15	25.28	5.48
2012	51.63	5.74	6.68	4.06	24.48	7.43
2013	53.12	10.94	4.56	3.41	23.66	4.31
2014	40.52	19.37	9.43	4.07	23.10	3.51
2015	39.52	20.85	8.87	4.14	22.97	3.66
2016	41.20	22.85	7.91	5.08	20.25	2.71
2017	39.33	24.79	7.79	5.01	20.34	2.75
2018	39.10	25.98	8.15	5.15	20.21	1.41

（三）《广州日报》

《广州日报》1998～2018年系统抽样新闻文类统计数据见表8-14、表8-15。

表8-14 《广州日报》系统抽样新闻文类版面篇幅百分比（按目分）

单位：%

年份	简讯	短消息	长消息	一般通讯	特写	调查报道	新闻述评	新闻札记	观点新闻	新闻资料	新闻解说	照片新闻	图表新闻	漫画新闻	谈话新闻	故事新闻	互动新闻	特写型消息	散文式消息	其他
1998	8.0	50.0	12.0	3.4	0.3	0.9	3.1	1.8	0.1	0.2	0.1	18.1	1.9	0.1	0.0	0.0	0.0	0.0	0.0	0.1
1999	4.4	49.5	8.1	4.8	0.0	0.0	1.2	0.3	0.0	1.8	0.1	28.2	0.7	0.0	0.2	0.3	0.0	0.3	0.0	0.1
2000	3.9	44.3	18.3	1.3	0.1	0.4	6.6	0.0	0.0	0.3	0.1	22.6	0.8	0.7	0.7	0.0	0.1	0.6	0.0	0.0
2001	3.3	32.7	29.9	1.6	0.0	0.0	2.3	0.0	0.3	1.4	0.2	25.6	0.3	0.8	0.9	0.3	0.0	0.1	0.0	0.1
2002	7.5	31.8	19.7	1.7	0.6	0.0	3.8	0.2	0.3	1.4	0.6	27.7	0.9	0.5	3.1	0.0	0.0	0.1	0.0	0.1
2003	2.8	31.5	27.4	1.3	0.0	0.3	3.4	0.5	0.3	2.3	0.4	25.7	0.5	0.3	2.5	0.3	0.0	0.1	0.0	0.7
2004	3.8	29.2	24.6	1.6	0.0	0.1	6.9	0.4	0.3	1.1	0.8	27.6	0.5	0.2	3.0	0.0	0.0	0.1	0.0	0.1
2005	2.4	23.1	31.2	4.2	0.0	0.0	5.3	0.2	0.2	2.2	0.4	28.5	0.1	0.1	1.4	0.1	0.0	0.2	0.0	0.3
2006	6.5	20.4	8.4	7.9	1.8	2.0	7.6	0.4	1.5	3.1	5.9	30.8	0.0	0.3	1.7	0.1	0.0	1.5	0.2	0.0
2007	2.8	20.8	21.8	7.2	0.3	2.9	6.5	0.5	0.8	2.1	2.0	28.5	0.3	0.5	3.3	0.8	0.5	0.1	0.2	0.3
2008	7.5	20.0	7.4	5.6	2.6	1.6	5.9	0.6	2.0	5.6	4.0	29.4	0.3	0.6	1.7	0.6	0.5	1.9	0.6	0.3
2009	1.6	17.7	34.6	4.0	0.5	1.0	5.2	0.2	1.2	8.3	8.0	14.1	0.1	0.3	2.7	0.4	0.6	0.2	0.1	0.2
2010	9.0	17.7	17.9	4.0	1.5	2.5	8.6	1.1	2.0	3.1	2.8	21.9	0.9	1.0	2.1	0.6	1.7	2.2	0.4	0.1
2011	2.9	21.6	19.1	3.5	0.2	1.5	11.6	1.2	3.0	3.1	1.7	24.2	0.0	0.5	1.9	1.7	0.7	0.3	0.0	0.4
2012	6.1	20.0	11.5	3.1	2.3	3.3	7.4	0.9	3.9	2.9	6.0	24.2	0.1	1.3	2.7	0.7	0.7	1.6	0.6	0.5
2013	2.3	20.3	20.4	6.4	0.7	1.9	9.4	0.5	2.5	2.8	2.4	25.2	0.1	0.3	1.7	1.7	0.5	0.4	0.1	0.3
2014	2.9	25.8	14.4	11.9	1.5	1.8	3.9	0.8	2.2	5.3	0.8	19.9	0.7	0.7	4.3	0.9	0.4	1.7	0.4	0.4
2015	2.1	21.1	11.3	12.9	3.6	4.2	8.6	0.9	2.2	4.6	0.9	19.3	1.3	1.0	3.1	0.0	0.4	1.6	0.0	0.5
2016	1.2	21.4	13.4	15.1	2.8	3.1	6.0	0.6	2.5	3.1	1.0	20.2	1.5	0.3	3.2	1.0	0.6	2.3	0.4	0.4
2017	1.2	19.7	14.9	14.6	2.2	2.0	5.1	1.6	3.4	6.3	1.5	18.7	0.7	0.5	2.1	1.0	0.4	2.0	1.4	1.1
2018	1.6	23.8	13.6	16.4	4.8	0.7	4.8	0.3	1.4	2.5	1.5	23.1	0.2	0.5	1.6	0.0	0.4	1.9	0.8	0.0

表 8–15 《广州日报》新闻文类版面篇幅百分比（按类分）

单位：%

年份	消息类	通讯类	述评类	解说类	图片新闻	边缘文体
1998	69.98	4.56	4.96	0.22	20.13	0.14
1999	62.06	4.82	1.46	1.90	28.85	0.92
2000	66.41	1.77	6.64	0.36	23.42	1.39
2001	65.84	1.63	2.90	1.67	26.64	1.32
2002	58.95	2.29	4.26	1.94	29.16	3.40
2003	61.77	1.56	4.21	2.75	26.53	3.18
2004	57.57	1.64	7.56	1.85	28.28	3.11
2005	56.65	4.24	5.78	2.63	28.69	2.01
2006	35.26	11.65	9.47	9.00	31.18	3.44
2007	45.42	10.46	7.84	4.03	29.00	3.24
2008	34.87	9.83	8.50	9.61	30.26	6.92
2009	53.91	5.59	6.59	16.26	14.62	3.04
2010	44.68	8.03	11.71	5.92	23.76	5.91
2011	43.59	5.18	15.78	4.72	24.70	6.04
2012	37.64	8.62	12.25	8.91	25.66	6.93
2013	43.02	8.90	12.41	5.23	25.59	4.86
2014	43.15	15.16	6.72	6.08	21.26	7.62
2015	34.53	20.74	11.59	5.46	21.71	5.96
2016	35.94	20.92	9.11	4.05	21.99	7.98
2017	35.77	18.76	10.14	7.81	19.46	8.06
2018	39.02	21.88	6.44	4.04	23.75	4.88

（四）《南方都市报》

《南方都市报》1998～2018年系统抽样新闻文类统计数据见表 8–16、表 8–17。

表 8－16 《南方都市报》系统抽样新闻文类版面篇幅百分比（按目分）

单位：%

年份	简讯	短消息	长消息	一般通讯	特写	调查报道	新闻述评	新闻札记	观点新闻	新闻资料	新闻解说	照片新闻	图表新闻	漫画新闻	谈话新闻	故事新闻	互动新闻	特写型消息	散文式消息	其他
2000	2.0	53.2	5.4	2.2	0.0	0.0	2.3	0.0	0.5	2.4	0.3	26.7	1.3	0.1	1.7	0.0	0.5	0.9	0.0	0.3
2001	1.8	41.7	14.2	3.5	0.0	0.4	1.7	0.0	1.0	6.7	0.5	24.9	0.2	0.2	2.0	0.0	0.4	0.1	0.0	0.7
2002	1.4	32.6	22.9	3.1	0.0	0.2	1.1	0.0	0.8	6.4	0.1	27.5	0.0	0.0	3.5	0.0	0.2	0.2	0.0	0.0
2003	3.0	32.2	11.6	6.8	0.4	1.5	1.5	0.3	0.5	2.0	0.8	31.8	0.5	0.1	4.8	0.4	0.1	1.2	0.1	0.3
2004	0.2	38.0	6.7	2.6	4.0	0.7	4.6	0.2	1.3	1.9	0.2	31.9	1.1	0.3	3.1	0.8	0.0	1.6	0.1	0.5
2005	0.9	41.2	18.2	1.5	1.8	0.0	0.9	0.5	0.4	3.4	0.7	27.0	0.5	0.3	2.1	0.0	0.0	0.6	0.0	0.0
2006	4.5	33.5	11.2	5.0	1.6	2.6	4.5	0.3	1.4	3.1	1.7	24.8	0.6	0.2	2.7	0.8	0.0	1.6	0.0	0.1
2007	1.7	22.4	26.2	5.6	1.3	0.9	3.2	0.7	0.8	6.4	1.1	24.1	1.0	0.5	2.6	0.1	0.4	0.7	0.0	0.2
2008	0.2	31.6	8.3	5.1	8.0	0.3	3.9	0.6	1.4	1.8	0.6	28.0	1.8	0.6	4.3	0.3	0.6	1.8	0.0	0.8
2009	0.7	32.6	15.7	3.8	1.3	1.2	3.3	0.1	1.6	4.7	4.3	26.7	1.3	0.3	1.4	0.0	0.4	0.7	0.1	0.0
2010	0.7	29.8	11.8	6.0	5.3	0.6	4.2	0.3	2.0	2.4	0.4	27.8	0.6	0.7	3.1	0.7	0.6	2.1	0.1	0.8
2011	1.8	26.6	17.7	6.5	1.3	1.8	3.6	0.2	2.2	1.7	2.0	27.9	1.1	1.0	3.3	0.3	0.1	0.9	0.0	0.2
2012	0.2	42.3	10.9	4.6	1.0	1.4	3.6	0.4	2.3	2.3	1.4	20.3	2.8	0.9	4.1	0.0	0.7	0.5	0.0	0.3
2013	1.2	38.3	13.4	3.6	0.9	1.8	2.8	0.4	2.6	1.1	1.8	21.9	3.2	1.1	3.0	0.2	1.4	1.0	0.0	0.6
2014	0.8	46.1	9.3	3.3	0.5	1.3	3.2	0.2	0.9	3.1	0.9	20.2	3.8	2.3	3.5	0.2	0.4	0.2	0.2	0.3
2015	0.5	45.1	9.0	3.3	0.8	1.5	2.7	0.2	0.9	3.4	1.7	19.7	4.4	2.3	3.5	0.1	0.4	0.2	0.0	0.6
2016	0.3	42.6	12.8	4.7	0.9	1.5	3.2	0.0	1.2	2.1	0.9	20.3	5.5	0.9	1.7	0.1	0.6	0.2	0.0	0.5
2017	0.1	40.3	13.7	5.3	0.3	1.1	4.8	0.1	0.6	2.0	0.9	21.3	3.5	0.5	4.4	0.3	0.4	0.3	0.0	0.3
2018	0.0	37.2	14.4	3.8	0.3	2.2	3.9	0.1	0.5	1.5	1.9	23.9	5.0	0.7	3.1	0.0	0.4	0.3	0.6	0.3

表 8-17 《南方都市报》新闻文类版面篇幅百分比（按类分）

单位：%

年份	消息类	通讯类	述评类	解说类	图片新闻	边缘文体
2000	60.69	2.23	2.90	2.62	28.15	3.40
2001	57.69	3.84	2.74	7.20	25.30	3.23
2002	56.80	3.37	1.88	6.51	27.57	3.87
2003	46.88	8.76	2.31	2.81	32.26	6.98
2004	44.99	7.29	6.04	2.17	33.40	6.10
2005	60.25	3.29	1.82	4.13	27.76	2.76
2006	49.13	9.17	6.26	4.73	25.64	5.06
2007	50.34	7.83	4.74	7.56	25.54	3.98
2008	40.12	13.42	6.00	2.46	30.36	7.65
2009	48.93	6.28	5.03	8.97	28.37	2.42
2010	42.32	11.89	6.50	2.78	29.10	7.41
2011	46.06	9.58	5.96	3.69	29.95	4.76
2012	53.35	7.03	6.31	3.69	24.04	5.58
2013	52.86	6.34	5.81	2.91	26.16	5.93
2014	56.16	4.55	4.25	3.94	26.34	4.75
2015	54.62	5.45	3.73	5.08	26.36	4.75
2016	55.75	7.03	4.39	3.06	26.70	3.07
2017	54.01	6.73	5.32	2.99	25.22	5.72
2018	51.61	6.26	4.49	3.40	29.63	4.61

附录四：《南方日报》2006 年 3 月 4 日 A6 版"开栏的话"《B 面的鲜猛》

我们将向你展示两会的 B 面。

这个 B，是 BLOG 的 B。

国议会博客了，中国两会也博客了。

代表、委员博客了，人民网博客了，新华网博客了，我们博客了。

将日记放到网上便成了最初的博客,把每一个声音都放在公共空间,便有了民主的味道。

两会刚开始,其中一个亮点便闪现了,以两会博客形态出现的"草根"味儿香遍互联网,相当诱人。

我们的京粤博客不是严格意义上的网络博客,但相信其精神是一致的。

这个B,也是AB的B,从A面到B面,活色生香,我们能看到更有趣的细节,更精彩的视角,一个更多方位的两会。

有兴趣的读者,可以通过我们的短信平台,和我们"博一博"。

附录五:《南方都市报》2018年2月17日A11版"声音"(节选)

附录六:扎根理论质性资料来源——访谈提纲

(1) 您觉得新闻题材是兴奋点吗?新闻怎么表现(形式)与表现什么(题材)有何关系?

(2) 您认为20世纪90年代末以来,报纸新闻文体特征(体裁、结构、语言体式等）变化发展明显吗？具体表现在哪些方面？请用几个关键词描述这种变化。

（3）为何要改变？影响这种报纸新闻文体运用、变化的最重要因素是什么？

（4）您认为当下新闻总的形式特点是怎样的（含各种形态新闻）？新媒体语境下报纸新闻突出的报道形式特点有哪些？

（5）您对比过自己或本报不同时期的新闻文体吗？新媒体语境对您这样的媒体人思维方式、审美情趣等有何影响？这些影响如何表现在新闻形式上？

（6）如何看待新闻范本以及模仿的作用？您是否有进行新闻的专业学习？

（7）您认为个性与新闻表现形式有何关系？您认为自己最擅长哪种新闻文体？您最希望进行怎样的新闻报道？为什么？

（8）您对新闻的文体规范有何看法？新闻组织内部有文体界限吗？您认为新闻与其他文体有界限吗？

（9）您认为报纸新闻文体有什么好传统？有哪些需要摆脱的惰性？如何看待新闻报道的"成规"与突破的关系？

（10）您选择某种新闻体裁或语言体式是有意识还是无意识？什么因素会影响您的选择？

（11）您如何看待新闻文体的突破？突破、创新的原因、动力何在？

（12）您把读者看成什么角色？您认为新媒体环境下读者的审美趣味是怎样的？对新闻报道有何新需求？您如何感知读者需求及其变化？报纸新闻报道形式会受这种认知的影响吗？如何满足这些需求？

（13）您如何理解新闻专业主义？新媒体背景下新闻专业主义理念在我国有何新发展？

（14）新闻专业主义的理念和变化对新闻文体有影响吗？什么影响？请您举例说说这种变化对报纸新闻报道形式带来的影响及趋势预测。

（15）新媒体竞争冲击中，哪些体裁、语体等报道形式会凸显报纸新闻的优势？

（16）您理想中，在新媒体冲击下新的媒介环境中，报纸新闻文体会如何发展演进、突破？

（17）您认为这几年全国两会新闻报道表现形式有何变化？体现出怎样的变化趋势？为什么会有这些变化？

附录七：文体意识要素开放编码引入的本土概念及频次

表 8-18 文体意识要素开放编码引入的本土概念及频次

序号	本土概念	频次	序号	本土概念	频次	序号	本土概念	频次
1	题材是兴奋点	14	15	建议模仿语气和写作方式	4	32	新闻组织内部有体裁界限和文体要求	9
2	题材受限，优秀报道和内容减少	3	16	不模仿范本	1	33	新闻组织应保留部分文体界限	2
3	题材的作用有限且退化	4	17	个性直接影响新闻表现形式	15	34	新闻组织有没有文体规范无所谓	3
4	怎么表现和表现什么同样重要	11	18	个性对新闻文体有影响但不绝然	4	35	新闻与其他文体有界限	14
5	怎么写的重要性下降	1	19	个性对新闻表现形式没影响	1	36	新闻与其他文体应融合借鉴	3
6	题材和体裁互相促进	1	20	喜欢有深度的新闻报道	7	37	选择新闻体裁或语体是有意识的	11
7	写什么更重要	3	21	喜欢有专业化追求的新闻文体	4	38	选择新闻体裁或语体是无意识的	4
8	"怎么表现"是版式特点，很重要	1	22	没有喜欢的新闻文体	4	39	习惯性运用新闻文体	3
9	时代和媒介生态变化，形式和题材比重不一样	2	23	喜欢有趣、有冲突的新闻	4	40	选择文体在有意识与无意识之间	2
10	作为报纸内容生产构成，形式很重要	1	24	喜欢的新闻写性别、新媒体有关	3	41	根据题材和内容进行文体选择	8
11	题材同质化严重，表现形式更重要	7	25	喜欢文字追求的新闻	3	42	供职媒体风格、形态影响文体选择	5
12	有专业学习	19	26	新闻文体规范对新闻制作有影响	11	43	新闻组织（编辑部）影响文体选择	6
13	有印象深刻的新闻报道	18	27	新闻文体规范写什么有关	4	44	读者定位、传播效果影响文体选择	3
14	有模仿学习经典新闻作品	15	28	新闻文体规范弱化	7	45	新闻价值影响文体选择	2
			29	新闻文体规范影响不大	4	46	记者个人因素影响文体选择	1
			30	新闻文体界限模糊	8	47	传播渠道影响文体选择	2
			31	新闻组织内部没有文体界限	6			

续表 8-18

序号	本土概念	频次	序号	本土概念	频次	序号	本土概念	频次
48	有突破某种新闻文体的实践	11	65	读者审美需求更轻松有趣	4	82	缺乏读者调查和互动,难以了解需求	3
49	自己主动求变求突破	16	66	读者新闻需求更便捷、快速、精简	7	83	通过报社统计数字了解读者需求	2
50	被动求变	6	67	分析解读观点等专业性需求高	6	84	主观臆想读者需求	1
51	不追求突破	2	68	读者阅读兴趣和刺激阈值高	5	85	提高读者需求契合度	10
52	自我要求	10	69	吸引读者注意力	3	86	会迎合满足读者需求变化	6
53	突破是为了适应市场和读者需求	8	70	读者-用户思维,互动需求	2	87	形式改变满足读者需求	5
54	文体突破受因媒介环境影响	6	71	资讯服务性需求	2	88	读者定位更细	3
55	同行认同、职业愉悦是创新动力	4	72	新闻通俗易懂、信息可视化需求	2	89	站在互联网角度分析读者变化	2
56	上进心、责任感是创新原因	4	73	尽量考虑年轻读者	2	90	报纸互联网形式受读者认知影响不大	1
57	在媒体、编辑的要求下改变	2	74	内容更多,信息尽量大	1	91	拆分内容、切割(碎片化)处理	4
58	被别的媒体或读者触动	2	75	新闻娱乐化需求	2	92	标题贴近读者、读趣时代	3
59	竞争造成求变	2	76	看网民评论	2	93	版块组合方式	3
60	内容创新难,形式突破多	1	77	关注网络转载量	7	94	新闻口语化、趣味化、网络化	2
61	读者细分、分化	6	78	了解网络点击量	6	95	直观、可视化	1
62	读者信息选择判断权大,可控度高	3	79	读者调查等互动中了解读者需求	3	96	简单、清晰	1
63	读者审美趣味、信息需求多元复杂	7	80	自己亲身体验、直观感知读者需求	4			
64	读者(利益)需求贴近性要求高	9	81	通过朋友圈、周边人了解读者需求	3			

附录八：报纸新闻文体特点的本土概念及频次

表8-19 报纸新闻文体特点的本土概念及频次

序号	本土概念	频次	序号	本土概念	频次
1	报纸新闻文体变化明显	15	18	贴近读者重视阅读者体验	6
2	报纸新闻文体有一些变化	5	19	适应快速阅读、追求易读性	5
3	新闻核心、专业化操作和形式不变	5	20	解读分析及思想观点凸显	4
4	更注重新闻专业性表现	7	21	（篇幅长短与深度）两极分化	2
5	语言通俗、口语化	8	22	社会现实与文化心理、时代变化	17
6	标题更长、更多元素、更多样、更吸引眼球	6	23	读者因素促使报纸新闻文体创新	14
7	互动性强	3	24	媒介环境影响报纸新媒体文体	10
8	新闻视角平视、多方面声音	2	25	互联网+技术	8
9	语态生动、开放时尚	9	26	媒介、竞争	5
10	结构变化（导语、叙述方式、引语）	7	27	生存、竞争	4
11	切割形式呈现碎片化	5	28	生活方式、信息需求改变	3
12	图片、图表数据结构、视觉化	9	29	政策和舆论因素	2
13	（语言和结构）网络化	8	30	市场化导向	2
14	版面版式（组合式）变化	5	31	国外新闻发展促进作用	2
15	简单平实、具体直接	5	32	文学影响	1
16	体裁多样化	6	33	新闻从业者自身（结构）因素	4
17	实用市场化、民生及服务应用	5	34	新闻专业主义追求	1
			35	个性差异因素	3
			36	新媒体语境对自己有影响	14
			37	新媒体语境对自己影响不大	3
			38	新媒体阅读对自己影响越来越大	1
			39	思维更开阔、发散思维、庞杂	7
			40	通过网络寻找报纸与网络的区隔	5
			41	在新媒体的影响从重大到低趣味	2
			42	价值判断从重大到用户需求、戏剧化	5
			43	灵活轻松的"悦读"感受	3
			44	新媒体带来用户需求理念	2
			45	互联网思维	3
			46	营销整合及网络传播力	2
			47	新闻吸纳新媒体表现形式	7
			48	新媒体影响新闻写作方式、呈现形式	7
			49	新媒体影响新闻标题有趣有亮点	5
			50	新媒体影响新闻体裁更开放	3
			51	从新媒体影响获取线索、材料、信息源	9
			52	新媒体影响新闻结构	8
			53	新媒体影响报纸新闻版式	2

续表 8-19

序号	本土概念	频次	序号	本土概念	频次	序号	本土概念	频次
54	在新媒体的影响下，新闻更活泼	5	74	新闻互动性强	3	93	深度调查，数据挖掘	6
55	有趣，好看	6	75	新闻市场化	1	94	全国两会报道网络新媒体元素多	21
56	网络影响新闻语言	3	76	独家报道少	1	95	报纸全国两会报道裁变化	8
57	网络提供报纸新闻比较对象	2	77	新媒体语境下报纸新闻业务链条、新闻源、架构形式新闻内容选择	7	96	报纸全国两会新闻结构变化	3
58	学习新媒体加强报纸新闻内容选择	5	78	新媒体语境下报纸新闻加工整合网络资源	2	97	形式创新更丰富多样	4
59	新闻迎合网民喜好，读者定位	4	79	报纸新闻图表可视化	7	98	强调形式包装	2
60	新媒体影响新闻概念和策划	2	80	新媒体语境下报纸新闻浅显，通俗	4	99	全国两会报道角度多样	6
61	当下新闻多元化	5	81	报纸新闻被切割，版块化	6	100	版面编辑语言通俗和版式方便阅读	5
62	当下新闻采访制作流程变化	6	82	报纸新闻简短、精练	4	101	报道语言通俗、潮流化、活泼	4
63	当下新闻时效性太强	7	83	报纸新闻更有故事性	1	102	娱乐化趋向	2
64	新闻融合性加快	4	84	报纸新闻增强互动性	6	103	突出报纸视角	4
65	新闻太碎，碎片化	4	85	体裁、形式、风格更多样	3	104	观点多样化	2
66	新闻太多，太杂（信息过剩）	7	86	更有趣、轻松活泼、娱乐化	5	105	报纸与新媒体互相借鉴	1
67	新闻的价值判断规范和理念改变	6	87	分众化、小众、定制	2	106	新媒体促使全国两会报道改变	6
68	新闻专业规范性淡化，不可信	3	88	语言风格灵活、平实、亲和	2	107	新技术促使全国两会报道改变	1
69	新闻形式多样化，元素多	3	89	贴近生活更强	2	108	媒介环境变化促使全国两会报道改变	3
70	新闻融合性更强	2	90	衍生文体：报纸网络版	3	109	政策开放度影响全国两会报道	1
71	新闻的本质与核心未变	3	91	突出观点和解说	2	110	受众需求影响全国两会报道改变	1
72	善变、探索性、实验性精神更强	2	92	专业求证、信息源准确	3	111	全国两会报道严肃题材轻松化	1
73	新闻与媒体特点结合紧密	1				112	社会环境促使全国两会报道改变	1

321

附录九：新闻专业主义认知本土概念及频次

表8-20 新闻专业主义认知本土概念及频次

序号	本土概念	频次	序号	本土概念	频次	序号	本土概念	频次
1	更客观、真实性	6	19	不片面强调新闻专业主义	2	37	更理性	1
2	深度挖掘、追求真相	3	20	当下中国无法坚持新闻专业主义	4	38	新媒体影响下变化不大	1
3	更准确明晰的信息	4	21	我们欠缺行业规范程序	3	39	服务性要求增强	1
4	指新闻从业人员专业度的要求	6	22	新闻专业主义变弱但底线一直在	2	40	大追求快，求证核实马马虎虎	1
5	强化新闻的专业操作理念	2	23	新闻专业门槛太低	1	41	新闻人独立性受冲击	1
6	坚持媒体、媒体人及新闻职业专业性	3	24	社会对新闻专业主义理解有偏误	1	42	新闻专业主义对新闻文体有影响	6
7	媒体行业的自省	2	25	从业人员专业能力限不上发展	1	43	有影响，不大	2
8	中国记者的职业敬业精神	1	26	新媒体语境要强化新闻专业主义	5	44	专业主义与影响及变化对报道形式有影响	2
9	增强服务性要求	3	27	新闻真实性客观化受冲击	4	45	专业主义影响新闻操作方式与专业主义有关	1
10	读者第一、受众需求	4	28	有变化，但没有动摇核心内涵	5	46	体裁规范及变化及写作	3
11	更权威	1	29	新媒体促进新闻专业主义	4	47	趋于客观冷静平实	3
12	新闻是独立的、去导向性	2	30	新闻专业主义调整核心不变	3	48	求证核实、调查深入、流程规范	4
13	纸媒需要有自己独立的分析	1	31	新媒体促进新闻内涵丰富、外延拓展	3	49	更多声音、信息源、更多元素	3
14	关注性	1	32	媒体多元化，新闻专业主义变化	3	50	贴近性	1
15	专业的前提是价值观不能偏离	1	33	新媒体背景下新闻把关人意识弱化	2	51	更简洁	1
16	对社会进步起作用	1	34	不认同新闻专业主义	4	52	多媒体、多文本的操作	1
17	要坚持新闻专业主义	7	35	降低专业标准、职业精神晚变	5	53	更考虑受众需求	2
18	信息过滤	3	36	融合新媒体思维方式和新手段	1	54		

附录十：报纸新闻文体发展认知本土概念及频次

表8-21 报纸新闻文体发展认知本土概念及频次

序号	本土概念	频次	序号	本土概念	频次	序号	本土概念	频次
1	报纸新闻观点价值是优势	7	23	内容敢言	2	45	客观准确权威平实的专业性	10
2	有深度的专题	8	24	更多视角	1	46	数据新闻、可视化及视觉突破	8
3	述评分析类	3	25	突出现场感，重细节	3	47	开掘深度	7
4	解说解读类	3	26	新闻文体观念新	2	48	要有观点	6
5	调查报道	3	27	精英意识	1	49	生动活泼有趣、轻松娱乐化	6
6	有公信力和权威性，更客观真实	3	28	新技术运用快	1	50	分割组合、版块清晰，元素丰富	6
7	内容生产优势	1	29	读者基础好	1	51	版面语言、编排包装多样化	5
8	现场型	3	30	传播意识强	1	52	调查性报道	3
9	采访权	3	31	思想开明	1	53	分析解读	4
10	积累的采访资源	3	32	有优秀的人才	3	54	突出自己特色，独家报道	2
11	人才储备、专业化表现	4	33	报纸新闻自我否定及悲观论	4	55	互动性增强	2
12	版式版面语言	2	34	新闻从业者同题限制报纸新闻发展	10	56	第一现场感	1
13	边缘性文体	1	35	劳动评价	3	57	体裁与文体边界模糊	4
14	平面化阅读的优势	6	36	政策问题，外力管控	3	58	传统新闻文体延续	4
15	报纸版重视读者本位	6	37	视野狭隘，固化思维	3	59	阅读快感	3
16	突出报纸的人文特征	4	38	同质化严重	1	60	贴近性（接地气）	2
17	形式创新性	4	39	刻板的官方语言	1	61	受众需求、读者感受	2
18	专业化程度高、真实客观平衡	3	40	报纸角色转变	1	62	个性化、定制角度	
19	贴近性强	3	41	差异化竞争、特色化报道	8	63	平民视角	
20	市场化程度高	2	42	与新媒体融合	7	64	社区新闻是增长点	
21	贴近性强	3	43	报纸新闻文体要不断创新	6			
22	讲故事	2	44	根据媒介形态进行新闻区分	3			

附录十一：《羊城晚报》2014年6月15日A4版

附录十二：《广州日报》2014年2月28日A3版

参 考 文 献

一、中文参考文献

蔡铭泽：《新时期广东报业发展研究》，福州，福建人民出版社，2006。

陈望道：《修辞学发凡》，上海，上海教育出版社，2001。

戴元光、童兵、金冠军：《20世纪中国新闻学与传播学》，上海，复旦大学出版社，2001。

单波：《论二十世纪中国新闻业和新闻观念的发展》，《现代传播》2001年第4期。

〔法〕保罗·利科：《诠释学与人文科学语言、行为、解释文集》，孔明安等译，北京，中国人民大学出版社，2012年。

范东升：《拯救报纸》，广州，南方日报出版社，2011。

范以锦：《传媒现象思考》，广州，暨南大学出版社，2020。

郜书锴：《全媒体时代的报业结构转型》，《新闻记者》2009年第8期。

戈公振：《中国报学史》，北京，生活·读书·新知三联书店，1955。

郭光华：《媒介即讯息：报纸新闻文体演变回顾》，《湖南师范大学社会科学学报》2001年第5期。

郝建国：《媒体融合的三重逻辑及其走向：以上海报业集团的组建实践为例》，《理论探索》2014年第6期。

姜鹏：《新媒体时代融媒生态下的新闻编辑意识》，《编辑之友》2012年第8期。

蒋宏、徐剑：《新媒体导论》，上海，上海交通大学出版社，2006。

黎明洁：《新闻写作与新闻叙述：视角·主体·结构》，上海，复旦大学出版社，2008。

李文学：《论我国非虚构写作新闻实践的文体演进》，《重庆科技学院学报（社会科学版）》2018年第5期。

林如鹏：《广东报业竞争三十年》，广州，暨南大学出版社，2008。

刘英翠、张悦：《中国新闻述评文体争鸣的回顾与解读：纪念新闻述评文体100周年》，《新闻界》2018年第12期。

刘勇：《新中国新闻文体 70 年："范式"的共生与交融》，《南京师大学报（社会科学版）》2019 年第 6 期。

〔美〕保罗·莱文森：《数字麦克卢汉：信息化新纪元指南》，何道宽译，北京，社会科学文献出版社，2001 年。

〔美〕丹尼尔·里夫、〔美〕斯蒂文·赖斯、〔美〕弗雷德里克·G.菲克：《内容分析法：媒介信息量化研究技巧》，嵇美云译，北京，清华大学出版社，2010 年。

〔美〕赫伯特·甘斯：《什么在决定新闻》，石琳、李红涛译，北京，北京大学出版社，2009 年。

〔美〕迈克尔·舒德森：《新闻社会学》，徐桂权译，北京，华夏出版社，2010 年。

〔美〕梅尔文·门彻：《新闻报道与写作》，展江译，北京，华夏出版社，2003 年。

〔美〕苏珊·S. 兰瑟：《虚构的权威：女性作家与叙述声音》，黄必康译，北京，北京大学出版社，2002 年。

〔美〕沃尔特·福克斯：《新闻写作：报刊记者指南》，李彬译，北京，新华出版社，1999 年。

潘忠党：《传播媒介与文化：社会科学与人文科学研究的三个模式（下）》，《现代传播（北京广播学院学报）》1996 年第 5 期。

彭兰：《网络新闻学原理与应用》，北京，新华出版社，2003。

齐爱军、彭金凤：《应对网络媒体，报纸寻求新的报道模式》，《新闻记者》，2002 年第 12 期。

齐爱军：《新闻文体发展演变的动力机制探讨》，《新闻界》2006 年第 4 期。

邵培仁，等：《媒介生态学：媒介作为绿色生态的研究》，北京，中国传媒大学出版社，2008。

沈晓静，等：《中国新闻话语的变迁》，南京，河海大学出版社，2011。

石长顺、肖叶飞：《媒介融合语境下新闻生产模式的创新》，《当代传播》2011 年第 1 期。

石磊：《分散与融合：数字报业研究》，北京，中国社会科学出版社，2010。

孙发友：《传播科技发展与新闻文体演变》，《现代传播》2004 年第 1 期。

孙发友：《新闻报道写作通论》，北京，人民出版社，2007。

孙世恺：《略论新闻文体写作的创新》（上、中、下），《当代传播》2000年第6期、2001年第1期、2001年第2期。

孙玮：《媒介话语空间的重构：中国大陆大众化报纸媒介话语的三十年演变》，《传播与社会学刊》2008年第6期。

谭天，等：《新媒体语境下的"新闻"界定》，《新闻界》2012年第12期。

田秋生：《市场化生存的党报新闻生产：〈广州日报〉个案研究》，北京，中国广播电视出版社，2010。

王振铎：《编辑学理与媒体创新》，开封，河南大学出版社，2010。

肖伟：《论欧文·戈夫曼的框架思想》，《国际新闻界》2010年第12期。

杨保军：《新闻主体论》，北京，人民日报出版社，2016。

杨继红：《新媒体生存》，北京，清华大学出版社，2008。

杨兴锋：《高度决定影响力：南方日报总编辑报业运作新思维》，广州，南方日报出版社，2004。

〔英〕斯图亚特·艾伦：《新闻文化》，方浩等译，北京，北京大学出版社，2008年。

曾伯秋：《网络新闻的"新新闻文体"》，《湖南科技学院学报》2014年第7期。

曾庆香：《新闻叙事学》，北京，中国广播电视出版社，2005。

张举玺：《中俄新闻文体比较研究》，北京，中国社会科学出版社，2009。

张骏德：《新闻报道改革与创新》，广州，中山大学出版社，2008。

赵宪章：《文体形式论》，广州，广东高等教育出版社，2019。

周海波：《新媒体时代的文体美学》，广州，广东高等教育出版社，2019。

二、英文参考文献

Albakry, M. A., 2005："Style in American Newspaper Language：Use and Usage", Northern Arizona University.

Barker, C., Galasiñski, D., 2001：*Cultural Studies and Discourse Analysis——A Dialogue on Language and Identity*, London：SAGE Publications.

Barnhurst, K. G., 2002："John Nerone, The Form of News：Thoughts on the Newspaper as Environment", *MEA*, February.

Bell, A., 1991: "The Language of News Media", *Wiley-Blackwell*, June.

Benson, R., et al., 2012: "Media Systems Online and Off: Comparing the Form of News in the United States, Denmark, and France", *Journal of Communication*, January.

Friedlander, E. J., LEE, J., 2007: *Feature Writing for Newspapers and Magazines: The Pursuit of Excellence*, New York: Harper & Row.

Goffman, E., 1974: *Frame analysis: An essay on the Organization of Experience*, New York: Harper Row.

Heinrich, A., 2010: "Network Journalism: Moving towards a Global Journalism Culture", http://ripeat.org/wp-content/uploads/2010/03/Heinrich.pdf, March.

Inwood, H., 2011: "Multimedia Quake Poetry: Convergence Culture after the Sichuan Earthquake", *The China Quarterly*, December.

Itule, B. D., Anderson, D. A., 2006: *News Writing and Reporting for Today's Media*, New York: McGraw-Hill Humanities Social.

Kawamoto, K., 2003: *Digital Journalism: Emerging Media and the Changing Horizons of Journalism*, Maryland: Rowman & Littlefield Publishers.

Kershner, J. W., 2011: *The Elements of News Writing*, New York: Pearson.

Matheson, D., 2003: "Scowling at Their Notebooks: How British Journalists Understand Their Writing", *Journalism*, May.

Merritt, D., 1995: "Public Journalism and Public Life". *National Civic Review*, March.

Mitchell, C. C., West, M. D., 1996: *The News Formula: A Concise Guide to News Writing and Reporting*, New York: St. Martin's Press.

Pounds, G., 2010: "Attitude and subjectivity in Italian and British hard-news reporting: The construction of a culture-specific 're porter' voice", *Discourse Studies*, December.

Prejean, B. G., Danielson, W. A., 1988: *Programmed News Style*, New York, Prentice Hall.

Quinn, S., 2005: *Convergent Journalism: The Fundamentals of Multimedia Reporting*, New York: Peter Lang Publishing.

Williamsom, D. R., 1972: *Feature Writing for Newspapers*, New York:

Hastings House.

Zebra, A. E., 2009: "Re-thinking Journalism: How Young adults Want their News", The University of Texas at Austin.

后　　记

　　本书是我主持的国家社会科学基金后期资助项目"新媒体语境下报纸新闻文体的变迁与创新"（项目批准号：17FXW001）的成果，是在我的博士学位论文基础上完成的。

　　提笔，既有如释重负，又有战战兢兢与怅然若失的感觉，总觉得仍有那么多不圆满、不如意。重读博士学位论文后记，看到"伏案翻阅写就的论文时，为何并无想象的欣喜和轻松，却是一种无以言表的复杂心情，其中似乎还有一些沉重"，今天何尝不是如此。但这本书就像我孕育的孩子，历经几个寒暑的修订，不敢说是殚精竭虑，但也是心心念念，自我鞭策，不敢放松。虽不能全面描述这20年来我国报纸媒体新闻改革的波澜壮阔，但也希冀通过个人的视角窥一斑而见全豹。

　　关注这个新闻文体变迁的选题至今已有十年。"江湖夜雨十年灯。"默默回望这段著述的历程，偶有所得，时时茫然，是平凡的我之研究常态。书要从薄读到厚，又从厚读到薄，好的书也应该是精准深邃，读来如饮甘霖。愚钝的我，写了这本有些笨拙啰嗦、不够轻灵透彻的书，让读者受累了。

　　由于能力不足、视野受限，我感觉写作此书时确实在学理分析的深度方面力有不逮。限于时间和篇幅，研究对象的面向也有所局限。在打开整体研究格局、提升新闻文体的创新研究、加强报纸新闻内容生产变革理论深度方面，我想自己还要继续学习和持续关注。期待方家指正、读者批评。

　　特别感谢我的博士研究生导师——暨南大学蔡铭泽教授。本书的研究方向是我读博时在蔡老师指导下选定的。蔡老师近年诗文有所得，并且在书法一道上潜心苦练，人也愈发宽厚。在我遇到困难和坎坷的时候，他言语不多却温暖如春风。

　　同样要感谢我的硕士研究生导师徐福荫教授。徐老师是一位很愿意付出心血提携后进、成全后辈的长者，他没有放弃我这个在学术研究之路上蹒跚而行的学生，时时关注我人生道路上的重要时刻，一直给我鼓励和帮助。

　　两位恩师对学生的包容、理解和关心，令我深受感动。对于同样身为高校教师的我而言，两位恩师是我学习的楷模。

还要感谢我的博士学位论文的答辩委员会主席李良荣教授。博士学位论文答辩时自己的紧张至今仍然历历在目，国家社会科学基金后期资助项目的名称和本书的书名就来自他的建议。

当然还要感谢我的编码员——我的学生。这么多可爱的年轻人牺牲了那么多的业余时间，跟我一起在图书馆翻报纸做统计，还要时时被我催促，接受我的"质疑"。希望他们日后想起这段时光，也会觉得有所收获。

感谢国家社科基金对本著作出版的资助！感谢中山大学出版社曾育林编辑的辛勤付出！本书从定稿到付梓跨越了新冠疫情蔓延的三年，最终能出版尤为不易。

感谢家人的支持与陪伴！写作最后冲刺阶段，我不幸腰部受伤，家人的照顾使我能在计划时间里完成书稿、顺利结题。

乍暖还寒时节，广州已是春光灿烂，百花争先。

彭　柳
2023 年 3 月 15 日于广州